国家级教学团队

东北财经大学财务管理专业系列教材

th Edition

第4版

Fundamentals of Financial Management

财务管理基础

宋淑琴 王满 主编

东北财经大学出版社
Dongbei University of Finance & Economics Press
大连

图书在版编目（CIP）数据

财务管理基础 / 宋淑琴，王满主编．—4版．—大连：东北财经大学出版社，2025.8．—（东北财经大学财务管理专业系列教材）．—ISBN 978-7-5654-5612-1

Ⅰ．F275

中国国家版本馆CIP数据核字第2025C1K043号

财务管理基础

CAIWU GUANLI JICHU

东北财经大学出版社出版

（大连市黑石礁尖山街217号　邮政编码　116025）

网　址：http://www.dufep.cn

读者信箱：dufep@dufe.edu.cn

大连东泰彩印技术开发有限公司印刷　东北财经大学出版社发行

幅面尺寸：170mm×240mm　字数：406千字　印张：20

2025年8月第4版　2025年8月第1次印刷

责任编辑：高　铭　吴　茜　责任校对：赵　楠

封面设计：张智波　版式设计：原　皓

书号：ISBN 978-7-5654-5612-1　定价：49.00元

教学支持　售后服务　联系电话：（0411）84710309

如有印装质量问题，请联系营销部：（0411）84710711

第4版前言

随着信息技术和企业商业环境的快速发展和变化，人们的管理思想、管理理念、管理方式和方法也在不断地创新和发展。如何为社会培养和输送适应社会需求的专业人才已经成为现代大学教育，尤其是财务管理教育所面临的挑战，为适应新形势迅速发展以及社会对本专业人才的需要，东北财经大学财务管理专业依托国家级优秀教学团队，将培养“宽口径、厚基础、强能力、高素质”的复合型、创新型、应用型、国际型人才作为财务管理本科培养方案的核心，为适应本科教育改革的需要，《财务管理基础》教材也在不断地修订和完善。

本次修订遵循删繁就简、去粗取精、理论联系实际的原则，重在阐述财务管理的一般原理、基本观念、基本方法和基本技巧及其应用等内容。全书共分十章：第1章，财务管理概述，主要阐述财务管理的含义及特征，财务管理的对象、目标、原则，以及财务管理的产生与发展等；第2章，财务管理环境与组织，主要阐述除金融市场外的财务管理的内外部环境以及财务管理组织机构的设立等；第3章，金融市场与金融工具，主要阐述金融市场的功能、金融市场的划分、金融工具及其属性、金融资产定价等；第4章，财务报告分析，主要阐述财务报表信息揭示、财务报告分析方法、基本财务指标分析等；第5章，财务管理的基本观念，主要阐述时间价值、现金流量、风险与收益、资本成本等；第6章，财务估价，主要阐述财务估价原理、债券估价、股票估价、企业价值评估等；第7章，财务计划与财务预算，主要阐述财务计划及其构成、销售预测、财务报表预测、资金需要量预测等；第8章，财务管理决策，主要阐述资本投资决策、融资决策、营运资本决策、收益分配决策等；第9章，财务控制，围绕着会计六大要素，主要阐述了财务控制的内容、程序和方法等问题；第10章，国际财务管理，主要阐述了跨国公司外汇风险及其管理、国际投资、国际融资和境外现金管理等财务问题。

本次教材修订主要基于以下考虑：第一，体现了党的二十大精神和课程思政元素。在本次教材的修订过程中，我们将党的二十大精神和思想政治教育元素，包括思想政治教育的理论知识、价值理念及精神追求等融入教材的适当内容之中。第二，增强教材的时效性，关注近年来涉及财务管理方面有关政策、制度等的变化，对教材的内容进行了相应的修改和完善。第三，适应财经类高等院校本科培养方案调整的需要，使教材内容与教学计划、教学组织、教学目标、教材建设等更为匹配。第四，适应理清交叉学科之间关系的需要，在教材的内容设计上最大限度地避免了学科之间交叉重复的内容。第五，适应"教"与"学"的需要，力求做到既有利于教师组织教学，又便于学生阅读与自学，给予教师与学生充分的发挥与拓展空间，使得"教"与"学"达到高度互动，有机结合。

本教材的主要特点有：

1. 体例结构设计更加合理。本书以金融市场为背景，以价值创造为目标，以时间价值和风险价值等为基本理念，以预测、计划、决策、控制、分析等为手段，系统地阐述了财务管理的核心内容，从篇章的设计，到内容的安排与组织，更加合理有序。

2. 更加注重对基础知识的阐述。《财务管理基础》是一种广义的基础，而不仅仅是财务管理专业的基础。因此，它更加注重对财务管理基本原理、基本理论、基本观念、基本方法和基本技巧的描述，删除了一些比较抽象而复杂的理论和模型，使其更加通俗易懂，可读性更强。

3. 更加注重理论与实践的结合。每章不仅有必要的基础理论阐述，还设有即测即评、思考题、练习题、案例分析题等内容及参考答案和案例分析题提示，帮助读者将抽象概念与具体情境相联系，可以大大提高学习者的学习效果和实战能力。

4. 更加注重与不同课程的衔接与协调。在注重教材自身的独立性和完整性的同时，努力地协调本教材与"管理会计""公司理财""财务分析""证券投资"等课程之间的关系，力求避免与相关课程的交叉与重复。

5. 更加注重适用性。本教材不仅能够满足教师组织教学的需要，也可以作为财经类高等院校学生学习财务管理和其他后续课程的基础入门教材，还可以作为广大实务工作者和广大喜爱财务管理知识的读者朋友学习和了解财务管理基础知识的参考用书。

本教材由宋淑琴教授和王满教授负责设计并担任主编。各章的具体分工是：第1章至第4章、第7章、第8章由宋淑琴教授撰写，第5章、第6章、第10章由王满教授撰写，第9章由罗菲副教授撰写。本教材在编写过程中得到了许多同行的关注和帮助，同时，也得到了东北财经大学出版社的大力支持。我们衷心感谢所有参与审校和提供反馈的专家学者、师生及业界人士。你们的贡献使本书得以不断完善，更加贴近读者的需求。期待在未来的日子里，本教材能继续为读者带来价值，共同推动财务管理学科的发展与进步。

编著者

2025年5月

目　录

第3章 金融市场与金融工具 / 40

第4章 财务报告分析 / 55

第5章 财务管理的基本观念 / 84

第8章 财务管理决策 / 192

第9章 财务控制 / 241

第10章 国际财务管理 / 276

第1章 财务管理概述

学习目标

本章作为财务管理基础的开篇，主要阐述了财务管理的含义及特征、对象与工作环节、目标与协调、假设与原则、财务经理及其职责等一些与财务管理有关的基本问题。通过对这些问题的学习与理解，目的是要明确财务管理的本质及特征；掌握财务管理的内容及对象；了解财务管理的工作程序和方法；清楚财务管理应达到的根本目标；理解财务管理的假设与原则；了解财务经理的地位与职责。为进一步学习财务管理的后续内容打下牢固的理论基础。

导言

随着市场经济特别是资本市场的不断发展，财务管理在企业管理中扮演着越来越重要的角色。管理实践表明，企业管理的核心是财务管理，而财务管理的核心是资本管理。资本是现代企业生产经营的基本要素，也是企业发展的重要推动力量。本章以资本管理是财务管理的核心为立足点，紧紧围绕这一主题，系统地阐述了财务管理的内容及特点、财务管理的目标、财务管理的假设与原则、财务经理及其职责等基本理论问题。

1.1 企业财务与资金运动

1.1.1 企业财务

从一般意义上说，财务就是人们配置财富方面的事务，是人类社会一种最基本的经济活动。

财务的产生必须具备两个基本前提：一是货币已经出现并成为统一的计量单

位，否则资源配置和使用将因没有基本工具而无法进行；二是社会经济活动由不同的利益主体进行，否则就没有必要对资源做出社会性配置。实质上，这两个前提分别体现了资金流转和财务活动。

1）资金流转过程

财务管理是对动态资金的管理，强调的是资金的流转过程。资金流转的起点和终点都是现金，其他资产都是现金在流转过程中的转化形式。从这个意义上讲，财务管理对象也可以说成现金及其流转。

（1）现金流转的含义

可以说，企业的一切经营活动都起于现金，最终止于现金，起止之间可以有不同的表现形态。

现金变为非现金资产，非现金资产又变为现金，这种周而复始的流转过程称为现金流转，如“现金—原材料—在产品—产成品—应收账款—现金”，又如“现金—证券（债券或股票）—现金”等。

（2）现金流转的形式

现金流转有两种基本形式：一是，现金变为非现金资产，然后又回到现金。所需时间不超过一年的流转，称为现金的短期流转。现金的短期流转主要与流动资产相关。二是，现金变为非现金资产，然后又回到现金。所需时间在一年以上的流转，称为现金的长期流转。现金的长期流转主要与固定资产、无形资产等相关。

（3）现金流转的特点

现金流转有两个基本特点：一是，无论是现金短期流转，还是长期流转，其起点和终点都是相同的，都是现金；二是，无论是现金短期流转形成的现金，还是长期流转形成的现金，企业都可根据需要重新分配使用。

（4）现金流转的结果

现金在流转过程中会产生现金流入和现金流出，并表现出三种不同的流转结果，即现金流入量等于现金流出量、现金流入量大于现金流出量、现金流入量小于现金流出量。第一种情况表现为现金流转平衡，第二种情况和第三种情况表现为现金流转不平衡。

（5）现金流转不平衡的原因

导致现金流转不平衡的原因有内部的，也有外部的。从内部原因来看，导致现金流转不平衡的原因主要包括：

第一，盈利。对企业而言，盈利固然是好事，但账面利润并未转化为现金，同时企业又抽出过多的现金用于设备更新、偿还借款、支付股利等，从而发生临时流转困难，出现流转不平衡。

第二，亏损。企业无论是暂时性亏损，还是长期性亏损，都意味着经营管理不善，甚至经营失败。只有投入，没有产出，收不抵支，从而导致现金流转不平衡。

第三，扩充。任何需要扩充的企业都会使现金流出扩大，甚至面临相当严重的现金短缺问题，而在短时间内又无法实现更多的现金流入。在这种情况下，出现现金流转不平衡也是不可避免的。

从外部原因来看，导致现金流转不平衡的原因主要包括：

第一，经济波动。经济周期是客观存在的，在不同的经济周期阶段，经营的景气程度是不同的。经济繁荣时，经营景气程度上升，现金需求扩大；经济下滑时，经营景气程度下降，现金需求缩小。

第二，市场季节性变化。市场的季节性变化使企业在销售淡季现金不足，销售旺季过后现金过剩；采购旺季现金大量流出，而现金流入又不能同步。

第三，通货膨胀。通货膨胀会使企业遭受现金短缺的困难，购买相同数量的产品或物资、更新设备等会引起更大的现金流出。

第四，竞争。无论是价格竞争，还是广告竞争，都会使企业现金流出增加、现金流入减少，对现金流转产生不利影响。

2）企业财务活动

企业财务活动是指企业在生产经营活动或其他业务活动过程中涉及的与资金有关的活动，包括筹资活动、投资活动、资金营运活动和分配活动等。

（1）筹资活动

筹资即筹集资金，它既是资金的获取过程，又是资金运动的起点。企业为了满足生存和发展的需要，往往从不同渠道、以不同的方式筹集资金并进入企业，表现为资金的流入。企业偿还债务本息、支付股息或股利等表现为资金的流出。这种因筹资而引起的资金流动即为筹资活动。

（2）投资活动

投资是指以现在流出现金为代价换取未来更多现金流入为回报的经济活动。投资既是资金运用过程，又是资金合理高效配置过程。按不同的标准划分，投资可分为简单再生产投资和扩大再生产投资、直接投资和间接投资、对内投资和对外投资、长期投资和短期投资等。企业任何一种形式的投资都会引起资金的流出。有时，这种资金流出的数额甚至是巨大的。同时，企业收回投资、取得投资收益，也会产生资金流入。这种因投资而引起的资金流动即为投资活动。

（3）资金营运活动

日常生产经营活动是企业全部经营活动中的重要环节。在日常生产经营活动中，企业会因采购材料或商品、支付工资和其他销售费用等而引起资金流出，同时，也会因商品销售或其他销售取得收入而产生资金流入。另外，有时为解决资金不足而从银行暂时取得短期借款，也会形成资金流入。这种因日常经营活动而引起的资金流动即为资金营运活动。

（4）分配活动

分配就是对收入或收益的分割。广义上讲，分配包括对收入的分配、税前利润的分配、税后利润的分配和股利分配等多个层次。狭义的分配一般是指利润分配。利润分配实质上是利润在国家（税收）、企业（留存收益）、投资者（股利）之间的分配。利润分配同样会产生资金流出和资金流入。这种因分配而引起的资金流动即为分配活动。

综上所述，财务活动的四个方面，彼此并不是孤立的，而是相互依存、相互影响、相互制约的。这种内在逻辑关系为企业开展财务管理工作提供了清晰的思路。

3）企业财务关系

企业财务关系是指企业在组织财务活动过程中所发生的与各有关方面之间的经济利益关系。研究财务关系必须明确两个问题：一是企业与哪些方面有经济关系；二是它们之间是什么关系。概括起来可归纳如下：

（1）企业与国家政府管理部门之间的财务关系

国家政府管理部门既是社会管理者，行使宏观调控管理职能，又是相关法律法规的制定者，行使法律监督约束职能。企业要在法律法规许可的范围内，依法设立、依法经营、依法纳税，自觉接受国家政府管理部门的监督指导。因此，企业与国家政府管理部门之间的财务关系是一种强制性的经济利益关系。

（2）企业与投资者、受资者之间的财务关系

企业既可以作为投资者，投资于其他企业或方面，又可以作为受资者，接受其他企业或方面的投资。在这一投资活动过程中，体现了企业与投资者、受资者之间因资金使用而形成的控制权关系或利益分配关系。

（3）企业与债权人、债务人之间的财务关系

企业购买其他企业发行的债券、向其他企业提供赊销或借款，此时，企业属于资金的提供者，是债权人。企业发行债券、接受银行借款、赊购商品等，此时企业属于债务人。企业与债权人、债务人之间的财务关系体现了资金借贷关系和资金结算关系。

（4）企业与内部各部门之间的财务关系

企业作为一个独立的经营实体，是由若干部门或单位组成的。这些部门或单位之间，既有分工又有合作。在实行内部经济核算制和内部经营管理责任制的条件下，企业与内部各部门之间的财务关系是一种以分工合作为基础的资金结算关系。

（5）企业与职工个人之间的财务关系

职工是企业的主人翁，是企业的劳动者。企业与职工之间的关系通过“劳动合同”或“用工合同”等契约来维系。职工付出劳动，企业按贡献大小给予报酬。因此，企业与职工个人之间的财务关系表现为以劳动成果为基础的按劳分配关系。

综上所述，企业与各方面之间的财务关系是客观存在的，在处理这些财务关系时不能厚此薄彼，更不能顾此失彼，要做到统筹兼顾，协调统一，从而实现财务和谐、企业和谐和社会和谐。

1.1.2　企业财务管理

财务管理是企业管理的重要组成部分，是企业管理的核心。研究与应用财务管理，不仅要明确财务管理是什么，更要清楚财务管理的基本属性。

二维码 1-1

延伸阅读：财务管理与相关学科的关系

1）财务管理的定义

财务管理是指财务管理的主体（企业或公司）以客观存在的财务活动和财务关系为基础，利用价值形式，以实现企业价值最大化和可持续发展为目标而进行的有关资金的获取（筹资）、使用（投资）和分配的经济管理活动。

经济越发展，财务管理越重要，已成为理论界和实务界的共识。财务管理越来越受到现代企业的高度重视。

2）财务管理的特点

财务管理无论是作为一门独立的学科，还是作为企业的一项管理活动，都有其自身的特点，这些特点包括：

（1）侧重性

财务管理与企业其他各项管理工作相比，更侧重于价值管理，而非使用价值管理。这一特点在组织财务活动和处理财务关系的过程中体现得尤为明显。

（2）综合性

财务管理是一项综合性的管理工作，它是财务环境、财务理念、财务思维、财务模式、财务手段、财务文化等的融合，是一个集成系统。

（3）协调性

财务管理既强调财务活动内容之间的协调，又强调各利益主体间关系的协调；既强调财务管理各工作环节间的协调，又强调财务部门与非财务部门以及财务部门内部的协调。

1.2　财务管理的对象与工作环节

1.2.1　财务管理的对象

财务管理的对象又称理财对象，研究的是财务管理的客体。在财务管理实践中，财务管理对象包含了两层意思：一是指财务活动，二是指财务关系。企业财务管理的对象是财务活动和财务关系的统一。财务关系嵌套在财务活动中，并维持着财务活动的发生和延续。

1）财务活动的内容

在现代企业中，财务管理的内容一般包括筹资管理、投资管理、营运资本管理和收益分配管理等。

（1）筹资管理

资金是企业的血液，是生存和发展的保障。任何一个企业都需要筹资，筹资只是一种形式，其重点在于管理。筹资管理包括：筹资环境分析、资金需求量预测、筹资方案设计、筹资渠道和方式选择、筹资结构安排、筹资风险分析、筹资成本估计和筹资效益评价等诸多内容。筹资管理是财务管理的首要内容。

（2）投资管理

投资是资金运用和资产形成过程，目的是获取收益或谋取控制权。投资成败对企业未来发展影响深远，投资决策必须慎之又慎。投资管理包括：投资方向或项目的选择、投资时机的把握、投资规模的预算、投资方案的设计、投资风险评估、投资效益分析以及投资失败的应对策略等一系列问题。投资管理是财务管理的核心内容。

（3）营运资本管理

营运资本或称营运资金。广义的营运资本是指企业流动资产总额；狭义的营运资本又称净营运资本，是指流动资产与流动负债的差额。因此，营运资本管理既包括对流动资产的管理，如现金管理、应收账款管理、存货管理等，又包括对流动负债的管理，如应付账款、短期借款等，还包括流动资产与流动负债匹配关系的管理。营运资本管理是财务管理的日常管理内容。

（4）收益分配管理

收益就是企业的所得，包括经营收益、投资收益、营业外收益以及其他收益等。收益分配管理，一方面要关注收益的形成过程、收益的构成及其质量；另一方面要关注收益分配的合法性、合规性、合理性。收益分配既要照顾当下，又要着眼于企业未来长期发展；既要保持分配政策的连续性与稳定性，又要权衡思变体现分配政策的动态性与灵活性。收益分配管理是财务管理的重要内容。

二维码1-2

教学视频：财务管理的内容

2）财务关系的内容

财务关系是指企业在组织财务活动过程中与有关各方发生的经济利益关系。这些关系体现了财务活动的本质特征，并影响财务活动的发生和延续。

（1）投资中的财务关系

投资中的财务关系包括企业与受资者、债务人的关系。企业与受资者之间的财务关系是指企业以购买股票或直接投资的形式向其他企业投资所形成的经济关系。

企业与债务人之间的财务关系指企业将其资金以购买债券、提供借款或商业信用等形式出借给其他单位所形成的经济关系。

（2）筹资中的财务关系

筹资中的财务关系包括企业与所有者、债权人的关系。企业与所有者之间的财务关系是指所有者向企业投入资金，企业向所有者支付投资报酬，所形成的经济关系。

企业与债权人之间的财务关系是指企业向债权人借入资金，并按合同规定支付利息和归还本金。

（3）经营中的财务关系

经营中的财务关系包括企业内部各单位之间的关系、企业与职工的关系、企业与政府的关系、企业与供应商及客户的关系。

企业内部各单位之间的财务关系是指企业内部各单位之间在生产经营各环节中相互提供产品或劳务所形成的经济关系。

企业与职工之间的财务关系是指企业向职工支付劳动报酬过程中所形成的经济关系。

企业与供货商、客户之间的关系是指企业购买供货商的商品或劳务以及向客户销售商品或提供服务过程中所形成的经济关系。

企业与政府之间的财务关系是指政府通过收缴各种税款与企业发生的经济关系。

这些财务关系不仅影响企业的经营活动，还关系到企业的生存和发展。

二维码 1-3

延伸阅读：
阿里巴巴财务
金三角策略

1.2.2　财务管理的工作环节

财务管理的工作环节是指财务管理的工作步骤和一般程序，包括财务预测、财务决策、财务预算、财务控制、财务分析五个基本环节。这些环节相互配合，紧密联系，形成周而复始的财务管理循环过程，构成完整的财务管理工作体系。

（1）财务预测

财务预测是根据财务活动的历史资料，考虑现实的要求和条件，对企业未来的财务活动和财务成果做出科学预计和测算。本环节的主要任务在于：测算各项生产经营方案的经济效益，为决策提供可靠依据；预计财务收支的发展变化情况，以确定经营目标；测定各项定额和标准，为编制计划、分解计划指标服务。

（2）财务决策

财务决策是指财务人员按照财务目标的总体要求，利用专门方法对各种备选方案进行比较分析，并从中选出最佳方案的过程。在市场经济条件下，财务管理的核心是财务决策。财务预测是为财务决策服务的。决策成功与否直接关系到企业的兴衰成败。

（3）财务预算

财务预算是指运用科学的技术手段和数量方法，对未来财务活动的内容及指标进行的具体规划。财务预算是以财务决策确立的方案和财务预测提供的信息为基础编制的，是财务预测和财务决策的具体化，是控制财务活动的依据。

（4）财务控制

财务控制是在财务管理的过程中，利用有关信息和特定的手段，对企业财务活动施加的影响或进行的调节。实行财务控制是落实预算任务、保证预算实现的有效措施。财务控制一般要经过以下步骤：制定控制标准，分解落实责任；实施追踪控制，及时调整误差；分析执行情况，做好考核奖惩。

二维码1-4

延伸阅读：世界一流财务管理体系

（5）财务分析

财务分析是根据财务会计资料，运用特定方法，对企业财务活动过程及其结果进行分析和评价的一项工作。通过开展财务分析，可以掌握各项财务计划的完成情况，反映经营业绩，评价财务状况，研究和掌握企业财务活动的规律，为各利益相关者的未来决策提供依据和参考。

1.3 财务管理的目标与协调

1.3.1 财务管理目标的典型观点

任何管理活动都是有目的的行为，财务管理也不例外。财务管理目标是财务管理工作的行动指南。如果从财务活动和财务关系的角度分别讨论：前者追求的是效率，即为股东创造财富；后者追求的是和谐，即兼顾股东之外利益相关者的合法权益。

根据现代企业财务管理理论和实践，最具有代表性的财务管理目标的观点主要有以下几种：

1）利润最大化

亚当·斯密、大卫·李嘉图和马歇尔的古典经济理论认为，企业财务目标就是获得最大的利润，而且利润总额越大越好。将利润最大化作为企业的财务目标，有其积极的意义：首先，利润是反映企业经济效益状况最直接、最有效的指标，获取最大的利润既是企业的基本宗旨，又是企业不断发展的基本前提。其次，利润不仅代表企业为社会创造的财富，还代表企业的竞争优势。最后，利润是衡量企业经营业绩的综合性指标。从实际出发，该种观点浅显通俗，容易被人们理解和接受。

但是，将利润最大化作为财务目标也具有明显的缺陷和不足：首先，利润是一个绝对量指标，没有考虑投入与产出之间的关系，不便于不同规模企业间的横向比较；其次，利润最大化既没有考虑货币的时间价值，又没有考虑相应的风险问题；再次，片面追求利润最大化容易导致企业经营上的短期行为倾向，从而影响企业的长远发展；最后，追求利润最大化容易使企业为了粉饰业绩而出现人为操控利润的行为。

2）每股收益最大化

每股收益最大化，是企业的净利润与发行在外流通的普通股股数的比率。利润最大化是从总量的角度考察，而每股盈余最大化是从单位额的角度考察。尽管每股盈余最大化把企业实现的净利同企业的投入结合起来考虑，有了一定的进步，但它仍然无法避免利润最大化的种种缺陷和不足。

3）股东财富最大化

股东不仅是企业的出资人和创办者，还是企业终极产权的所有者和风险承担者。通过财务上的合理经营，为股东创造最大化的财富，不仅符合逻辑，也符合股东的预期目标要求。一般情况下，股东的财富源于两个方面：一是企业的分红，即红利所得；二是外部市场，即市场所得。红利所得是由企业的经营业绩和既定的分配政策决定的，市场所得是由股东所拥有的股票数量和股票市场价格决定的。在股票数量一定的条件下，股票价格越高，股东获得的财富越大。在企业不分红或现金红利派发很少的情况下，在运行良好的资本市场上，股东财富最大化也可以理解为股票价格最大化。

与利润最大化目标相比，股东财富最大化目标的积极意义在于：首先，它强调了企业经营业绩的长期持续性，在一定程度上克服了短期行为，因为不仅当前的利润影响股票价格，预期未来的利润对股票价格也会产生重要的影响。其次，股东财富最大化考虑了风险因素，风险的高低直接影响股票价格的变化，把股东财富与风险紧密结合，有利于企业开展风险管理和评价。最后，股东财富最大化可以在一定程度上规范资本市场的运行并促进资本市场的繁荣。

应该看到，股东财富最大化目标也存在着明显的不足：首先，它只适用于上市公司，非上市公司难以应用。其次，股票价格的变化可能与公司业绩并不存在必然的联系。股票价格受多种因素影响，并非都是企业所能控制的，而把不可控因素引入理财目标是不合理的。最后，片面强调股东财富可能会伤害企业其他利益相关者，不利于财务目标的协调与整合。

4）企业价值最大化

通俗地讲，企业价值是指企业本身值多少钱。它反映的是企业全部资产的市场价值而非账面价值。它是由企业潜在的或预期的获利能力决定的，是通过市场来评价的。企业价值最大化就是通过财务上的合理经营，采用最优的财务政策，充分考虑货币时间价值和风险与报酬的关系，在保证企业长期、稳定发展的基础上使企业总价值达到最大。在理论上，企业价值就是企业所拥有的资产或权利产生的未来现金流量按一定的贴现率所确定的现值。

以企业价值最大化作为企业的财务目标，其理由是：首先，它充分考虑了货币时间价值和风险价值，强调了时间价值和风险对企业价值实现的重要影响作用。其次，它充分考虑了资本的优化配置和合理使用，体现了投资者对资本保值增值的要求。最后，它克服了企业在经营管理和财务行为上的短期行为，体现了企业长期稳定可持续发展的要求。

但是，以企业价值最大化作为财务目标也存在一定的问题：首先，企业价值是一个比较抽象的概念，不如利润、每股盈余、股东财富等直观具体，因而不易被人们接受和理解。其次，在计算企业价值时涉及的许多参数诸如未来现金流量、折现率、折现期等存在预计上的困难。最后，企业价值的确定是否客观、公正，能否被企业所接受，还受到评估机构、评估标准、评估方法、评估日期等一系列因素的影响，具有一定的主观性。

二维码1-5

教学视频：主流的财务管理目标观点

尽管如此，以企业价值最大化作为财务目标，不仅深刻揭示了企业价值的内涵、市场对企业的认可，还兼顾和协调了企业和各方面的经济利益关系。将企业价值最大化作为财务目标不失为一种理想的选择。

1.3.2 财务管理活动的目标

一般来讲，目标是具有层次性的，既有总体目标，又有具体目标。财务管理的具体目标是与财务管理的具体内容紧密相联的。

1）筹资管理目标

企业筹资的具体目标是：在法律法规许可的范围内，根据企业的实际需要，在分析筹资环境的基础上，通过制订切实可行的筹资方案，以优化的筹资结构，以较小的筹资代价和较低的筹资风险，及时足额地筹措到企业所需的各种资金，以保证企业筹资的高效通畅。

2）投资管理目标

企业投资管理的具体目标是：在分析投资环境的基础上，合理选择投资方向或项目，通过优化方案设计、可行性分析和科学决策，务必使投资取得成功，并以较少的投资和较低的风险获取较高的投资回报。

3）营运资本管理目标

企业营运资本管理的目标是：在权衡流动性、收益性和风险性的基础上，通过制定切实可行的营运资本管理政策，合理使用资金，加速资金周转，以较少的资金占用完成较大的营业收入，以不断提高资金的利用效率。

4）分配管理目标

企业分配管理的目标是：通过制定合理的财务分配政策，在满足企业自身积累和发展需要的同时，兼顾企业和各方面的经济利益关系，以保证分配的合法性、合理性和有效性，从而促进企业和谐发展和价值提升。

1.3.3 目标的冲突与协调

企业财务管理的目标是企业价值最大化。在实现这一目标的过程中，会涉及不同的利益主体。利益主体不同，目标也不同。受利益的驱动，各主体间产生利益分歧和目标冲突也是必然的。如何协调和解决他们之间的分歧和冲突也是财务目标所面临的现实问题。

1）股东与经营者之间的冲突与协调

股东是企业的出资者，更是企业的所有者；经营者即企业的经理人。在两权分离的条件下，股东和经营者之间形成了一种委托代理关系。股东的目标是追求财富最大化，而经营者的目标是得到更好的待遇，包括物质的和精神的，较多的闲暇时间、较少的工作时间及较小的工作强度，尽量避免风险。股东若满足经营者目标的要求，就会放弃部分利益而影响自身的财富。股东若不能满足经营者目标的要求，还可能导致经营者背离股东目标，甚至进一步损害股东的利益。

经营者背离股东目标，伤害股东利益，一般表现在两个方面：一是道德风险。例如，经营者在有能力的情况下不做最大努力的付出，放弃对股东有利的机会等。二是逆向选择。例如，以工作需要为名，巧立名目乱花股东的钱，如豪华装修办公场所、购买高档汽车等。

为了防止经营者背离股东目标，降低对股东的伤害，可采取如下解决方法：

（1）解聘

股东一旦发现经营者有损害股东利益的企图或行为，可选择直接解聘经营者。这是对经营者的一种行政约束。

（2）接收

因经营者经营不力，决策失误，使股东利益受损，公司就可能被其他公司强行接收或吞并，经营者也会随之被解聘。这是对经营者的一种市场约束机制。

（3）监督

经营者背离股东目标，其条件是双方的信息不对称。经营者了解和掌握的信息远远多于股东。要避免道德风险和逆向选择，股东就要获取更多的信息来对经营者实施监督。

监督虽然在一定程度上减少了经营者违背股东意愿的行为，但相应地增加了为此而付出的代价，即监督成本。

（4）激励

股东将经营者的报酬与其绩效挂钩，用激励的方式，与经营者分享企业增加的财富，从而鼓励其采取符合企业利益最大化的行动，一方面为其自身带来好处，另一方面也有利于股东财富的增加。股东给予经营者的激励可以通过提高年薪、股票选择权、绩效股等方式来实现。尽管通过激励的方式可以减少经营者违背股东意愿的行为，但同时削减了股东的财富，增加了激励成本。

股东同时采用监督和激励两种方法来协调自己和经营者的目标，但仍不能保证经营者完全按股东的意愿行动，他们仍然可能采取一些对自己有利而不符合股东最大利益的决策，并由此给股东带来一定的损失。监督成本、激励成本和偏离股东目标的损失三者之间此消彼长，相互制约。因此，解决股东和经营者之间目标冲突最好的办法就是力求使上述三项之和达到最小。

2）股东与债权人之间的冲突与协调

当企业向债权人借入资金后，两者之间便形成了一种事实上的契约关系。作为企业的债权人，其目标就是按约定到期收回本金并取得利息收入。债权人事先知道借出资金是有风险的，但资金一旦到了企业，债权人就失去了控制权。股东可以通过经营者为自身利益而做出一些伤害债权人利益的事情。

股东伤害债权人利益的行为通常表现在两个方面：一是未经债权人的同意，将借入资金投资于比债权人预期风险更高的投资项目。如果投资成功，不仅股东得到了超额回报，债权人也有了偿还保障。一旦投资失败，企业无力偿还，债权人目标将难以实现。二是未经债权人同意而迫使管理当局借入新债。新债的借入导致旧债的价值下降，使旧债权人蒙受损失，同时，新债的借入也会使旧债权人权益的保障程度大大降低，目标难以实现。

解决股东和债权人之间冲突的方法有：一是寻求立法保护，如破产时优先接管，优先于股东分配剩余财产等；二是在借款合同中加入限制性条款，如规定借款的用途，不得发行新债或限制发行新债的数额等；三是拒绝借款或收回借款，当债权人发现企业有伤害其利益的企图或行为时，可采取措施拒绝进一步提供新的借款或提前收回借款。

3）企业与社会的冲突与协调

企业作为社会的一部分，其目标在许多方面与社会目标是一致的。企业在追求自身目标的同时，自然会使社会受益。企业为了生存，必须生产出符合顾客需要的产品，满足社会的需求；企业为了发展，要扩大规模，自然会增加职工人数，创造就业机会；企业为了获利，必须提高劳动生产率，改进产品质量，改善服务，从而提高社会生产效率和社会公众的生活质量。

二维码 1-6

教学视频：目标的冲突与协调

企业目标与社会目标一致时，企业往往是无意而为之，是一种自发的行为。当企业目标与社会目标不一致，甚至伤害社会利益时，企业往往是有意而为之，是一种故意行为。企业为了一己之私，可能会实施一些不正当的行为，伤害消费者的利益，伤害劳动者的利益，伤害其他竞争对手的利益，甚至还可能造成环境的严重污染等。

协调企业和社会的冲突，可以通过法律手段、行政干预、道德约束、社会舆论监督等方式来解决。

1.4 财务管理的假设与原则

1.4.1 财务管理假设

一个完整而科学的理论体系的建立，必须通过假设、推理、实证等过程实现。财务管理假设是人们根据财务活动的内在规律和财务环境的要求所提出的具有一定事实依据的假定或设想，是研究财务管理理论和实践问题的基本前提。财务管理假设包括财务主体假设、持续经营假设、有效市场假设、财务理性行为假设、资金增值假设等。

1）财务主体假设

财务主体又称理财主体，是指财务管理为之服务的特定单位，通常是指具有独立或相对独立的物质利益的经济主体。财务主体具有以下特征：首先，财务主体具有独立性。财务主体能够自主地从事财务活动，处理财务关系。独立性是财务主体最主要的特征。其次，财务主体具有目的性。财务主体行为要有明确的目标。最后，财务主体主要运用价值手段进行活动。

财务主体假设明确了财务管理工作的空间范围。

2）持续经营假设

持续经营假设是指财务主体持续存在且能够执行预计的经济活动，即每一个财务主体在可以预见的未来都会无限期地经营下去。企业无论规模大小，其前景只有两种可能，即持续经营和停业清算，非此即彼。财务管理上都假定企业在可以预见的未来会持续经营下去，因为只有在持续经营的情况下，企业投资、借款安排、折旧提取、摊销处理等业务才变得有意义。

持续经营假设明确了财务管理工作的时间范围。

3）有效市场假设

有效市场假设是指财务管理所依据的资金市场是健全和有效的。只有在有效市场上，财务管理才能正常进行，财务管理理论体系才能建立，如资本资产定价理论、资本结构理论、股利理论等。

资金市场的有效程度因信息种类不同而有所差异。资金市场的有关信息可分为历史信息、公开信息和全部信息三类。据此，可将资金市场划分为弱式有效市场、半强式有效市场和强式有效市场三种类型。

（1）弱式有效市场

其主要特点在于当前的证券价格充分反映了历史上一系列交易价格和交易量中的信息，即历史信息，任何投资者仅仅根据历史信息进行交易，均不能获得额外收益。

（2）半强式有效市场

其主要特点在于证券价格反映了所有公开有用的信息，即公开信息，如公司的年度报告、投资咨询报告、董事会公告等，投资者无法利用已公开信息获得额外收益，但公司的内线人物如董事长或总经理等，却可能获得投资者无法得到的信息去买卖自己公司的股票，从而获得额外收益。

（3）强式有效市场

其主要特点在于证券的现行市价中已经反映了所有已公开的或未公开的信息，即全部信息。任何人甚至内部人员即使掌握内幕信息也无法获得额外收益，否则，说明资金市场尚未达到强式有效。

有效市场假设是建立在美国高度发达的证券市场基础上的，并不完全符合我国国情。从我国的财务环境和企业特点来看，有效市场应具备以下特点：当企业需要资金时，能以合理的价格在资金市场上筹集到所需资金；当企业有闲置的资金时，能在市场上找到有效的投资方式；企业理财上的任何成功与失败都能在市场上得到反映。

有效市场假设是确立财务管理原则、决定筹资方式、投资方式、安排资金结构、确定筹资组合的理论基础。如果市场无效，很多理财方法和财务管理理论都无法建立。

4）财务理性行为假设

财务理性行为假设是指从事财务管理工作的人员都是理性的，他们的财务管理行为是理性的，他们会在众多的方案中选择最有利的方案。

一般而言，财务管理人员可分为理性的和盲目的两类。从财务管理的角度看，只能假设财务管理人员是理性的，他们的财务管理行为也是理性的。否则，就无法做出正确的预期和判断，财务管理也无法按照正确的轨迹运行。

财务管理人员的理性行为主要表现在：一是财务管理人员实施财务管理是一种有目的的行为；二是财务管理人员会在众多方案中选择最佳方案；三是财务管理人员发现正在执行的方案是错误的时，会及时采取措施进行纠正；四是财务管理人员会吸取以往经验教训，学习应用新理论新知识。

1.4.2 财务管理原则

财务管理原则，又称理财原则，是指人们对财务管理活动的共同的、理性的认识，是企业组织财务活动及处理各种财务关系必须遵循的准则。

一般而言，财务管理应遵循以下基本原则：

（1）货币时间价值原则

货币时间价值理论认为，在商品经济条件下，即使不存在通货膨胀，等量货币在不同时点上，其价值量也是不相等的。货币时间价值原则要求在进行财务计量和财务决策时必须充分考虑货币时间价值因素。

在实务中，货币时间价值原则强调两个重要观念的应用，即现值观念和早收晚付观念。

（2）风险报酬权衡原则

风险是客观存在的，风险与报酬之间存在一个对等关系，即高收益伴随高风险，风险小要求的收益也低。

风险报酬权衡原则，要求企业不能只顾追求收益，不考虑发生损失的可能性，必须全面分析其收益性和安全性，对风险和报酬做出权衡。

（3）投资分散化原则

依据投资组合理论，投资组合原则要求不要把全部财富都投资于一个领域、一个公司或一项资产，而要分散化投资。分散化投资可以降低风险。

在实务中，投资分散化原则具有普遍意义，适用于公司的各项财务决策。凡是有风险的事项，都要做到分散化，以降低风险。

（4）资源合理配置原则

资源通常是指企业所拥有的经济资源，即人、财、物等各项资源。资源所带来收益的大小，在很大程度上取决于资源的配置是否合理。资源合理配置原则要求企业将各项资源在数额上和结构上合理配比，以做到人尽其才、财尽其能、物尽其用，以较少的资源投入，实现最大化的资源产出。

（5）收支动态平衡原则

资金在运动过程中产生现金流入和现金流出是客观的、必然的。保持现金流入和流出在时间上和数量上的协调平衡，是对财务管理的基本要求。

收支动态平衡原则，要求企业不仅要做到一定时期收支总量上的平衡，还要做到每一时点上的收支平衡。这种平衡并不是简单的收支相等，而是留有一定余地的平衡，即保持财务的合理弹性。

（6）成本效益原则

成本效益原则，要求对企业经济活动中的所费（投入）与所得（产出）进行对比分析，对经济行为的得失进行衡量，使成本与效益达到最优的结合。在实务中，在企业的筹资领域、投资领域以及日常经营领域都应遵循成本效益原则。

（7）权责利结合原则

权责利相结合，就是指一定的财务责任应与一定的财务权力和财务利益相结合。

权责利相结合原则，要求企业责任划分要清晰、权力赋予要适度、利益激励要得当。真正建立起以责任为中心、以权力为保证、以利益为手段的企业内部财务管理责任制。

（8）利益关系协调原则

企业是由各个不同的利益主体组成的契约联合体。这些利益主体包括企业的所有者、经营者、债权人、债务人、国家政府部门、供应商、客户、本企业职工等。利益关系协调原则，要求在这些利益主体之间营造一个平等、和谐的发展环境，妥善处理各主体间的利益关系，切实维护各方的合法权益，合理保障各方的利益诉求。只有这样，企业才能充分调动各利益主体的积极性和主动性，才能构建和谐企业与和谐财务，最终为实现企业价值最大化的目标服务。

1.5 财务经理与财务经理的职责

1.5.1 财务经理（CFO）

在现代公司制企业中，管理日趋精细化、规范化，管理理念、手段日益创新。在一个企业或公司内部，不仅要有严密的财务管理组织机构，还要有负责管理财务组织机构和财务会计工作的主管。

公司财务管理通常都与公司高层管理人员有关。这些高层管理人员包括财务总监、总会计师、财务副总经理等。由此，形成了三种不同的财务领导体制类型，即：

（1）财务总监制

财务总监是由董事会授权、董事长直接委派的。财务总监制的优点是直接体现董事会的授权，代表着投资者或股东的利益。其缺点是财务总监直接插手企业财务工作，权力过于集中，容易造成新的所有者代表与经营者权责不清。

（2）总会计师制

总会计师制是在总经理下设置与副总经理平行的总会计师，分管企业财务工作。这种体制在我国国有企业中比较常见。其优点是体现了财务管理的专业性与决策中专家意见的权威性；不足之处在于，客观上总会计师给人以“专家”之衔而非职位之感，使企业财务管理工作的地位受到影响。

（3）财务副总经理制

财务副总经理制是在总经理下设负责财务工作的副总经理，对上直接向总经理负责，对下直接负责财务会计机构，直接参与公司重大问题的决策，但专业性略显不足。

以上三种不同的财务领导体制各有利弊。随着经济社会的调整和转型，客观上要求财务总监或总会计师应加快向财务经理转变。

财务经理（CFO），又称首席财务官，它源于西方发达市场经济国家，在现代公司中，其地位仅次于首席执行官（CEO），是公司决策层的高级重要成员，从根本上负责财务管理的顶层设计、产融结合、资本运作等。在复杂、多变的理财环境下，财务经理不仅要具备良好的政治素养、法律素养、文化素养、道德素养，更要具备专业胜任能力、预期判断能力、组织协调能力、交际沟通能力、权变适应能力、风险管控能力、财务创新能力、情感自控能力等。战略视野和沟通能力对财务经理而言，尤为重要。

1.5.2 财务经理的职责

财务经理的职责，是指财务经理就其服务的特定财务主体而言，所应从事的与其身份、权力、责任等相匹配的工作业务范畴与职责。

财务经理的基本职责是：通过财务上的合理运作，在保证资金良性循环和财务状况健康安全的基础上，促进公司的可持续高质量发展，为公司和利益相关者最大化地创造价值。

财务经理的具体职责通常与公司的财务业务密切相关，主要包括：

1）组建财务组织机构

建立健全的组织机构，不仅是开展财务管理工作的前提，也有助于财务管理工作质量和效率的提高。

组建财务组织机构，要体现行业特征、公司规模、组织形式、业务特点和管理水平等要求。根据这些要求，财务组织机构的设立可以有两种模式：一种是一元制组织机构，即财务与会计合一模式；另一种是二元制组织机构，即财务与会计分立模式。

组建财务组织机构应做到：目标明确、职责权限清晰、组织架构合理、岗位设置科学、人员配备整齐、考核评价合理、运行顺畅有序。

2）确立财务管理体制

财务管理体制，是确定企业内部各有关方面的财务权限、财务责任和物质利益关系的基本制度。其核心是要正确处理好财务责任、财务权力的集中与分散的关系以及责权的相互结合。

在实务中，根据企业的组织形式、生产技术特点和经营规模的大小，财务管理体制主要有以下三种类型：

（1）集权式财务管理体制

该种体制最初适合生产经营品种单一、规模较小的中小企业。现在，随着信息技术的发展，加之企业高层对财务管理越来越重视，许多跨行业、跨地区的企业集团也选择该种体制。

该种体制的特点是财务权限高度集中于公司最高管理层。

（2）分权式财务管理体制

该种体制适合那些集团内部成员企业各自都是独立法人的大型松散型联合集团。

该种体制的特点是将财务权限分散到不同的下属单位和经营管理部门。

（3）混权式财务管理体制

该种体制适合资产经营一体化的公司和具有核心层、紧密层、半紧密层、松散层等多层次组织结构的企业集团。

该种体制的特点是将集权与分权相结合，重大财权集中于公司总部，一般性财权分散到下属单位。

3）设计财务管理制度

企业内部财务管理制度是由企业管理当局制定的，用来规范企业内部财务行为、处理企业内部财务关系的具体规则。

设计财务管理制度应明确以下三个问题：其一，财务管理制度是财务主体意志的体现；其二，财务管理制度与特定的条件和时间相联系，只能在一定时间和空间范围内发挥作用；其三，财务管理制度随理财环境的变化而变化。

在企业实务中，财务管理制度主要包括财务人员管理制度和财务业务管理制度。财务人员管理制度具体包括财务人员的构成、财务负责人职责权限的界定、财务人员的约束与激励、财务岗位的配备与轮换等内容。财务业务管理制度具体包括货币资金收支管理制度、投资融资管理制度、资产管理制度、成本费用管理制度、收入管理制度、利润及分配管理制度、财务报告与财务评价制度等内容。

4）制定财务管理政策

财务管理政策，是企业自主制定的有关财务活动的行为指南和规则。制定财务管理政策的目的是配合企业经营政策、调整财务行为、提高财务管理效率。

财务管理政策从财务活动内容角度看，包括投资政策、融资政策、营运资本政策和收益分配政策。财务管理政策从财务运行周期角度看，包括扩张型政策、紧缩型政策和稳健型政策。

二维码1-7

延伸阅读：财务理论创新的三大基础

无论从何种角度制定财务政策，都要结合主客观环境的变化做适当的调整。

5）运用财务管理工具

财务管理工具又称理财工具，是财务管理人员组织财务活动，开展财务管理工作必备的基本观念和手段。财务管理工具包括货币时间价值、现金流量、风险价值、资本成本、财务估价、财务分析与评价等。

二维码1-8

延伸阅读：AI大数据助力企业财务管理智能化转型

财务人员，特别是财务经理，应主动将各种财务管理工具应用到财务管理的各个领域和环节，以确保财务决策的科学高效。

6）实施财务管理创新

党的二十大报告明确提出，必须坚持守正创新。随着信息技术的高速发展，大数据的分析利用已涉及各个领域，并成为一种趋势，在此背景下，财务经理及财务人员也被赋予了新的职责，要与时俱进，不断创新，将各种新兴事物，如财务共享、财务云、业财融合等新理念、新手段融入现代财务管理当中。

总结与结论

▶企业财务是财务活动和财务关系的统一。前者描述了财务的形式特征，后者揭示了财务的内容本质。财务活动是有关企业资金的活动，包括筹资活动、投资活动、营运资金活动和分配活动。财务关系是指企业与各方面发生的经济利益关系，包括企业与国家政府部门之间、企业与投资者受资者之间、企业与债权人债务人之间、企业与内部各部门之间、企业与职工个人之间等。

▶财务管理是企业以客观存在的财务活动和财务关系为基础，利用价值形式，以实现企业价值最大化和可持续发展为目标而进行的有关资金的获取、使用和分配的经济管理活动。财务管理具有侧重性、综合性和协调性等特点。

▶财务管理的对象包含两层意思：一是指财务管理内容，即筹资管理、投资管理、营运资金管理和收益分配管理；二是指资金流转过程。资金流转又称现金流转，包括现金流转含义、现金流转形式、现金流转特点、现金流转结果以及现金流转不平衡的原因等内容。财务管理的工作环节包括财务预测、财务预算、财务决策、财务控制和财务分析。

▶企业的终极目标是获利并创造价值。企业为满足生存、发展和获利的需要，对财务管理提出了不同的要求。最具代表性的财务管理目标观点包括利润最大化、每股盈余最大化、股东财富最大化和企业价值最大化。财务管理具体目标包括筹资管理目标、投资管理目标、营运资金管理目标和分配管理目标。

▶财务管理的假设包括财务主体假设、持续经营假设、有效市场假设、理性行为假设、资金增值假设等。财务管理原则包括时间价值原则、风险报酬权衡原则、投资分散化原则、资源合理配置原则、收支动态平衡原则、成本效益原则、权责利结合原则、利益关系协调原则。

▶财务经理应具备政治素养、法律素养、文化素养和道德素养。财务经理应具备的能力是：专业胜任能力、预期判断能力、权变适应能力、组织协调能力、交际沟通能力、风险管控能力、财务创新能力、情感自控能力。财务经理的基本职责是创造并分配价值。财务经理的具体职责是：组建财务机构、确立财务体制、设计财务制度、制定财务政策、运用财务工具、实施财务创新。

即测即评

二维码1-9

即测即评

思考题

1.财务的产生应具备哪两个条件？财务活动和财务关系各体现了什么问题？

2.财务活动和财务关系各包括哪些内容？

3.什么是财务管理？它有哪些基本特点？

4.财务管理的主要内容是什么？分别是如何管理的？

5.何谓现金流转？它的基本形式和特点是什么？

6.现金流转有几种结果？不平衡的原因是什么？

7.企业目标对财务管理提出了怎样的要求？

8.财务管理的目标观点有哪些？各有什么优缺点？

9.如何解决股东与经营者、债权人之间的目标冲突？

10.财务管理包括哪些主要假设和基本原则？

11.财务经理应具备哪些能力？其职责是什么？

案例分析题

XD公司财务目标与利益冲突

XD公司是一家从事IT产品开发的企业，由三位志同道合的朋友共同出资100万元创立，三人平分股权比例。企业发展初期，创始股东都以企业的长远发展为目标，关注企业的持续增长能力，所以，他们注重加大研发投入，不断开发新产品。这些措施有力地提高了企业的竞争力，使企业实现了营业收入的高速增长。在开始的几年间，销售业绩以年均60%的速度提升。然而，随着利润的不断快速增长，三位创始股东开始在收益分配上产生了分歧。股东李某、江某倾向于分红；股东刘某则认为应将企业取得的利益用于扩大再生产，以提高企业的持续发展能力，实现长远利益的最大化。由此产生的矛盾不断升级，最终导致坚持企业长期发展的刘某被迫出让其持有的1/3股份而离开企业。

但是，此结果引起了与企业有密切联系的广大供应商和分销商的不满，因为他们中许多人的业务发展壮大都与XD公司密切相关。他们深信XD公司的持续增长将给他们带来更多的机会。于是他们声称，如果刘某离开企业，将断绝与企业的业务往来。面对这一情况，其他两位股东提出自己可以离开，条件是刘某必须收购他们的股份。刘某的长期发展战略需要较多的投资，这样做将导致企业陷入没有资金维持生产的困境。这时，众多供应商和分销商伸出了援助之手。他们或者主动延长应收账款的期限，或者预付货款，最终使刘某重新回到企业，成为公司的掌门人。

经历了股权更变的风波后，XD公司在刘某的领导下不断加大投入，实现了企业规模化发展，在同行业企业中处于领先地位，竞争力和价值不断提升。

分析：

（1）刘某坚持企业长远发展，而其他股东要求更多分红。你认为刘某的目标是否与股东财富最大化的目标相矛盾？

二维码1-10

案例分析题提示

（2）拥有控制权的大股东与供应商和客户等利益相关者之间的利益是否矛盾，如何协调？

（3）像XD这样的公司，其所有权和经营权是合二为一的，这对企业的发展有什么利弊？

（4）重要利益相关者能否对企业的控制权产生影响？

第2章 财务管理环境与组织

学习目标

掌握财务环境的概念；理解和掌握财务环境的分类；理解研究财务管理环境的意义；了解内部财务环境的主要因素及其对财务管理的影响；了解经济环境的主要因素及其对财务管理的影响；了解法律环境的主要因素及其对财务管理的影响；了解文化环境的主要因素及其对财务管理的影响；明确一般工商企业中的财务组织机构与人员职责分工；明确金融机构中的财务组织机构与人员职责分工；明确政府与非营利组织中的财务组织机构与人员职责分工。

导言

任何事物都是与一定的环境相联系，进而存在和发展的。财务管理也不例外。企业的财务管理活动也是在一定的环境中进行的。财务管理活动若想成功，必须考察周围的总体环境和具体环境。环境的变化可能会给企业的财务管理带来困难，但企业的财务人员如能正确预测其发展情况，采取及时的应变措施，也可以使企业发展壮大走向成功。此外，不同的机构由于其自身的特点、目标、职能等不同，其财务组织机构与职责也各不相同。财务管理的一切活动都是在财务管理环境和一定的组织机构条件下进行的，因此可以说财务管理的环境与组织是财务管理的基础因素。

2.1 财务管理环境

企业作为经济社会中的一个经济系统，财务管理在各种环境因素作用下实现财务活动及其财务关系的协调与平衡，在很大程度上受环境的影响和制约。研究财务管理环境的有关概念，有助于把握开展财务活动的有利条件和不利条件，为企业正确制定财务管理战略及进行财务决策提供可靠的依据，保障企业更好地实现财务管理目标。

1）财务管理环境概述

（1）财务管理环境的含义

财务管理环境，又称理财环境，是指对企业财务活动和财务管理产生影响作用的企业内外的各种条件或因素的统称。如果把财务管理作为一个系统，那么，财务管理以外的、对财务管理系统有影响作用的一切系统的总和，便构成财务管理的环境，如国家政治、经济形势、法律法规的完善程度、企业面临的市场状况、企业的生产条件等。财务管理环境是企业财务活动赖以生存的土壤和条件，对企业的运营和财务管理等都具有重要影响。

（2）财务管理环境的特征

①复杂性和不确定性

财务管理活动总是在一定的时间和空间内进行。它赖以存在和发展的各种因素的集合共同构成了一个多层次的综合系统。正是在这种综合系统的作用下，财务管理活动才呈现复杂性与不确定性的特征。

未来是不确定的，而人们的决策都是面向未来的。在这种背景下，人们把那些无法预料的和难以测度的变化定义为不确定性。包括财务管理环境在内的客观环境总是变化的，而且充满了不确定性，财务管理环境内诸因素的相互作用、相互影响，对企业的财务活动，进而对财务管理决策也将产生重要影响。并且，随着信息技术和信息社会的进一步发展，财务管理环境的复杂性和不确定性将日趋增加。

②动态性

财务管理环境具有稳定与变动的双重特性。在某一静止的时点，财务管理环境是相对稳定的，但随着时间的推移，环境本身是瞬息万变的。有些环境因素是渐变的，其变化比较缓慢，不易及时察觉和把握，如社会文化环境、自然地理环境等；还有些因素的变化是突变的，其变化过程因剧烈、很快会产生影响而容易被人们直接感知，如国家政策、经济法规的变化等。无论是渐变的因素还是突变的因素，其对财务管理活动的影响都是不容小觑的。这就要求财务管理的主体在进行财务管理活动时，应当及时预测环境变化的趋势与特征，采取有效的措施对企业的财务管理活动进行调整，以充分利用环境因素变化所带来的机遇或有效应对因环境因素变化所产生的挑战。

③差异性

财务管理环境的差异性特点主要表现在两个方面：一方面，财务管理环境天然地具有因国家不同、地域不同、行业不同、制度不同而产生的差异性。这种差异性主要体现在政治因素、市场因素、法律因素、文化因素等方面的不同。另一方面，即使面对相同的财务管理环境，其对不同财务管理主体的影响也会千差万别。这种差异性主要是由财务管理环境本身所具有的复杂性、不确定性、动态性特征，使不同的财务管理主体产生对环境因素的不同认知而形成的。

财务管理环境的差异性要求不同的财务管理主体在分析和利用财务管理环境时，必须立足自身特点，扬长避短，充分利用有利环境因素，避免不利环境因素，开展有重点和有针对性的财务管理活动。

（3）财务管理环境的分类

财务管理环境是一个多层次、多方位的复杂系统。它纵横交错、相互制约，对企业财务管理具有重要影响。因而，从不同角度、不同层次对财务管理环境进行分类，可以帮助企业更好地根据身边环境的特点，把握其当前的特征、未来的可能变化以及它们给企业财务管理带来的影响。

①宏观环境和微观环境

根据环境包括的范围不同，可以将财务管理环境划分为宏观环境和微观环境。

宏观环境是指为企业财务活动造成市场机会和环境威胁的社会力量。这种社会力量的影响范围十分广泛，一般对各类企业的财务管理均产生影响。宏观环境是作为企业外部的、影响企业财务活动的客观条件而存在的。通常，宏观环境包括国家政治经济形势、经济发展水平、金融市场状况等。

微观环境是指直接制约和影响企业财务管理活动的力量与因素。微观环境的变化一般只对特定企业的财务管理产生具体影响。微观环境是作为企业内部的、影响企业财务活动的客观条件而存在的。通常，微观环境包括企业组织形式、生产状况、企业的产品销售市场状况、企业的资源供应情况等。

②静态环境和动态环境

根据环境的变化情况不同，可以将财务管理环境划分为静态环境和动态环境。

静态环境是指那些处于相对稳定状态的影响财务管理的各种因素。它通常指那些相对容易预见且变化不大的财务管理环境，其对财务管理的影响比较均衡，波动不大。因此，认清财务管理环境后通常不需要经常调整与研究，而是将其视为已知的条件。财务管理环境中的地理环境、法律制度、企业类型、生产方向、国家产业政策、税收政策等，属于静态财务管理环境。

动态环境是指那些处于不断变化状态的影响财务管理的各种因素。这些因素变化性强、可预见性差。在市场经济体制下，产品销路、材料来源、市场物价、资金市场的资本供求状况等都是不断变化的，属于动态财务管理环境。从长远来看，财务管理环境都是发展变化的。在财务管理环境中，应着重研究和分析动态财务管理环境，并及时采取相应对策，提高对财务管理环境的适应能力和应变能力。

③内部环境和外部环境

根据环境与企业关系的不同，可以将财务管理环境划分为企业外部环境和企业内部环境。

企业外部环境是指企业外部影响财务管理的各种因素，如国家政治、经济形势、法律制度、企业所面临的市场状况以及国际财务管理环境等。外部环境的稳定与否、完善与否会对财务管理活动产生重大影响。外部环境是企业决策难以改变的外部约束条件，企业财务决策更多的是适应它们的要求和变化。

企业内部财务管理环境是指企业内部的影响财务管理的各种因素，如企业的生产情况、技术情况、经营规模、资产结构、生产经营周期等。内部环境的特点将决定理财活动的特点以及财务决策如何制定。企业可以对财务管理的内部环境施加有效影响，通过对企业组织架构、战略、经营模式等因素的调整，直接影响财务决策活动。

本章将根据环境与企业关系的分类方式具体展开内部环境和外部环境的介绍。

2）财务管理的内部环境

企业的内部环境是指企业内部的、对企业的财务管理产生重要影响的各种因素，一般属于微观财务环境。就大部分企业来说，其所处的外部财务环境可能是相同的，但每个企业的内部财务管理环境却是千差万别。不同治理结构、不同组织形式和不同内部规章制度的企业分别具有不同的内部财务管理环境。企业应根据内部环境特点采取不同的管理措施，优化企业财务管理效果。

（1）治理结构

公司治理是一整套法律、文化和制度性安排，用来协调企业与利益相关者之间的利益关系，从而保证公司科学有效地决策，维护公司各方面的利益。在公司治理的过程中，由于各国具体制度环境的差异，产生了多样化的治理结构。不同治理结构对财务管理的实施也具有不同的影响。

①外部监控型治理结构

外部监控型治理结构，又称为市场导向型公司治理模式，即公司治理主要受外部市场的影响。这种公司治理模式以高度分散的股权结构、高流通性的资本市场和活跃的公司控制权市场为存在基础和基本特征，其典型代表国家有美国、英国、加拿大和澳大利亚。由于股权高度分散，委托人和代理人之间的信息不对称现象加剧，因此，公司主要采取与股东利益相结合的方式对经理人进行监督与激励，如股票期权、股票赠予等。与股东大会和董事会相比，经理人具有更加直接的决策影响力，并倾向于做出高风险的投资决策。

②内部监控型治理结构

内部监控型治理结构，又称为网络导向型治理模式，即公司治理主要受股东（法人股东）和内部经理人员流动的影响。这种公司治理模式相对集中的股权和主银行实质性参与公司监控为存在基础和基本特征，其典型代表国家有日本、德国和其他欧洲大陆国家。主银行不直接干预公司的业务活动，但通过财务状况的变动来监督公司的行为，或当发现公司经理人员有不轨行为时，即可通过表决给予惩罚。在这种模式下，股东和主银行在公司的财务决策中发挥着显著的作用，能够限制经理人的高风险投资决策偏好。

③家族监控型治理结构

家族监控型治理结构，指公司所有权与经营权没有实现分离，公司与家族合一，公司的主控制权在家族成员中进行配置的一种治理模式。两权合一是家族企业和家族监控型治理结构存在的基础和基本特征，其典型代表国家有韩国及马来西亚、泰国、新加坡、印度尼西亚等东南亚国家。这种模式通常由家族领导做出财务决策，具有高效性。但是，此种财务决策的专业化程度低，公司内控制度有待完善，融资规模也可能有限。

④转轨经济型治理结构

转轨经济型治理结构的特点在于有大量急需重组的大规模国有企业，且法律体系较为混乱，其典型代表有俄罗斯、中欧国家和中国等转轨经济国家。在这些国家中，公司财务中的最大问题是内部人控制。经理层利用经济体制转型期间的真空对企业实行强有力的控制，在某种程度上成为实际的企业所有者。在形式上，虽然存在保护投资者利益的内部控制机制，但公司的财务决策主要还是由实际控制者决定的。

（2）组织结构

组织结构是关于组织成员或团队任务不同角色的正规说明，为组织活动提供计划、执行、控制和监督职能的整体框架，一般由以下关键要素组成：必要的工作活动、报告关系以及部门组合。①组织结构会影响信息流的传递、工作的动机以及工作的有效性，从而影响财务活动。企业应因地制宜，匹配合适的组织结构，促进企业形成良好的内部财务管理环境。这有助于各职能部门相互协作，也有助于企业管理和财务决策的执行。常用的组织结构包括：直线职能式组织结构、事业部制组织结构和矩阵式组织结构。

①直线职能式组织结构

直线职能式组织结构的纵向控制大于横向协调，正式的权力和影响一般来自职能部门的高层管理者。这种组织结构的优点是，各级行政负责人有相应的职能机构作为助手（参谋），以发挥其专业管理的优点，且每个管理机构内又保持了集中统一指挥；缺点是管理层级过多，容易导致财务管理的灵活性和有机性差，可能形成“上面千条线，下面一根针”的多头指挥现象，与外界环境关系僵化，与其他部门之间的横向协调和沟通缺乏效率。因此，这种组织结构适用于产品品种比较简单、工艺比较稳定、市场销售情况比较容易掌握的企业。

②事业部制组织结构

在事业部制组织结构中，各业务环节以产品、地区或客户为中心重新组合，每个事业部都有独立的生产、研发、销售等职能，强调了组织中的跨职能协调。这种组织结构的优点是，责任明确、沟通环节清晰，每个事业部都享有一定的决策权，

---

① CHILD.Organization［M］. New York：Harper and Row，1984.

有利于发挥各事业部的积极性、主动性，提高对外部不稳定、高度变化环境的适应性，事业部制组织结构也使总部人员摆脱了关注日常运营具体事务的负担，使他们能专注于长远的战略规划；缺点是活动和资源出现重复配置，导致组织总成本的上升和效率的下降，各事业部之间容易产生不良竞争，总公司协调任务加重，会在一定程度上影响企业整体财务管理目标的实现效率。因此，这种组织结构适用于规模大、产品（或服务）种类繁多或分支机构分布区域广的现代大型企业。

③矩阵式组织结构

矩阵式组织结构吸收了直线职能式结构和事业部制组织结构的优点，既保留了事业部制组织结构中的责任追踪，又拥有直线职能式组织结构的专业优势。矩阵式组织结构的缺点是容易造成混乱，员工工作位置不稳定，容易产生临时观念，也不易树立责任心，而且双重职权关系，难以分清责任。在这种组织机构下，制订经营计划、监管执行情况和设计考核办法等都相对简单清晰。只要以产品为主线，以产品事业部为对象，将销量、利润、费用、渠道建设等主要的经营指标分解下达给各事业部，使权责利相连，就可以实现公司的总体财务管理目标。这种组织结构适用于经营涉及面广、产品品种多、临时性的、复杂的重大工程项目组织。

（3）内部规章制度

企业内部规章制度是企业针对科研生产、经营管理、销售服务等各项活动统一制定的各种规定、规则、章程、办法、标准、程序等规范性文件。企业内部的规章制度是企业管理思想、管理理念的体现，是企业运行活动的依据和所有员工的行为准则，也是企业实现其经营目标、战略规划的保障。如果企业内部具有完备、健全的管理制度并能得到严格执行，这就意味着企业的财务管理具有较好的基础，企业财务管理工作具有较高的起点，企业更容易走上规范化的道路，并带来理想的财务管理效果。若企业内部规章制度不健全，或者有制度但没有严格执行，则必然会给企业财务管理工作带来困难。

①内部规章制度体系建设

内部的规章制度体系通常围绕着企业的六项经营活动（技术、商业、业务、安全、会计和管理）进行建设，主要包括行政管理制度、人事管理制度、生产技术管理制度、质量检验制度、企业经济合同管理制度、产品供应管理办法、销售管理制度、安全生产管理制度、审计工作制度、内部控制制度、公司薪酬制度、预算管理制度等。

完善、适度、规范的内部规章制度体系可以使财务决策有章可循，提高财务活动效率，但是过度的规章制度体系则会变成繁文缛节，起到相反的作用。

②内部规章制度体系的执行力

内部规章制度能否提高财务活动的效率，不仅取决于规章制度本身是否完善、适度、规范，还取决于规章制度的执行是否有效。例如，大型企业多数都制定了全面预算管理制度，但如果不能自上而下全面参与，或者参与预算制定也不按照一定的标准和制度执行，这些制度也只是形同虚设。

此外，企业内部财务管理环境还包括企业的生产经营规模、企业文化和企业自身筹资、投资和经营的能力，以及企业财务管理部门的整体水平等。因此，企业财务管理部门和人员应充分认识到其在企业运营中的重要性，积极探索适合企业的管理模式和思路，灵活应对市场趋势，加强内部管理水平，积极推动企业内部财务管理环境的优化。

3）财务管理的外部环境

企业的外部环境是指企业外部影响财务活动的各种因素，有的属于宏观财务环境，如国家的经济环境、法律环境和文化环境；有的属于微观财务环境，如与企业经营密切相关的资本市场、原材料市场、人力资源市场等要素市场和产品市场的发展状况等。

宏观环境为企业交易活动的顺利进行提供了各种保障和约束，宏观环境的不同将导致市场交易成本的差异，而交易成本的大小将直接影响规范企业行为的一系列形式、内容与执行，进而会影响企业的财务管理决策。以下重点介绍属于宏观环境的外部环境及其对企业财务管理的影响。

（1）经济环境

财务管理的经济环境是影响企业财务管理的各种经济因素，包括经济管理体制、经济周期、经济政策、通货膨胀和市场的完善有效性等。

①经济管理体制

经济管理体制是指一国或地区所执行的关于经济运行与管理方面的方针政策，是在一定的社会制度下，经济关系的具体形式以及组织、管理和调节国民经济的体系、制度、方式、方法的总称。目前，世界上典型的经济管理体制有计划经济管理体制和市场经济管理体制。我国的经济管理体制已经基本实现了市场经济管理体制的变革。

市场经济管理体制的基本特征是：企业有独立的经营权、筹资权、投资理财权等，企业可以根据自身的实际情况，估算一定时期内资本的需要量，寻求合适的资本来源，筹集所需资本；根据企业的发展战略和经营目标，经过分析研究，将资本投放到可行性强的项目上获取收益；根据企业的具体情况制订合适的利润分配方案，给予企业投资者投资回报。在企业的管理中，财务管理活动的内容、方法等都呈现多样化，在财务管理上，面临的内外环境更加复杂，对财务人员的素质要求更高。因此，市场经济管理体制要求企业与时俱进、审时度势、勇于开拓创新，做好财务管理工作。

市场经济管理体制对企业财务管理工作的影响主要体现在：要求企业面向市场进行财务管理活动，而不是接受政府的行政命令；要求企业将利润最大化或企业价值最大化作为财务管理的目标，而不是完成国家下达的指标；企业自主进行筹资、投资和利润分配决策，国家不直接参与；企业主要通过市场进行预测和决策，而不是按照行政命令下达的财务计划进行财务管理；财务管理成为独立于企业生产经营的管理活动，企业财务部门可以独立完成筹资、投资和分配等活动。

②经济周期

在市场经济条件下，经济发展与运行带有一定的波动性。这种波动大体上经历复苏、繁荣、衰退和萧条几个阶段的循环，这种循环叫作经济周期。这种起伏更替的周期波动直接影响几乎所有的产业和企业。企业的筹资、投资和资产运营等理财活动都要受这种经济波动的影响。在不同的发展时期，企业的生产规模、销售业绩、获利能力、资本需求以及投资规模等都会出现明显的差异，对企业的财务策略会有不同的影响，因而会影响财务管理的手段、方法。

经济周期不同阶段采取的财务管理策略见表2-1。

表2-1　**经济周期不同阶段采取的财务管理策略**

阶段	市场表现	财务管理策略
经济复苏阶段	社会购买力逐步提高，企业拥有较多的投资机会	企业应及时选择合适的投资机会，增加厂房设备，实行长期租赁，增加存货，开发新产品，增加劳动力，并采用积极进攻的营销战略和放松信用的理财策略，为企业日后的发展奠定基础
经济繁荣阶段	市场需求旺盛，销售量大幅度上升	企业需要进一步加大投资，扩充厂房设备，继续增加存货，提高产品价格，开展营销规划，增加劳动力。为支持这些投资，企业要迅速筹集所需资本。在实施一系列理财策略的同时，应该留有一定的余地，为顺利度过经济衰退期和萧条期做好必要的准备
经济衰退阶段	销售量下降	企业应停止扩张，处置闲置设备，停止不利产品，停止长期采购，削减存货，停止扩招雇员，必要时可以进行业务分部的重组，尽可能减少风险投资，投资于无风险的资产，以获得稳定的收益
经济萧条阶段	产量和销售量下降，投资锐减	必须及时预测经济变化情况，适当调整财务政策，建立投资标准，保持市场份额，压缩管理费用，放弃次要利益，削减存货，裁减雇员，在市场现金短缺的情况下，适度放松应收账款信用政策，以保证资金周转的顺畅

③经济政策

经济政策是国家进行宏观调控的重要手段。经济政策环境包括国家的财政税收政策、货币政策和产业政策等。

国家的产业政策、金融政策、财政政策对企业的筹资活动、投资活动和分配活动都会产生重要影响。例如，金融政策中的货币发行量、信贷规模会影响企业的资本结构和投资项目的选择；价格政策会影响资本的投向、投资回收期以及预期收益。国家对某些地区、行业、经济行为的优惠、鼓励和倾斜政策构成政府政策的主要内容。从反面来看，政府政策也是对一些地区、行业、经济行为的限制。

企业在进行财务决策时，需要认真研究政府的政策，按照政策导向行事，只有这样才能扬长避短。政府的政策经常会因为经济状况的变化而调整，企业在做出财务决策时应该科学地预见这些变化及其发展趋势，把握投资机遇，享受国家的优惠条件，有利于提升企业财务管理水平。

④通货膨胀

通货膨胀是指在纸币流通条件下，因货币供给大于货币实际需求，即现实购买力大于产出供给，导致货币贬值，从而引起的一段时间内物价持续而普遍上涨的现象。由于通货膨胀直接对企业的现金流量和管理策略产生重大影响，因此，通货膨胀不仅危害消费者，也给企业财务管理带来很大困难。

首先，企业资金需求不断膨胀。因为物价上涨，同等数量的存货会占用更多的资金；企业为减少原材料涨价而导致的损失，往往提前进货，超额储备，资金需要量增加；资金供求矛盾尖锐，企业间相互拖欠货款的现象严重，应收账款增加，资金流动质量变差；通货膨胀时，如果按历史成本原则核算，会造成成本虚低，利润虚增，而可用资金不足，企业想要维持正常生产，就需要增加资金。

其次，资金供给持续性短缺。因为政府为控制通货膨胀，紧缩银根，减少了货币资金供应量；物价上涨，引起利息率上涨，有价证券价格不断下跌，增加企业的筹资难度和筹资成本；同时，物价上涨时，银行贷款的风险加大，贷款的条件也更加苛刻。

最后，货币性资金不断贬值。有价证券价格的不断下降使企业倾向于具有保值性的实物性资产的投资。

企业应当重视通货膨胀，做好相关的准备工作，将通货膨胀引发的损失降到最低程度。一般在通货膨胀初期，货币面临着贬值的风险，这时，企业进行投资可以避免贬值风险，实现资本保值；与供应商签订长期购货合同，减少物价上涨造成的损失；从债权人处获取长期负债，保持资金成本的稳定。在通货膨胀持续期，企业可以采用比较严格的信用条件，减少企业的应收款项或调整财务政策，防止和减少企业资本流失等。

⑤市场的完善有效性

企业依赖市场而存在和发展，不同的市场环境对财务管理具有不同的影响，对企业的财务决策有重大的影响。

从企业所处的市场环境竞争态势来看，市场类型可划分为完全竞争市场、不完全竞争市场、寡头垄断市场和完全垄断市场。市场类型对企业财务管理的影响见表2-2。

表2-2　　市场类型对企业财务管理的影响

市场类型	市场价格特点	对财务管理的影响	应对措施
完全竞争市场	竞争非常激烈，销售量不稳定，销售价格完全由市场来决定，利润随价格和销量的波动而波动，经营风险较大	采用宽松的信用条件，加大应收账款风险；采用薄利多销和完全自由的讨价还价政策，加大了经营风险和市场风险，易出现现金流量问题	不宜过多地采用负债方式筹集资本，以避免陷入债务困境
不完全竞争和寡头垄断市场	用高质量和独特的营销手段增强市场控制力，购销可相对稳定，价格在一定时期内也相对稳定，能够获得一定的垄断利润	需进行大量研发、质量控制和广告宣传投入，且要不断创新，面临着较高的市场风险和经营风险，存在一定的财务风险	需预先采取预防措施，如研制新的优质产品，搞好售后服务，给予客户优惠的信用条件
完全垄断市场	价格由垄断企业决定，几乎不用担心销售，价格波动不大且高于行业平均水平，利润稳中有升，可以获得垄断利润，经营风险较小	处于财务活动的主导地位	可以利用较多的债务资本获得杠杆利益，减少资金占用

对于计划在证券市场上融资和投资的企业而言，证券市场的效率对财务决策也具有重要的影响。从证券市场上股票价格与相关信息的角度来看，证券市场可以划分为强式有效市场、半强式有效市场和弱式有效市场。

第一，强式有效市场。这种类型的证券市场是指证券价格完全反映了所有与价格变化有关的信息，包括历史信息、公开信息和内部信息。其特征是证券价格取决于其实际价值，无论可用信息是否公开，价格都可以完全地、同步地反映所有信息。由于市价能充分反映所有公开和私下的信息，对于投资者来说，不能从公开的和非公开的信息分析中获得超额收益，所以内幕消息无用。

第二，半强式有效市场。这种类型的证券市场是指证券价格反映了所有历史信息和公开信息，但不能反映内部信息。这种市场的效率程度要低于强式有效市场，但是公开发表的信息越迅速、越完整地被投资者获知，证券市场将会越有效率，但反过来将会减少投资者赚取超额利润的机会。

第三，弱式有效市场。这种类型的证券市场是指证券价格反映了所有过去证券价格变动的资料和信息，却不能及时、有效、全面地反映所有公开信息，更不能反映内部信息。这种市场的效率最低。判断弱式有效的标志是有关证券的历史信息对证券的现在和未来价格变动没有任何影响。反之，如果有关证券的历史信息对证券的价格变动仍有影响，则证券市场尚未达到弱式有效。在弱式有效市场下，历史信息的价值已经在过去为投资者所用，说明有关证券的历史信息已经被充分披露、均匀分布和完全使用，任何投资者都不可能通过分析这些历史信息来获取超额收益。

（2）法律环境

党的二十大报告强调“坚持全面依法治国，推进法治中国建设”，财务管理是一种社会行为，一定会受到法律规范的约束。财务管理的法律环境是指企业理财活动所应遵守的各种法律、法规和规章。市场经济的重要特征就在于它是以法律规范和市场规则为特征的经济制度。企业的一些经济活动总是在一定法律规范内进行的。法律为企业经营活动规定了活动空间，也为企业在相应空间内自由经营提供了法律上的保护。目前，影响企业财务管理的主要法律环境因素包括财政税务法规、金融证券法规、财务会计法规、企业组织类法规等。

①财政税务法规

税收是指国家为实现其职能，凭借政治权力，按照法律规定，通过税收工具强制地、无偿地征收货币或实物的一种经济活动，也是参与国民收入分配和再分配的一种形式。由于国家财政收入的主要来源是企业所缴纳的税金，而国家财政状况和财政政策对企业资金供应和税收负担具有重要影响，同时，国家各种税种的设置、税率的调整还具有调节生产经营的作用。因此，企业的财务管理决策应当适应税收政策的导向，合理安排资金投放，以追求最佳经济效益。

税法是税收法律制度的总称，是调整税收征纳关系的法律规范。我国税法的构成要素有征税人、纳税义务人、征税对象、税目、税率、纳税环节、计税依据、纳税期限、纳税地点、减税免税、法律责任等。我国现行税法规定的主要税种包括增值税、消费税、资源税、企业所得税和个人所得税等。税负是企业的费用，会增加企业的现金流出，对企业财务管理具有重要影响。党的二十届三中全会通过的《中共中央关于进一步全面深化改革、推进中国式现代化的决定》（以下简称《决定》）提出，要深化财税体制改革，激发企业经营活力。

税收对财务管理的影响具体表现在融资决策、投资决策、利润分配决策方面。例如，在融资决策中，按照国际惯例和我国现行所得税制度，企业借款利息可在所得税前予以扣除，减少了企业的应纳税所得额，获得财务杠杆效应，而其他筹资方式则无此优势。在投资决策中，企业投资成立的企业形式不同、规模不同、投资行业不同、投资区域不同等，会面临不同的税收政策。例如，我国现行企业所得税法规定了投资于特定行业（如高新技术产业等）以及农业企业的优惠政策。在企业利润分配决策中，税率的变动与利润的变动成反比关系。在一定时期内，企业承担的税负增加，则利润必然减少。税率的变更对利润有直接影响，税率的上升或下降会使企业利润减少或增加。

二维码2-1

延伸阅读：中华人民共和国会计法（2024年）

②金融证券法规

针对金融市场及相关金融证券的法规既为企业提供了一个规范化的财务管理环境，又对企业的财务管理活动提出了严格的要求。主要的金融证券法规有《中华人民共和国证券法》《中华人民共和国人民银行法》《中华人民共和国商业银行法》《中华人民共和国票据法》《企业债券管理条例》《支付结算办法》《中国人民银行信用卡业务管理办法》《中华人民共和国外汇管理条例》《信贷资产证券化试点管理办法》等。企业理财活动既受到保护，又受到约束。例如，《中华人民共和国证券法》规定了上市公司及其交易规则、信息披露规范，目的是规范上市公司的证券发行和交易行为，保护投资者的合法权益，维护社会经济秩序和社会公共利益；《中华人民共和国票据法》要求企业在运用票据结算时应及时履行各种义务，在客观上为商业信用的普及提供了保障。

③财务会计法规

财务会计法规制度是指在我国境内设立的各类企业在财务活动中必须遵循的基本原则和规范，是财务规范体系中的基本法规。财务会计法规对于促进企业依法自主经营、自负盈亏、自我发展、自我约束，使企业成为产权明晰、权责明确、政企分开、管理科学的现代企业，具有十分重要的意义。企业财务管理人员要熟悉这些法律、法规，在守法的前提下利用财务管理的职能，实现企业的财务目标。

④企业组织类法规

关于企业组织的法规直接决定了企业财务运行可能的方式和环境。企业组织类法规有《中华人民共和国公司法》《中华人民共和国全民所有制工业企业法》《中华人民共和国个人独资企业法》《中华人民共和国合伙企业法》《中华人民共和国乡镇企业法》《中华人民共和国中外合作经营企业法》《中华人民共和国中小企业促进法》《中华人民共和国中外合资经营企业法》等。不同组织类型的法规对不同企业的投资、筹资和分配政策以及相关的公司治理机制安排都做出了不同的规定，在很大程度上影响了企业的财务管理行为。

⑤其他法规

此外，还有一些监管法规，如《中华人民共和国审计法》《中华人民共和国企业破产法》《中华人民共和国民法典》《中华人民共和国商标法》《中华人民共和国专利法》《中华人民共和国著作权法》《中华人民共和国反不正当竞争法》等。这些法律法规和其他法规一起，对财务的运行发挥着极为重要的作用。

（3）文化环境

财务管理的文化环境是指制约和影响财务活动形成和发展的各种文化因素的总和。财务管理与文化具有密切关系，一定时期内的文化各方面对财务管理活动的影响是具体的和实在的，它影响财务管理人员的业务水平、职业道德和社会地位，影响财务管理所运用方法的先进程度，从而最终影响财务管理理论和实践的发展。

根据文化的固有性质及其与社会的关系，可将文化分为专业文化与社会文化。“专业文化”是指特定的专业群体为其专业目标的实现而共同遵守的核心价值观和共同的价值取向。“社会文化”是指在相应的社会系统、社会关系中获得社会属性、具有社会功能的文化现象、文化客体。

①专业文化

财务管理作为一门独立的学科，诞生于19世纪末，但其理论是在20世纪50年代以后才取得巨大进展。这主要是由于数学和计算机等专门技术在财务管理领域的广泛应用，如资本资产定价模型、期权定价模型和套利定价理论等都依托于数学的推导方法。财务管理逐渐从定性管理方法发展到定性和定量相结合的管理方法，主要受益于效用理论、线性规划、概率分布和模拟技术等量化方法在财务管理研究中的应用。21世纪以来，随着信息网络技术的迅速发展和广泛应用，财务管理完成了从手工到信息化的飞跃，理财效率迅速提高，扩大了信息处理和传递范围，为及时、准确、充分地处理和传递各种信息提供了可能，形成了网络化的财务管理信息系统。基于这种平台和技术，一些远程的管理、控制及跨国财务活动已成为现实。

②社会文化

社会文化的内容十分广泛，包括教育、科学、文学、艺术、新闻出版、广播电视、卫生体育、世界观、习俗，以及同社会制度相适应的权利义务观念、道德观念、价值观念和劳动态度等。

另外，从文化的维度来看，个人主义和男性化企业对风险承担的反应是积极的，个人主义和男性化企业都代表个人、自由、自私和竞争，他们愿意为了高收益而承担高风险，因而有更强的风险承担能力；而集体主义和女性化企业强调内部群体之间强有力的非正式联系，对公开冲突不那么适应，会抑制企业的冒险行为。相反，高不确定性规避企业对风险承担的反应是消极的。高不确定性规避企业强调规则遵循，追求稳定发展，对风险承担能力较弱，相比之下，低不确定性规避企业更容易接受不可预测的结果，因此风险承担能力更强。

二维码2-2

延伸阅读：企业文化与风险承担

2.2 财务组织机构

1）企业中的财务组织

财务管理组织机构和人员是实施财务管理活动的主体。因此，财务管理组织机构的设置以及人员配备是财务管理的基础工作。企业财务管理组织的设置必须综合考虑企业的性质、规模、行业特点、业务类型以及企业的整体组织形式等多种因素，机构内部的设置要合理分工、明确责权利，使人人有事干、事事有人管，建立完善的岗位责任制度。规模较小且设置独立的机构确有困难的企业，财务机构和会计机构可以合并，财务人员兼做会计业务。对于规模较大的企业来说，应当分别设置财务部和会计部。前者负责组织日常的财务决策和管理，后者负责财务报表的编制和日常会计核算的管理。

（1）财务组织设置的原则

财务机构和岗位设置应当符合分级和归口管理原则。分级管理是指在企业组织内自上而下依次分解责任和权力的管理制度。企业根据自身的特点优化配置机构和人力资源，创建科学合理的纵向管理层级，尽可能地减少管理环节，以对内提高工作效率，对外贴近市场，提高市场反应能力。归口管理是指将业务活动分配给企业组织中同一层级的不同部门，以及同一部门的不同岗位和员工，明确责任，以便执行和考核。

财务机构和岗位设置应当符合内部控制的基本原则。例如，岗位设置要符合职务分离原则。也就是说，相同的业务过程需要由不同的人员共同执行和相互监督，尽量避免同一个人单独负责同一项业务的整个过程。尤其是款项的收付与记账必须分别由不同的人执行，经营方案的提出、审批、责任考核要由不同的人员分别执行。

（2）财务组织机构的职责

为了组织和实施财务管理工作，企业需要设置财务部和会计部两个部门，分别负责财务管理工作和会计信息处理工作。

财务部的主要职责是组织日常的财务决策和管理，即负责资本筹集、资本运用、财务运营、收益分配等财务活动的计划与实施，以及协调和维护企业与股东、债权人、被投资企业、供应商、客户、政府税务部门等之间的关系，通过计划、组织、控制以及激励等环节实现财务管理活动的目标，促进企业提高经营效率，实现资本的保值和增值。企业在设计财务部门的组织机构时，通常会根据具体情况拆分相对重要的职能——某些职能由不同的部门分别行使，某些职能全部由同一部门行使。为了实现这些职能，财务部要设置相应的下属机构，分别负责筹资、投资、运营、分配等活动的决策、计划、组织、控制、分析、考核以及战略规划等财务管理工作。

会计部的主要职责是通过确认业务、填制会计凭证、过账、结账、编制会计报表等活动收集、处理和报告财务会计信息及管理会计信息，通过对账和盘存等活动保障企业财产物资的安全和完整，保证企业经营活动的合法与合规，通过制定合理的税务政策和税务程序合法避税，降低税负压力。为了实现这些职能，会计部也要设置相应的下属机构，分别负责信息与电子数据的处理、财务会计信息的归集与报告、税务会计业务和货币资金管理等。

二维码2-3

延伸阅读：财务共享模式下集团财务管理组织的变革

一般工商企业中的财务组织机构设置如图2-1所示。规模较小的企业，其财务组织机构也可以相应简化。

2）财务组织的岗位职责

鉴于本书主要讲述财务管理的相关内容，本部分只论述财务部的相关岗位和职责，而不涉及会计部的相关岗位和职责。财务部应设置财务部经理、筹资管理员、投资管理员、分配管理员、存货管理员、成本分析员、销售与信用分析员、预算管理员、财务分析员、工资考核员以及战略管理员等岗位，分别负责相应的财务管理工作。

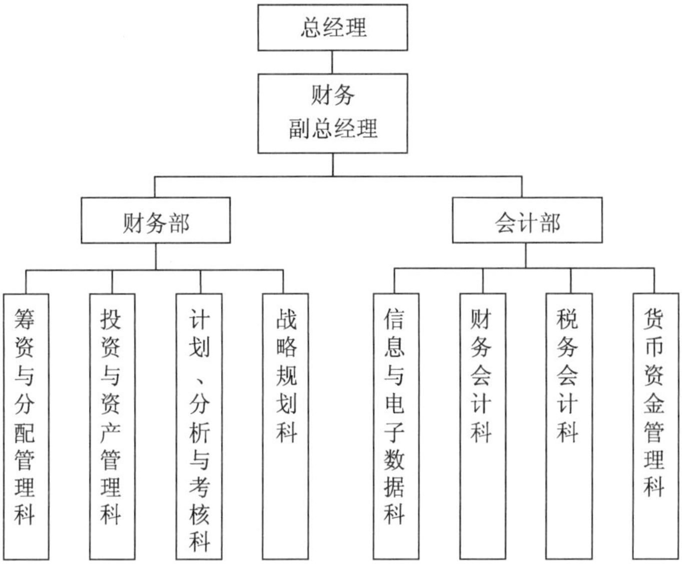

图2-1　财务组织机构图

（1）财务部经理职责

二维码2-4

延伸阅读：会计工作者与财务工作者的技能侧重

财务部经理具体负责协调和管理财务部的工作，主持公司财务预决算、财务核算、会计监督和财务管理工作；组织协调、指导监督财务部的日常管理工作，监督执行财务计划，完成公司财务目标。财务部经理自身应具备较高的专业素养，丰富的工作经验，各种财务相关知识的储备和良好的职业道德。

（2）筹资管理岗职责

筹资管理岗的主要职责是根据企业的生产经营、对外投资和资本结构调整的需要，通过筹资渠道和资本市场，采用适当的筹资方式，经济有效地筹集资本。筹资管理人员应了解企业自身的需要，掌握各种资金筹措方式的特点，以便选择最适合企业的资金筹措方式。

（3）投资管理岗职责

投资管理岗主要负责企业投资管理工作，制定投资策略和战略资产配置，为了企业的利益，采取资产组合方式对企业资产进行投资管理。根据投资的不同类别，投资管理岗可以分为金融投资管理岗和实物投资管理岗。前者主要负责金融资产的投资管理，后者则主要负责实物资产的投资管理。

（4）分配管理岗职责

分配管理岗主要负责与企业收益分配相关的管理工作，例如股利的分配与债务利息的分配，因此其工作与股权筹资和债务筹资都具有一定的交叉性。

（5）存货管理岗职责

存货管理岗的主要职责就是对企业的存货进行管理，主要包括存货的信息管理、决策分析和有效控制，达到存货管理的最终目的，从而提高经济效益，具体职责包括分析原材料的购买需求并测算相应的资金需求，管理物料和产品存货的余额等。

（6）成本分析岗职责

成本分析岗主要负责企业生产成本的核算和分析。成本分析人员应当对企业的产品生产流程、技术工艺、组成结构等相当熟悉，并熟练地掌握各种成本计算及分析方法，能根据企业自身的特点灵活运用。

（7）销售与信用分析岗职责

销售与信用分析岗的主要职责是根据产品销售情况，调整企业的信用政策，分析客户的信用，拟订和修订收款方案，使企业更好地利用信用政策提高收益。

（8）预算管理岗职责

预算管理岗的主要职责是负责企业全面预算编制中的协调与汇总工作，拟定公司财务预算管理制度，加强预算管理，协助总经理室编制年度经营预算，组织实施全面预算管理，实现年度经营目标。

（9）财务分析岗职责

财务分析岗主要负责企业的财务分析工作，对企业的各项财务指标进行分析，评价企业的财务状况和经营成果，为财务决策提供服务。财务分析人员应熟悉各项财务指标的计算方法和意义，能够对企业财务状况做出准确判断。

（10）工资考核岗职责

工资考核岗主要负责对各部门及个人的绩效进行考核。工资考核人员应该熟悉各种不同的业绩考核评价方法，因地制宜制定适合公司的考核体系。

（11）战略管理岗职责

战略管理岗主要负责企业的战略管理工作，以及改制、重组、并购等重大事项的分析、规划和决策参谋工作。战略管理人员应熟悉企业的战略管理程序和方法，掌握战略分析与决策的技巧和方法，熟悉公司业务与战略计划的内涵。

总结与结论

▶财务管理环境是指对企业财务活动和财务管理产生影响作用的企业内外的各种条件或因素的统称。财务管理环境具有复杂性和不确定性、动态性、差异性的特征。研究财务环境可以了解财务管理发展的历史规律，预测并顺应未来的财务管理发展趋势；可以指导财务管理的实践工作取得成功；可以推动财务管理理论的进一步发展。

▶对复杂的财务管理环境进行分类：根据环境包括的范围不同，可以将财务环境划分为宏观环境和微观环境；根据环境的变化情况不同，可以将财务环境划分为静态环境和动态环境；根据环境与企业关系的不同，可以将财务环境划分为企业外部环境和企业内部环境。本书重点介绍了企业的内外部环境。

▶企业的内部环境是指企业内部的、对企业的财务管理产生重要影响的各种因素。不同治理结构、不同组织形式和不同内部规章制度的企业分别具有不同的内部财务管理环境。

▶企业的外部环境是指企业外部影响财务活动的各种因素，包括经济环境、法律环境和文化环境。经济环境是影响企业财务管理的各种经济因素，一般包括经济管理体制、经济发展水平、经济周期、经济政策、通货膨胀和市场的完善有效性等。法律环境是指企业财务管理活动所应遵守的各种法律、法规和规章，包括财政税务法规、金融证券法规、财务会计法规、企业组织类法规等。文化环境是指制约和影响财务活动形成和发展的各种文化因素的总和。根据文化的固有性质及其与社会的关系，可将文化分为专业文化和社会文化两类，它们分别对财务管理活动产生重要影响。

即测即评

二维码2-5

即测即评

讨论题

随着我国经济的发展，大型企业集团越来越多。一般而言，企业集团的财务组织机构可分为财务战略决策层、执行层和基层三个层次。请思考在划分各个层次时需要注意哪些问题？每个层次的岗位有哪些，分别具有什么职能？

思考题

1.财务环境按不同的分类标准可以如何分类？

2.经济发展周期如何影响财务运行？

3.某跨国公司想发展海外业务。税收作为影响企业竞争力的重要因素之一，在当今跨国投资和经营中备受关注。请从税务角度分析成立子公司和分公司是如何影响税收的？

4.公司中财务经理的职责主要是什么？

案例分析题

全球化经济对华为财务管理的影响[①]

当前世界经济环境的特征及发展趋势：①经济全球化。②经济环境处于缓慢

---

① 许建钊. 浅析全球化对公司财务管理的影响——以华为公司财务管理为例［J］. 纳税，2019，13（11）.

增长期。预计到2035年，全球的城市化率将达到61.7%。但同时也有诸多问题导致经济发展缓慢。③新兴产业将会迅猛发展。对于企业来说，企业的财务管理也可以通过网络来处理。相比于从前的手工做账，电子化的财务管理可以做到精确、快捷。④国际货币多元化。随着经济的不断发展，越来越多的货币进入国际货币体系，丰富了国际货币的储备，使国际货币体系中的金融安全机制从不同方面得到强化。

华为技术有限公司是一家生产销售通信设备的通信科技公司，于1987年正式注册成立，总部位于中国广东省深圳市龙岗区坂田华为基地。华为公司还积极发展对外合作，在2018年2月23日，在世界移动通信大会（MWC）召开前夕，沃达丰和华为两家公司宣布在西班牙合作采用非独立的3GPP 5G新无线标准和Sub-6GHz频段完成了全球首个5G通话测试。

1）经济环境对华为公司财务管理的影响

全球化的经济环境对华为公司的财务管理带来了积极影响。

（1）发现了新的财务管理模式

华为公司从2000年开始就进行了成本核算，但还是没有做到预算管理。这导致公司的财务部能够算出产品所带来的利润，却没有算出产品前期的成本。所以，华为的财务负责人才会表示，公司在海外拿到了许多大单子，却并不了解这些单子是否真的赚钱。于是华为公司找到IBM全球最精锐的财务咨询顾问，深入华为销售部门、研发部门等，规范了华为的财务管理流程，使得公司的收入和利润平衡发展。

（2）更注重“以人为本”

在旧经济环境下，不管是跨国公司还是普通企业，都相对重视股东的利益，而忽视员工的利益。但其实，无论是公司的采购、生产还是研发，甚至公司的财务管理工作，都离不开员工的努力。所以，重视员工的利益也是推动企业发展的重要因素。建立强制性社会保险和医疗保险双保障的制度，使得华为公司的员工在工作时有一种归属感和工作动力，这也是华为公司发展越来越好的重要原因。

（3）与更多外国企业实现合作，资源共享

在经济全球化的热潮下，各个国家开始进行了合作。华为公司凭借着自身的发展，与全球20多个国家签订了5G商用合约，而这必定能给企业带来较好的经济利益。这不仅能丰富企业文化，还能适应经济全球化所带来的变化。在合作的过程中还能了解不同企业的不同财务管理方法，相互学习，资源共享，实现共同发展。

但是，全球化的经济环境对华为公司的财务管理也产生了一些消极影响：

（1）存在一定的风险

所有事物都是存在两面性的，有多大的盈利就要承担多大的风险。虽然华为公司的利润很高，但也要承担相应的税费。如果在财务方面不懂得怎样合理避税，就会给公司带来一些损失。为了企业能够更好地发展，公司必须筹集大量资金，而筹资也是一把“双刃剑”，带来资金的同时也必然会产生财务风险。

（2）产品更新速度快，需要投入更多精力和财力

随着经济的快速发展，商品的更新速度越来越快。只有不断地更新并且完善自己公司的产品，才能在世界范围内得到更好的发展。因此，华为公司一直在不断研发新产品，这就导致员工需要投入更多的精力，公司所要付出的财力也就增多。

2）华为公司财务管理部门的对策

（1）员工持股

华为公司的员工持股计划的好处就在于既实现了内部融资，企业又留住了大把人才。

（2）内部运营一体化

在1996年华为公司进入城市主流市场后，许多干部在思想、能力等方面都跟不上，于是华为公司进行了干部重新测评，有些干部被分配到了基层。华为开始推行“四能机制”。这“四能”是指干部能上能下，工作能左能右，人员能出能进，待遇能升能降。同时，华为公司开始抓财务建设，完善了财务管理制度。另外，华为公司近几年实行了“轮值CEO”制度。一方面，可以培养新人；另一方面，提前适应这个制度会帮助公司更平稳发展，即使少了一个CEO，也不会影响公司的未来。

（3）资金管理分三级

①财经委员会负责宏观政策，以及运用策划政策。②销售融资部与资金管理部负责项目的融资和回款，但并不进行内部资金调度。③财务部负责操作但不进行决策。

二维码2-6

案例分析题提示

分析：

请问该案例给我们提供了什么样的启示？

第3章 金融市场与金融工具

学习目标

本章主要介绍了金融市场与金融工具的基础理论。通过本章学习，可以使学生了解金融市场的含义与种类；理解金融市场的功能；掌握各种金融市场的类型与特点；明确和掌握金融工具的特点与种类，理解利率的含义与构成，了解利率期限结构理论。

导言

融资和投资是现代企业财务活动的核心内容，而它们都离不开金融市场。金融市场是资金融通的市场。它提供了各种金融工具，如股票、债券、票据等，以满足资金供求双方调节资金的盈余或短缺，是所有金融交易活动的总称。金融市场对经济活动的各个方面都具有直接、深刻的影响，如个人财富、企业的经营、经济运行效率等，都直接取决于金融市场的活动。因此，金融市场的发达程度、金融机构的运行方式、金融工具的丰富程度等，都会对一定时空条件下的企业财务管理产生重大影响。可以说，金融市场和金融工具是影响财务管理的最直接的因素。本章拟对这一特殊因素进行专门讨论。

3.1 金融市场

3.1.1 金融市场的相关概念

1）金融市场的含义

金融市场是资金融通市场，是指资金供应者和资金需求者通过信用工具进行交易而融通资金的市场。在商品经济中，由于购买和出售、收入和支出在时间和数量上的不一致，企业、个人或国家在一定时点上经常出现资金盈余或短缺。资金需求者为了满足其经营活动的需要，愿意以一定代价借入一部分货币资金，以弥补其不足，用过一段时间后再归还；资金供给者则愿意将暂时闲置的货币资金贷出去，到期收回并索取一定的利息作为补偿。这样，资金需求者与资金供给者之间的资金融通就形成了金融交易活动。他们在资金融通时出具的债权债务凭证就是金融工具。资金供给者通过购买并持有各种金融工具拥有相应收益的索取权。资金需求者通过发行并出售各种金融工具承担相应的支付义务。各种不同的金融工具，构成了不同的融资市场。金融市场便是各种融资市场的总称。

广义的金融市场包括资金借贷、票据承兑和贴现、有价证券的买卖、黄金和外汇买卖、办理国内外保险等一切金融业务，是各类金融机构、金融活动所推动的资金交易的总和。狭义金融市场是指有价证券市场，其交易的对象主要包括股票和债券。金融市场可以是有形的市场，如银行、证券交易所等；也可以是无形的市场，如利用电脑、电传、电话等设施通过经纪人进行资金融通活动。

2）金融市场的构成要素

金融市场主要由以下四个基本要素构成：

（1）金融市场的交易主体

金融市场的交易主体是指金融市场的参与者。按交易行为的性质划分，金融市场的交易主体可分为供应主体与需求主体。前者是资金盈余者，后者是资金短缺者。按专业化程度划分，金融市场的交易主体可分为专业主体与非专业主体。前者是专门从事金融活动的交易主体，如银行、证券公司、信托投资公司、保险公司、财务公司、城乡信用合作社等；后者是非专门从事金融活动的交易主体，如采用公司形式的非金融经济实体、追求消费最佳效果和投资收益最大化的家庭或个人、筹集资金调节财政收支状况为参与目的的政府及其行政机构等。

（2）金融市场的交易对象

金融市场的交易对象或交易载体是货币资金。但是，在不同的场合，这种交易对象的表现是不同的。在信贷市场，货币资金作为交易对象是明显的。它表现了借贷资金的交易和转让。在证券市场，直接交易的是股票或债券，交易对象似乎转换了，但从本质上讲，所交易的仍然是货币资金，因为有价证券是虚拟资本，本身不具有价值和使用价值，人们取得这些金融工具不具备实质性意义，而只有货币才具有价值和一般的使用价值，人们通过交易取得货币才能投入再生产。所以，有价证券的交易，从另一个角度反映了货币资金的交易。

（3）金融市场的交易工具

由于货币资金具有价值，不能无偿转让，也不能空口无凭地出借。因此，需要一种契据、凭证，以其为载体，才能推动资金安全运转。以书面形式发行和流通的，借以保证债权债务双方权利和责任的信用凭证，称为信用工具或金融工具。金融工具的数量和质量是决定金融市场效率和活力的关键因素。金融工具的数量、种类越多，质量越高，就越能为不同风险偏好的投资者和筹资者提供选择机会，满足他们不同的需求，从而充分发挥金融市场的资金融通功能，对活跃经济、优化资源配置起到积极作用。

（4）金融市场价格机制

金融市场上各种交易都是在一定价格下实现的，但是与一般的商品市场相比，金融市场的价格机制要复杂得多。商品的交易价格反映交易对象的全部价值，如一台电视机的交易价格为2 000元，一座房子的交易价格为300万元等。由于金融市场上的交易对象是金融工具，交易所实现的是金融工具使用权或所有权的转移，因此交易价格反映的是转让金融工具使用权或所有权的报酬。例如，面值1 000元的一年期债券，年利率为5%，其5%的利率或50元的利息便是获得1 000元资金使用权的交易价格。需要注意的是，如果这张债券的发行价格是990元，这个价格便是该金融工具买卖的交易价格。因此，在金融市场上，资金借贷的交易价格和金融工具买卖的交易价格是两个不同的概念。

3.1.2 金融市场的功能

金融市场的功能主要包括以下几个方面：

（1）满足资金的筹措与投放

社会资金的供给者与需求者往往在资金供求的时间、数量和供求方式之间存在不一致，因此在社会总储蓄向总投资转化的过程中，必须借助一定的中介才能顺利进行。金融市场就充当了这种转化的中介。资金供给者在为闲置资金寻求出路时，要求兼顾其安全性、流动性和盈利性；资金需求者在筹集资金时，也要求在降低成本的同时，在数量和时间上得到满足。由于金融市场上有多种筹资、投资形式可供双方进行选择，各种金融工具的自由买卖和灵活多样的金融交易活动也增强了金融工具的流动性和安全性，提高了融资效率，使资金供应者能够灵活地调整其闲置资金的投资形式，达到既能获得盈利，又能保证安全性和流动性的目的；使资金需求者能从众多的筹资方式中选择适当的方式，及时、灵活、有效地筹集到所需资金。根据党的二十届三中全会的部署和要求，健全投资和融资相协调的资本市场功能是深化金融体制改革的重大任务。因此，随着金融市场的不断发展，有利于满足企业的投资和筹资的需求。

二维码3-1

延伸阅读：滴滴快的完成20亿美元融资 拥35亿美元现金储备

（2）合理地分配和引导资金

在金融市场上，随着金融工具的流动，相应地发生了价值和财富的再分配。金融市场通过利率的差异和上下波动，通过对有价证券价格的影响，引导资金流向最需要的地方，流向那些经营管理好、产品畅销、有发展前途的经济单位，从而带动社会物质资源的流动和再分配，将社会资源由低效部门向高效部门转移，完成社会资源的优化配置。[①]

（3）实现分散风险的功能

金融市场上多样化的金融工具为资金盈余者提供了多种投资选择，避免了金融投资的集中与单一，实现了投资风险的分散。同样，资金的需求者为筹集资金，向众多投资者发行金融工具，这就使得众多的投资者与该金融工具发行者共同承担了运用这笔资金的经营风险。例如，某上市公司准备投资新建一条生产线，但是管理者并不确知其未来产生的现金流量，因此，它发行股票筹资时，偏好风险的投资者购买了该股票，这样，资本使用权出售者本身也变成了风险投资者，使经济活动中风险承担者的数量大大增加，从而减少了每个投资者所承担的风险。在期货市场和期权市场，金融市场参与者还可以通过期货、期权交易进行筹资、投资的风险防范与控制。

（4）有效地实施宏观调控

金融交易活动为政府实施对宏观经济活动的间接调控创造了条件。中央银行货币政策的实施都以金融市场的存在为前提。中央银行通过金融市场可以进行公开市场业务操作，吞吐有价证券以调节货币供应量；实施再贴现政策，调整再贴现率，影响信用规模。两者的实施都可以通过影响利率水平来调节资金供求，而金融市场利率的变化又是宏观金融调控的重要参考依据。中央银行在实施货币政策时，通过金融市场可以调节货币供应量、传递政策信息，最终影响各经济主体的经济活动，从而达到调节整个宏观经济运行的目的。

3.1.3 金融市场的种类

金融市场是一个由许多具体的子市场组成的、庞大的金融市场体系。为更好地研究这一体系，人们往往从不同角度对金融市场进行分类。

1）按金融资产的期限划分

按金融资产的期限划分，金融市场可分为短期金融市场和长期金融市场。

短期金融市场又称为货币市场，是期限在1年或1年以内的短期金融工具交易的市场，主要解决金融市场主体的短期性、临时性的资金需求。短期金融市场主要包括同业拆借市场、短期债券市场、票据贴现市场、大额可转让定期存单市场以及回购协议市场等。在短期金融市场上进行交易的金融工具主要是货币头寸、存单、商业票据、银行票据和国库券等。

长期金融市场也被称作资本市场，是进行期限在1年以上的资金融通的市场。它的主要作用是满足中长期的投资需求和政府弥补长期财政赤字的资金需要。长期金融市场主要包括债券市场和股票市场。在长期金融市场上进行交易的金融工具主要是股票、债券、中长期国债和不动产抵押贷款等。党的二十届三中全会对进一步全面深化

① 刘夏．滴滴快的完成20亿美元融资 拥35亿美元现金储备［EB/OL］．［2015-07-09］．http：//news.sohu.com/20150709/n416423279.shtml.

资本市场改革做出了战略部署，能更好地发挥资本市场服务实体经济的功能。

2）按金融资产的发行和流通特征划分

按金融资产的发行和流通特征划分，金融市场可分为一级市场、二级市场、第三市场和第四市场。

一级市场也称发行市场或初级市场，是资金需求者将证券首次出售给投资者时所形成的市场。由于资金需求者难以与众多分散的投资者进行直接交易，因此，在这一市场上，证券发行往往采取承销、包销的方式。二级市场是投资者买卖已经发行的各种证券时所形成的市场，故又称为流通市场或次级市场。

二级市场可分为两种，一种是场内市场即证券交易所，其特征是证券的买卖须在固定场所集中竞价进行，因此是一种有形市场；另一种是场外交易市场，此时证券的买卖并不需要固定场所，其价格也是交易双方协商的结果，因此这种市场是一种无形市场。

第三市场是已在证券交易所上市的证券在证券交易所之外进行交易时所形成的市场。

第四市场是大户通过电话、网络等现代通信手段直接进行证券买卖所形成的市场。参与第四市场交易的往往是机构投资者。他们交易的数额巨大，因此对机构投资者来说，这种直接交易可以发挥规模效应，大大节省手续费等中间费用。

3）按价格确定机制划分

按价格确定机制划分，金融市场可分为公开市场和议价市场。

在公开市场上，金融资产价格的确定采用的是一种拍卖机制，即将众多的买主和卖主集中于某一固定场所，通过买卖双方公开竞价的方式确定成交价格，所遵循的规则是“价格优先，时间优先”。采用这种定价方式的往往是证券交易所。

在议价市场上，金融资产的定价与成交是通过私下协商或面对面的讨价还价方式进行的。在发达的市场经济国家，绝大多数债券和中小企业未上市的股票都通过这种方式交易。最初，在议价市场交易的证券流通范围不大，交易也不活跃，但随着现代通信及自动化技术的发展，该市场的交易效率已大大提高。

4）按交割方式划分

按交割方式划分，金融市场可分为即期市场和远期市场。

即期市场是指交易成交时就进行实物交割的市场。我们通常所说的“一手交钱，一手交货”所描述的就是这种市场。当然，在现实中，所谓金融工具的即期交割往往并非马上进行，而是在一定的期限内进行。例如，在外汇交易中，只要在两个交易日内交割外汇，这种交易都可称为现货交易。

二维码3-2

教学视频：金融市场的功能与分类

远期市场是交易双方达成协议后，并不立即进行交割，而是在较长一段时间后再进行交割的市场，包括远期、期货、期权和互换市场。远期市场具有两个显著特征：一是资产交割的未来性；二是交割价格的事先性和固定性。这是因为交易双方在交易成交之时就已经达成了交割价格协议。

3.2 金融工具

3.2.1 金融工具的含义

金融工具（financial instruments）也称信用工具，是用来证明债权债务关系或所有权关系的书面凭证，对交易双方所应承担的义务与享有的权利均具有法律效力。金融工具最基本的要素是支付的金额和支付条件，最重要的特征是能够在市场交易中为其所有者提供即期或远期的货币收益。

在实务中，金融工具也被称为金融产品、金融资产或有价证券。这是因为，金融工具（如股票、债券、期货、保单等）是在金融市场上可以买卖的产品，故称金融产品；在资产的定性和分类中，它们又属于金融资产，故称金融资产；它们是可以证明产权和债权债务关系的法律凭证，故称有价证券。不同类型的金融工具具有不同程度的风险。

3.2.2 金融工具的特征

一般认为，金融工具有以下特征：

1）期限性

期限性是指金融工具的发行者或债务人按期归还全部本金和利息的特性。金融工具一般都注明期限，债务人到期必须偿还信用凭证上所记载的应偿付的债务。其中，有两种极端情况：一种是银行活期存款随时可以提取，其偿还期为零；另一种是股票或永久性债券，其偿还期是无限的，虽然没有规定偿还的期限，但是金融工具是可以转让的，所以股票或永久性债券的持有者可以通过资本市场转让证券收回投资。因此，对于持有人而言，更具有现实意义的是相对偿还期，即从持有金融工具之日起至金融工具到期日止所经历的时间。例如，某投资者于2017年1月1日购入一张2007年1月1日发行、2026年12月31日到期的长期国债，对该投资者来讲，偿还期限为10年。

2）流动性

流动性是指金融工具在必要时迅速转换为现金，其价值不会蒙受损失的能力。金融工具变现越方便、成本越低，流动性就越强；反之，流动性越差。一般来说，金融工具如果具备下述两个特点，就可能具有较高的流动性：第一，金融工具发行者的资信高，在以往的债务偿还中能及时、全部履行其义务，如国家发行的债券、信誉卓著的公司发行的商业票据等；第二，债务的偿还期短，在大多数情况下，流动性与偿还期成反比，即偿还期越短，流动性越小。货币这一金融工具本身就是流动性的体现，零期限的活期存款几乎具有完全的流动性。但是，这也不是绝对的。金融工具的盈利能力也是决定流动性大小的重要因素。一些盈利率高的金融工具，即使偿还期限较长，往往也具有较高的流动性。

3）风险性

风险性是指购买者投资于金融资产的本金和预期收益遭受损失的可能性。这种风险可能来自两个方面：一是债务人不履行约定、不能按时支付利息和偿还本金的风险，这种风险也被称为信用风险，风险的大小主要取决于债务人的信誉和经营状况等。二是来自市场的风险，这是金融资产的市场价格随市场利率的上升而跌落的风险。当利率上升时，金融资产的市场价格就下跌；当利率下跌时，金融资产的市场价格就上涨。证券的偿还期越长，则其价格受利率变动的影响就越大。

4）收益性

收益性是指金融工具能定期或不定期给持有人带来收益的特性。金融工具收益性的大小是通过收益率来衡量的，其具体指标有名义收益率、实际收益率、即期收益率和平均收益率等。名义收益率是指利息与票面金额的比率；实际收益率是指名义收益率剔除物价上涨因素后的收益率；即期收益率是指票面规定的利息与该金融工具当期市场价格的比率；平均收益率是将即期收益与资本损益共同考虑的收益率，其中的资本损益是指投资者高于或低于票面金额购买金融工具时所带来的资本损失或利得。

【例3-1】某公司发行债券筹资，债券面值为100元，期限为5年，每年付息一次，票面年利息为12元，债券当前的市场价格为96元，购买债券的资本损益为4元，每年平均资本损益为0.8元，则其名义收益率是多少？即期收益率是多少？投资人持有期内年平均收益率是多少？

$$该债券的名义收益率 = \frac{票面利息}{票面金额} = \frac{120}{100} \times 100\% = 12\%$$

$$即期收益率 = \frac{票面利息}{当期市场价格} = \frac{12}{96} \times 100\% = 12.5\%$$

$$年平均收益率 = \frac{票面利息 + 平均资金损益}{当前市场价格} = \frac{12 + 0.8}{960} \times 100\% \approx 13.3\%$$

3.2.3 金融工具的种类

金融工具可以从不同的角度以不同的标志进行分类。

1）按融通资金的方式划分

按融通资金的方式划分，金融工具可分为直接融资金融工具和间接融资金融工具。直接融资金融工具是指不需金融机构作中介，在最终贷款人和最终借款人之间进行融资活动所使用的金融工具，如由政府、企业或个人发行或签发的政府债券、公司债券、公司股票、商业票据等，发行的目的是为自己筹集资金。党的二十大报告提出，健全资本市场功能，提高直接融资比重。这为优化融资结构、增强金融服务实体经济能力进一步指明了方向。间接融资金融工具是指金融机构在最终贷款人和最终借款人之间充当媒介进行间接融资活动所使用的金融工具，如金融债券、银行票据、大额可转让定期存单、人寿保险单和支票等，发行的目的在于聚集可用于贷放的资金。

2）按融资的期限划分

按融资的期限划分，金融工具可分为长期金融工具和短期金融工具。长期金融工具也称为资本市场金融工具，一般指期限在1年以上的中、长期资金借贷和证券交易的工具，如银行中、长期贷款工具、债券、股票等。短期金融工具也称货币市场金融工具，一般指1年以内的各种借贷和融通资金的工具，如国库券、可转让定期存单、银行承兑票据、回购协议等。相对于长期金融工具而言，货币市场金融工具具有期限短、风险低、流动性强、收益率低等特点。

3）按投资者的权利进行划分

金融工具可分为债务凭证类金融工具和所有权凭证类金融工具。所有权凭证类金融工具只有股票一种；其他都属于债务凭证类金融工具。债务凭证表明投资人投入资金后就取得了债权，所以有权据以到期讨还本金和利息；而所有权凭证表明资金的投入并非取得债权而是取得所有权，因而无权要求返还本金，只可以在必要时通过转让所有权，即出售证券的方式，收回本金。

4）按与实际信用活动的相关性

金融工具分为原生金融工具和衍生金融工具。原生金融工具是在实际信用活动中出具的能证明债权债务关系或所有权关系的合法凭证，主要有商业票据、债券等债权债务凭证和股票、基金等所有权凭证。

衍生金融工具是在原生金融工具基础上派生出来的各种金融合约及其组合形式的总称，主要包括金融期货、金融期权和金融互换。

3.3 利率

3.3.1 利率概述

1）利率的含义

利率是利息率的简称，是指在借贷期内所获得的利息额与借贷本金的比率，即利率=利息/本金。从资金借贷关系来看，利率是一定时期运用资金资源的交易价格。资金作为一种特殊商品，以利率为价格进行融通，实质上通过利率实现资源的再分配。

2）利率的种类

经济生活中利率的种类繁多，按照不同的标准，可以有多种不同的分类。

（1）按照是否考虑物价变动影响，分为名义利率与实际利率

在市场经济条件下，市场的物价水平经常出现一定程度的波动，而市场物价的变动造成了金融资产所有者的实际收入水平和名义收入水平不一致的状况。物价水

平的变动造成了名义利率和实际利率的不一致。名义利率是指以货币为标准计算出来的利率，通常是在没有考虑物价变动的条件下借贷契约上载明的利率水平，也称为货币利率。实际利率是指名义利率剔除物价变动因素后计算出来的利率，也可以理解为是在物价水平不变、货币购买力也不变的条件下的利率。

一般而言，名义利率、实际利率、物价变动率三者之间存在这样的关系：

$$i=k-\pi$$

式中，k为名义利率；i为实际利率；π为物价变动率。

实际上，这个公式只是一个简化公式，它只对本金部分剔除了物价变化因素，而利息部分的物价变化因素仍未剔除。更为准确的关系式应为：

$$1+k=(1+i)(1+\pi)$$

$$i=\frac{1+k}{1+\pi}-1$$

因此，资金借贷不能只看名义利率，还得考虑物价因素。当物价上涨率高于名义利率时，实际利率就是负数，称为负利率。负利率对经济产生逆调节作用。区分名义利率与实际利率具有重要意义，因为借贷双方真正关心的是实际利率，而不是名义利率。只有实际利率才能真实反映借贷资本的利息收益或借贷成本。

（2）按照借贷期内利率是否浮动，分为固定利率与浮动利率

固定利率是指名义利率在整个借贷期间不随借贷资金供求关系和物价水平的变动而变动的利率。它一般由借贷双方商定，适合在短期借贷活动或者市场利率变化不大的情况下使用。固定利率最大的特点是一次商定、固定不变、简便易行、计算方便。其缺点是灵活性差，往往不能适用于中长期借贷，特别是在存在严重通货膨胀的情况下，实行固定利率会使债权人利益受到损害。①

浮动利率又称可变利率，是指名义利率在借贷期限内随市场资金供求关系和物价水平的变化而定期调整的利率。调整期限和调整时作为基础市场利率的选择，由借贷双方在借贷时议定。例如，欧洲货币市场上的浮动利率，调整期一般为三个月或半年，调整时作为基础的市场利率大多采用伦敦市场银行间三个月或半年的拆借利率。浮动利率一般在借贷期限较长、市场利率多变的情况下使用。由于实行浮动利率可以经常调整，所以借贷双方承担的利率变动风险较小，利息负担也较公平；但是，计息较麻烦，特别是借款人计算利息成本比较困难。

（3）按照利率的决定方式，分为市场利率与官定利率

市场利率是指由市场资金供求状况和风险收益等因素决定的利率。一般来说，当市场上的资金需求大于供给时，市场利率就会上升；当资金供给大于需求时，市场利率就会下降。当市场上的不确定性增加，即资金运用的风险增加时，市场利率也会上升；反之则会下降。因此，市场利率能较真实地反映市场资金供求关系以及资金运用的风险状况。

---

① 李长安. 中国首次发行负利率主权债券，为何被国际资本热捧？[N/OL]. 新京报，2020-11-22（A02）[2025-08-19]. http：//epaper.bjnews.com.cn/html/2020-11/22/content_793344.htm？div=-1.

官定利率是指由政府金融管理部门或中央银行确定的利率，在一定程度上反映了非市场的强制力量对利率形成的干预，是国家实现宏观经济调控目标的重要政策手段，也称为法定利率。官定利率一般是由货币当局根据宏观经济运行的情况以及国际收支状况等其他因素来决定的。官定利率往往在利率体系中发挥指导性作用。我国在改革开放政策实施前，利率基本上是官定利率。之后，随着资金分配和融资格局的变化，市场利率在利率体系中的比例已逐渐加大。利率管制是否严格是衡量一国金融自由度的一个重要标志。计划经济国家的利率管制都是极其严格的，而在发达的市场经济国家，虽然其中央银行也时常运用利率手段调节宏观经济，但利率主要由市场资金供求及其他状况决定，货币当局制定的利率常常起到指导性调节作用。

（4）按照利率的地位不同，分为基准利率和市场其他利率

二维码3-3

延伸阅读：贷款市场报价利率

基准利率指的是在整个利率体系中起核心作用并能制约其他利率的基本利率。它在利率体系中占有重要的地位，发挥着核心主导作用，反映全社会的一般利率水平，体现一个国家在一定时期内的经济政策目标和货币政策方向。当它发生变动时，市场其他利率也相应发生变化。在西方国家，基准利率一般是指银行拆借利率，如伦敦银行间同业拆借利率（London Interbank Offered Rate，LIBOR）。它的变动将决定市场上其他利率如存款利率、贷款利率的变动。我国为进一步推动利率市场化，借鉴国际经验，于2007年1月4日推出了上海银行间同业拆放利率（Shanghai Interbank Offered Rate，SHIBOR）。

3.3.2　利率的构成

在金融市场上，利率是资金使用权的价格。一般来说，资金的利率由纯利率、通货膨胀补偿率和风险报酬率三部分组成，其计算公式如下：

利率=纯利率+通货膨胀补偿率+风险报酬率

1）纯利率

纯利率也称实际利率（Real Interest Rate，RIR），是指无通货膨胀、无风险情况下的社会平均资金利润率。例如，没有通货膨胀的国库券的利率可以视为纯利率。纯利率的高低受平均利润率、资金供求关系和国家调节的影响。

2）通货膨胀补偿率

通货膨胀补偿率也称通货膨胀溢酬（Inflation Premium，IP），是指为弥补因通货膨胀造成货币贬值而要求的报酬率。因此，每次发行国库券的利息率随通货膨胀率变化而变化，它近似等于纯利率加预期通货膨胀率。

3）风险报酬率

投资者除了关心通货膨胀率外，还关心资金使用者能否保证他们收回本金并取得一定的收益。风险越大，投资人要求的收益率越高。例如，公司长期债券的风险

大于国库券，投资者要求的收益率也高于国库券；普通股票的风险大于公司债券，则投资者要求的收益率也高于公司债券。由此可见，投资风险越大，要求的收益率也越高。风险报酬率是投资者要求的除纯利率和通货膨胀补偿率之外的风险补偿，主要包括：

（1）违约风险溢酬（Default Risk Premium，DRP）

违约风险是指借款人无法按时支付利息或偿还本金而给投资人带来的风险。为了弥补违约风险带来的损失，投资人要求提高贷款利率，否则借款人无法借到资金，投资人也不会进行投资。违约风险的大小与借款人信用等级的高低成反比。借款人的信用等级越高，违约风险越小，投资者要求的风险补偿就越小。一般将国债与拥有相同到期日、变现力和其他特性的公司债券两者之间的利率差距称为违约风险溢酬。

（2）变现力溢酬（Liquidity Premium，LP）

变现力是指某项资产迅速转化为现金的可能性。衡量变现力的标准有两个：资产出售时可实现的价格和变现时所需要的时间长短。其判断基础是，在价格没有明显损失的条件下，某项资产在短期内可以大量出售的能力。如果一项资产能够迅速转化为现金，说明其变现力强，流动性好，流动性风险小；反之，则说明流动性风险大。政府债券、大公司的股票与债券，由于信用好，变现力强，所以流动性风险小，而一些不知名的中小企业发行的证券的流动性风险则较大。

（3）到期风险溢酬（Maturity Risk Premium，MRP）

一项负债的到期日越长，债权人承受的不确定因素就越多，承担的风险也就越大。为弥补这种风险而增加的利率水平，就是到期风险溢酬。例如，同时发行的国库券，5年期的利率就比3年期的利率高，银行贷款利率也一样。因此，长期利率一般要高于短期利率。这便是到期风险溢酬。当然，在利率剧烈波动的情况下，也会出现短期利率高于长期利率的情况，但这种偶然情况并不影响上述结论。

3.3.3 利率期限结构

具有相同风险、流动性和其他特征的债券，其利率随到期日的时间长短而不同，这种差异就是利率的期限结构。利率的期限结构反映了证券到期时的利息或收益与到期期间二者之间的关系。此关系有三种不同情况：①短期利率高于长期利率；②长短期利率波动一致；③短期利率低于长期利率。在利率与期限关系的三种情形中，最常见的是利率随期限的延长而增加。

利率的期限结构可以形象地以收益率曲线表示出来。如果以横轴表示距离到期日的时间，以纵轴表示利率，将违约风险和流动性等特征相同但期限不同的债券的利率（到期收益率）连接起来，就会形成一条收益率曲线。如果收益率曲线向上方倾斜，就表明长期利率高于短期利率。如果收益率曲线向下方倾斜，则表明短期利率高于长期利率。如果收益率曲线是水平的，则说明长短期利率相同。

关于收益率曲线，有以下三个重要的经验事实：①虽然债券的期限不同，但它们的利率却随时间一起波动；②如果短期利率低，则收益率曲线向右上方倾斜；如果短期利率高，则收益率曲线向右下方倾斜；③收益率曲线几乎总是向右上方倾斜的，即长期利率往往高于短期利率。

为什么收益率曲线会出现这些形态？什么因素决定了收益率曲线的形态？为什么短期利率有时会高于长期利率，有时又低于长期利率？对这些问题的不同解释就形成了不同的利率期限结构理论，即预期理论、分割市场理论以及期限选择与流动性升水理论。

1）预期理论

预期理论假定整个证券市场是统一的，不同期限的证券之间具有完全的替代性。也就是说，证券购买者在不同期限的证券之间没有任何特殊的偏好。同时，预期理论认为长期债券的利率等于长期债券到期前人们对短期利率预期的平均值。例如，如果人们预期在未来5年里，短期利率的平均值是10%，则预期理论预测5年期债券的利率也将是10%；如果5年后，短期利率预期上升，从而未来10年里的短期利率的平均值为12%，则10年期的长期债券利率也是12%。在此基础上，预期理论断言，利率的期限结构是由人们对未来短期利率的预期决定的。当人们预期未来的短期利率将上升时，长期利率就高于短期利率，即收益曲线向上倾斜；反之，如果人们预期未来的短期利率将下降，则长期利率低于短期利率，即收益曲线向下倾斜；只有当人们预期未来的短期利率将保持不变时，收益曲线才是水平的。

预期理论将不同期限的证券视为一个密切联系的统一体，从而为证券市场上不同期限证券利率的同向波动提供了很好的解释。但是，预期理论也面临着一个重要的经验事实的挑战，那就是市场上长期证券的利率一般要高于短期证券。这是否就意味着人们总是倾向于相信未来的利率会高于现在的利率呢？这显然是没有道理的，因为人们预期的利率变化方向不可能是不变的。针对这一矛盾，人们提出了利率期限结构的分割市场理论。

2）分割市场理论

分割市场理论假定各种期限的证券之间毫无替代性，它们的市场是相互分割、彼此独立的，因而每种证券的利率只受自身状况的影响，仅仅取决于该种证券的供给和需求。分割市场理论认为，无论是投资者还是发行者都有期限偏好。该理论对收益曲线通常向上倾斜，即对长期利率高于短期利率的经验事实提供了一种直截了当的解释，那就是人们更偏好持有期限较短、风险较小的债券，因而对短期债券的需求较大，而对长期债券的需求较小。较大的需求导致短期债券的价格较高，利率较低；较小的需求导致长期债券的价格较低而利率较高。这样，收益率曲线是向右上方倾斜的。

但是，分割市场理论却无法解释事实1和事实2：

事实1：既然分割市场理论把不同期限的债券市场完全分割开来，那么一种期限的债券利率发生变化是不会影响其他期限的债券利率的，因而这一理论就无法解释不同期限债券的利率一起波动的事实。

事实2：分割市场理论对长期债券的供求与短期债券的供求之间的关系没有进行分析，对长期债券的供求如何随短期债券利率的变化而变化的问题没有说明，即为何短期利率低时，收益率曲线向右上方倾斜，而短期利率高时，收益率曲线向右下方倾斜。

因此，这一理论也有局限性。

3）期限选择与流动性升水理论

期限选择与流动性升水理论综合了预期理论和分割市场理论的特点，纠正了这两种理论走向极端的错误，认为不同期限的债券虽然不像预期理论所说的那样是完全替代品，但仍具有一定的相互替代性，同时债券投资者对债券期限具有某种偏好。因此，期限选择与流动性升水理论认为，长期债券的利率等于这种债券到期之前短期利率预期的平均值，加上这种债券随供求条件变化而变化的期限升水。也就是说，投资者不允许一种期限的债券的预期收益率与另一种期限的债券的预期收益率背离得太远，但由于他们有对债券期限的偏好，所以对于那些期限不为他们所偏好的债券来说，只有当能够获得更高的预期收益率时，他们才会购买。

很显然，对于事实1，即不同期限债券的利率随时间一起发生变动，期限选择理论与流动性升水理论能进行更为完善的解释。对于事实2，这一理论的解释是这样的：如果当前短期利率低，那么人们一般会预期未来的短期利率要上升，因而各期限内短期利率预期的平均值将高于当前短期利率，再加上正值的期限升水和流动性升水，收益率曲线向右上方倾斜。相反，如果当前短期利率太高，人们预期未来短期利率会大幅度下降，当长期内短期利率预期的平均值大大低于当前短期利率时，即使存在正值的期限升水和流动性升水，收益率曲线也会向右下方倾斜。另外，由于投资者偏好于短期债券，随着期限的延长，期限升水和流动性升水将增加。这就使长期债券的利率随期限的延长而升高。因此，在通常情况下，收益率曲线是向右上方倾斜的。显然，期限选择与流动性升水理论较预期理论的完全替代性和市场分割理论的完全分割假定更为现实，是最流行的利率期限结构理论。

总结与结论

▶金融市场是资金融通市场，是指资金供应者和资金需求者通过信用工具交易而融通资金的市场。广义的金融市场是各类金融机构、金融活动所推动的资金交易的总和。狭义金融市场是指有价证券市场，其交易的对象主要包括股票和债券。金融市场可以是有形的市场，也可以是无形的市场。金融市场是一个由许多具体的子市场组成的、庞大的金融市场体系，从不同角度可以有不同的分类。

▶金融市场主要由金融市场交易主体、交易对象、交易工具和价格机制四个基本要素构成。其功能主要有满足资金的筹措与投放、合理地分配和引导资金、实现分散风险的功能和有效地实施宏观调控。

▶金融工具也称信用工具，是用来证明债权债务关系或所有权关系的书面凭证。金融工具具有期限性、流动性、风险性和收益性的特征。按照不同的分类标准，金融工具可以分为直接融资金融工具和间接融资金融工具、长期金融工具和短期金融工具、债务凭证类金融工具和所有权凭证类金融工具、原生金融工具和衍生金融工具等。

▶利率是资金使用权的价格，是金融工具定价的基础。一般来说，资金的利率由纯利率、通货膨胀补偿率和风险报酬率三部分组成。

▶具有相同风险、流动性和其他特征的债券，其利率随到期日的时间长短而不同，这种差异就是利率的期限结构。利率期限结构理论包括预期理论、分割市场理论以及期限选择与流动性升水理论。

即测即评

二维码3-4

即测即评

思考题

1. 什么是金融市场？金融市场的构成要素有哪些？
2. 金融市场具有哪些功能？
3. 金融工具具有哪些特征？
4. 名义利率与实际利率有何区别？
5. 利率的构成要素有哪些？
6. 如何理解不同的利率期限结构理论？

案例分析题

我国社会融资结构出现积极变化[①]

中国人民银行公布的最新数据显示，2020年前三季度社会融资规模量增质优，在结构上出现了明显的积极变化。

初步统计，2020年前三季度社会融资规模的累计增量是29.62万亿元，比上年同期多9.01万亿元。这些新增资金向实体经济尤其是小微企业倾斜的力度明显加大，比如普惠小微贷款余额近7个月连创新高。与此同时，债市和A股市场直接融

① 陈果静．我国社会融资结构出现积极变化［N/OL］．经济日报，（2020-10-24）［2025-05-01］．http：//paper.ce.cn/jjrb/html/2020-10/24/content_430580.htm.

资持续发力，也为企业引来更多源头活水。

1）中长期贷款占比和增速提高

2020年前三季度，金融机构对实体经济的信贷支持力度明显加大。央行数据显示，前三季度金融机构对实体经济发放的人民币贷款增加16.69万亿元，接近上年全年16.88万亿元的水平，比上年同期多增了2.79万亿元。

中长期贷款重点流向了制造业，尤其是高技术制造业、基础设施，以及受新冠疫情影响比较大的行业，如批发和零售业、交通运输、仓储、邮政、文化体育和娱乐行业等。制造业中长期贷款余额增速已经连续11个月上升，9月末制造业中长期贷款的余额增长30.5%，比上年末提高了15.7个百分点。前三季度，制造业新增中长期贷款为9 675亿元，同比多增6 362亿元，其中高技术制造业的中长期贷款余额增长45.8%，比上年末提高了4.9个百分点。前三季度，高技术制造业中长期贷款累计新增2 633亿元，同比多增1 000亿元。

2）小微企业融资创下新高

从全国来看，央行公布的数据显示，9月末普惠小微贷款余额14.6万亿元，同比增长29.6%，增速比上年末提高了6.5个百分点，近7个月连创新高。

2020年以来，金融支持实体经济注重增强直达性、精准性。6月1日，央行创设了两项直达实体经济的货币政策工具，推动银行积极办理企业贷款延期还本付息和普惠小微企业信用贷款。

3）股票债券直接融资发力

超短期融资券是非金融企业的一种债务融资工具，可由发行企业根据其短期融资需求、资金使用安排等情况，自主选择不超过270天（含270天）的发行期限，具有信息披露简洁、注册效率高、发行便利、资金使用灵活等特点。

2020年以来，实体经济从债券市场获得的直接融资大幅度增加，这也是社会融资结构的积极变化之一。数据显示，前三季度企业的债券净融资为4.1万亿元，比上年同期增加了1.65万亿元。

证监会数据显示，科创板、创业板注册制改革落地以来，上市资源充足，流动性明显超过其他板块。截至2020年9月15日，科创板上市公司已达173家，IPO合计融资2 607亿元，占同期A股IPO融资金额的51%，总市值达到2.8万亿元；创业板通过注册制发行上市公司已有24家，IPO合计融资224亿元。

二维码3-5

案例分析题提示

分析：

（1）2020年前三季度，社会融资规模在结构上出现了哪些明显的积极变化？

（2）科创板与创业板注册制改革的战略意义是什么？

第4章 财务报告分析

学习目标

本章主要阐述了财务报告分析的基本原理和方法。通过本章学习，可以使学生了解财务报告分析的含义与目的；熟悉财务报告体系内容；掌握财务报告分析的基本方法；熟练运用财务比率对企业的偿债能力、盈利能力、营运能力和发展能力等进行分析；能够对企业的经营业绩与财务状况进行综合分析与评价。

导言

阿伯拉汗·比尔拉夫曾经说过："财务报表犹如名贵香水，只能细细品尝，不能生吞活剥。"所谓细细品尝，就是通过对财务数据和相关信息的汇总、计算、对比和说明，揭示和评价公司的财务状况、经营成果、现金流量和公司风险，为报表使用者进行投资、筹资和经营决策。本章从财务报告体系的构成入手，介绍了财务报告分析的含义和目的，财务报告分析的四种基本方法，详细阐述了如何运用财务比率分析企业的偿债能力、营运能力、盈利能力和发展能力，最后介绍了两种综合分析方法——杜邦分析法和沃尔评分法。

4.1 财务报告分析概述

4.1.1 财务报告体系的构成

根据我国《会计法》，财务报告是指企业对外提供的反映企业某一特定日期财务状况和某一会计期间经营成果、现金流量等会计信息的文件。财务报告主要包括基本财务报表、财务报表附注及其他应当在财务报表中披露的相关信息和资料。

1）基本财务报表

基本财务报表主要指资产负债表、利润表、现金流量表和所有者权益变动表。

（1）资产负债表

资产负债表是反映企业某一时日（月末、季末、年末）财务状况的一种静态报表。它根据“资产=负债+所有者权益”这一平衡公式，依照一定的分类标准和一定的次序，将某一特定日期的资产、负债、所有者权益的具体项目予以适当地排列编制而成。资产负债表可以反映企业资产的构成及其状况，分析企业在某一日期所拥有的经济资源及其分布情况；可以反映企业某一日期的负债总额及其结构，分析企业需要偿付的债务数额及财务风险；可以反映企业所有者权益的情况，分析资本保值、增值的情况以及对负债的保障程度。

（2）利润表

利润表是反映企业一定会计期间（如月度、季度、半年度或年度）经营成果的一种动态报表。它是根据“收入-费用=利润”的基本关系而编制的，其具体内容取决于收入、费用、利润等会计要素及其内容。利润表全面揭示了企业在某一特定时期实现的各种收入，发生的各种费用、成本或支出，以及企业实现的利润或发生的亏损情况。利润表可以解释、评价和预测企业的经营成果和获利能力，可以评价和考核管理人员的绩效，为投资者及企业管理者等各方面提供有关企业经营成果的财务信息。

（3）现金流量表

现金流量表是反映一定时期内（如月度、季度或年度）企业经营活动、投资活动和筹资活动对其现金及现金等价物所产生影响的财务报表。现金流量表提供了企业资金来源与运用的信息，便于分析企业资金来源与运用的合理性，判断企业的经营情况和效果，评价企业的经营业绩；提供了企业现金增减变动的原因。同时，将现金流量表与资产负债表、利润表衔接起来，可分析企业创造现金能力、盈利质量、偿债能力及支付能力，对分析研究企业总体经营与财务状况具有重要意义。

（4）所有者权益变动表

所有者权益变动表是反映企业在一定期间内，所有者权益各组成部分当期的增减变动情况的报表。所有者权益变动表不仅可以为报表使用者提供所有者权益总量增减变动的信息，也能为其提供所有者权益增减变动的结构性信息，特别是能够让报表使用者理解所有者权益增减变动的根源。所有者权益变动表为资产负债表和利润表提供了辅助信息，也在一定程度上提供了企业全面收益的信息。

2）财务报表附注

财务报表附注是对资产负债表、利润表、现金流量表和所有者权益变动表等报表中列示项目的文字描述或明细资料，以及对未能在这些报表中列示项目的说明等，可以使报表使用者全面了解企业的财务状况、经营成果和现金流量。

财务报表附注不仅能使报表使用者更全面地了解企业状况，缓解财务报表信息披露压力，还可以提高会计信息的相关性和可靠性。财务报表附注披露可以在不降低会计信息可靠性的前提下提高信息的相关性，如或有事项的处理。或有事项由于发生的不确定性而不能直接在主表中进行确认，但可以通过在财务报表附注中进行披露，揭示或有事项的类型和影响，来提高信息的相关性。财务报表附注还可以通过披露企业的会计政策和会计估计的变更等情况，向投资者传递相关信息，使投资者能够“看透”会计方法的实质，而不被会计方法所误导。

财务报表附注的主要内容包括：①不符合基本会计假设的说明；②重要会计政策和会计估计的说明，以及重大会计差错更正的说明；③会计报表附注应披露的重要会计政策；④或有事项的说明；⑤资产负债表日后事项的说明；⑥关联方关系及其交易的说明；⑦会计报表中重要项目的说明；⑧其他重大会计事项的说明。

3）财务报表间的钩稽关系

掌握财务报表间的钩稽关系有助于报表使用者利用财务报表间存在的这种内在联系进行财务分析。

（1）财务报表间钩稽关系的含义

财务报表之间的钩稽关系是指不同报表之间存在的一定关联或逻辑对应关系。由于财务报表之间存在潜在的一些钩稽关系，因此可以通过分析这种钩稽关系的变化规律来深入分析企业的经营情况以及报表数字背后的交易或事项，进而对企业的财务状况、经营成果和现金流量状况做出判断。

（2）财务报表间钩稽关系的内容

财务报表间的钩稽关系体现在资产负债表与利润表、资产负债表与现金流量表、资产负债表与所有者权益变动表、利润表与现金流量表之间存在的内在联系。资产负债表有时被称为存量报表，因为它报告的是某一时点的价值存量。所有者权益变动表、利润表和现金流量表是流量报表，度量的是流量，或者说是两个时点间的存量变化。所有者权益变动表反映了所有者权益的变化，利润表反映了收入和成本费用的变化，而现金流量表则反映了现金的变化。图4-1描述了资产负债表、所有者权益变动表、利润表和现金流量表之间的钩稽关系，或者说是存量和流量间的钩稽关系。资产负债表上现金存量的增加是现金流引起的。这点可以从现金流量表中的现金净增加额得到；利润表中净利润的增加会使资产负债表中的留存收益增加，最终导致所有者权益增加；此外，“将净利润调整为经营活动现金流量”就是以间接法计算“经营活动现金净流量”。

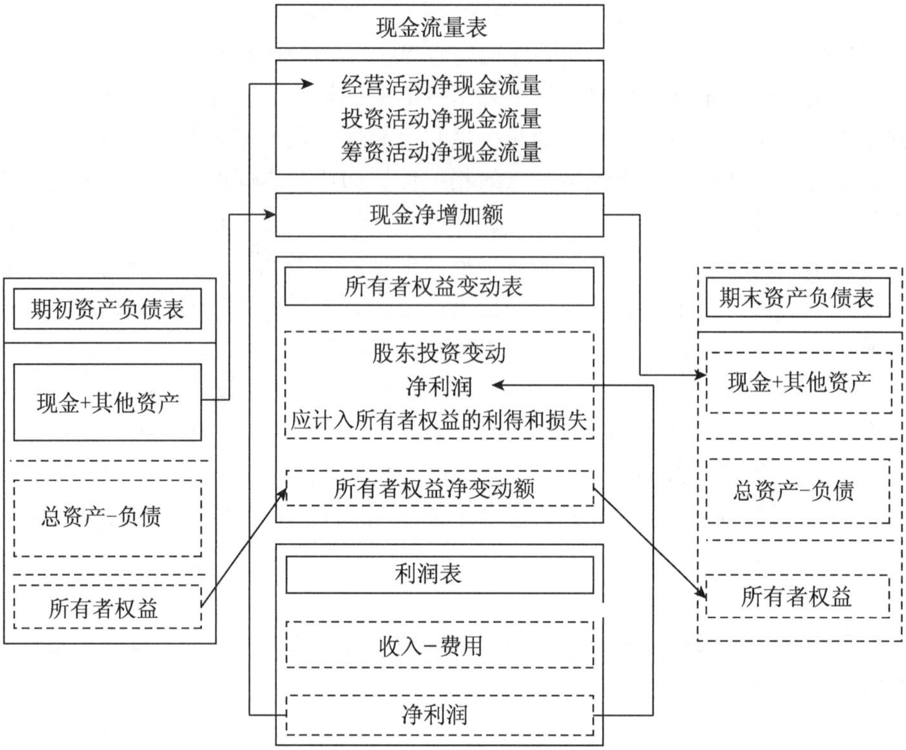

图4-1 财务报表间的钩稽关系

4.1.2 财务报告分析的含义与目的

1）财务报告分析的含义

财务报告分析是指以财务报表和其他相关资料为主要依据，采用一定的标准和一系列专门的科学分析方法，对相关项目增减变动的原因及其内在联系进行分析，借以判断其相关项目的质量，最终对企业整体的财务状况、经营成果和现金流量状况做出综合的评价，以反映企业经营策略的利弊得失，最终为财务报表使用者的经济决策提供必要信息的一种分析活动。

2）财务报告分析的目的

不同的财务报告分析主体进行财务分析的目的是不同的，具体而言：

（1）投资者进行财务报告分析的目的

这里的投资者既包括企业现有的出资者，又包括资本市场上潜在的投资者。他们是企业经营获利的最大受益者，也是企业经营风险的最大承担者，对企业的经营和收益状况极为关注。投资者期望自己投入的资金能实现保值增值，因此他们不仅关心企业当前的盈利能力，还要研究企业的权益结构、支付能力及营运状况等。只有投资者认为企业具有良好的发展前景，现有的投资者才会保持或增加投资，潜在投资者才会踊跃地把大量资金投入该企业。此外，财务报告分析也有助于投资者评价企业经营者的经营业绩，发现经营过程中存在的问题，从而通过行使股东权利，及时纠正偏差，使企业保持良性发展状态。

（2）债权人进行财务报告分析的目的

债权人是指那些给企业提供融资的机构和个人，包括给企业提供贷款的机构或个人和以出售货物或劳务形式提供短期融资的机构或个人。债权人最为关注的是企业是否能按期还本付息，因此着重分析企业偿债能力的大小，同时关注企业的收益状况与风险程度是否相适应，即将偿债能力与盈利能力结合分析，从而制定是否借款以及对该企业的借款额度、付款条件、利率水平、保障条款等决策。

（3）经营者进行财务报告分析的目的

财务报告分析对于经营管理人员来说是一种十分有用的工具。通过财务报告分析，管理者不仅可以发现生产经营中存在的问题与不足，采取有效措施解决这些问题，而且可以对企业财务状况、经营结果、现金流量及发展趋势做出准确的判断，实现企业价值最大化。

（4）企业的供应商和客户进行财务报告分析的目的

通过财务报告分析，供应商可以了解企业的信用状况，以便为其制定信用政策提供依据；客户通过对财务报告分析，可以了解企业的财务状况，据以判断企业的经营管理能力及产品服务质量，以便为选择进货途径做出正确的决策。

（5）政府相关部门进行财务报告分析的目的

通过财务报告分析，政府部门可以了解公司的纳税情况、遵守政府法规和市场秩序的情况以及职工收入和就业状况；对所在地区企业的经营运作及发展状况进行全面了解和掌握，便于在宏观上制定政策，进行投资。

4.2 财务报告分析的基本方法

“工欲善其事，必先利其器”。对报告使用者而言，要进行比较深入而有效的分析，首先必须掌握一些基本的分析方法。具体而言，这些方法主要包括比较分析法、比率分析法、趋势分析法和因素分析法。这些方法的基本内涵并不同，但是都以上市公司财务报告等资料为基础，通过一定的指标或比值计算，帮助信息使用者透过繁杂的财务报表数据，发掘其背后蕴含的信息，为报告使用者进行投资决策和经济预测提供帮助。

4.2.1 比较分析法

比较分析法是对两个有关的项目或指标数值进行对比，揭示差异和矛盾的一种分析方法。比较分析法有绝对数比较和相对数比较两种形式。绝对数比较是将主要报表项目的绝对数与比较对象的绝对数进行比较，以揭示数量差异，从而了解金额变动情况。相对数比较是利用报表中有相关关系的数据的相对数进行比较，以揭示数量差异，从而了解变动程度。

比较分析的具体形式有：

① 将本期的实际数据与前期的实际数据进行比较，可以了解企业的财务状况及发展趋势。

② 将本期的实际数据与计划数据相比较，考核企业管理层受托责任的完成情况，分析达成长期目标的可能性。

③ 将本期的实际数据与同行业同类数据相比较，便于找出企业与行业标杆企业的差距，制定新的目标，增强企业的竞争力。

在运用比较分析法进行分析时，必须注意指标之间的可比性，即对比的同类指标之间在指标内容、计算方法、计价标准、时间长度等方面应完全一致。在不同企业之间进行比较的指标，还必须注意企业行业归类、财务规模的一致性。

此外，不同地区的价格水平存在差异，各企业业务关系在区域上不尽相同，必然导致不同企业的价格水平差异，从而使数据缺乏可比性；不同的会计处理、计价方法也会导致数据不可比，因此在进行财务分析时应加以注意。

4.2.2 比率分析法

比率分析法是通过分析计算财务报表中两个或两个以上的性质不同但相关的指标的比率，并同标准比率进行比较，从而评价企业财务状况和经营成果的一种方法。比率分析法能够揭示数据间的内在联系，适用于不同经营规模企业之间的比较。

比率指标的类型主要有构成比例、效率比率和相关比率三类。

（1）构成比率

构成比率，又称结构比率，是反映某项经济指标的各组成部分与总体之间关系的比率。其计算公式如下：

$$构成比率=\frac{某个组成部分数值}{总体数值}\times 100\% \tag{4.1}$$

比如，企业资产中流动资产、固定资产和无形资产占资产总额的百分比（资产构成比率），企业负债中流动负债和长期负债占负债总额的百分比（负债构成比率）等。利用构成比率，可以考虑总体中某个部分的形成和安排是否合理，以便协调各项财务活动。

（2）效率比率

效率比率，是反映某项经济活动中投入与产出之间关系的比率。利用效率比率指标，可以进行得失比较，考察经营成果，评价经营效益。如果利润项目与销售成本、销售收入、资本等项目加以对比，可计算出成本利润率、销售利润率以及资本利润率等利润率指标，可以从不同角度比较企业盈利能力的高低及其增减变化情况。

(3) 相关比率

相关比率，是以某个项目和与其有关但又不同的项目加以对比所得的比率，反映有关经济活动的相互关系。利用相关比率指标，可以考察企业相互关联的业务安排得是否合理，以保障经营活动顺畅进行。例如，将流动资产与流动负债进行对比，可以判断企业的短期偿债能力；将负债总额与资产总额进行对比，可以判断企业的长期偿债能力。

4.2.3 趋势分析法

趋势分析法是通过对比两期或连续数期财务报告中的相同指标，确定其增减变动的方向、数额和幅度，来说明企业财务状况和经营成果的变动趋势的一种方法。采用该种方法可以分析企业的财务状况和经营成果发展变化的原因和变动性质，并由此预测企业未来的发展前景。它有两种方法来进行分析。

(1) 定基动态比率

定基动态比率，即用某一时期的数值作为固定的基期指标数值，将其他的各期数值与其对比来分析。例如，以2023年为固定基期，分析2024年、2025年的利润增长比率。假设某企业2023年的净利润为100万元，2024年的净利润为120万元，2025年的净利润为150万元，则：

2024年的定基动态比率=120÷100×100%=120%

2025年的定基动态比率=150÷100×100%=150%

(2) 环比动态比率

环比动态比率，是以每一分析期的前期数值为基期数值而计算出来的动态比率。仍以上例资料举例，则：

2024年的环比动态比率=120÷100×100%=120%

2025年的环比动态比率=150÷120×100%=125%

4.2.4 因素分析法

因素分析法是依据分析指标与其影响因素之间的关系，从数值上确定各因素对分析指标的差异影响程度的一种方法。企业活动是一个有机整体，每个指标的高低变化都会受到若干因素的影响。运用因素分析法可以帮助人们寻找问题成因，抓住主要矛盾，有助于下一步有针对性地解决问题，并为企业内部考核提供依据。因素分析法主要有连环替代法和差额分析法。

1) 连环替代法

连环替代法是将分析指标分解为单个可以计量的因素，并根据各个因素之间的依存关系，顺次用各因素的比较值（通常为实际值）替代基础值（通常为标准值或计划值），然后计算各因素对分析指标的影响。

设：$Q=A\times B\times C$

基础值$Q_0=A_0+B_0+C_0$

比较值 $Q_1=A_1+B_1+C_1$ ①

替代A因素：$A_1 \times B_0 \times C_0$ ②

替代B因素：$A_1 \times B_1 \times C_0$ ③

替代C因素：$A_1 \times B_1 \times C_1$ ④

④减①为Q指标的总变动量；

②减①为A因素的变动对Q指标的影响；

③减②为B因素的变动对Q指标的影响；

④减③为C因素的变动对Q指标的影响。

【例4-1】2025年9月，某企业耗费X原材料12 000元，上年同期原材料的耗费是18 000元。由于原材料费用是由产品产量、单位产品材料消耗量和材料单价3个因素的乘积构成的，因此，可以将原材料费用这一总指标分解为3个因素，然后逐个分析它们对材料费用总额的影响方向和程度。现假定这3个因素的数值见表4-1。

表4-1 **材料费用表**

项目	单位	2024年	2025年
产品产量	件	120	150
单位产品材料消耗量	千克	10	8
材料单价	元/千克	15	10
材料费用总额	元	18 000	12 000

根据表4-1的资料，2025年原材料费用总额比2024年降低了6 000元（18 000-12 000），运用连环替代法，可以计算各因素变动对原材料费用总额的影响。

2024年材料费用总额=120×10×15=18 000（元） ①

替代产品产量=150×10×15=22 500（元） ②

替代单位产品材料消耗量=150×8×15=18 000（元） ③

替代材料单价（2020年）=150×8×10=12 000（元） ④

④减①：12 000-18 000=-6 000（元），为原材料费用总额的总变动量；

②减①：22 500-18 000=4 500（元），为产品产量的变动对原材料费用总额的影响；

③减②：18 000-22 500=-4 500（元），为单位产品材料消耗量的变动对原材料费用总额的影响；

④减③：12 000-18 000=-6 000（元），为材料单价的变动对原材料费用总额的影响；

4 500-4 500-6 000=-6 000（元），为全部因素对原材料费用总额的影响。

2）差额分析法

差额分析法是连环替代法的简化形式。它利用各个因素的比较值和基础值之间的差额，计算各个因素对分析指标的影响。

$(A_1-A_0)\times B_0\times C_0$为A因素的变动对Q指标的影响；

$A_1\times(B_1-B_0)\times C_0$为B因素的变动对Q指标的影响；

$A_1\times B_1\times(C_1-C_0)$为C因素的变动对Q指标的影响。

沿用表4-1的资料，采用差额分析法计算确定【例4-1】各因素变动对材料费用的影响。

产品产量的变动对材料费用总额的影响=（150-120）×10×15=4 500（元）

单位产品材料消耗量的变动对材料费用总额的影响=150×（8-10）×15=-4 500（元）

材料单价的变动对材料费用总额的影响=150×8×（10-15）=-6 000（元）

4.3 财务比率分析

比率分析法是财务报告分析中最常用的一种分析方法，它能够反映不同财务报表项目之间的关系，通过将财务数据转化为比率，可以对同一时期不同企业或同一企业不同时期的财务状况、经营成果等进行比较分析。不同的财务报告使用者可以根据自身的需求设计和计算财务比率。本节主要介绍最为常用和经典的财务比率，分别反映企业的偿债能力、营运能力、盈利能力和发展能力。下面以M电器有限公司2025年的财务报表为例（见表4-2、表4-3），说明具体财务比率的定义、计算方法和分析意义。

表4-2　**资产负债表**

编制单位：M电器有限公司　　2025年12月31日　　单位：万元

资　产	年末余额	年初余额	负债和股东权益	年末余额	年初余额
流动资产：			流动负债：		
货币资金	2 354	2 216	短期借款	523	630
交易性金融资产	22	36	交易性金融负债	1	0
应收票据	1 944	1 472	应付票据	540	649
应收账款	1 214	1 140	应付账款	1 120	1 229
预付款项	164	394	预收款项	248	476
应收股利	0	0	应付职工薪酬	1 286	1 171
应收利息	0	0	应交税费	278	315
其他应收款	80	122	应付利息	0	0
存货	1 984	2 472	应付股利	7	0
一年内到期的非流动资产	0	0	其他应付款	614	620

续表

资　产	年末余额	年初余额	负债和股东权益	年末余额	年初余额
其他流动资产	360	144	一年内到期的非流动负债	27	0
流动资产合计	8 122	7 996	其他流动负债	1 410	1 204
			流动负债合计	6 054	6 294
非流动资产：			非流动负债：	0	0
债权投资	0	0	长期借款	296	276
长期应收款	216	210	应付债券	0	0
长期股权投资	72	94	长期应付款	0	0
投资性房地产	1 118	918	专项应付款	94	58
固定资产	1 552	1 642	预计负债	106	94
在建工程	0	0	递延所得税负债	118	106
固定资产清理	374	362	其他非流动负债	34	50
无形资产	502	474	非流动负债合计	648	584
商誉	0	0	负债合计	6 702	6 878
长期待摊费用	82	88	股东权益：	0	0
递延所得税资产	142	126	实收资本（或股本）	676	676
其他非流动资产	0	0	资本公积	1 270	1 224
非流动资产合计	4 058	3 914	减：库存股	0	0
			盈余公积	210	168
			未分配利润	2 276	1 926
			外币报表折算差额	-20	6
			少数股东权益	1 066	1 032
			股东权益合计	5 478	5 032
资产总计	12 180	11 910	负债和股东权益总计	12 180	11 910

表4-3　　利润表

编制单位：M电器有限公司　　2025年度　　单位：万元

	本年余额	上年金额
一、营业收入	13 614	18 622
减：营业成本	10 508	15 124
税金及附加	64	70
销售费用	1 248	1 638
管理费用	604	618
研发费用	220	100
财务费用	64	210
资产减值损失	12	8
加：公允价值变动净收益	-16	6
投资收益	70	144
其中：对联营企业和合营企业的投资收益	14	10
二、营业利润	948	1 004
加：营业外收入	86	136
减：营业外支出	20	28
三、利润总额	1 014	1 112
减：所得税费用	188	204
四、净利润	826	908

4.3.1　偿债能力分析

偿债能力是指企业偿还到期债务的能力。企业的债权人最关心的就是企业的偿债能力，因为债权人出借资金的基本目的是取得利息收入。如果债务人到期不能还本付息，那么债权人不仅不能从这种资金借贷业务中获得预期的收益，反而会遭受一定的损失。偿债能力对企业的投资者和经营者同样具有十分重要的意义。对于投资者来说，企业只有保持较强的偿债能力，才可能有良好的理财环境，才可能筹集到更多的资金用于投资，从而为投资者带来更多的利润；对于经营者来说，使企业保持一定的偿债能力，一方面，可降低企业的财务风险，不会因无力还债而陷入财务困境；另一方面，也树立了企业的良好形象和信誉，增强了债权人、投资者以及政府机构等有关方面对企业的信心，使企业能够筹集到更多的资金，保持企业良好的外部环境和良好的外部形象。

按照到期时间，债务一般分为短期债务和长期债务，因此偿债能力分析也分为短期偿债能力分析和长期偿债能力分析。

1）短期偿债能力分析

短期偿债能力是企业偿还流动负债的能力。短期偿债能力的强弱取决于流动资产的流动性，即资产转换成现金的速度。企业流动资产的流动性强，相应的短期偿债能力也强。因此，通常使用流动比率、速动比率和现金比率衡量企业的短期偿债能力。

（1）流动比率

流动比率是流动资产与流动负债的比值，反映企业可在短期内变现的流动资产偿还到期流动负债的能力。其计算公式为：

$$流动比率=\frac{流动资产}{流动负债} \tag{4.2}$$

流动比率是衡量企业短期偿债能力的一个重要财务指标。一般而言，该比率越高，表明企业资产的流动性和短期偿债能力越强。对债权人而言，流动比率越高，短期债务的偿还越有保障；但对于企业而言，流动比率并不是越高越好。流动比率过高表明企业的流动资产占用资金较多，意味着企业经营资金的周转效率和获利能力较低。经验表明，流动比率在2∶1左右比较合适。但是，对流动比率的分析应该结合不同的行业特点和企业流动资产结构等因素。有的行业的流动比率较高，有的行业的流动比率较低，不应该用统一的标准来评价各企业流动比率是否合理。只有与同行业的平均流动比率、本企业的历史流动比率进行比较，才能知道这个比率是否合理。

根据表4-2中M公司的资产负债表数据，可计算2025年年末M公司的流动比率：

$$流动比率=\frac{流动资产}{流动负债}=\frac{8\ 122}{6\ 054}\approx 1.34$$

（2）速动比率

速动比率是指速动资产对流动负债的比率。它是衡量企业流动资产中可以立即变现用于偿还流动负债的能力的财务指标。速动资产包括货币资金、交易性金融资产和各种应收款项等可在较短时间内变现的资产。其他流动资产，如存货、预付账款、一年内到期的非流动资产及其他流动资产等，变现时间和数量具有较大的不确定性，称为非速动资产。速动比率的计算公式为：

$$速动比率=\frac{速动资产}{流动负债} \tag{4.3}$$

经验表明，速动比率维持在1∶1较为合理。它表明企业的每1元流动负债就有1元易于变现的流动资产来抵偿。速动比率过低，企业的短期偿债风险较大；速动比率过高，则企业在速动资产上占用资金过多，会增加企业投资的机会成本。但是，这个评价标准并不是绝对的。在实际工作中，应考虑企业的行业性质和流动资产质量。

根据表4-2中M公司的资产负债表数据，可计算M公司2025年年末的速动比率：

$$速动比率=\frac{速动资产}{流动负债}=\frac{2\,354+22+1\,944+1\,214}{6\,054}\approx0.91$$

（3）现金比率

在流动资产中，流动性最强、可直接用于偿债的资产称为现金资产，包括货币资金、交易性金融资产等。现金比率是现金资产与流动负债的比值。其计算公式为：

$$现金比率=\frac{货币资金+交易性金融资产}{流动负债} \tag{4.4}$$

现金比率是从现金流量角度反映企业当期偿付短期负债的能力，在衡量企业的短期偿债能力方面更为安全和保守。

根据表4-2中M公司的资产负债表数据，可计算M公司2025年年末的现金比率：

$$现金比率=\frac{货币资金+交易性金融资产}{流动负债}=\frac{2\,354+22}{6\,054}\approx0.39$$

2）长期偿债能力分析

长期偿债能力是指企业偿还长期负债的能力。反映企业长期偿债能力的财务比率主要有资产负债率、产权比率、权益乘数和利息保障倍数。

（1）资产负债率

资产负债率是负债总额除以资产总额的百分比，也就是负债总额与资产总额的比例关系。资产负债率反映在总资产中有多大比例是通过借债筹资的，也可以衡量企业在清算时保护债权人利益的程度。其计算公式为：

$$资产负债率=\frac{负债总额}{资产总额}\times100\% \tag{4.5}$$

资产负债率反映企业偿还债务的综合能力。一般而言，这个比率越低，企业偿还债务的能力越强；反之，偿还债务的能力越弱。

对于资产负债率，企业的债权人和股东往往从不同的角度来评价。从债权人角度来看，他们最关心的是贷出资金的安全性。如果这个比率过高，说明在企业的全部资产中，股东提供的资本所占比重太低，则企业的财务风险主要由债权人承担，其贷款的安全性也缺乏可靠的保障。从企业股东角度来看，他们关心的主要是投资收益的高低，企业借入的资金与股东投入的资金在生产经营中可以发挥同样的作用。如果企业负债所支付的利息率低于资产报酬率，股东就可以利用举债经营取得更多的投资收益。资产负债率的高低没有一个明确的标准，不同行业、不同类型的企业存在较大差异。企业经营者在确定企业的负债比率时，一定要审时度势，充分考虑企业内部各种因素和企业外部的市场环境，在收益与风险之间权衡利弊，这样才能做出正确的财务决策。

根据表4-2中M公司的资产负债表数据，可计算M公司2025年年末的资产负债率：

$$资产负债率=\frac{负债总额}{资产总额}=\frac{6\,702}{12\,180}\times100\%\approx55.02\%$$

（2）产权比率

产权比率是负债总额与股东权益之间的比值，反映股东权益对债权人权益的保障程度，是企业财务结构稳健与否的重要标志。其计算公式为：[①]

$$产权比率=\frac{负债总额}{股东权益}\times100\% \tag{4.6}$$

产权比率不仅反映了由债务人提供的资本与所有者提供资本的相对关系，而且反映了企业自有资金偿还全部债务的能力，因此它又是衡量企业负债经营安全程度的重要指标。一般而言，产权比率越低，企业长期偿债能力越强，债权人权益保障程度越高，承担的风险越小。

根据表4-2中M公司的资产负债表数据，可计算M公司2025年年末的产权比率：

$$产权比率=\frac{负债总额}{股东权益}=\frac{6\,702}{5\,478}\times100\%\approx122.34\%$$

（3）权益乘数

权益乘数是资产总额相当于股东权益的倍数。权益乘数越大，表明所有者投入企业的资本占全部资产的比重越小，企业负债的程度越高。其计算公式为：

$$权益乘数=\frac{资产总额}{股东权益} \tag{4.7}$$

权益乘数越大，代表公司借入资本的数额越大，承担的财务风险越大。但是，如果企业处于高成长阶段，较高的权益乘数就可以充分利用财务杠杆效应。如果企业负债所支付的利息率低于资产报酬率，则可以提高企业的净资产收益率，有利于实现企业价值最大化。

根据表4-2中M公司的资产负债表数据，可计算M公司2025年年末的权益乘数：

$$权益乘数=\frac{资产总额}{股东权益}=\frac{12\,180}{5\,478}\approx2.22$$

（4）利息保障倍数

利息保障倍数是指企业生产经营所获得的息税前利润与利息费用的比率。它反映了企业实现的利润对债务偿付的保证程度。其计算公式为：

---

① 矫月．目前有132家公司资产负债率超70% 房地产行业平均值直逼80%［EB/OL］．［2016-08-24］．http：//epaper.zqrb.cn/html/2016-08/24/content_203953.htm．

$$利息保障倍数=\frac{息税前利润}{利息费用} \tag{4.8}$$

利息保障倍数主要用于分析公司在一定盈利水平下支付债务利息的能力。这一比率越高，说明公司的利润为支付债务利息提供的保障程度越高。因此，债权人通常利用利息保障倍数指标来衡量债权的安全程度。为了正确评价企业偿债能力的稳定性，一般需要计算连续数年的利息保障倍数，并且通常选择一个指标最低的会计年度考核企业长期偿债能力的状况，以保证企业最低的偿债能力。

根据表4-3中M公司的利润表数据，可计算M公司2025年度的利息保障倍数：

$$利息保障倍数=\frac{息税前利润}{利息费用}=\frac{826+64+188}{64}\approx16.84$$

除了上述财务比率以外，在财务分析工作中，还经常计算长期资本负债率、现金流量利息保障倍数、现金流量债务比等指标来评价企业的长期偿债能力。在进行财务分析时，除了计算分析这些比率，还应考虑影响企业长期偿债能力的一些表外因素，如长期租赁、债务担保、未决诉讼等。

二维码4-1

延伸阅读：降负债、控支出，"三道红线"下房企争绿

4.3.2　营运能力分析

营运能力是反映企业经营管理中运营资金的能力，主要通过公司资产管理比率来衡量。反映企业资产管理比率的有应收账款周转率、存货周转率、流动资产周转率和总资产周转率等。

1）应收账款周转率

应收账款周转率是销售收入与应收账款平均余额的比率，反映企业应收账款的周转速度，其计算公式为：

$$应收账款周转率=\frac{赊销收入净额}{应收账款平均余额} \tag{4.9}$$

其中：

赊销收入净额=销售收入-现销收入-销售退回、折让、折扣

应收账款平均余额=（期初应收账款+期末应收账款）÷2

从理论上讲，应收账款周转率应按赊销收入净额计算较为准确，但仅用于企业内部分析时，用赊销数为宜。在与其他企业比较时，因为企业赊销资料作为商业机密不对外公布，所以应收账款周转率一般用赊销和现销总额，即销售收入净额。应收账款周转率可以用来估计应收账款变现的速度和管理的效率。回收迅速既可以节约资金，又说明企业信用状况好，不易发生坏账损失。一般认为，应收账款周转率越高越好。企业在分析时，还可以结合应收账款周转天数（平均收现期或账龄）进行分析。

应收账款周转天数是指应收账款周转一次所需要的时间，其计算公式为：

$$应收账款周转天数=\frac{计算期天数}{应收账款周转次数} \tag{4.10}$$

$$=\frac{计算期天数\times 应收账款平均余额}{赊销收入净额} \tag{4.11}$$

通常，应收账款周转天数越短越好。如果公司实际收回账款的天数超过了公司规定的应收账款周转天数，一方面，说明债务人拖欠时间长，发生坏账损失的风险比较大；另一方面，说明公司催收账款不力，使结算资产形成了呆账、悬账甚至坏账，不利于公司经营活动的正常进行。

根据表4-2、表4-3中M公司的资产负债表和利润表数据，可计算M公司2025年度的应收账款周转率和应收账款的周转天数：

$$应收账款周转率=\frac{赊销收入净额}{应收账款平均余额}=\frac{13\,614}{(1\,214+1\,140)\div 2}\approx 11.57（次）$$

$$应收账款周转天数=\frac{计算期天数}{应收账款周转次数}=\frac{360}{11.57}\approx 32（天）$$

2）存货周转率

存货周转率是企业一定时期营业成本与存货平均余额的比率，用于反映存货的周转速度，其计算公式为：

$$存货周转率=\frac{营业成本}{存货平均余额} \tag{4.12}$$

其中：

存货平均余额 =（期初存货+期末存货）÷2

存货周转天数是指存货周转一次所需要的时间，其计算公式为：

$$存货周转天数=\frac{计算期天数}{存货周转次数} \tag{4.13}$$

$$=\frac{计算期天数\times 存货平均余额}{营业成本} \tag{4.14}$$

存货周转率是衡量和评价企业购入存货、投入生产、销售收回等各环节管理效率的综合性指标。一般来讲，存货周转速度越快，即存货周转率越大、存货周转天数越少，存货占用水平越低，流动性越强，存货转化为现金或应收账款的速度就越快，会增强企业的短期偿债能力及获利能力。对存货周转速度进行分析，有利于找出存货管理中存在的问题，尽可能降低资金占用水平。但是，在具体分析时还应注意以下几点：①存货周转率的高低与企业的经营特点密切相关，应注意行业特点；②该比率反映的是存货整体的周转情况，不能说明企业经营各环节的存货周转情况和管理水平；③应结合应收账款周转情况和信用政策进行分析。

根据表4-2、表4-3中M公司的资产负债表和利润表数据，可计算M公司2025年度的存货周转率和存货周转天数：

$$存货周转率=\frac{营业成本}{存货平均余额}=\frac{10\,508}{(1\,984+2\,472)\div 2}\approx 4.72（次）$$

$$存货周转天数=\frac{计算期天数}{存货周转次数}=\frac{360}{4.72}\approx 77（天）$$

3）流动资产周转率

流动资产周转率是销售收入净额与流动资产平均占用额的比值，反映企业流动资产的周转速度，其计算公式为：[①]

$$流动资产周转率=\frac{销售收入净额}{流动资产平均余额} \tag{4.15}$$

其中：

流动资产平均余额=（期初流动资产+期末流动资产）÷2

流动资产周转天数是指流动资产周转一次所需要的时间，其计算公式为：

$$流动资产周转天数=\frac{计算期天数}{流动资产周转次数} \tag{4.16}$$

$$=\frac{计算期天数\times流动资产平均余额}{销售收入净额} \tag{4.17}$$

在一定时期内，流动资产周转次数越多，周转天数越少，表明以相同的流动资产完成的周转额越多，从而可以节约资金，提高资金的利用效率。流动资产周转率要结合存货周转率、应收账款周转率一并进行分析，并与反映盈利能力的指标结合在一起使用，可较全面地评价企业的盈利能力。

根据表4-2、表4-3中M公司的资产负债表和利润表数据，可计算M公司2025年度的流动资产周转率和流动资产周转天数：

$$流动资产周转率=\frac{销售收入净额}{流动资产平均余额}=\frac{13\,614}{(8\,122+7\,996)\div2}\approx1.69（次）$$

$$流动资产周转天数=\frac{计算期天数}{流动资产周转次数}=\frac{360}{1.69}\approx214（天）$$

4）总资产周转率

总资产周转率是销售收入净额与总资产平均占用额的比值，反映企业总资产周转速度，其计算公式为：

$$总资产周转率=\frac{销售收入净额}{总资产平均余额} \tag{4.18}$$

其中：

总资产平均余额=（期初总资产+期末总资产）÷2

总资产周转天数是指总资产周转一次所需要的时间，其计算公式为：

$$总资产周转天数=\frac{计算期天数}{总资产周转率} \tag{4.19}$$

$$=\frac{计算期天数\times总资产平均余额}{销售收入净额} \tag{4.20}$$

总资产周转率是综合评价企业全部资产的经营质量和利用效率的重要指标。一般来说，总资产周转次数越多、周转天数越少，表明其周转速度越快，盈利能力越强。在此基础上，可以对总资产周转率的构成要素进行分析，查明总资产周转率升

① 王丽新．130家房企存货近4.5万亿元　平均存货周转率下降变现难［EB/OL］．［2018-09-26］．http：//epaper.zqrb.cn/html/2018-09/26/content_357006.htm？div=-1.

降的原因，以采取相应措施积极改善，提高资产利用效率。

二维码4-2

延伸阅读：奥特佳：将采取措施降低整体存货规模，提高资产周转率

根据表4-2、表4-3中M公司的资产负债表和利润表数据，可计算M公司2025年度的总资产周转率和总资产周转天数：

$$总资产周转率=\frac{销售收入净额}{总资产平均余额}=\frac{13\,614}{(12\,180+11\,910)\div 2}\approx 1.13（次）$$

$$总资产周转天数=\frac{计算期天数}{总资产周转率}=\frac{360}{1.13}\approx 319（天）$$

4.3.3 盈利能力分析

盈利能力是指企业获取利润的能力。盈利能力指标主要包括销售净利率、总资产净利率、净资产收益率。在实务中，除上述指标以外，上市公司还会采用一些特殊的评价指标，如每股收益、每股股利、市盈率等，评价其盈利能力。

1）销售净利率

销售净利率是指企业的净利润与营业收入的比率。它反映了企业经营者通过经营获取利润的能力。其计算公式为：

$$销售净利率=\frac{净利润}{营业收入}\times 100\% \tag{4.21}$$

销售净利率越大，说明企业的获利水平越高，盈利能力越强。在产品销售价格不变的情况下，利润的多少受产品成本和产品结构等的影响。产品成本降低，产品结构中利润率高的产品比例上升，营业利润率就提高；反之，产品成本上升，产品结构中利润率高的产品比例下降，营业利润率就下降。分析、考核营业利润率，对改善产品结构、促进成本降低等有积极的作用。

根据表4-3中M公司的利润表数据，可计算M公司2025年度的销售净利率：

$$销售净利率=\frac{净利润}{营业收入}=\frac{826}{13\,614}\times 100\%\approx 6.07\%$$

2）总资产净利率

总资产净利率是指公司净利润与平均资产总额的百分比。该指标反映的是公司运用全部资产所获得净利润的水平，即公司每占用1元的资产平均能获得多少元的净利润。该指标越高，表明公司投入产出水平越高，资产运营越有效，成本费用控制得越好。其计算公式为：

$$总资产净利率=\frac{净利润}{平均资产总额}\times 100\% \tag{4.22}$$

式中，平均资产总额为资产年初余额和资产年末余额的算术平均数。

总资产净利率越高，表明企业经营者运用全部资产获取收益的水平越高，投入产出的水平越好，企业的资产运营越有效。该指标是一个综合性指标。它的高低与企业的资产结构、经营管理水平具有密切的关系。为了正确评价企业经济效益的高低，挖掘提高利润水平的潜力，可以将该项指标与企业的历史前期、预算指标、本行业平均水平和同行业内先进企业进行对比，分析形成差异的原因。从财务比率视

角来看，影响总资产净利率的因素可以分解为销售净利率和总资产周转率。

$$总资产净利率=\frac{净利润}{平均资产总额}=\frac{净利润}{销售收入}\times\frac{销售收入}{平均资产总额}$$

$$=销售净利率\times总资产周转率 \tag{4.23}$$

根据表4-2、表4-3中M公司的资产负债表和利润表数据，可计算M公司2025年度的总资产净利率：

$$总资产净利率=\frac{净利润}{平均资产总额}=\frac{826}{(12\,180+11\,910)\div 2}\times 100\%\approx 6.86\%$$

3）净资产收益率

净资产收益率又称股东权益收益率，是净利润与平均股东权益的百分比。该指标反映股东权益的收益水平，其计算公式为：

$$净资产收益率=\frac{净利润}{平均股东权益}\times 100\% \tag{4.24}$$

净资产收益率是衡量企业盈利能力的核心指标，也是杜邦财务分析体系的核心指标。一般而言，净资产收益率越高，表明股东投入资本获得的收益越大，股东和债权人的利益保障程度越高。但是，过高的净资产收益率可能蕴藏了较高的财务风险。

$$净资产收益率=\frac{净利润}{平均股东权益}=\frac{净利润}{平均资产总额}\times\frac{平均资产总额}{平均股东权益}$$

$$=资产净利率\times平均权益乘数 \tag{4.25}$$

通过公式（4.25）可以看到，改善资产盈利能力和增加企业负债水平都可以提高净资产收益率。如果企业资产的盈利水平不变，单纯依靠加大举债，提高权益乘数，进而提高净资产收益率的做法，就大大增加了企业的财务风险。因此，只有当企业净资产收益率上升的同时，财务风险没有明显加大，才能说明企业盈利能力较好。

根据表4-2、表4-3中M公司的资产负债表和利润表数据，可计算M公司2025年度的净资产收益率：

$$净资产收益率=\frac{净利润}{平均股东权益}\times 100\%=\frac{826}{(5\,478+5\,032)\div 2}\times 100\%\approx 15.72\%$$

4）每股收益

每股收益即每股盈利，又称每股税后利润、每股盈余，是指税后利润与普通股股本总数的比值。该指标反映企业的经营成果，普通股的获利水平及投资风险，是股东据以评价企业盈利能力、预测企业成长潜力进而做出相关经济决策的重要财务指标之一。每股收益包括基本每股收益和稀释每股收益。

（1）基本每股收益

基本每股收益的计算公式为：

$$基本每股收益=\frac{归属于公司普通股股东的净利润}{发行在外的普通股加权平均数} \tag{4.26}$$

其中：

$$\text{发行在外的普通股加权平均数}=\text{期初发行在外普通股股数}+\text{当期新发普通股股数}\times\text{已发行时间}\div\text{报告期时间}-\text{当期回购普通股股数}\times\text{已回购时间}\div\text{报告期时间}$$

【例4-2】某上市公司2025年度归属于普通股股东的净利润为12 500万元。2024年年末的股本为4 000万股。2024年2月18日，经公司股东大会决议，以截至2024年年末公司总股本为基础，向全体股东每10股送红股10股，工商注册登记变更完成后公司总股本为8 000万股。2025年10月29日，该公司发行新股3 000万股，则基本每股收益为：

$$\text{基本每股收益}=\frac{\text{归属于公司普通股股东的净利润}}{\text{发行在外的普通股加权平均数}}=\frac{12\,500}{4\,000+4\,000+3\,000\times 2/12}\approx 1.47\text{（元/股）}$$

（2）稀释每股收益

稀释每股收益又称“冲淡每股收益”，是新会计准则引入的一个全新概念，用来评价“潜在普通股”对每股收益的影响，以避免该指标虚增可能带来的信息误导。“潜在普通股”主要包括可转换公司债券、认股权证和股票期权等。

① 可转换公司债券。对于可转换公司债券，计算稀释每股收益时，分子的调整项目为可转换公司债券当期已确认为费用的利息等的税后影响额；分母的调整项目为假定可转换公司债券当期期初或发行日转换为普通股的股数加权平均数。

② 认股权证和股票期权。认股权证、股票期权等的行权价格低于当期普通股平均市场价格时，应当考虑其稀释性。

计算稀释每股收益时，作为分子的净利润金额一般不变；分母的调整项目为增加的普通股股数，同时还应考虑时间权数。

对投资者来说，每股收益是一个综合性的盈利指标，在分析时可以进行企业之间的比较，以评价企业相对的盈利能力；也可以进行不同时期的比较，了解该企业的盈利能力变化趋势。一般而言，每股收益越高，说明企业的盈利能力越强，也越能吸引投资者的眼球，从而促使股价上涨。但是，每股收益指标也存在局限性，它不能反映股票所包含的风险。另外，不同股票的每一股在经济上不等量，它们所包含的净资产不同，即每股收益的投入量不同，也就限制了企业之间的每股收益比较。

5）每股股利

每股股利是股利总额与发行在外的普通股股数的比值，其计算公式为：

$$\text{每股股利}=\frac{\text{现金股利总额}}{\text{期末发行在外的普通股股数}} \tag{4.27}$$

每股股利反映的是上市公司普通股股东每持有一股普通股获取的股利大小，是投资者获得投资收益的重要来源之一。由于净利润是股利分配的来源，因此每股股利的多少在很大程度上取决于每股收益的多少。此外，还应注意，上市公司每股股利发放多少，除了受上市公司获利能力大小影响以外，还取决于公司的股利发放政策和投资机会。

6）市盈率

市盈率是指普通股每股市价与每股收益的比值，反映普通股股东愿意为每1元净利润支付的价格，其计算公式为：

$$\text{市盈率}=\frac{\text{每股市价}}{\text{每股收益}} \tag{4.28}$$

市盈率指标将股票价格与上市公司当前的盈利状况直观地联系在一起，而且能作为上市公司一些其他特征（包括风险性与成长性）的代表，因而在股票投资中，市盈率成为分析股票价值的重要指标之一。从投资者角度而言，市盈率表明投资者愿意用高于盈利多少倍的价格来购买某只股票，一方面反映投资者对该公司未来业绩增长的预期，另一方面也反映了股票投资成本的高低。

市盈率的倒数就是股票的预期收益率。市盈率的高低反映了市场对该股票的评价，同时也体现了股票的投资风险。市盈率常被用来衡量上市公司的股票价格与其当前业绩的偏离程度。市盈率越高的股票，其价格与价值的背离程度就越高，收回买入股票资金的时间就越长，投资者预期回报率就越低。市盈率越低则投资回收期越短，风险越小，投资价值就越高，投资者预期的回报率越高。虽然市盈率高意味着投资回收期长，风险大，但在一定程度上也反映了市场对公司增长潜力的认同。

4.3.4　发展能力分析

企业的发展能力即企业的成长性，是指企业通过自身的生产经营活动，不断扩大积累而形成的发展潜能。发展能力分析的主要指标有销售增长率、资本积累率和总资产增长率等。

1）销售增长率

销售增长率是企业本年销售收入增长额与上年销售收入总额的比值，反映企业销售收入的增减变动情况，是评价企业成长状况和发展能力的重要指标。其计算公式为：

$$\text{销售收入增长率}=\frac{\text{本年销售收入增长额}}{\text{上年销售收入}}\times 100\% \tag{4.29}$$

销售增长率是衡量企业经营状况和市场占有能力，预测企业经营业务拓展趋势的重要指标。不断增加的销售收入是企业生存的基础和发展的条件，因此，该指标值越高，表明销售收入增长速度越快，企业市场前景越好。在实际分析时，应结合企业历年的销售水平、企业市场占有情况、行业未来发展及其他影响企业发展的潜在因素，进行前瞻性预测，或者结合企业前三年的销售收入增长率做出趋势性分析判断。

根据表4-3中M公司的利润表数据，可计算M公司2025年度的销售收入增长率：

$$销售收入增长率=\frac{本年销售收入增长额}{上年销售收入}\times100\%=\frac{13\,614-18\,622}{18\,622}\times100\%\approx-26.89\%$$

2）资本积累率

资本积累率是企业本年所有者权益的增长额同年初所有者权益的比率，反映企业当年的资本积累情况，其计算公式为：

$$资本积累率=\frac{本年所有者权益增长额}{年初所有者权益}\times100\% \tag{4.30}$$

资本积累率越高，表明企业的资本积累越多，越有发展壮大潜力，应对风险、持续发展的能力越强。

根据表4-2中M公司的资产负债表数据，可计算M公司2025年度的资本积累率：

$$资本积累率=\frac{本年所有者权益增长额}{年初所有者权益}\times100\%=\frac{5\,478-5\,032}{5\,032}\times100\%\approx8.86\%$$

资本积累率大多用在国有资本经营评价方面。党的二十大报告提出“推动国有资本和国有企业做强做优做大”。资本积累率越高，国有资本积累能力越强。

3）总资产增长率

总资产增长率是企业本年总资产增长额同年初资产总额的比值，反映企业本期资产规模的增长情况，其计算公式为：

$$总资产增长率=\frac{本年资产增长额}{年初资产总额}\times100\% \tag{4.31}$$

总资产增长率指标从企业资产总量扩张角度衡量企业的发展能力。该指标越高，表明一个企业经营规模扩张的速度越快。但在实际分析时，应注意资产规模扩张的质与量的关系以及企业的后续发展能力，避免企业资产盲目扩张。

根据表4-2中M公司的资产负债表数据，可计算M公司2025年度的总资产增长率：

$$总资产增长率=\frac{本年资产增长额}{年初资产总额}\times100\%=\frac{12\,180-11\,910}{11\,910}\times100\%\approx2.27\%$$

4.4 综合财务分析

4.4.1 杜邦分析法

杜邦分析法是利用各主要财务比率之间的内在联系，对企业财务状况和经营成果进行综合系统评价的方法。它是由美国杜邦公司在20世纪20年代率先采用的一种财务分析方法，故也称杜邦财务分析体系。杜邦分析法是一种用来评价企业盈利能力和股东权益回报水平，从财务角度评价企业绩效的一种经典方法。其基本思想是将企业净资产收益率逐级分解为多项财务比率的乘积，有助于深入分析比较企业经营业绩。

以净资产收益率作为杜邦分析的核心和起点，在于该指标是一个综合性极强、具有代表性的财务比率。公司财务管理的一个重要目标就是使股东财富最大化。净资产收益率恰恰反映了所有者投入资本的能力，因此，这一比率可以反映公司筹资、投资等各种经营活动的效率。综上所述，杜邦财务分析体系的基本框架如图4-2所示。

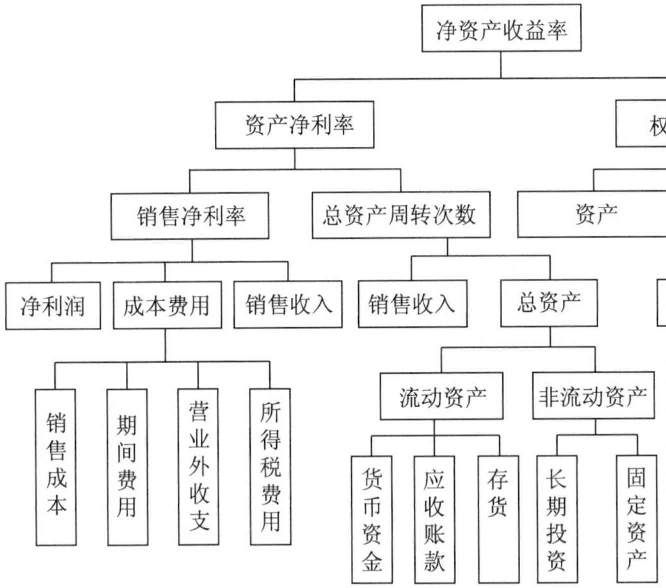

图4-2　杜邦财务分析体系的基本框架

以上节所讲M公司的资料为例，该公司的净资产收益率为15.72%，在杜邦分析法下，该净资产收益可以分解为以下几个主要的财务比率：

净资产收益率 = 资产净利率×平均权益乘数

= 销售净利率×总资产周转率×平均权益乘数

= 6.07%×1.13×2.22

≈ 15.23%

由此可见，杜邦财务分析体系强调高净资产收益率来源于销售净利率、总资产周转率和权益乘数的组合，因此企业在扩大销售，增加收入的同时也要加强成本控制，加快资产周转速度。同时，这也说明了适度、合理的负债经营对企业盈利的重要性。

杜邦财务分析体系的作用在于通过自上而下的分析，可以了解企业财务状况、经营成果的全貌及各项指标之间的内在联系，明确影响净资产收益率变动的因素及其存在的主要问题，为经营者提供解决财务问题的思路；同时，也为企业提供了财务目标分解控制的途径。按照杜邦财务分析体系自下而上的运用，可以考察企业经营活动中各项财务指标的实际情况，为企业的财务控制和评价考核提供依据，有利于正确评价经营者的业绩。

4.4.2 沃尔比重评分法

沃尔比重评分法是指将选定的财务比率用线性关系结合起来，并分别给定各自的分数比重，然后通过与标准比率进行比较，确定各项指标的得分及总体指标的累计分数，从而对企业的信用水平做出评价的方法。在财务分析的过程中，人们遇到的一个主要问题就是对计算出的财务比率，无法判断它是偏高还是偏低。为了弥补这一缺陷，亚历山大·沃尔在1928年创立了一种分析方法。他选择了7个财务比率，即流动比率、产权比率、固定资产比率、存货周转率、应收账款周转率、固定资产周转率和自有资金周转率，分别给定各指标的比重，然后确定标准比率（以行业平均数为基础），再将实际比率与标准比率相比，得出相对比率，之后将此相对比率与各指标比重相乘，得出总评分。

企业的总得分值表示企业财务状况在同行业中所处的位置。沃尔比重评分法见表4-4。

表4-4 沃尔比重评分法

财务比率	权重 （1）	标准值 （2）	实际值 （3）	相对值 （4）=（3）÷（2）	评分 （5）=（1）×（4）
流动比率	25				
产权比率	25				
固定资产比率	15				
存货周转率	10				
应收账款周转率	10				
固定资产周转率	10				
自有资金周转率	5				
合计	100				

沃尔比重评分法在理论上存在一个明显的缺陷，就是未能证明为什么要选择这7个指标，而不是更多或更少些，或者选择别的财务比率，以及未能证明每个指标所占比重的合理性。这个问题至今仍然没有从理论上得到解决。

沃尔比重评分法在技术上存在一个问题，就是在某一个指标存在严重异常时，会对总评分产生不合逻辑的重大影响。这个问题是由财务比率与其比重相乘引起的。财务比率提高一倍，评分增加100%，而财务指标缩小到原来的一半，其评分只减少50%。

为了改进沃尔比重评分法的不足，现代学术界对沃尔比重评分法的评价计算和评价指标进行了改进。首先，为降低综合评价误差，模型设计为标准分与调整分相加，即：

实际分数=∑(标准分 + 调整分)　　(4.32)

调整分数=（实际比率-标准比率）/每分比率　　(4.33)

每分比率=（行业最高比率-标准比率）/（最高评分-评分值）　　(4.34)

其次，对评价指标进行改进。将财务评价的指标分为三大类，盈利能力、偿债能力和发展能力，它们之间大致可按5：3：2的比重来分配。盈利能力的指标主要是总资产净利率、销售净利率和净资产收益率，虽然净资产收益率最为重要，为了减少重复影响，3个指标在评分值上可按2：2：1安排；偿债能力的指标主要是自有资本比率、流动比率、应收账款周转率和存货周转率；成长能力的指标主要是销售增长率、净利增长率和资产增长率。仍以100分为总评分，某行业综合评分的标准见表4-5。

表4-5　**某行业综合评分标准**

指标	评分值	标准比率	行业最高比率	最高评分	最低评分	每分比率
盈利能力：						
总资产净利率	20	1.63%	15.14%	30	10	1.35%
销售净利率	20	12.13%	62.15%	30	10	5.00%
净资产收益率	10	6.52%	28.89%	15	5	4.47%
偿债能力：						
自有资本比率	8	45.23%	72.52%	12	4	6.82%
流动比率	8	164%	289%	12	4	31.25%
应收账款周转率	8	668%	1 825%	12	4	289.25%
存货周转率	8	455%	1 600%	12	4	286.25%
成长能力：						
销售增长率	6	10.23%	85.21%	9	3	24.99%
净利增长率	6	8.26%	90.25%	9	3	27.33%
资产增长率	6	6.25%	70.26%	9	3	21.34%
合计	100	—	—	150	50	—

表4-5中，标准比率以本行业平均数为基础，对每一项指标评分时，规定上限和下限，以减少个别指标异常对总分造成不合理的影响。上限可定为正常评分值1.5倍，下限定为正常评分值的0.5。此外，给分时不采用“乘”的关系，而采用“加”或“减”的关系来处理，以克服沃尔比重评分法的缺点。

根据这种方法，对凯利公司的财务情况进行综合评价，得分为105分（见表4-6），因为标准值是100分，即代表行业中一般企业的情况，因此凯利公司的情况要稍好于同行业中的一般企业。

表4-6 凯利公司的沃尔比重评分

指标	实际比率（1）	标准比率（2）	差异（3）=（1）-（2）	每分比率（4）	调整分（5）=（3）/（4）	标准评分值（6）	得分（7）=（5）+（6）
盈利能力：							
总资产净利率	5.53	1.63	3.9	1.35	2.89	20	22.89
销售净利率	15.36	12.13	3.23	5.00	0.65	20	20.65
净资产收益率	10.56	6.52	4.04	4.47	0.90	10	10.90
偿债能力：							
自有资本比率	39.23	45.23	-6	6.82	-0.88	8	7.12
流动比率	135	164	-29	31.25	-0.93	8	7.07
应收账款周转率	987	668	319	289.25	1.10	8	9.10
存货周转率	432	455	-23	286.25	-0.08	8	7.92
成长能力：							
销售增长率	19.36	10.23	9.13	24.99	0.37	6	6.37
净利增长率	23.25	8.26	14.99	27.33	0.55	6	6.55
资产增长率	15.57	6.25	9.32	21.34	0.44	6	6.44
合计						100	105.00

总结与结论

▶财务分析是指以财务报表和其他相关资料为主要依据，采用一定的标准和一系列专门的科学分析方法，对企业的财务状况、经营成果及其发展趋势进行的系统分析和评价。企业财务分析主要包括偿债能力分析、营运能力分析、盈利能力分析和发展能力分析。

▶财务报告是指企业对外提供的反映企业某一特定日期财务状况和某一会计期间经营成果、现金流量的文件。财务报告主要包括基本财务报表和报表附注。

▶财务分析方法主要有比较分析法、比率分析法、趋势分析法和因素分析法。

▶企业偿债能力分析包括短期偿债能力比率和长期偿债能力比率。其中，短期偿债能力比率分析指标有流动比率、速动比率和现金比率。长期偿债能力比率分析指标有资产负债率、产权比率、权益乘数和利息保障倍数。

▶资产管理比率是衡量公司资产管理效率的财务比率，主要包括应收账款周转率、存货周转率、流动资产周转率和总资产周转率。

▶盈利能力是指企业获取利润的能力。盈利能力指标主要包括销售净利率、总资产净利率、净资产收益率。除上述指标以外，上市公司还会采用一些特殊的评价指标，如每股收益、每股股利、市盈率等指标来评价其盈利能力。

▶企业的发展能力即企业的成长性，是指企业通过自身的生产经营活动，不断扩大积累而形成的发展潜能。发展能力分析的主要指标有销售增长率、资本积累率和总资产增长率。

▶杜邦分析法是利用各主要财务比率之间的内在联系，对企业财务状况和经营成果进行综合系统评价的方法。杜邦财务分析体系的作用在于通过自上而下的分析，可以了解企业财务状况、经营成果的全貌及各项指标之间的内在联系，明确影响净资产收益率变动的因素及其存在的主要问题，为经营者提供解决财务问题的思路。

▶沃尔比重评分法是指将选定的财务比率用线性关系结合起来，并分别给定各自的分数比重，然后通过与标准比率进行比较，确定各项指标的得分及总体指标的累计分数，从而对企业的信用水平做出评价的方法。

即测即评

二维码4-3

即测即评

思考题

1.财务报告体系的构成内容包括哪些？

2.财务报告分析的目的有哪些？

3.财务报告分析的基本方法包括哪些？

4.如何利用财务比率对企业的偿债能力、营运能力、盈利能力和发展能力进行分析？

5.如何对企业进行综合财务分析？

练习题

1.A公司2025年度会计报表中部分项目的数据见表4-7。假设一年按360天计算。

表4-7 **会计报表相关数据** 单位：万元

项　目	年初数	年末数
赊销净额	—	700
应收账款	30	40
存货	80	90
营业成本	—	510

二维码4-4
练习题参考答案1

要求：

（1）计算该公司的应收账款周转率和应收账款周转期。

（2）计算该公司的存货周转率和存货周转期。

2.B公司2025年年末的流动比率为1.5，权益乘数为1.8，存货周转率为4.5次，营业成本为157 500元。假设期初存货与期末存货相等，该公司2025年12月31日简化的资产负债表见表4-8：

表4-8 **B公司简化资产负债表** 单位：万元

资　产	期末数	负债和所有者权益	期末数
货币资金	12 500	应付账款	
应收账款净额		应交税费	12 500
存货		非流动负债	
固定资产净值	147 000	实收资本	150 000
		未分配利润	
资产总计	216 000	负债和所有者权益总计	

二维码4-5
练习题参考答案2

要求：将B公司2025年资产负债表的空白项目补充完整。

3.表4-9中的资料是C公司2024年和2025年年末的部分财务数据，请计算该公司的净资产收益率（净资产的平均余额均以期末数代替），并对净资产收益率的变动进行因素分析，结合分析结果，对C公司的盈利能力进行简要评价。

表4-9 **C公司部分财务数据** 单位：万元

项　目	2024年	2025年
总资产	46 880	49 320
净资产	26 730	25 985
销售收入	38 890	42 649
净利润	3 227	3 680

二维码4-6
练习题参考答案3

案例分析题

盛美上海2024年财务状况优秀①

2025年2月27日，A股上市公司盛美上海发布2024年全年业绩报告，其中，净利润11.53亿元，同比增长26.65%。

根据同花顺财务诊断大模型对其本期及过去5年财务数据1 200余项财务指标的综合运算及跟踪分析，盛美上海近五年的总体财务状况良好。具体而言，盈利能力、成长能力优秀，现金流、营运能力良好，资产质量一般。

从营收和利润方面看，公司本报告期实现营业总收入56.18亿元，同比增长44.48%；净利润11.53亿元，同比增长26.65%；基本每股收益为2.64元。

从资产方面看，在公司报告期内，期末资产总计为121.28亿元，应收账款为21.32亿元；现金流量方面，经营活动产生的现金流量净额为12.16亿元，销售商品、提供劳务收到的现金为55.88亿元。根据盛美上海公布的相关财务信息，公司存在6个财务亮点，具体见表4-10：

表4-10　**盛美上海财务信息亮点**

指标类型	评述
收益率	净资产收益率平均为14.90%，公司赚钱能力很强
盈利	毛利率平均为46.95%，公司盈利能力出众
营收	营收同比增长率平均为50.22%，公司成长性出色
成长	营业利润同比增长率平均为60.14%，公司成长能力优秀
成长	净资产同比增长率平均为18.69%，公司成长性出众
成长	当期营收同比增长了44.48%，收入增长表现优异

分析：

（1）上市公司盈利能力分析的财务指标有哪些？这些财务指标从哪些方面体现盈利能力？

（2）上市公司成长能力分析的财务指标有哪些？这些财务指标从哪些方面体现成长能力？

二维码4-7

案例分析题提示

① 资料来源：佚名.财报速递：盛美上海2024年全年净利润11.53亿元［EB/OL］.［2025-02-26］. http：//yuanchuang.10jqka.com.cn/20250226/c666326806.shtml.

第5章 财务管理的基本观念

学习目标

通过本章学习，学生能够全面、深刻地理解财务管理的价值观念，掌握货币时间价值的含义及货币时间价值的不同的计算形式；理解现金流量的概念及内涵，了解两类现金流量的具体分类和内容；掌握风险与风险报酬的含义及计量，以及资本资产定价模型等；深刻理解资本成本的含义，熟练掌握单项资本成本和综合资本成本的计算，并能够在财务管理工作中，熟练地运用这些相关的价值观念。

导言

财务管理活动的过程实际上就是一种权衡的过程。它包括成本与效益的权衡、风险与收益的权衡。在成本与效益的权衡中，首先要明确货币的时间价值观念，并要了解各个时点的现金流入量和流出量；在风险与收益的权衡中，既需要了解企业自身的资本成本，又需要找出企业所得收益与所愿意承担风险的均衡点。因此，在财务管理中考虑货币的时间价值、区分现金流量、评估风险、计算最低资本成本就成为财务管理工作者所必须具备的、重要的价值观念。

5.1 货币时间价值观念

5.1.1 货币时间价值的含义

货币的时间价值（time value of money），是指在没有风险和通货膨胀的情况下，货币在使用过程中，随着时间的变化通过投资和再投资所发生的增值，也称为资金的时间价值。它反映了货币随时间的推移而增值的特性。

在商品经济中，有这样一种现象：即现在的1元钱和1年后的1元钱其承载的经济价值并不等同，或者说其经济效用不同。现在的1元钱比1年后的1元钱的经济价值要大一些。即便排除通货膨胀因素的考量下，这一结论仍然成立。为什么会这样呢？比如，若银行存款的年利率为10%，将今天的1元钱存入银行，一年后就会是1.10元。由此可见，经过一年时间，这1元钱发生了0.1元的增值，今天的1元钱和一年后的1.10元钱等值。再如，我们有100万元的货币，如果闲置不用，无论经过多长时间，它的价值都不会发生变化。但是，如果我们将这100万元货币存入银行，假定银行存款年利率为10%，一年后，我们可以得到110万元；如果我们用这100万元投资办企业，假定该企业的收益率为20%，则一年后就可以得到120万元，两年后可以得到144万元，三年后就可以得到172.8万元……使用的时间越长，得到的增值额越大。在实务中，人们习惯使用相对数字表示货币的时间价值，即用增加价值占投入货币的百分数来表示。本例中的货币时间价值分别是10%和20%。

货币投入生产经营过程后，其价值就会随着时间的推移不断增长。这是一种客观的经济现象。企业货币循环和周转的起点是投入货币资金。企业用其来购买所需的资源，然后生产出新产品，出售产品时得到的货币数额大于初始投入的货币数额。货币的循环和周转以及因此实现的货币增值，需要或多或少的时间。每完成一次循环，货币就增加一定数额。周转的次数越多，增值额也越大。因此，随着时间的延续，货币总额在循环和周转过程中呈几何级数增长，形成了货币的时间价值。

从量的规定性来看，货币的时间价值是在没有风险和通货膨胀条件下的社会平均货币利润率。由于竞争，市场经济中各部门投资的利润率会趋于平均化。基于此，企业在投资某项目时，至少要取得社会平均的货币利润率，否则不如投资其他项目或其他行业。因此，货币的时间价值成为评价投资方案的基本标准。财务管理中对时间价值的研究，主要是对货币的筹集、配置、使用和回收等从量上进行分析，以便找出适用于分析方案的数学模型，改善财务决策的质量。

例如，一家高科技公司研发出了一项具有突破性的新能源技术专利，该专利的商业化应用前景广阔。当前，市场上有多家公司对该专利表示出浓厚兴趣，并提出立即以5 000万元的价格进行收购。然而，据行业专家预测，随着新能源技术的不断成熟和市场接受度的提高，若公司选择在未来5年内继续研发并优化该技术，待其更加完善后再行转让，预计可获得高达6 500万元的转让收入。若不考虑货币的时间价值，仅从金额对比出发，6 500万元显然大于5 000万元。因此，直观判断是延期5年后再转让专利将更为有利。若考虑货币的时间价值，现在转让获得5 000万元，可用于投资其他项目，预期年化收益率可达6%，那么，5年后将有货币6 691.13万元（$5\,000\times(1+6\%)^5$），6 691.13万元大于6 500万元，因此，可以得出“现在转让更有利”的结论，并表明将货币时间价值考虑在内更符合现实的经济生活。

货币的时间价值可以用绝对数表示，也可以用相对数表示，即利息额和利息率。在实际工作中，并不严格区分这两种表示方法，通常以利息率相对数计量，因为即使投资额不同，我们也仍可以用相对值进行不同项目之间的比较。利息率的经济意义是社会的平均货币利润率。各种形式的利息率，如贷款利率、债券利率、股票利率等，都是根据社会平均货币利润率确定的。但是，一般的利息率除了包括货币时间价值因素以外，还包括风险价值和通货膨胀因素。

在财务管理中，由于不同时间单位货币的价值不相等，为正确地进行筹资和投资决策，需要把不同时点上的货币换算到相同的时间基础上，然后才能进行大小的比较和比率的计算。因此，需要比较在不同时点上收到和付出的货币价值之间的关系，掌握时间价值的计算，以及各种终值和现值的换算关系。

【小思考5-1】

李先生观察到，在邻近的城镇中，一家特色咖啡馆因其独特的咖啡文化和舒适的环境而备受欢迎，顾客络绎不绝。受此启发，李先生决定在自己居住的小镇上也开设一家类似的咖啡馆。他深知品牌效应的重要性，于是开始积极联系那家特色咖啡馆的总部，希望能获得其品牌授权及经营指导。经过一系列沟通与协商，咖啡馆总部同意李先生加入其品牌体系，但提出了两种支付方案：

一次性支付：李先生需立即支付品牌加盟费及初期运营支持费用共计60万元人民币。

分期支付：若李先生选择分期，则需从咖啡馆开业的第一年年初开始，每年支付25万元人民币，连续支付三年。若在这三年内有任何一年未能按时支付，总部将有权取消其品牌授权。

李先生考虑到目前个人资金有限，他计划通过银行贷款来筹集启动资金。幸运的是，根据当地政府对青年创业者的支持政策，李先生可以申请到年利率为4%的优惠贷款。

面对上述两种支付方案，请问从经济角度考虑，李先生应该选择一次性支付还是分期支付？

5.1.2 一次性收付的货币时间价值的衡量

由于货币在不同时点上不具有可比性，因此，我们通常有两种方法对不同时点的资金流加以处理。一种方法是将现金流折算到现在的时点上，得到资金流的现值（present value，PV），另一种方法则是将资金流折算到未来的某一个时间点上，得到资金流的终值（future value，FV）。

由于货币时间价值即货币运用中所发生的增值额。它通常用利息或利息率来表示。利息的计算通常包括单利（simple interest）和复利（compound interest）两种形式。单利计息是只对本金计算利息，而本金所产生的利息在后续计息期中不再计算利息，各期利息相等；复利计息是既对本金计算利息，又对前期的利息计算利息，各期利息不同。在单利方式下，本能生利，而利息不能生利。在复利方式下，本能生利，利息在下期则转为本金，与原来的本金一起计算利息，逐期滚算，俗称“利滚利”。

在实务中，货币的增值额一般都作为追加资本继续留在企业使用，所以，货币时间价值的计算方法一般采用复利计算方法。以下介绍几种常用的计算货币时间价值的模型。

1）复利终值

复利终值，是指一次性的收或付的款项经过若干期的使用后，所获得的包括本金和利息在内的未来价值。

假设现值为P，利率为i，n期后的终值为F_n，则F_n与P的关系可通过【例5-1】归纳如下：

【例5-1】假设某人将10 000元存入银行，存款年利率为1%，1年后的终值（本利和）为：

$F_1 = P+P\times i=P\times(1+i)=10\,000\times(1+1\%)=10\,100$（元）

若此人并不取走现金，将10 100元继续存在银行，则第2年的本利和为：

$F_2=[P\times(1+i)]\times(1+i)=P\times(1+i)^2=10\,000\times(1+1\%)^2=10\,201$（元）

同理，第3年的期末金额为：

$F_3=[P\times(1+i)^2]\times(1+i)=P\times(1+i)^3=10\,000\times(1+1\%)^3=10\,303.01$（元）

依此类推，第n年的期末金额为：

$$F_n=P\times(1+i)^n \tag{5.1}$$

此式即为复利终值的一般公式，其中，$(1+i)^n$称作复利终值系数（future value interest factor），用符号（F/P，i，n）表示。复利的增长意味着货币价值每期都以（1+增长率）倍的速度增加。t期之后的价值将是原来价值乘以$(1+增长率)^t$。如果资金以复利投资，其增长率就是利率。例如，（F/P，5%，10）表示利率为5%的10年期复利终值系数。于是，复利终值计算公式亦可写为如下形式：

$$F_n= P\times(F/P,i,n) \tag{5.2}$$

为简化计算过程，可以直接查阅终值表，亦称“复利终值系数表”。查表可知：（F/P，5%，10）=1.6289，即在货币时间价值为5%的情况下，现在的1元和10年后的1.6289元在经济上是等效的。根据这个系数可以把现值换算成终值。

该表不仅能在已知i和n时查找（F/P，i，n），还可以在已知（F/P，i，n）和n时查找i，或已知（F/P，i，n）和i时查找n，即已知其中任意两项，可查找第三项。

【例5-2】假设某公司向银行借款1 000万元，年利率为5%，期限为10年，那么10年后该公司应该向银行偿还的本利和为多少？

根据公式（5.2），10年后该公司应该向银行偿还的本利和为：

$F_n= P\times(F/P,i,n)=1\,000\times(F/P,5\%,10)=1\,000\times1.6289=1\,628.9$（万元）

2）复利现值

由本利和计算本金的过程也叫折现，此时使用的利率i又称为折现率。我们在计算复利终值时，是计算现在的一笔钱在将来的价值，即本利和。计算复利现值，正好与计算复利终值相反，因此可以说，复利现值是复利终值的逆运算。

已知 $F_n = P \times (1+i)^n$

$$则P = \frac{F_n}{(1+i)^n} = F_n \times (1+i)^{-n} \tag{5.3}$$

公式（5.3）中的（$1+i)^{-n}$是将终值折算为现值的系数，称为复利现值系数（present value interest factor），用符号（P/F，i，n）来表示。为简化计算过程，可以直接查阅“复利现值系数表”。

【例5-3】假设某投资者计划在5年后获得15万元的资金用于孩子的教育基金。如果他能找到一个年收益率为4%的投资项目，那么他现在需要投入多少钱来确保5年后达到这个目标？

P = F×（P/F，i，n）=15×（P/F，4%，5）= 15×0.8219 = 12.3285（万元）

5.1.3 等额系列收付的货币时间价值衡量

复利的终值和现值指的是一次性收（或付）款项，而年金（annuity）是指在一定时期内，每隔相同的时间（如每月、每季或每年等），发生的相同数额的系列收（或付）款项。从上述定义可知，年金具有如下三个方面的特征：

（1）连续性。年金的连续性是指在一定时期内每隔一段时间就必须发生一次收（或付）业务，形成一系列的同性质业务活动，中间不得间断。与单笔资金流不同，年金涉及两笔或两笔以上的资金流。

（2）等额性。等额性要求每期收支在数额上必须相等。

（3）同向性。对公司而言，年金都是收入或者都是支出，不会出现收入和支出同时存在的情况。

在经济生活中，分期等额形成的或发生的各种偿债基金、折旧费、养老金、保险费、租金、等额分期收付款、零存整取存款业务中的零存数、整存零取储蓄存款业务中的零取金额、债券利息和优先股股息以及等额回收的投资额等，都属于年金的范畴。

年金按照收（或付）款的时间分为普通年金或后付年金、预付年金（或即付年金）、递延年金和永续年金等几种形式。其中，普通年金是现实经济活动中最为常见的年金形式，应用最广泛，其他几种年金均可在普通年金的基础上推算出来。因此，应掌握普通年金的有关计算。

1）普通年金的终值和现值

普通年金（ordinary annuity）即指从第一期开始每期期末收款、付款的年金。年金是与复利相联系的，年金的现值、终值都是以复利的终值、现值为基础计算的。普通年金终值和现值的计算也是如此。在实际工作中，我们常把普通年金终值和现值的计算简称为年金终值或现值的计算。

（1）普通年金终值

普通年金终值（future value of ordinary annuity）是指在其最后一次业务发生时，系列款项的终值之和。它是一定时期内每期期末等额收（或付）款项的复利终值之和。

假定每期期末等额收（或付）款项为A=100，i=10%，n=3，则普通年金终值的计算可用图5-1来加以说明。

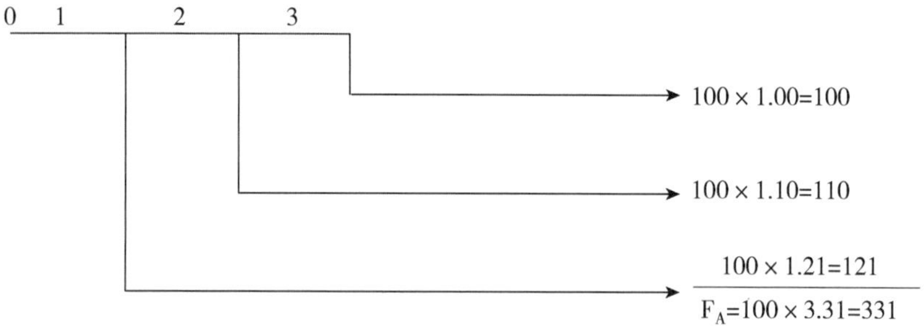

图5-1　普通年金终值

运用上述方法在年金的期数较多时，计算就相当烦琐。显然，这种计算是有规律的，于是我们可以找出简便的算法：

$$F_A=A+A(1+i)+A(1+i)^2+\cdots+A(1+i)^{n-1} \tag{5.4}$$

等式两边同乘以（1+i），可得：

$$(1+i)F_A=A(1+i)+A(1+i)^2+A(1+i)^3+\cdots+A(1+i)^n \tag{5.5}$$

公式（5.5）-公式（5.4），可得：

$$(1+i)F_A-F_A=A(1+i)^n-A$$

$$F_A=\frac{A(1+i)^n-A}{(1+i)-1}=A\cdot\frac{(1+i)^n-1}{i}=A\cdot(F_A/A,\ i,\ n) \tag{5.6}$$

其中，$\frac{(1+i)^n-1}{i}$称为普通年金终值系数（future value interest factor of annuity），表示为（F_A/A，i，n）。

【例5-4】赵女士从2025年年末开始，决定每年向一个慈善机构捐赠一定金额，以支持其长期项目。她计划每年捐赠3 000元，假定每年的定期存款利息为4%。请问，如果赵女士持续捐赠5年，那么到第5年年末时，她捐赠的总金额将累计到多少元？

这是普通年金的终值问题。用公式计算如下：

$$F_A=A\cdot\frac{(1+i)^n-1}{i}=3\ 000\times\frac{(1+4\%)^5-1}{4\%}\approx16\ 248.97\text{（元）}$$

或：

$$F_A=A\cdot(F_A/A,\ i,\ n)$$
$$=3\ 000\times(F_A/A,\ 4\%,\ 5)$$
$$=3\ 000\times5.4163$$

$=16\ 248.9$（元）

（2）偿债基金

在普通年金终值的计算中，我们是已知（F_A/A，i，n）、A来求F_A。如果已知（F_A/A，i，n）、F_A来求A，这就是偿债基金，是使年金终值达到既定金额每年应支付的年金数额。

由于$F_A=A\cdot(F_A/A, i, n)$，所以：

$$A=\frac{F_A}{(F_A/A,\ i,\ n)}=\frac{i}{(1+i)^n-1}\times F_A \tag{5.7}$$

其中，$\frac{i}{(1+i)^n-1}$为偿债基金系数，记为（A/F_A，i，n）。它是年金终值系数的倒数。因此，可根据年金终值系数的倒数来确定。

【例5-5】乙公司计划在3年后购买一台新设备，预计该设备的价格为150 000元。如果年利率为4%，那么乙公司每年年末需要存入多少金额到银行，以确保3年后有足够的资金购买该设备？

$A=150\ 000\times1/(F_A/A,\ 4\%,\ 3)=150\ 000\times1\div3.1216=48\ 052.28$（元）

【小资料5-1】　　2023年小额贷款公司统计数据报告[①]

中国人民银行发布的《2023年小额贷款公司统计数据报告》显示：截至2023年12月末，全国共有小额贷款公司5 500家。贷款余额7 629亿元，全年减少1 478亿元。小额贷款公司数量最多的地区分别是：江苏省578家，在全国占比10.51%；广东省390家，在全国占比7.09%；河北省378家，在全国占比6.87%。截至2023年12月末，全国小额贷款公司的实收资本为7 205.26亿元。

（3）普通年金现值

普通年金现值（present value of ordinary annuity），是指为在每期期末收付相等的款项，现在需要投入或收取的金额。

假定每期期末等额收（或付）款项为A=100，i=10%，n=3，则普通年金现值的计算可用图5-2来加以说明：

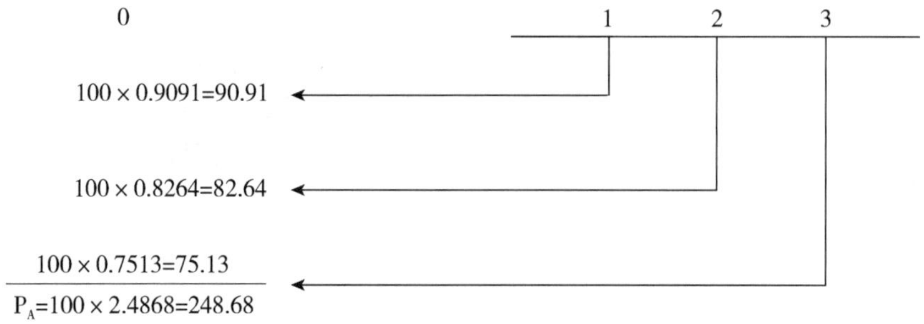

图5-2　普通年金现值

① 佚名．2023年小额贷款公司统计数据报告［EB/OL］．［2024-01-26］．http：//www.pbc.gov.cn/diaochatongjisi/116219/116225/5220352/index.html.

由此，我们可以推导出普通年金现值的一般公式：

$$普通年金现值P_A=\frac{A}{1+i}+\frac{A}{(1+i)^2}+\cdots+\frac{A}{(1+i)^n} \tag{5.8}$$

等式两边同乘以（1+i），则：

$$P_A(1+i)=A+\frac{A}{1+i}+\frac{A}{(1+i)^2}+\cdots+\frac{A}{(1+i)^{n-1}} \tag{5.9}$$

公式（5.9）-公式（5.8），得：

$$P_A(1+i)-P_A=A-\frac{A}{(1+i)^n} \tag{5.10}$$

$$P_A=\frac{A-\frac{A}{(1+i)^n}}{(1+i)-1}=A\cdot\frac{1-(1+i)^{-n}}{i} \tag{5.11}$$

其中，$\frac{1-(1+i)^{-n}}{i}$称为普通年金现值系数（present value interest factor of annuity），记为（P_A/A，i，n），可以通过查“普通年金现值系数表”获得。

【例5-6】张女士计划在未来5年内，每年年末从银行取出20 000元用于家庭旅游。为了确保这些资金能够按时到位，她打算现在一次性在银行存入足够的资金，并假设银行的年利率为3%。请问，张女士现在需要在银行存入多少钱？

$$P_A=A\cdot\frac{1-(1+i)^{-n}}{i}=20\,000\times\frac{1-(1+3\%)^{-5}}{3\%}\approx 91\,594(元)$$

或：

$$P_A=A\cdot(P_A/A,\ i,\ n)=20\,000\times(P_A/A,\ 3\%,\ 5)=20\,000\times4.5797\approx91\,594（元）$$

（4）资本回收值

资本回收值是指在一定时期内，分若干期回收一笔利率固定的款项，每一期应回收的等量金额。这就是根据已知年金的现值，反向求出以后每年应回收的年金数额。

由于资本回收值是已知年金现值，求年金，因此计算资本回收值的公式可从年金现值公式导出：

因为，$P_A=A\cdot\frac{1-(1+i)^{-n}}{i}=A\cdot(P_A/A,\ i,\ n)$

所以，$A=P_A\cdot\frac{i}{1-(1+i)^{-n}}=\frac{P_A}{\left(P_A/A,\ i,\ n\right)}$　　（5.12）

其中，$\frac{i}{1-(1+i)^{-n}}$为资本回收系数，记为（A/P_A，i，n），它是年金现值系数的倒数。因此，可根据年金现值系数的倒数来确定。

【例5-7】杨先生于2025年1月通过银行贷款购买了一辆价值80万元的汽车，贷款年利率为5%，贷款期限为8年。根据协议，李先生计划采用等额本息还款法，在未来每年的1月偿还固定金额的贷款。请问，李先生每年1月需要偿还的贷款金额是多少？

$$A = \frac{P_A}{(P_A/A,\ i,\ n)} = \frac{800\,000}{(P_A/A,\ 5\%,\ 8)} = \frac{800\,000}{6.4632} \approx 123\,777.70(元)$$

2）预付年金的终值和现值

预付年金（annuity due）是指从第一期开始每期期初收付款项的年金，又称即付年金或先付年金，记作A′。从定义可知，预付年金与普通年金的区别仅在于付款时间的不同。普通年金的资金流一般发生于每一期的期末，而预付年金的资金流都发生于每一期的期初。基于这一时间差异，预付年金终值和现值的计算分别可以通过普通年金终值、现值的计算公式调整得出。

（1）预付年金终值

预付年金支付形式如图5-3所示：

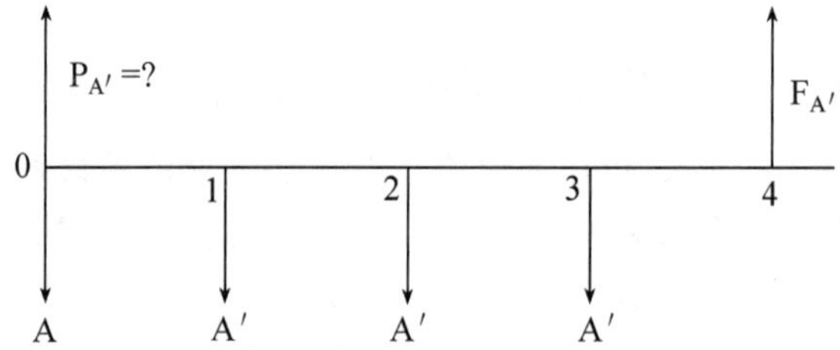

图5-3　预付年金支付形式

预付年金终值的计算公式为：

$$\begin{aligned} F_{A'} &= \sum_{k=1}^{n} A'(1+i)^k \\ &= A'(1+i) + A'(1+i)^2 + A'(1+i)^3 + \cdots + A'(1+i)^n \\ &= [A' + A'(1+i) + A'(1+i)^2 + A'(1+i)^3 + \cdots + A'(1+i)^n] - A' \\ &= (F_{A'}/A',\ i,\ n+1) \cdot A' - A' \\ &= [(F_{A'}/A',\ i,\ n+1) - 1] \cdot A' \\ &= (F_{A'}/A',\ i,\ n) \cdot A' \cdot (1+i) \end{aligned} \tag{5.13}$$

其中，$[(F_{A'}/A',\ i,\ n+1)-1]$称为预付年金终值系数，可利用“普通年金终值系数表”查得（n+1）期的值，再减去1求得。

【例5-8】甲公司计划在未来3年内进行一项扩建项目，每年年初需投入资金120万元用于设备购置和基础设施建设。假设市场要求的折现率为6%，请计算该扩建项目的总投资是多少？

$$\begin{aligned} F_{A'} &= [(F_{A'}/A',\ i,\ n+1) - 1] \cdot A' \\ &= [(F_{A'}/A',\ 6\%,\ 4) - 1] \times 100 \\ &= (4.3746 - 1) \times 100 \\ &= 404.952（万元） \end{aligned}$$

（2）预付年金现值

预付年金现值的计算公式如下：

$$\begin{aligned} P_{A'} &= A' + A'(1+i)^{-1} + A'(1+i)^{-2} + \cdots + A'(1+i)^{-(n-1)} \\ &= A' + [A'(1+i)^{-1} + A'(1+i)^{-2} + \cdots + A'(1+i)^{-(n-1)}] \end{aligned}$$

$$=A'+(P_{A'}/A', i, n-1) \cdot A'$$

$$=A'[(P_{A'}/A', i, n-1)+1] \quad (5.14)$$

其中，$[(P_{A'}/A', i, n-1)+1]$ 称为预付年金现值系数，可利用“普通年金现值系数表”查得（n−1）期的值，再加上1求得。

【例5-9】某公司计划在未来5年内，每年年初向一项研发项目投资300万元，以推动技术创新。现考虑如果公司选择在第一年年初一次性投入足够的资金，以使得这笔资金在6%的折现率下，其价值能够等同于分5年投资的价值总和，请问公司需要一次性投入多少资金？

$P_{A'}=A'[(P_{A'}/A', i, n-1)+1]$

$=300\times[(P_{A'}/A', 6\%, 4)+1]$

$=300\times(3.4651+1)$

$=1\ 339.53$（万元）

【小结5-1】预付年金终值和现值的计算公式总结见表5-1。

表5-1　**预付年金终值和现值的计算公式**

预付年金终值	方法1： 预付年金终值=同期的普通年金终值×（1+i）=A×（F/A，i，n）×（1+i）
	方法2： 预付年金终值=年金额×预付年金终值系数=A×［（F/A，i，n+1）−1］
预付年金现值	方法1： 预付年金现值=同期的普通年金现值×（1+i）=A×（P/A，i，n）×（1+i）
	方法2： 预付年金现值=年金额×预付年金现值系数=A×［（P/A，i，n−1）+1］

【例5-10】甲公司计划在未来5年内，采用分期付款的方式于每年年初向供应商支付200万元以采购原材料，年利率为5%，则该项分期付款相当于一次性现金支付的购价是多少？

$P=A\times[(P/A, i, n-1)+1]$

$=200\times[(P/A, 5\%, 4)+1]$

$=200\times(3.5460+1)$

$=909.2$（万元）

或：

$P=A\times(P/A, i, n)\times(1+i)$

$=200\times(P/A, 5\%, 5)\times(1+5\%)$

$=200\times4.3295\times(1+5\%)$

≈909.2（万元）

【小结5-2】各种系数间的关系总结见表5-2。

表5-2　　　　**系数关系总结表**

系数	系数之间的关系
复利终值系数=（1+i）^{n} 复利现值系数=（1+i）$^{-n}$	复利终值系数与复利现值系数互为倒数关系
年金终值系数=［（1+i）^{n}−1］/i 偿债基金系数=i/［（1+i）^{n}−1］	偿债基金系数与年金终值系数互为倒数关系
年金现值系数=［1−（1+i）$^{-n}$］/i 资本回收系数=i/［1−（1+i）$^{-n}$］	资本回收系数与年金现值系数互为倒数关系
普通年金现值系数=（P_A/A，i，n） 预付年金现值系数=（$P_{A'}/A'$，i，n−1）+1 或=（$P_{A'}/A'$，i，n）×（1+i）	（1）预付年金现值系数=普通年金现值系数的期数减1，系数加1； （2）预付年金现值系数=普通年金现值系数×（1+i）
普通年金终值系数=（F_A/A，i，n） 预付年金终值系数=（$F_{A'}/A'$，i，n+1）−1 或=（$F_{A'}/A'$，i，n）×（1+i）	（1）预付年金终值系数=普通年金终值系数的期数加1，系数减1； （2）预付年金终值系数=普通年金终值系数×（1+i）

3）递延年金

递延年金（deferred annuity）是指在一定时期内，从第0期开始，隔m期（m≥1）以后才发生等额系列收付款项的一种年金形式，记作A″。假定m=3，在第4期期末，连续支付4次，折现率为5%，即m=3，i=5%，n=4，递延年金的支付形式如图5-4所示：

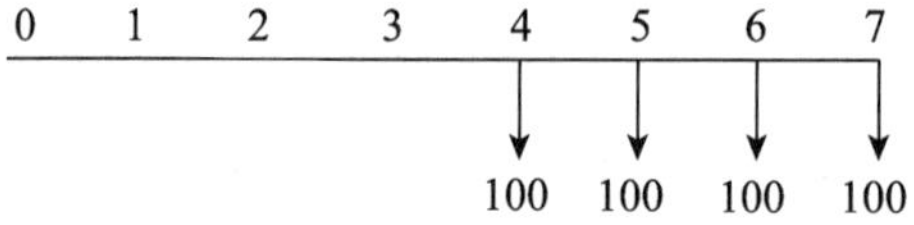

图5-4　递延年金的支付形式

（1）递延年金的终值

递延年金的终值与递延期无关，故计算方法和普通年金终值相同。

$F_{A''}$=（$F_{A''}/A''$，i，n）·A″

=100×（$F_{A''}/A''$，5%，4）

=100×4.3101

=431.01（元）

（2）递延年金的现值

由于递延期的存在，递延年金的现值不能按照普通年金计算。递延年金现值计算有两种方法：

方法Ⅰ：把递延年金视为n期普通年金，求出递延期期末的年金现值（第m期期末的现值），然后将此现值用复利现值折现方法调整到第1期期初。其计算原理如图5-5所示：

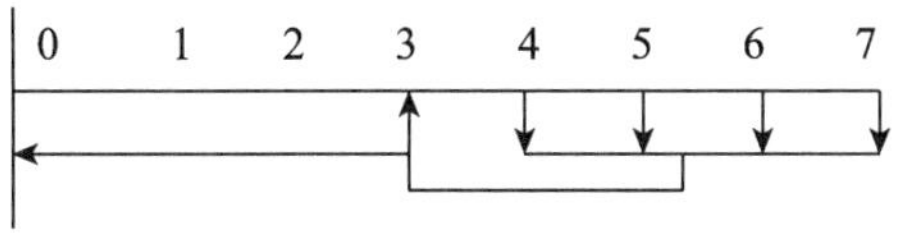

图5-5 递延年金的计算方法Ⅰ

该方法的计算公式如下：

$$P_{A''}=A''\cdot(P_{A''}/A'',\ i,\ n)\times(P/F,\ i,\ m) \quad (5.15)$$

【例5-11】仍用上述资料，该项递延年金现值的计算如下：

$$P_{A''}=100\times(P_{A''}/A'',\ 5\%,\ 4)\times(P/F,\ 5\%,\ 3)$$

$$=100\times3.5460\times0.8638$$

$$\approx306.3\text{（元）}$$

方法Ⅱ：假设递延期中也有收付款项，先求出（m+n）期的年金现值，然后扣除实际并未发生收付的递延期（m）的年金现值，即可得出递延年金现值。

其计算原理如图5-6所示：

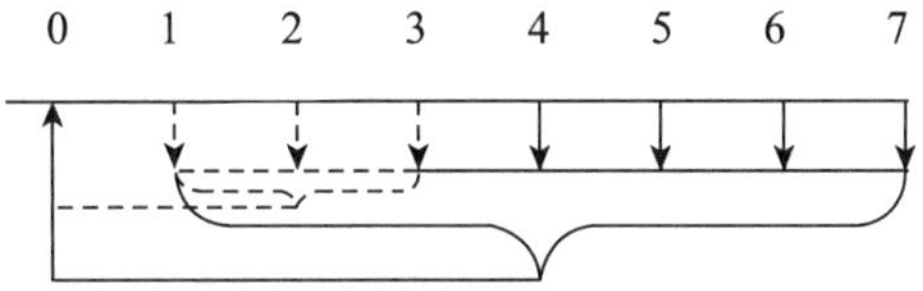

图5-6 递延年金的计算方法Ⅱ

该方法的计算公式为：

$$P_{A''}=A''\times[(P_{A''}/A'',\ i,\ m+n)-(P_{A''}/A'',\ i,\ m)] \quad (5.16)$$

【例5-12】仍用上述资料，该项递延年金现值的计算如下：

$$P_{A''}=100\times[(P_{A''}/A'',\ 5\%,\ 3+4)-(P_{A''}/A'',\ 5\%,\ 3)]$$

$$=100\times(5.7864-2.7232)$$

$$\approx306.3\text{（元）}$$

4）永续年金

永续年金（perpetual annuity）是指无限期等额支付的年金，是普通年金在期限无限延长情境下的特殊形式。例如，西方国家有些债券为无期限债券。这些债券的利息可视为永续年金。优先股因为有固定的股利，而无到期日，因此，优先股股利可视为永续年金。在实际经济生活中，可以将利率较高、持续期较长的年金视为永续年金。

顾名思义，永续年金假设会永远地存续下去，无终止时间，所以不存在终值问题，我们只能依据普通年金计算现值的原理计算永续年金的现值，具体计算推导过程如下：

$$P_A=A\cdot(P_A/A,\ i,\ n)$$

$$=A\cdot\frac{1-(1+i)^{-n}}{i}$$

当$n\to\infty$时，$(1+i)^{-n}$的极限为零，所以：

$$P_A=\frac{A}{i} \tag{5.17}$$

【例5-13】某慈善机构设立了一项永续教育基金，旨在每年向符合条件的学校捐赠80 000元用于教育支持。假设该基金的年复利率为4%，请问该慈善机构需要一次性投入多少本金，以确保该基金能够持续不断地每年提供80 000元的捐赠？

永续年金现值P_A=A/i=80 000÷4%=2 000 000（元）

【例5-14】某公司预计最近4年不发放股利，预计从第5年开始每年年末支付每股1元的股利，假设折现率为10%，则现值为多少？

P=A/i×（P/F，i，n）=（1÷10%）×（P/F，10%，4）=10×0.6830=6.83（元）

5.1.4 货币时间价值计算中的几个特殊问题

以上所述货币时间价值的基本原理是就一般情况而言的，即各项的系列收付款项是等额的，计算期是按年计算的，利息率和折现率是事先给定的。现对时间价值的几个特殊问题说明如下：

1）不等额系列款项现值的计算

年金时间价值的各种计算是针对等额的系列收付款项进行的，而在经济生活中，往往会发生每次付款不等额的系列业务，这就需要计算不等额的系列付款（unequal series of payments）的现值之和。

为求得不等额的系列付款的现值之和，可先计算每次付款的复利现值，然后加总。不等额系列付款现值的计算公式如下：

$$PV=\frac{A_1}{1+i}+\frac{A_2}{(1+i)^2}+\frac{A_3}{(1+i)^3}+\cdots+\frac{A_{n-1}}{(1+i)^{n-1}}+\frac{A_n}{(1+i)^n}=\sum_{t=1}^{n}A_t\ (1+i)^t \tag{5.18}$$

【例5-15】某企业连续5年购买生产设备，每年年末的付款金额见表5-3。

表5-3 某企业年末付款额 单位：元

年份	1	2	3	4	5
付款额	50 000	100 000	150 000	200 000	250 000

若折现率为10%，则该项系列付款的现值为：

$$PV=\frac{50\,000}{1+10\%}+\frac{100\,000}{(1+10\%)^2}+\frac{150\,000}{(1+10\%)^3}+\frac{200\,000}{(1+10\%)^4}+\frac{250\,000}{(1+10\%)^5}$$

=50 000×0.909+100 000×0.826+150 000×0.751+200 000×0.683+250 000×0.621

=532 550（元）

以上各复利现值系数可查阅“复利现值系数表”。如遇有若干期不连续发生的不等额的系列付款，可列表计算各项付款的复利现值，然后求系列付款的现值之和。

【例5-16】某企业第3年年末需用300 000元，第5年年末需用500 000元，第6年年末需用600 000元。为保证按期从银行提出款项满足各年年末的需要，在年利率为6%的情况下，该企业现在应向银行存入多少钱？

该企业应向银行存入的款项计算见表5-4。

表5-4　**现值计算**　单位：元

年份	A_t	（P_A/A，i，n）	PV
3	300 000	0.840	252 000
5	500 000	0.747	373 500
6	600 000	0.705	423 000
合计	1 400 000		1 048 500

2）年金与不等额的系列付款混合情况下的现值

如果在一组不等额的系列款项中，有部分是连续发生的等额付款，则可分段计算其年金现值及复利现值，然后加总。

【例5-17】某企业各年年末付款额见表5-5。

表5-5　**年末付款额**　单位：元

年份	1	2	3	4	5	6	7	8
付款额	30 000	30 000	30 000	30 000	40 000	40 000	40 000	50 000

在这个例子中，第1~4年为等额系列款项，可按普通年金计算其现值；第5~7年也为等额系列款项，可按递延年金计算其现值；第8年为一笔款项，可按复利计算其现值（假定利率为5%）。

该项不等额的系列款项的现值可按下列公式计算：

$$PV=30\ 000\times(P_A/A,\ 5\%,\ 4)+40\ 000\times[(P_A/A,\ 5\%,\ 7)-(P_A/A,\ 5\%,\ 4)]+50\ 000\times(P/F,\ 5\%,\ 8)$$

$$=30\ 000\times3.5460+40\ 000\times(5.7864-3.5460)+50\ 000\times0.6768$$

$$=229\ 836\text{（元）}$$

3）名义利率和实际利率的换算

以上计算现金流的现值和终值时，始终假定利率（折现率）是年利率，每年复利一次，但在实际生活中，我们会遇到各类名目的利率，或者需要根据资金流和目标价值来计算适用的利率，也有可能是资金流的产生与结算不局限于以年度为期限间隔发生的情况，而是以季度、月度或是日为间隔发生的。例如，银行之间的拆借货币为每年计息一次；有的抵押借款每月计息一次，也有一季一计息的；还有些债券每半年计息一次。在经济学上，凡每年复利次数超过一次的年利率叫作名义利率（nominal interest），而每年只复利一次的利率才是实际利率（real interest）。

在理论上，按实际利率每年复利一次计算的利息应该与按名义利率每年多次复利计算的利息是相等的。

在计算货币时间价值时，可将名义利率调整为计息期利率，再转换为实际利率，然后按实际利率计算货币时间价值。

设名义利率为r，一年内复利m次，则计息期利率为$\frac{r}{m}$。由于按实际利率一年计息一次计算的利息应与按计息期利率一年计算m次的利息相等，即：

$$(1+i) = \left(1+\frac{r}{m}\right)^{m} \tag{5.19}$$

则，实际利率i的计算公式为：

$$i = \left(1+\frac{r}{m}\right)^{m}-1 \tag{5.20}$$

【小结5-3】名义利率与实际利率关系总结见表5-6。

表5-6　**名义利率与实际利率关系总结**

年计息次数	名义利率与实际利率的关系
1次	实际利率=名义利率
多次（大于等于2次）	实际利率＞名义利率

【例5-18】有三家公司X、Y、Z分别发行了不同付息频率的一年期债券，均以平价发行，票面利率均为10%。具体付息方式如下：

X公司债券：每年付息一次，到期还本。

Y公司债券：每半年付息一次，到期还本。

Z公司债券：每季度付息一次，到期还本。

请计算D、E、F三家公司债券的有效年利率分别是多少？

X债券的有效年利率=X债券的票面利率=10%

Y债券的有效年利率=$(1+10\%\div2)^2-1=10.25\%$

Z债券的有效年利率=$(1+10\%\div4)^4-1=10.38\%$

由此可见，计息期越短，一年中复利的次数就越多，每年的利息额就会越大，则实际利率就越大。

二维码5-1

延伸阅读：央行：健全市场化利率形成和传导机制

4）利率的确定

前面在计算各种资金流的现值和终值，或者已知终值和现值反过来求资金流时，我们都假定所需要的利率（折现率）是已知的。基于利率和期限两个已知条件，我们查询到相关系数，然后完成计算。但是，在现实经济生活中，我们往往需要根据已知的目标价值和预计的资金流来计算相应的利率（折现率），然后与自身的目标收益率等进行比较，以此为企业投资决策、筹资规划等活动提供科学依据和决策支持。①

我们已经讨论了各种情况下如何利用货币时间价值的各种系数计算有关指标。这些指标的计算具有下列共同步骤：

（1）判断该时间价值的计算属于哪种类型（是复利还是年金），确定应查的相

① 佚名．中国人民银行货币政策委员会召开2021年第二季度例会［EB/OL］．［2021-06-28］．http：//www.pbc.gov.cn/goutongjiaoliu/113456/113469/4277693/index.html.

应系数表；

（2）根据已知的期数和利率（折现率）确定相应的系数；

（3）将系数与已知的有关金额相乘，计算出所要求的时间价值指标。

对于复利来说，若已知P、F、n，可不用查表而直接计算出i。其计算公式如下：

$$i = \sqrt[n]{\frac{F}{P}} \tag{5.21}$$

永续年金的利率不必查表，由永续年金现值$P_A=A/i$，可得到$i=A/P_A$。但普通年金问题，首先要根据等额的款项A、相应的终值F_A或现值P_A，计算出相应系数（F_A/A，i，n）或（P_A/A，i，n），然后，根据该系数和已知的期数n去查对应的系数表；如果在该系数表中能找到对应的数值，则该系数所对应的i即为要求的利率（或折现率）；如果在该系数表中不能找到对应的数值，则需要用内插法（也叫插值法）计算所要求的利率（或折现率）。

采用内插法的步骤如下：

（1）查阅相应的系数表，如果能在表中查到相应的数值，则对应的利率就是所求的利率；

（2）如果在系数表中无法查到相应的数值，则可以使用内插法计算，假设所求利率为i，i对应的现值（或者终值）系数为B，B_1、B_2为现值（或者终值）系数表中B相邻的系数，i_1、i_2为B_1、B_2对应的利率。可以按照下面的方程计算：

$(i_2-i)/(i_2-i_1)=(B_2-B)/(B_2-B_1)$

解得：$i=i_2-(B_2-B)/(B_2-B_1)\times(i_2-i_1)$

也可以按照下面的方程计算：

$(i-i_1)/(i_2-i_1)=(B-B_1)/(B_2-B_1)$

解得：$i=i_1+(B-B_1)/(B_2-B_1)\times(i_2-i_1)$

列方程时应该把握一个原则：具有对应关系的数字在等式两边的位置相同（例如i_2在等式左边的位置与B_2在等式右边的位置相同），按照这个原则还可以列出其他等式，不同的等式计算的结果是相同的。

【例5-19】某企业有一笔5年后到期的借款，借款数额为300 000元，为此，设立偿债基金，若每年存入54 292.75元，则年利率为多少？

$F_A=A(F_A/A, i, n)$

$(F_A/A, i, 5)=F_A/A=300\ 000\div 54\ 292.75\approx 5.5256$

从年金终值系数表中，可以看到，当期数为5，系数为5.5256时，对应的折现率为5%。

【例5-20】某投资者计划在未来5年内每年从银行提取等额的现金3 000元用于生活开销，假设他现在一次性存入银行12 000元，那么当银行提供的年利率i为多少时，才能满足这一需求。

$(P_A/A, i, n) = 12\,000 \div 3\,000 = 4$

在年金现值系数表中，在期数为5时，不能找到值为4的系数。但是，我们看到与4相邻的两个系数，其数值分别为4.100和3.993，相应的折现率分别为7%和8%，因此，可以用内插法计算所要求的利率（或折现率）。

假设所要求的折现率为i，则利用插值法计算如下：

$$i=7\%+\frac{4.100-4}{4.100-3.993}\times(8\%-7\%)=7\%+0.93\%=7.93\%$$

虽然可运用Excel计算折现率，但是理解插值法的基本原理可以对某些缺失数据进行估计，具有一定的指导意义。

以上说明了有关货币时间价值的主要指标的计算方法。这些计算方法是运用货币时间价值的基础。掌握了这些基本的计算方法，在财务管理中应根据实际情况加以具体运用。

【小资料5-2】　2024年第二季度货币政策执行报告

2024年上半年，外部环境复杂性、严峻性、不确定性上升，带来的不利影响增多；国内有效需求不足，新旧动能转换和结构调整持续深化也带来一定挑战。同时也要看到，前期政策效应持续显现，积极因素也在增多，我国经济稳定运行、长期向好的发展态势不会改变，要坚定发展信心。中国人民银行坚持以习近平新时代中国特色社会主义思想为指导，认真落实党中央、国务院决策部署，稳健的货币政策灵活适度、精准有效，强化逆周期调节，为经济社会发展营造了良好的货币金融环境。

一是保持货币信贷合理增长。综合运用降准、公开市场操作、中期借贷便利、再贷款再贴现等工具，增设临时正、逆回购操作，保持流动性合理充裕。促进信贷均衡投放，盘活低效存量金融资源，整治资金空转和手工补息，提升服务实体经济质效。二是推动社会综合融资成本稳中有降。1月下调支农支小再贷款、再贴现利率0.25个百分点，7月下调公开市场7天期逆回购操作利率0.1个百分点，继续推动存款利率市场化，引导贷款市场报价利率（LPR）等市场利率下行。三是引导信贷结构调整优化。先后设立5 000亿元科技创新和技术改造再贷款、3 000亿元保障性住房再贷款；放宽普惠小微贷款认定标准，扩大碳减排支持工具支持对象范围，落实好存续的各类结构性货币政策工具；推出房地产支持政策组合，降低个人住房贷款最低首付比例、取消个人房贷利率下限、下调公积金贷款利率。四是保持汇率基本稳定。坚持市场在汇率形成中起决定性作用，发挥好汇率对宏观经济、国际收支的调节功能，保持汇率弹性，强化预期引导，坚决防范汇率超调风险。五是加强风险防范化解。健全金融风险监测评估，稳妥处置重点区域和重点机构风险。有序推进金融支持融资平台债务风险化解。强化金融稳定保障体系建设。总体看，2024年以来货币政策立场是支持性的，为经济持续回升向好提供了金融支持。

未来，中国人民银行将持续以习近平新时代中国特色社会主义思想为指引，贯彻中央会议精神，稳中求进，推动金融高质量发展，完善金融体系，平衡短期与长期、增长与风险、内外部均衡，强化逆周期调节，为全年经济社会发展目标营造有利货币金融环境。

5.1.5　货币时间价值的应用

货币时间价值是一种客观存在的经济现象。在财务管理过程中，货币的筹集、货币的投放和经营决策都离不开时间价值问题。从企业的角度来看，在货币的筹集上，为了获得货币的使用权，其筹集的货币无论来自财政、银行还是社会，无论是投资者投入的货币，还是从债权人那借入的货币，都要付出代价而形成货币成本，而时间价值是构成货币成本的一项重要内容。在货币运用中，需要对投资决策进行可行性分析。例如，评估投入资金的价值，即考量资金投入项目运营后能否有效偿还债务，在整个寿命期内的效益又如何。由于投资项目的投资额与效益额不在同一个时间点上，我们无法判断该项目是否收大于支。这就需要借用货币时间价值的概念，采用折现的方法，将不同时间点上的投资、效益都折合到同一时间点上，以便进行比较。这也需要研究货币时间价值问题。

货币时间价值不仅运用于筹资决策和投资决策，它对短期经营决策，如分期付款的定价决策、商品发运结算时间的决策、积压商品的降价处理决策等也具有很大意义。我们算了这样一笔账，如果借款的年利率为5%，使用1亿元货币，每年要付出500万元的代价，每月要付出41.67万元，每天要付出近13 700元，每小时要付出571元，每分钟要付出9.52元。可见，如果1亿元货币闲置不用，不及时投入生产经营，所造成的经济损失将是巨大的。

因此，牢固树立货币时间价值观念，正确地运用货币时间价值进行经济管理和建设，具有重要的理论意义和现实意义。

【小思考5-2】

张教授是国内人工智能领域的杰出学者，某日收到一家专注于AI技术研发的高科技初创企业的邀请，希望聘请他作为首席专家，引领公司的技术创新与产品研发。邀请函的具体条件如下：

①每个月来公司指导工作一天。

②每年聘金10万元。

③提供公司所在A市住房一套，价值80万元。

④在公司至少工作5年。

张教授对以上工作待遇很感兴趣，对公司开发新产品的技术也很有研究，决定应聘，但他不想接受住房，因为每月工作一天只需要住公司招待所就可以了，因此他向公司提出能否将住房改为住房补贴。公司研究了张教授的请求，决定可以在今后5年里每年年初给张教授支付20万元住房补贴。

收到公司的通知后张教授又犹豫起来，因为如果向公司要住房可以将其出售，扣除售价5%的契税和手续费他可以获得约76万元。假设银行存款年利率为2%，张教授应该如何选择？

5.2 现金流量

现金流量是财务管理的另一个重要观念。作为衡量企业经营状况、综合盈利能力的主要财务指标，现金流量在企业现金流和创造价值之间扮演着十分重要的角色。近几年来，随着对会计利润认知的不断深入，人们越来越注意到现金流量信息的客观可靠性。

现金流量又称现金流转额，是指企业在运营过程中发生的现金流动及其以货币形式计量的数额。在理财实践中，现金流量有两种不同的内涵：一种是会计中所讲的现金流量，即企业在生产经营过程中所产生的现金流入与现金流出；另一种是财务学中所讲的资本投资决策中的现金流量，即企业进行长期投资所涉及的现金流入与现金流出，也就是项目现金流量。需要指出的是，财务学意义上的现金流量与会计学现金流量表的现金流量并不完全等同，主要区别在于是否包含现金等价物。会计学现金流量表包含现金等价物，而财务学现金流量则不包含现金等价物，其专注于与投资项目直接相关的现金流动。

5.2.1 项目现金流量

项目现金流量是计算项目投资决策评价指标的主要依据和重要信息之一，是企业进行投资决策所要考虑的一个最主要的因素。一个投资项目的优劣评价主要取决于与该项目相关的现金流量的多少和资金成本的高低。因此，评估投资项目的预期现金流量是项目投资决策的首要环节，也是分析投资方案时最关键的步骤。

1）投资项目现金流量的含义

（1）现金流量的含义

在项目投资决策中，现金流量是指投资项目在其计算期内因资本循环而可能或应该发生的各项现金流入量和现金流出量的统称。项目投资决策所使用的现金概念是广义的现金。它不仅包含各种货币资金，还包括项目投入企业拥有的非货币资源的变现价值（或重置成本）。

（2）现金流量的内容

根据投资决策现金流量的定义，从现金流量的流动方向上可以将项目现金流量分为现金流出量、现金流入量和现金净流量三个方面的内容。

①现金流出量

一个投资项目的现金流出量，是指该项目引起的企业现金的支出数量，主要包括投资支出和经营成本。

第一，投资支出，是指一个项目在建设期发生的固定资产投资、无形资产投资和开办费投资以及垫支的营运资本等非费用性支出。

第二，经营成本，是指一个项目为满足正常生产经营而在营业期发生的以现实货币资金支付的成本费用，故又称付现成本。

②现金流入量

现金流入量是指能够使投资方案的现实货币资金增加的情况，简称现金流入。完整的工业投资项目的现金流入量主要包括以下内容：

第一，营业收入，是指项目投产后每年实现的全部销售收入或业务收入。它是运营期主要的现金流入量项目。

第二，补贴收入，是指与运营期收益相关的政府补贴。

第三，回收固定资产余值，是指与投资项目相关的固定资产在寿命终结点报废清理或中途变价转让处理时所收回的价值。

第四，回收流动资金，主要指新建项目在项目计算期终结点因不再发生新的替代投资而收回的原垫付的全部流动资金投资额，即收回营运资本而产生的现金流入。

③现金净流量

一个项目的现金净流量是指该项目在其投资期间，每期发生的现金流入量和现金流出量的差额，记为NCF。若该差额为负，则为现金净流出，一般发生在项目的建设期；若该差额为正，则为现金净流入，一般发生在项目的营业期。需要说明的是，现金净流量与会计利润不同，它是以收付实现制为基础的，而会计利润的基础则是权责发生制。

现金净流量=现金流入量-现金流出量

现金净流量是项目投资决策评价指标的主要依据和重要信息之一。

（3）现金流量的确定原则

在项目投资的分析过程中，最重要的就是对现金流量的估算。投资项目的现金流量受到企业内部和外部诸多因素的影响，因此，在确定投资方案相关的现金流量时，必须遵循一些基本的原则。

① 机会成本

机会成本是指投资决策中从多种方案中选取最优方案而放弃次优方案所丧失的收益。次优方案可能取得的收益是实行本方案的一种代价。机会成本尽管并不构成实际的现金流出，但它减少了收益的机会，因此也是与项目相关的成本。例如，ABC公司新建车间的投资方案需要占用一块土地。如果这块土地用来对外出售，则可以获得出售净收入20万元，那么将这块土地用于投资项目时，出售净收入的20万元就是丧失的收益，即投资的机会成本。机会成本总是针对具体方案的，离开被放弃的方案就无从计量确定。重视机会成本有利于全面考虑可采取的各种方案，以便确定最有利可图的投资机会。

② 沉没成本

沉没成本是指过去已经发生了的，无法由现在或将来的任何决策改变的成本。

在投资决策中，沉没成本属于决策无关成本。例如，某企业在多年前启动了一项投资项目，旨在开发一种新产品以满足市场需求。然而，由于前期市场调研不充分、技术路线选择不当等原因，项目在投入初期资金20万元后遭遇了严重挫折，进展远低于预期，面临终止的风险。如今，企业面临一个重大抉择：是否应该追加100万元投资以重新启动并努力完成该项目。据估计，若项目得以成功完成，预计将带来140万元的预期收益。在该投资项目中，前期投入的20万元其实就是一种沉没成本。我们在进行项目决策时应当不予考虑，只需要比较预期收益140万元与追加投资100万元，也就是只要现金净流量为正，就值得投资这个项目。

③ 附加效应

在企业运营中，项目之间大多是相互联系的。当我们采纳一个新项目后，该项目可能对企业的其他项目产生有利或不利的影响，这就是我们所说的附加效应。因此，在估计投资项目现金流时，应当采取一种全局性的视角，即要以该投资项目对企业所有经营活动产生的整体效果为基础分析，而不是孤立地考察某一项目。例如，某公司决定开发生产新产品B，预计B产品上市后会对原同类产品A带来冲击，甚至会影响企业整体的销售额，那么在考虑项目的投资收入时应当注意考虑B产品对收入缩减的影响。当然，诸如此类的交互影响，事实上很难准确计量，但决策者在进行投资分析时仍要将其考虑在内。

④ 对营运资本的影响

营运资本是指流动资产与流动负债之间的差额。投资新建项目，有时需要增加现金、应收账款和存货。这种营运资本的投资在其发生时应视为现金流出，而在项目寿命期末，收回的营运资本应视为现金流入。营运资本投资的增减变动不一定仅限于项目的开始和结束时，在任何时候都有可能发生。通常，在进行投资分析时，假定开始投资时筹措的营运资本在项目结束时收回。

2）投资项目现金流量的构成

投资项目的现金流量由初始现金流量、经营现金流量、终结点现金流量三部分构成。

（1）初始现金流量

从时间上来看，初始现金流量一般发生在项目的建设期，是指投资项目在建设过程中产生的资金流动状况。项目建设的长短与投资项目的规模、建设的难易程度有关。确定项目现金流量时，通常将项目的建设期定义为“0–m”年，其中，第0年为项目建设的起点，第m年为项目建设完工的年份。例如，m=2，则意味着项目的建设期为2年。

从内容上看，初始现金流量主要包括以下内容：

第一，固定资产、无形资产的投资支出，主要包括厂房设备的建造费、购置费、安装工程费、土地使用权费、技术转让费、商标权和商誉、建设期利息等。

第二，垫付的营运资本，是指项目在投产前或存续期间，投放于流动资产用于周转使用的资本。

第三，其他费用，主要指与投资项目有关的生产准备费、开办费、员工培训费等。

第四，原有固定资产的变价收入。这是指固定资产重置、旧设备出售时产生的现金净流量。

第五，税负损益，是指旧设备出售时，出售价格高于或低于账面净值而产生的出售损益，从而导致所得税的多交或少交而形成的现金流出量和现金流入量。

从发生状况来看，初始现金流量可以在建设期内一次性发生，也可以分期分次发生。发生状况不同，意味着未来现金流量折现的处理不同。

（2）经营现金流量

从时间上来看，经营现金流量一般发生在项目经营使用期，是指投资项目建成后，在生产经营过程中发生的现金流量。它需要根据经营使用期的长短逐年估计。

经营现金流量可根据利润表等有关资料分析得出，具体有三种不同的计算方式。

第一，根据现金流量的定义计算：

经营现金净流量=收现营业收入-营业付现成本-所得税

第二，根据各年年末的营业成果计算的推导过程如下：

经营现金净流量=收现营业收入-营业付现成本-所得税

=收现营业收入-（营业成本-折旧）-所得税

=（收现营业收入-营业成本-所得税）+折旧

=税后经营净利+折旧

第三，根据所得税对收入和折旧的影响计算：

经营现金净流量=收现营业收入-营业付现成本-所得税

=(收现营业收入-营业付现成本)-(收现营业收入-营业付现成本)×所得税税率

=(收现营业收入-营业付现成本)-[收现营业收入-(营业付现成本+折旧)]×所得税税率

=(收现营业收入-营业付现成本)-[(收现营业收入-营业付现成本)-折旧]×所得税税率

=(收现营业收入-营业付现成本)×(1-所得税税率)+折旧×所得税税率

（3）终结点现金流量

终结点现金流量是指投资项目终结时发生的现金流量。项目的终结点具有双重含义。它既是整个项目终结报废的年份，也是项目经营使用期的最后一年，因此，终结现金流量既包括经营现金流量，又包括非经营现金流量。其中，非经营现金流量包括：第一，固定资产、无形资产的残值变价收入。第二，固定资产、无形资产出售的税负损益。如果预计固定资产报废时残值收入大于税法规定的数额，就应上缴所得税，形成一项现金流出量；反之，则可抵减所得税，形成现金流入量。第三，垫支营运资本的回收。这部分资本不受税收因素的影响，可直接将其视为现金流量的增加。

【提示5-1】　　时点化假设

①第一笔现金流出的时间为“现在”时点，即“零”时点。不管它的日历时间是几月几日。在此基础上，一年为一个计息期。

②对于原始投资，如果没有特殊指明，均假设现金在每个“计息期期初”支付；如果特别指明支付日期，如3个月后支付100万元，则要考虑在此期间的货币时间价值。

③对于收入、成本、利润，如果没有特殊指明，均假设在“计息期期末”取得。

【提示5-2】　　垫支营运资本的估算

垫支营运资本，是指增加的经营性流动资产与增加的经营性流动负债之间的差额，即增加的经营营运资本。

【例5-21】某公司的销售部门预计投产新产品，如果每台定价5万元，销售量每年可以达到10 000台，销售量不会逐年上升，但价格可以每年提高3%。生产该产品需要的营运资本随销售额而变化，预计为销售额的10%。假设这些营运资本在年初投入，项目结束时收回，若产品的适销期为5年，则第5年年末回收的营运资本为多少？

计算分析结果见表5-7：

表5-7　　**计算分析结果**　　单位：万元

年份	0	1	2	3	4	5
销售收入		5×10 000 =50 000	5×10 000×（1+3%） =51 500	51 500×（1+3%） =53 045	53 045×（1+3%） =54 636.35	54 636.35×（1+3%） =56 275.4405
营运资本需要量 （需要占用流动资金）	50 000×10% =5 000	51 500×10% =5 150	53 045×10% =5 304.5	54 636.35×10% =5 463.635	56 275.4405×10%= 5 627.54405	
垫支营运资本 （流动资金投资额）	5 000	5 150−5 000=150	5 304.5−5 150= 154.5	5 463.635−5 304.5 =159.135	5 627.54405− 5 463.635=163.90905	

第5年年末回收的营运资本=5 000+150+154.5+159.135+163.90905=5 627.54405（万元）

可以发现，第5年年末收回的营运资本金额也是第4年的营运资本需求量。可以这样理解，营运资本是流动资产与流动负债差额形成的时点数，而垫支的营运资本是时期数，数值上等于两个临近时点上营运资本的差额。

【例5-22】某公司计划投资一个新项目，预计初始投资总额为300万元，其中包括设备购置费用250万元和安装费用50万元。新设备预计使用寿命为20年，期满无残值。该项目将替换一台已使用18年的旧设备，旧设备的原始购置成本为200万元，按20年直线法计提折旧，同样期满无残值。目前，旧设备的市场价值为35万元。公司适用的企业所得税税率为25%。请计算该项目的初始现金净流量。

该项目涉及的初始现金流量如下：

旧设备的年折旧费=2 000 000÷20=100 000（元）

旧设备账面净值=2 000 000−100 000×18=200 000（元）

旧设备出售收益=350 000−200 000=150 000（元）

旧设备出售抵税=150 000×25%=37 500（元）

初始现金净流量=−3 000 000−37 500+350 000=−2 687 500（元）

3）投资项目现金流量的作用

企业在项目投资中并不是以利润作为评价项目经济效益高低的基础，而是以现金净流量作为项目的净收益，以此来评价项目的可行性。这主要是因为现金流量指标有以下几点作用：

（1）现金流量比利润更能反映项目的效益

在长期投资决策中，用现金流量指标代替利润指标作为反映项目效益的信息，可以有效地规避遵循财务会计权责发生制原则时的固有难题，即不同的投资项目可能采取不同的固定资产折旧方法、存货估价方法和费用分摊方法，从而导致不同方案的利润信息相关性差、透明度不高和可比性差。

（2）有利于对动态投资结果进行综合评价

投资项目决策考虑了货币的时间价值，在决策时区分了每笔预期收入款项和支出款项的具体时点。现金流量信息与项目计算期的各个时点密切结合，有助于在计算投资决策评价指标时应用货币时间价值的形式进行动态投资结果的综合评价。

（3）现金流量能更客观地反映投入产出关系

现金流量信息所揭示的是未来期间货币资金的收支运动，可以序时、动态地反映项目投资的流向和回收之间的投入产出关系，使决策者处于投资主体的立场上，便于更完整、准确、全面地评价具体投资项目的经济效益，从而做出更为科学合理的决策。

5.2.2 企业现金流量

对于企业来说，现金流量是指反映企业一定会计期间现金和现金等价物的流入和流出。现金流量是为投资者提供资产信息，帮助使用者了解和评价企业获取现金和现金等价物的能力，并据此预测企业未来盈利能力的重要财务指标。

二维码5-2

延伸阅读：现金流量质量与战略支撑能力

1）企业现金流量的含义

（1）内涵

企业现金流量由“现金”和“流量”两个词组成。这里的现金是广义的现金，不仅包括库存现金，还包括银行存款，也包括期限较短、流动性强、风险很小的投资，即现金等价物。所谓流量，是指流入量、流出量和净流量。因此，企业现金流量就是指企业在收付实现制下所反映的现金流入量、流出量和时间的总称。[①]

（2）与会计利润的区别

会计利润是指按照权责发生制计算的，企业在一定会计期间内收入和成本费用配比相抵后的差额，反映了企业在一定期间的经营成果。现金流量建立在收付实现制的基础之上，与以权责发生制为基础计算的会计利润相比，两者存在明显差异。比如，购置固定资产付出现金，在会计中不影响会计利润；固定资产的价值以折旧形式逐期计入当期损益，进而影响会计利润，但是没有现金流出；会计中只要销售行为实质发生就计入收入，但是现金流量却要在收到款项时确认收入等。

（3）企业现金流量的内容

企业现金流量的内容主要根据企业业务活动的性质和现金流量的来源来区分，将企业一定期间产生的现金流量分为三类：经营活动现金流量、投资活动现金流量和筹资活动现金流量。

2）企业现金流量的分类

从企业现金流量的内容上来看，可以将现金流量分为经营活动、投资活动和筹资活动三个部分。每类活动又包括各个具体的项目，从不同角度反映了企业业务活动的现金流入和流出，便于评价企业的经营状况、创现能力、筹资能力及资金实力。

（1）经营活动现金流量

经营活动是指企业在正常的业务范围内进行的经济行为。由经营活动产生的这部分现金流量反映了企业在利润形成过程中的全部经济业务所引起的现金流动，包括现金收入与现金支出。

经营活动流入的现金主要包括：销售商品或提供劳务所取得的现金收入，包含了收回的当期销售货款、劳务收入和本期收回前期的销售货款、劳务收入或转让的应收账款和应收票据所取得的现金收入（其中，涉及销售货物退款发生的现金支出应抵扣事项的现金收入，不单独予以反映）；租金收入；企业进行权益性投资和债券投资收到的现金股利收入和现金利息收入以及贷款和资金拆借的现金利息收入；金融企业实际收回发放的贷款本金；金融企业吸收的其他企业或个人的存款；企业销售货物实际收到的增值税销项税额和出口退税。

经营活动流出的现金主要包括：为购买货物等业务当期所支付的现金，包含当期购买货物支付的现金、前期购买货物但于当期支付的现金，以及为购买货物而预付的现金等；企业向外部实际支付的现金利息支出，抵减银行存款利息收入后的净额，其中已予以资本化的投资借款利息应在投资活动产生的现金流量中反映；金融企业实际对外发放的贷款，其中涉及金融企业接受其他企业的委托而发放的贷款及相应的委托存款应在报表附注中予以说明；金融企业对外支付的其他企业或个人的存款本金；企业按国家有关规定当期实际支付的、除增值税以外的各种税金，包括

① 张新民，钱爱民，陈德球，等. 上市公司财务状况质量：理论框架与评价体系［J］. 管理世界，2019（7）.

支付本期实际发生的税金和本期支付前期发生的税金以及预付的税金；应当归属于投资的税金支出，应列入投资活动产生的现金流量中予以反映；以现金方式支付职工的工资和其他劳动报酬等；企业发生的除上述各项支出以外的、用现金支付的，且用于经营活动的费用等。

（2）投资活动现金流量

投资活动是指企业长期资产的购建和不包括在现金等价物范围内的投资及其处置活动。长期资产是指固定资产、无形资产、在建工程、其他资产等持有期限在一年或一个营业周期以上的资产。这里的投资活动既包括实物资产投资，又包括金融资产投资。

投资活动流入的现金主要包括：企业以现金方式收回的对外投资本金，其中与投资本金同时收回的投资收益应列于经营活动产生的现金流量中予以反映；出售、报废或转让固定资产、无形资产而取得的现金，扣除以现金支付的有关费用和税金后的现金净额；收到其他与投资活动有关的现金等。

投资活动流出的现金主要包括：为购建固定资产、无形资产和其他长期资产而支付的现金或偿付的应付款，其中为融资租入固定资产所支付的租金应当在筹资活动产生的现金流量中反映；投资支付的现金，如购买股票、债券、房地产等支付的现金；支付其他与投资活动有关的现金，如投资项目的咨询费、评估费等。

（3）筹资活动现金流量

筹资活动，是指导致企业资本及债务规模和构成变化的活动。这里所说的资本，既包括实收资本，又包括资本溢价；这里所说的债务，是指对外举债，包括向银行借款、发行债券以及偿还债务等。

筹资活动流入的现金主要包括：企业发行股票筹措资金而收入的现金，其中涉及委托发行股票所取得的现金应以净额（发行收入减去支付的佣金等发行费用后的净额）列示；企业发行债券筹措资金而收入的现金，其中涉及委托发行债券所取得的现金应以净额（同样扣除发行费用后的净额）列示；向银行等金融企业或外部机构借入长短期款项所取得的现金；收到其他与筹资活动有关的现金。

筹资活动流出的现金主要包括：当期支付的现金股利；以现金偿付的借款或债券本金，其中企业支付的利息应在经营活动或投资活动产生的现金流量中予以列示；企业为发行股票、债券或借款及其他筹资活动而以现金支付的费用，其中涉及委托发行股票或债券，如采用发行收入扣除费用的计算办法，其发行费用直接在筹资收入中抵扣，不在本项目中反映；企业采用融资租赁方式租入固定资产时以现金形式所支付的租赁费；依法购入本企业的股票支付的现金；支付其他与筹资活动有关的现金。

3）现金流量及其影响因素

影响企业现金流量的因素主要是企业的日常经营业务，但不是所有的业务都对现金流量有影响。企业现金形式下的转换不会产生现金的流入和流出。例如，企业将现金存放银行是企业现金存放形式的转换，并未流出企业，不构成现金流量。根据企业的经营业务与现金流量的关系，可以将现金流量的变化分为以下三类：

① 现金各项目之间的增减变动。这一类业务的借贷两方都是现金，因而不会影响现金流量的增减变动。

② 非现金各项目之间的增减变动。这一类业务的借贷双方都不是现金，自然也不会影响现金流量的变化。

③ 现金各项目与非现金各项目之间的增减变动。此类业务一方涉及现金，一方不涉及现金，自然会引起现金流量的变动。

4）企业现金流量的作用

现金流量为企业提供的相关信息，在业绩评价、企业估值和财务决策方面具有重要作用。

（1）业绩评价

随着对会计利润指标的不断深入认识，人们发现了利润指标的局限性。现金流量的观念，只将持续的、核心的和主要的业务产生的现金净额作为企业的可持续发展的源泉，可以有效地防止企业利用非正常经营活动操纵利润。因此，以现金为基础反映经营活动、筹资活动和投资活动，可以更准确地了解企业的偿债能力和财务状况，从而更有效地评价企业的业绩水平。

（2）企业估值

传统的企业价值估值模型是以股利为基础来计算的，但这种方法具有明显的缺点，因为股利的多少受很多方面的因素影响，用这个变量来对企业价值进行评估会产生很大偏差。现金流量估价法则有效地克服了这个问题。它不仅考虑了企业过去的获利能力，还考虑了未来的营运变化，为企业估值提供了更可靠的思路。

（3）财务决策

随着人们对现金流量的深入了解，利用现金流量概念来进行财务决策被不断地接受和应用，评价指标从原来的利润最大化逐渐转化为现金流量最大化。在风险既定的情况下，企业的一切财务决策都围绕着能否带来更多的现金流量进行。现在，无论是投资决策、筹资决策还是股利政策，一般公司都会采用现金流量分析，而不是利润分析。

【小资料5-3】　企业现金流量的财务分析[①]

现金流量分析有助于揭示企业财务状况的变动及其原因，分析企业获现能力，预测企业发展趋势。现金流量分析主要包括现金流量总体分析、主要项目分析以及与利润进行综合分析三大部分。

首先，进行现金流量的总体分析。现金流量的总体分析主要包括水平分析、结构分析两方面。现金流量表的水平分析，就是通过对现金流量表的每个项目前后期

---

① 张先治，陈友邦．财务分析［M］．大连：东北财经大学出版社，2014.

的增减变动来观察企业现金流的变化情况，对异常变动的原因和后果进行分析。现金流量表的结构分析，其目的在于分析现金流入量和现金流出量的比例和结构，揭示现金流量表三个主要部分之间的关系，从中透视企业现金流量管理的重点。

其次，现金流量表提供的最主要也是最重要的信息就是关于三大部分的现金流量状况，通过对现金流量表的总体分析，以企业现金流量为分析对象，分别从经营活动、投资活动和筹资活动三个部分进行现金流量的主要项目分析，来解释它们变动的原因及对企业现金净流量的影响。

最后，在对现金流量进行分析的过程中还要注意将现金流量与利润进行综合分析。现金流量通常反映的是一定期间内企业现金流入和流出的情况。在对现金流量进行分析、运用时，不能孤立地仅凭现金流量表提供的信息就事论事。只有与利润表结合起来，才能对企业的经营活动情况做出较全面、正确的评价。现金流量与利润的综合分析主要通过经营活动现金流量净额与净利润二者之间的关系以及现金流量表附表的主要项目来进行。现金流量表附表采用间接法报告经营活动产生的现金流量，它在企业当期净利润的基础上进行某些项目的调整，从而得到经营活动的现金流量净额。

5.3 风险与收益权衡观念

货币时间价值是在没有风险和通货膨胀情况下的社会平均收益率。但是，企业的财务管理活动通常是在有风险的环境中进行的，不同风险的项目需要使用不同的折现率。因此，我们需要了解当企业冒风险进行财务管理活动时，如何进行风险和收益的权衡。

5.3.1 风险及风险报酬

1）风险的概念与特点

风险是个非常重要的经济概念。财务活动中的风险同时间价值一样，也是一种客观存在的经济现象，并对企业实现其财务目标具有重要的影响。

一般来说，风险是指一定条件下和一定时期内可能发生结果的不确定性。简单地讲，如果做一件事有多种可能的结果，就有风险；如果做一件事只能有一个预知的结果，就没有风险。例如，同一笔货币如果用于买股票，就有风险，而如果将其存入银行，就没有风险。在财务管理中，我们对风险的理解就是基于危险和机会并存的思想。公司开展任何一项投资或筹资活动，都会伴随着危险和机会，公司应当通过有效的管理手段来化解危险、把握机会，以实现资本的保值、增值。

需要与风险进行区分的另一个词是不确定性。二者都代表着未来某一事件的发生或者不发生，但严格来说，风险和不确定性是有一定区别的。这两者对事件的结果都无法事先预知，不过风险发生的各种概率是客观存在的。决策者事先可以了解某种情况下发生的概率，如掷硬币，对全部结果是知道的，对正面出现的可能性是多大也是知道的，只是每次掷硬币后的结果（正面或反面）是不能肯定的，这就叫风险。不确定性则是由于各种原因对全部结果并不了解，当然对结果也就无法确定，如企业将500万元资金投入寻找与企业生产有关的矿藏，而能否找到矿藏无法确定，更不能对其进行计量。这种既不能确定又无法计量的对未来事件的结果就是不确定性。

无论是风险还是不确定性，从财务管理的角度来看都表现为无法达到预期报酬的可能性。在财务管理中，对“不确定性”事件进行决策时，一般也规定一个主观概率对其进行定量分析。因此，实务上对风险和不确定性往往不加以区分。

一般来说，我们所谈论的风险通常具有下面的特点：

① 风险具有两面性。它可能给企业带来意外的损失，也可能给企业带来意外的收益。但是，在实际生活中，人们更注重风险的不利方面，认为风险是不利事件发生的潜在可能性。从财务的角度看，风险就是指企业实际收益与预期收益发生偏离而蒙受损失的可能性。

② 风险具有客观性，即不管你愿不愿意，风险都存在，而且你每做出一项风险决策，就必须承担相应的风险。

③ 风险具有时间性，即风险的大小随时间的推移而变化。随着时间的延续，事件的不确定性在缩小。事件完成，其结果就完全肯定了，风险也就消失了。

④ 风险具有相对性。一般认为，风险产生的原因主要是由于信息的不充分。不同的人掌握不同程度的信息，因此，对某人来说风险很大的行动，对另一个人来说其风险可能很小。

二维码5-3

教学视频：风险的含义和分类

⑤ 风险具有收益性，高风险通常具有高报酬，否则就不会有人去冒险。

风险贯穿于财务管理的全过程。从企业本身来看，风险分为经营风险（商业风险）和财务风险（筹资风险）；风险又可以从个别投资主体的角度分为市场风险（不可分散风险或系统风险）和企业特有风险（可分散风险或非系统风险）。

【小资料5-4】 坚持底线思维 坚决有力防范化解重大风险①

2021年1月11日，习近平在省部级主要领导干部学习贯彻党的十九届五中全会精神专题研讨班开班式上指出：“随着我国社会主要矛盾变化和国际力量对比深刻调整，必须增强忧患意识、坚持底线思维，随时准备应对更加复杂困难的局面。要坚持政治安全、人民安全、国家利益至上有机统一，既要敢于斗争，也要善于斗争，全面做强自己。”各级领导干部要增强“四个意识”、坚定“四个自信”、做到“两个维护”，深入学习贯彻习近平总书记的重要讲话精神，切实增强做好防范化解重大风险工作的政治自觉、思想自觉、行动自觉。要坚持底线思维、强化问题导

① 佚名. 习近平在省部级主要领导干部学习贯彻党的十九届五中全会精神专题研讨班开班式上发表重要讲话［EB/OL］.（2021-01-11）［2025-05-01］. http://jhsjk.people.cn/article/31996276.

向，从实际出发，着力防范化解政治、意识形态、经济、科技、社会、外部环境、党的建设等方面的风险隐患。同时，各级各部门要严格落实管理责任，把防范化解重大风险摆在更加突出的位置，深入排查存在的风险隐患，建立健全风险研判机制、决策风险评估机制、风险防控协同机制、风险防控责任机制，做到心中有数、应对有方。领导干部要扛起责任，增强风险意识，发扬斗争精神，提高化解能力，对重大风险隐患亲自研究、亲自部署、亲自处理，班子成员要切实履行“一岗双责”，坚决有力打好防范化解重大风险这场硬仗。落到微观层面来看，企业的运行总是伴随着各种风险，企业只有做好风险评估、制定风险管理策略、提出并实施风险管理方案并进行风险管理的监督和改进，才能有效控制企业的经营风险，因而，上述风险防范思想同样适用于企业的财务管理。

2）风险报酬

风险的概念一般在财务决策时使用，因此，任何财务决策的确定都应尽可能回避风险，以减少损失。但是，一些风险大的筹资或投资事项，如海上石油勘探、利率高的借款等，照样会被投资者接受。原因在于，风险大的项目可能带来较大的损失，也可能带来较大的额外报酬，即冒风险投资比不冒风险投资获得超过时间价值的报酬。这种额外报酬通常称为投资的风险报酬（risk return of investment）或投资的风险价值（risk value of investment）。

投资的风险报酬既可以用风险报酬额表示，又可以用风险报酬率（风险报酬额与投资总额的比率）来表示。在实际工作中，并不对二者进行严格的区分，通常以相对数——风险报酬率进行计量，因为其可以比较投资额不同的投资项目的报酬额。

在不考虑通货膨胀的情况下，投资报酬率包括两部分：一部分是货币的时间价值，即无风险报酬率；另一部分是风险价值，即风险投资报酬率。其关系式如下：

投资报酬率=无风险报酬率+风险报酬率

风险与报酬率之间的关系可用图5-7表示：

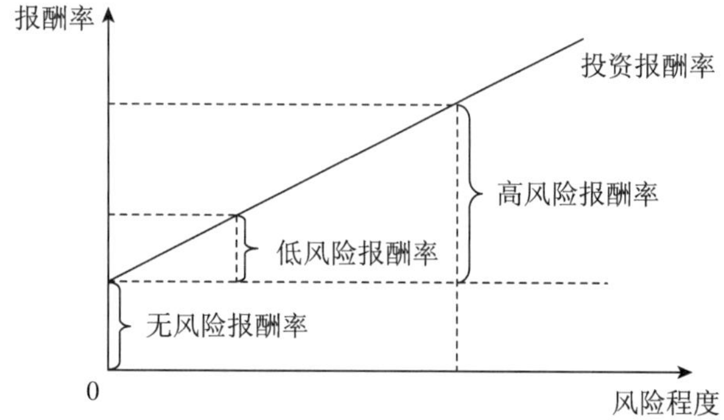

图5-7　风险与报酬率之间的关系

由此可见，风险与风险报酬如同形与影的关系，二者是相伴而生的。无论风险大小，任何一项投资都会因为货币具有时间价值，至少获得一定的报酬率，即无风险报酬率，而冒风险就要求有较高的报酬进行补偿；所冒的风险越大，所要求的报酬也就越高。无风险报酬率和相应风险水平下的风险报酬率合计组成了投资者要求的投资报酬率。因此，在财务管理中，如果风险已确定，则应尽可能选择报酬率较高的方案；如果报酬率已确定，则要选择风险小的方案，使可能发生的损失降到最低，从而使收益达到最高；当各备选方案收益不同、风险也不同时，要比较各方案单位收益所冒的风险之后再进行选择。

5.3.2 单项资产风险与收益的衡量

如前所述，我们把风险理解为可测量概率的不确定性。因此，单项资产的风险常常借助于概率统计中的标准差（standard deviation）、变异系数（Coefficient of variation）等离散指标进行定量的描述和评估。一个已普遍被大家接受而且可以达到目的的方法就是利用标准差和变异系数来衡量单项资产的风险。

运用概率方法计量单项资产的风险及风险报酬，具体步骤和计算公式如下：

1）确定概率及概率分布

一个事件的概率是指这一事件的某种结果发生的可能性大小。例如，买股票投资的收益率是15%的概率是0.40，就意味着买股票投资的收益率是15%的可能性是40%。如果把某一事件所有可能的结果都列示出来，对每个结果给予一定的概率，就构成概率分布。

如果概率以 P_i 表示，N表示可能出现的所有情况，以 K_i 表示预期报酬率，表5-8列示的是所有可能情况的概率、预期报酬率分布。

表5-8 所有可能情况的概率、预期报酬率分布表

N	1	2	3	…	N
P_i	P_1	P_2	P_3	…	P_N
K_i	K_1	K_2	K_3	…	K_N

一般认为，概率必须符合以下两个要求：

① 所有的概率都在0和1之间，即 $0 \leq P_i \leq 1$；

② 所有结果的概率和为1，即 $\sum_{i=1}^{N} P_i = 1$。

2）计算期望值

期望值就是指随机变量的各个取值，以相应的概率为权数的加权平均数。

$$\text{报酬率的期望值（E）} = \sum_{i=1}^{N} P_i K_i \tag{5.22}$$

式中：P_i——第i种结果出现的概率；

K_i——第i种结果出现后的预期报酬率；

N——所有可能结果的数目。

3）计算方差和标准差

表示随机变量离散程度的指标包括平均差、方差、标准差和全距等，其中最常用的是方差和标准差。方差是用来表示随机变量与期望值之间离散程度的一个变量，能够反映数据的波动性，它是标准差的平方。标准差也叫均方差。方差的计算公式如下：

$$方差（\sigma^2）=\sum_{i=1}^{N}(K_i-E)^2\cdot P_i \tag{5.23}$$

标准差是方差的平方根。

$$标准差（\sigma）=\sqrt{\sum_{i=1}^{N}(K_i-E)^2\cdot P_i} \tag{5.24}$$

4）计算变异系数

由于标准差受可能结果的数额影响，如果概率分布相同，可能结果的数额越大，标准差也就越大，因而，不利于不同规模项目的风险比较。为了解决这个问题，我们引入变异系数这个概念。变异系数是标准差与期望值的比值，反映某资产每单位预期收益中所包含的风险大小，又称标准离差率。其计算公式如下：

$$变异系数（V）=\frac{\sigma}{E} \tag{5.25}$$

一般来说，方差、标准差、变异系数越大，说明变量的离散程度越大，风险越大。需要注意的是，方差和标准差都属于绝对数指标，它们不能对期望值不同的随机变量进行风险比较，而变异系数是相对指标，可以用于不同期望值的随机变量风险的比较。

二维码5-4

教学视频：预期收益率与风险的度量

5）计算风险报酬率

变异系数虽然可以评价投资项目的风险程度，但并不能表示其风险报酬程度。因此，需要借助于一个系数——风险报酬系数，将这种风险程度转换为风险报酬率。风险报酬率、风险报酬系数和变异系数之间关系可用公式表示如下：

风险报酬率=风险报酬系数×变异系数

用符号表示为：

$$R_R = bV \tag{5.26}$$

投资报酬率=无风险报酬率+风险报酬率

用符号表示为：

$$K = R_f + R_R = R_f + bV \tag{5.27}$$

无风险报酬率就是加上通货膨胀贴水后的货币时间价值。一般把投资于国库券的报酬率视为无风险报酬率（R_f）。

风险报酬系数是将变异系数转化为风险报酬的一种系数。它可以根据同类项目的历史数据加以确定，也可以由企业组织有关专家确定。

【例5-23】A公司面临两个投资选择，C项目和D项目：C项目是一个创新型的研发项目，其成功高度依赖于市场接受度及技术进步速度。若市场环境极为有利且技术突破显著，该项目将带来极高的利润；但若市场环境不利或技术进展缓慢，则可能面临重大损失。D项目则是一个成熟市场的稳定产品，其销售量和利润水平可以较为准确地根据历史数据和当前市场趋势进行预测。

假设未来的经济情况只有三种：繁荣、正常、衰退。公司未来经济情况表见表5-9，C、D项目标准差见表5-10和表5-11。

表5-9　　**公司未来经济情况表**

经济情况	发生概率	C项目期望报酬率	D项目期望报酬率
繁荣	0.3	85%	40%
正常	0.4	45%	30%
衰退	0.3	-45%	20%
合计	1		

表5-10　　**C项目的标准差**

$K-E_A$	$(K-E_A)^2$	$(K-E_A)^2\times P$
85%-30%	0.3025	0.3025×0.3=0.09075
45%-30%	0.0225	0.0225×0.4=0.009
-45%-30%	0.5625	0.5625×0.3=0.16875
方差（σ^2）	0.2685	
标准差（σ）	51.82%	
变异系数（V）	1.727	

表5-11　　**D项目的标准差**

$K-E_B$	$(K-E_B)^2$	$(K-E_B)^2\times P$
40%-30%	0.01	0.01×0.3=0.003
30%-30%	0	0×0.4=0
20%-30%	0.01	0.01×0.3=0.003
方差（σ^2）	0.006	
标准差（σ）	7.75%	
变异系数（V）	0.258	

在对两个或两个以上方案进行比较时，如果期望值相同，可直接利用标准差来比较风险程度，利用变异系数计量风险的结果与标准差的结果是一致的。上例中，

C和D项目的期望值都是30%，D项目的标准差和变异系数都比C项目小，足以说明D项目的风险更小，应选择投资D项目。但是，在对两个或两个以上方案进行比较时，如果期望值不同或标准差不同，就只能用变异系数来衡量风险程度。

例如，假设C、D两项目的标准差仍然分别为51.82%和7.75%，但C项目的报酬率是30%，B项目的报酬率是3%，那么究竟哪个项目的风险更大呢？这时，就不能用标准差作为判断标准，只能用变异系数。

C项目的变异系数：$V_A=51.82\%\div30\%=1.727$

D项目的变异系数：$V_B=7.75\%\div3\%=2.583$

这说明，当报酬率发生变化时，C项目的风险要小于D项目的风险，因此，应选择投资C项目。

接【例5-23】，假设A、B两项目的风险报酬系数分别为8%和10%，无风险报酬率为6%，则项目的风险报酬率分别为：

C项目：$R_R=bV=8\%\times1.727=13.82\%$

D项目：$R_R=bV=10\%\times0.258=2.58\%$

投资报酬率分别为：

C项目：$K=R_f+R_R=6\%+13.82\%=19.82\%$

D项目：$K=R_f+R_R=6\%+2.58\%=8.58\%$

一般来说，投资者都会尽量回避风险。在一个由回避风险的投资者支配的市场中，风险越大，投资者所要求的报酬率就越高；若这种情况无法维持，则投资者会在市场中采取行动使其发生。例如，A企业和B企业的股票价格都是100元，收益率都是15%，而B企业的风险大于A企业的风险。这时，由于回避风险的关系，投资者喜欢购买A企业的股票，A企业股票的价格上升，报酬率下降，而B企业的股票价格下跌，报酬率上升。因此，在财务管理中所面临的风险也是不断转化和变化的，管理者必须能够根据变化的环境及时调整其战略。

5.3.3 组合资产的风险与收益

以上研究的是单项投资项目的风险。实际上，很少有人只选取一项资产进行投资。投资者往往将不同资产组合在一起进行投资，以降低总投资的风险程度。这种将不同资产进行投资组合的形式，称为组合资产投资或简称为投资组合（investment portfolio）。

马科维茨提出的投资组合理论认为，若干种证券组成的投资组合，其收益是这些证券收益的加权平均数，权数为每种资产占组合资产的比重，但是其风险不是这些证券风险的加权平均风险，一般情况下，组合投资的风险小于各种资产风险的加权平均数，其原理是组合投资能够分散风险，从而降低整体风险水平。

1）组合资产期望收益率

组合资产的收益率是组合资产投资中个别投资的加权平均收益率。两种或两种以上证券的组合，其预期报酬率可以直接表示为：

$$r_p=\sum_{j=1}^{m} r_j A_j \tag{5.28}$$

式中：r_j——第j种证券的预期报酬率；

A_j——第j种证券在全部投资额中的比重；

m——组合中证券种类的总数。

如果某企业投资于A、B两种证券，其中A的报酬率为30%，投资比重为60%；B的报酬率为15%，投资比重为40%，则证券组合投资的平均报酬率为：

$$r_p=\sum r_j A_j=30\%\times60\%+15\%\times40\%=24\%$$

【例5-24】假设投资100万元，A和B各占50%。如果A和B完全负相关，即一个变量的增加值永远等于另一个变量的减少值，组合的风险被全部抵消。完全负相关的证券组合数据见表5-12。如果A和B完全正相关，即一个变量的增加值永远等于另一个变量的增加值，那么组合的风险不减少也不扩大。完全正相关的证券组合数据见表5-13。

表5-12 **完全负相关的证券组合数据** 金额单位：万元

方案	A		B		组合	
年度	收益	报酬率	收益	报酬率	收益	报酬率
2×21	20	40%	-5	-10%	15	15%
2×22	-5	-10%	20	40%	15	15%
2×23	17.5	35%	-2.5	-5%	15	15%
2×24	-2.5	-5%	17.5	35%	15	15%
2×25	7.5	15%	7.5	15%	15	15%
平均数	7.5	15%	7.5	15%	15	15%
标准差		22.6%		22.6%		0

表5-13 **完全正相关的证券组合数据** 金额单位：万元

方案	A		B		组合	
年度	收益	报酬率	收益	报酬率	收益	报酬率
2×21	20	40%	20	40%	40	40%
2×22	-5	-10%	-5	-10%	-10	-10%
2×23	17.5	35%	17.5	35%	35	35%
2×24	-2.5	-5%	-2.5	-5%	-5	-5%
2×25	7.5	15%	7.5	15%	15	15%
平均数	7.5	15%	7.5	15%	15	15%
标准差		22.6%		22.6%		22.6%

2）组合投资的风险及度量

由于投资组合能够降低风险，因而组合资产的风险不是组合资产投资中个别投资标准差的加权平均数。为了便于理解，下文用证券组合来代表企业的组合资产。由此可知，证券组合的标准差并不是单个证券标准差的简单加权平均。证券组合的风险不仅仅取决于组合内各种证券的风险，还取决于各个证券之间的关系。

投资组合报酬率概率分布的标准差计量如下：

$$\sigma_p=\sqrt{\sum_{j=1}^{m}\sum_{k=1}^{m}A_j A_k \sigma_{jk}} \tag{5.29}$$

式中：m——组合内证券种类的总数；

A_j——第j种证券在投资总额中的比例；

A_k——第k种证券在投资总额中的比例；

σ_{jk}——第j种证券与第k种证券报酬率的协方差。

对该公式的解析如下：

协方差和相关系数用来衡量两个变量之间是否相关和相关度如何。其中，协方差是对两个变量之间的一般运动关系的度量。例如，如果A股票的价格随经济繁荣而上涨，则B股票的价格变动情况如何？协方差就是对A、B股票价格的这种相互关系进行度量和评价。相关系数实际上是标准化了的协方差，可以使得资产之间相互变动的程度在一个相同的基础上进行比较。

（1）协方差的计算

证券报酬率的协方差，用来衡量它们之间共同变动的程度，计算公式如下：

$$\sigma_{jk}=r_{jk}\sigma_j\sigma_k \tag{5.30}$$

式中：r_{jk}——证券j和证券k报酬率之间的预期相关系数；

σ_j——第j种证券的标准差；

σ_k——第k种证券的标准差。

公式（5.29）中根号内双重的$\sum$符号表示对所有组合的协方差，分别乘以两种证券的投资比例，然后求其总和。

例如，当m=3时，协方差矩阵如下所示：

$$\begin{matrix}\sigma_{1,1} & \sigma_{1,2} & \sigma_{1,3}\\ \sigma_{2,1} & \sigma_{2,2} & \sigma_{2,3}\\ \sigma_{3,1} & \sigma_{3,2} & \sigma_{3,3}\end{matrix}$$

对于矩阵对角线位置上的投资组合，其协方差就是各证券自身的方差。组合$\sigma_{1,2}$代表证券1和证券2报酬率之间的协方差，组合$\sigma_{2,1}$代表证券2和证券1的报酬率的协方差。它们的数值是相同的。这就是说，需要计算两次证券1和证券2之间的协方差。由矩阵的对称性可知，所有不在对角线上的配对组合的协方差都要计算两次。双重求和符号，就是把所有组合构成的矩阵中的方差项和协方差项全部加起来。3种证券的组合，一共有9项，由3个方差项和6个协方差项（3个计算了两次的协方差项）组成。

公式（5.29）表明，影响证券组合的标准差不仅取决于单个证券的标准差，还取决于证券之间的协方差。随着证券组合中证券个数的增加，协方差项数越来越多于方差项数，因此协方差项比方差项越来越重要。例如，在两种证券的组合中，有两个方差项$\sigma_{1,1}$和$\sigma_{2,2}$，以及两个协方差项$\sigma_{1,2}$和$\sigma_{2,1}$。对于三种证券的组合，沿着对角线有3个方差项$\sigma_{1,1}$、$\sigma_{2,2}$、$\sigma_{3,3}$以及6项协方差项。以此类推，当组合中有m项资产时，我们一共要对m×m项求和，其中包括m项的方差和m×m−m项的协方差。具体而言，当组合中证券数量较多时，总方差主要取决于各证券间的协方差。例如，在含有50种证券的组合中，矩阵共有50个方差项和2 450个协方差项。当一个组合扩大到能够包含所有证券时，只有协方差是重要的，方差将变得微不足道。因此，充分投资组合的风险，只受证券之间协方差的影响，而与各证券本身的方差无关。

【例5-25】X股票和Y股票的报酬率的概率分布见表5-14。

表5-14　**X股票和Y股票的报酬率的概率分布**

经济状况	概率	X股票的报酬率	Y股票的报酬率
1	0.1	6%	25%
2	0.2	8%	17%
3	0.3	10%	13%
4	0.25	12%	10%
5	0.15	14%	4%

经计算，X股票和Y股票的预期报酬率分别为10.3%和12.9%，标准差分别为2.39%和5.66%。

X、Y股票报酬率协方差计算如下：

$$\sigma_{X,Y}=(6\%-10.3\%)\times(25\%-12.9\%)\times0.1+(8\%-10.3\%)\times(17\%-12.9\%)\times0.2+(10\%-10.3\%)\times(13\%-12.9\%)\times0.3+(12\%-10.3\%)\times(10\%-12.9\%)\times0.25+(14\%-10.3\%)\times(4\%-12.9\%)\times0.15=-0.001327$$

（2）组合资产之间的相关系数

在计算资产组合报酬率的标准差时，资产之间的相关性是一个重要的变量。前面的例子都假定相关系数是已知的，但是当给出历史数据时，仍可以利用下面的公式计算相关系数。

$$\text{相关系数}r=\frac{\sum_{i=1}^{n}\left[\left(x_i-\overline{X}\right)\times\left(y_i-\overline{Y}\right)\right]}{\sqrt{\sum_{i=1}^{n}(x_i-\overline{X})^2}\times\sqrt{\sum_{i=1}^{n}(y_i-\overline{Y})^2}} \tag{5.31}$$

任何两种证券的相关系数都在−1至+1间取值。当相关系数为1时，表示一种证券报酬率的变动总是与另一种证券报酬率的变动成正比；当相关系数为-1时，表示一种证券报酬率的变动与另一种证券报酬率的变动成反比；当相关系数为0时，表示缺乏相关性，各证券报酬率的变动相互独立。一般而言，大多数证券的报酬率趋于同向变动，因此两种证券之间的相关系数多为小于1的正值。实际上，各股票之间不可能完全正相关，也不可能完全负相关，所以不同股票的投资组合可以降低风险，但又不能完全消除风险。一般而言，股票的种类越多，风险越小。

【例5-26】某企业的投资由A和B组成，其所占的比重各为50%。2021—2025年共5年的收益、平均收益、标准差及组合投资收益见表5-15：

表5-15　**组合资产投资收益表**

年度	A收益	B收益	AB组合投资收益
2021	45%	-15%	15%
2022	-15%	45%	15%
2023	35%	-5%	15%
2024	-5%	35%	15%
2025	15%	15%	15%
平均收益	15%	15%	15%
标准差	25.5%	25.5%	0

上述关系如图5-8所示：

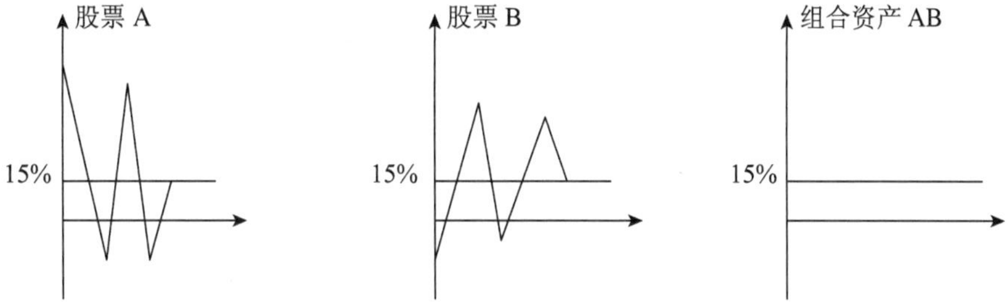

图5-8　组合资产投资收益率

如图5-8所示，如果只投资A或B，那么，它们的风险都很高；但是，如果结合A和B进行组合投资，那么，AB组合投资的风险消失了，标准差为零。上述A和B构成的组合投资之所以会形成一个无风险的组合投资，是因为A和B两种投资收益的变动方向正好相反；当A投资的收益上升时，B投资的收益就下降，反之亦然。由于这两种投资的收益的变动方向正好相反，其收益存在完全负相关关系即相关系数 r=-1。

如果两种投资的收益的变动方向相同，那么，这两种投资存在完全正相关的关系，即相关系数 r=1。由这两种投资组成的组合投资，其投资组合的风险等于组合内各资产标准差的加权平均数。

【例 5-27】某企业由 M 和 N 各 50% 组成的 MN 组合投资，其有关资料见表 5-16：

表5-16　**组合资产投资收益表**

年度	M收益	N收益	MN组合投资收益
2021	45%	45%	45%
2022	-15%	-15%	-15%
2023	35%	35%	35%
2024	-5%	-5%	-5%
2025	15%	15%	15%
平均收益	15%	15%	15%
标准差	25.5%	25.5%	25.5%

由表 5-16 可知，由 M 和 N 各占 50% 所组成的组合投资 MN 的标准差与个别投资 M 或 N 的标准差一样，都是 25.5%。这说明如果组合投资中的各种投资之间存在完全正相关的关系，企业无法通过组合投资消除投资组合的风险。

上述两个极端的例子表明：①当各种投资之间存在完全负相关关系时，组合投资中的风险可以全部消除；②当各种投资之间存在完全正相关关系时，组合投资中的风险无法消除。事实上，许多投资之间存在正相关关系，但不是完全正相关。平均而言，如果随机抽取两种投资，它们的相关系数大约为 0.6，而且多数情况下为 0.5～0.7 之间。由此可以推断，组合投资可以降低风险但无法完全消除风险。

然而，如果组合投资是由两种以上的个别投资组成的，其结果又将如何？一般而言，随着组合投资中个别投资的数目增加，组合投资的整体风险会降低。这一风险降低的程度主要取决于各投资之间的相关系数。具体而言，相关系数越小，组合投资的风险就越小。那么，增加足够多的个别投资是否能完全消除组合投资风险呢？一般而言，这并不能完全消除组合投资风险，而且当组合中个别投资的数目大到一定程度时，组合投资风险降低的程度就会越来越小。

【小结 5-4】相关系数与组合风险之间的关系总结见表 5-17：

表5-17　　**相关系数与组合风险之间的关系**

相关系数$r_{1,2}$	组合的标准差σ_p（以两种证券为例）	风险分散情况
$r_{1,2}=1$（完全正相关）	$\sigma_p=A_1\sigma_1+A_2\sigma_2$ 组合标准差=加权平均标准差	σ_p达到最大，组合不能抵消任何风险
$r_{1,2}=-1$（完全负相关）	$\sigma_p=\lvert A_1\sigma_1-A_2\sigma_2\rvert$	σ_p达到最小，甚至可能是零。组合可以最大限度地抵消风险
$\lvert r_{1,2}\rvert<1$	$0<\sigma_p<$加权平均标准差	资产组合可以分散风险，但不能完全消除风险

3）两种证券组合的投资机会集

通过资产组合投资报酬率标准差的公式$\sigma_P=\sqrt{\sum_{j=1}^{m}\sum_{k=1}^{m}A_jA_k\sigma_{jk}}$，我们可以知道，影响组合投资报酬率的因素有方差、协方差及投资比例。前文我们已经介绍了方差和协方差对组合投资风险的影响，下面我们将讨论随着投资比例的变化，投资组合的期望报酬率和风险之间的关系。图5-9描绘了随着对两种证券投资比例的改变，期望报酬率与风险之间的关系，其中，D点表示将资金全部投资于A证券，E点表示将资金全部投资于B证券。图中的曲线是机会集，它反映出风险与报酬率之间的权衡关系。

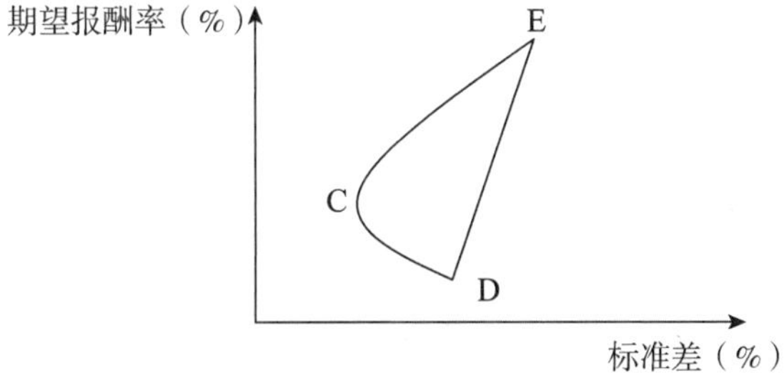

图5-9　两种证券组合投资的机会集

图5-9有几项特征是非常重要的：

① 它表达了最小方差组合，即在持有证券的各种组合中标准差最小的组合，在机会集中出现在曲线的最左端。离开此点，无论增加或者减少投资于B证券的比例，都会导致标准差的增加。需要强调的是，并非所有的证券组合都会出现最小方差点。只有当两种证券之间的相关性小到一定程度时才会出现最小方差点。

② 它表达了投资的有效集合。在只有两种证券的情况下，投资者的所有投资机会只能出现在机会集曲线上，而不会出现在该曲线上方或下方。改变投资比例只会改变组合在机会集曲线上的位置。C点最小方差组合以下的组合是无效的，即机会集曲线CD的弯曲部分是无效的。因为对于最小方差点以下的机会集，同样的标

准差（风险）下可以找到该曲线上对应更高的报酬率，而理性的投资者会在同样风险的情况下，选择报酬率更高的投资组合。

③ 图5-9揭示了分散化效应。曲线和直线间的距离反映了分散化效应的大小。离直线越远，分散效应越大。直线表示的是两种证券完全正相关时的机会集曲线，完全没有分散风险。任何组合的风险都不会大于正相关时的风险。由曲线向后弯曲的部分可以看出，从D点出发，拿出一部分货币投资于风险较大的B证券的组合标准差会比全部投资于风险较小的A证券的标准差还小。这与人们的直觉相反。这揭示了风险分散化的内在特征。一种证券的未预期变化往往会被另一种证券的反向未预期变化抵消。即使两种证券同向变化，抵消效应也会存在。只要两种证券的相关系数小于1，组合风险就会降低。

4）多种证券组合的风险与报酬

多种证券组合的机会集不同于两种证券的机会集。随着可供投资的证券数量增加，所有可能的投资组合数量都将呈几何级数上升。此时，上述分析两种证券组合的报酬率和标准差之间关系的原理仍然适用，只是机会集有了变化。两种证券的所有可能组合都落在一条曲线上，而两种以上证券的所有组合会落在一个甲壳虫形状的平面中，如图5-10的阴影部分所示。这个机会集反映了投资者所有可能的投资组合，每种可能的投资组合都与阴影部分中的一点相对应。最小方差组合是图中最左端的点，它具有最小组合标准差。多种证券组合的机会集外缘有一段向后弯曲，与两种证券组合中的现象类似：不同证券风险相互抵消，产生风险分散化效应。

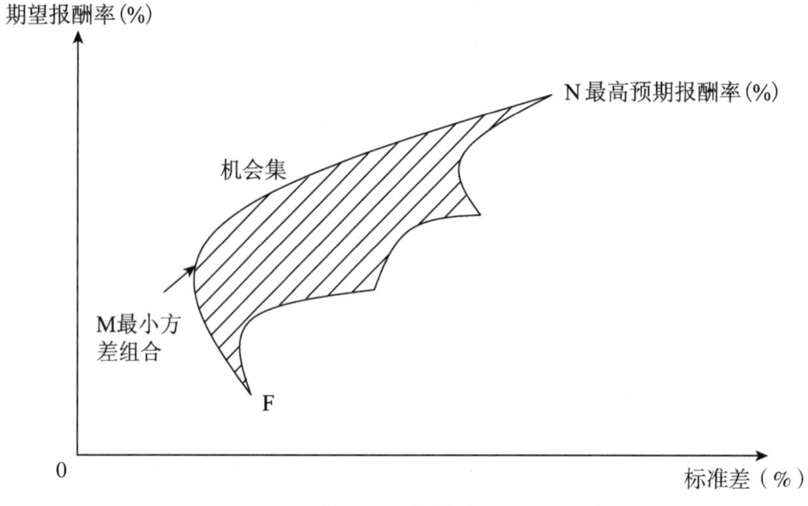

图5-10　机会集

图5-10中的曲线MN，称为机会集。它从最小方差组合点到最高预期报酬率点之间机会集的上边缘。也就是说，虽然整个机会集都对应着投资者可能的投资组合，但是投资者却只会在机会集上寻找投资组合。机会集以外的投资组合与有效边界上的组合相比，有三种情况：相同的标准差和较低的期望报酬率、相同的期望报

酬率和较高的标准差、较低的报酬率和较高的标准差。这些投资组合都是无效的。如果投资组合是无效的，投资者可以通过改变投资比例转换到有效边界上的某个组合，以达到提高期望报酬率而不增加风险、降低风险而不降低期望报酬率或者得到一个既提高期望报酬率又降低风险的组合。

5）资本市场线（CML）

从上面的讨论中，我们可以看出，如果只考虑风险投资，投资者的最优选择是曲线MN上的一点。如果存在无风险资产，并且投资者可以在资本市场上以固定的无风险资产的报酬率借到钱，将其纳入自己的投资总额，或者可以将多余的钱以无风险利率贷出，那么，将无风险资产与风险资产组合在一起，投资者的最优选择会是怎样的呢？

如图5-11所示，从无风险资产的收益率（Y轴的R_f）开始，作有效边界的切线，切点为P。该直线被称为资本市场线。由全部风险证券和无风险证券构成的投资组合中，没有任何组合可以优于R_fP，因为同样大小的风险，可以在R_fP上找到更高的报酬率。切点P是一切风险投资以各自的市场价值为权数的加权平均组合。它代表唯一最有效的风险资产组合。我们将其定义为“市场组合”，也表示市场均衡点。

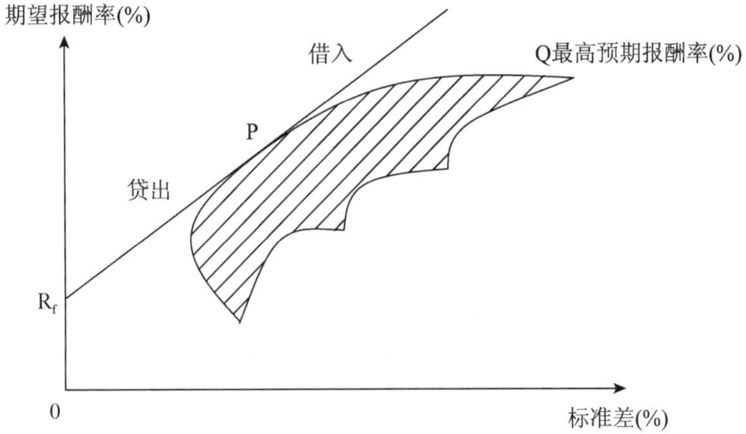

图5-11　最佳组合选择

在存在无风险资产的情况下，投资人可以通过贷出资金降低自己的风险，当然也会同时降低预期的报酬率。最厌恶风险的人可以将全部货币贷出，用来购买政府债券并持有至到期（R_f点）。偏好风险的人可以借入货币，增加购买风险资产的成本，以使预期报酬率增加。如果贷出货币，他承担的风险小于市场平均风险；如果借入货币，他承担的风险大于市场平均风险。资本市场线说明有效投资组合的风险和报酬是一种线性关系。直线的截距表示无风险利率，可以视为时间价值。直线的斜率代表风险的市场价格。它告诉我们当标准差增长某一幅度时相应要求的报酬率的增长幅度。直线上的任何一点都可以告诉我们投资于市场组合和无风险资产的比例。在P点的左侧，表示投资者将自有资金的一部分以无风险利率贷出（买入政府债券并持有至到期），将剩余资金投资到风险资产组合中。在P点的右侧，表示投资者将从资本市场上以无风险利率借入的款项和自有资金全部投资到风险资产组合中。

从这里我们也可以看出，投资者个人的效用偏好与最佳风险资产组合是互相独立的。这就是所谓的分离定理。当资本市场存在无风险资产并可按无风险报酬率自由借贷时，资本市场的最优市场组合就已经确定在了P点，此点与投资者个人的风险偏好没有关系，是客观存在的，投资者个人对风险的态度仅仅影响借入或贷出的资金数量，并不会对最佳风险资产组合产生影响。最佳风险资产组合取决于各种可能风险组合的期望报酬率和标准差。个人的投资行为可分为两个阶段：先确定最佳风险资产组合，后考虑无风险资产和最佳风险资产组合的理想组合。只有第二阶段受投资人风险反感程度的影响。分离定理在理财方面非常重要，它表明企业管理层在决策时不必考虑每位股东对风险的态度。

6）风险的分类

通过上述的投资组合理论，我们知道了当投资的资产趋于多元化时，风险会得到一定程度的分散。同时，我们又知道报酬率是对风险的回报，因此当我们获得无风险利率以上水平报酬率时，也要承担无法分散的风险。因此，我们可以根据风险是否可以被分散，将其分为可分散风险和不可分散风险。

（1）可分散风险

可分散风险（diversifiable risk），是指那些可以通过组合投资的方式来消除的个别投资的风险，又称为非系统风险或企业特有风险。在证券投资中，这种风险专指个别股票所独有并随时变动的风险，其主要特点有：一是由特殊因素所引起；二是只影响某只股票的收益；三是可以通过股票多样化来消除或分散。其来源和表现主要有企业风险和财务风险。这两方面的风险可能通过股票持有的多样化和正确的投资组合来降低、抵消和避免。因为持有多只股票，当有些股票价格下跌、股息减少时，另一些股票的价格和股息可能上升，这样此落彼涨就可能使风险彼此冲销。由此可知，在一个充分的投资组合中，可分散风险几乎与市场无关，市场也不会对它给予任何价格补偿。

（2）不可分散风险

不可分散风险（non-diversifiable risk）又称系统风险或市场风险，是指某种因素使股票市场上所有的股票都出现价格变动的现象，给一切证券投资者都会带来损失的可能性。例如疫情、通货膨胀、战争的发生，国家某项经济政策变化，有关法律的制定等，都会影响整个证券市场价格。这类风险的主要特点有：一是由共同的因素引起；二是影响所有股票的收益；三是不可能通过股票证券的多样化来回避或消除。其来源和表现主要有购买力风险、市场风险和利率风险。在这种泛指所有股票投资不可分散的共有风险中，其不同的股票所受到的影响程度是不一样的。有的股票价格易受整个经济环境影响，比如一些耐用消费品生产厂家的股票价格就较易受到经济变动的影响，当整个经济出现不景气时，消费者首先减掉的是昂贵的耐用消费品购买计划，进而影响厂家的生产和利润，使这些企业的股价也随之变动；而粮食、副食品等基本消费品生产加工经营企业，无论经济是否景气，其收益均显得较为稳定，股价变动也要小一些。尽管各股票的涨跌幅度有所区别，但是多数股票的变动方向是一致的。所以，不管投资多样化有多充分，也不可能消除全部风险，即使购买的是全部股票的市场组合。

【小结5-5】系统风险与非系统风险的对比归纳，见表5-18：

表5-18　**系统风险与非系统风险**

种类	含义	致险因素	与组合资产数量之间的关系
非系统风险（企业特有风险、可分散风险）	由于某种特定原因对某特定资产收益率造成影响的可能性，它是可以通过有效的资产组合来消除的风险	特定企业或特定行业所特有的	可通过增加组合中资产的数目而最终消除
系统风险（市场风险、不可分散风险）	影响所有资产的，不能通过资产组合来消除的风险	由那些影响整个市场的风险因素所引起的	不能随着组合中资产数目的增加而消失，它是始终存在的

（3）可分散风险与不可分散风险的关系

可分散风险与不可分散风险的关系，如图5-12所示。

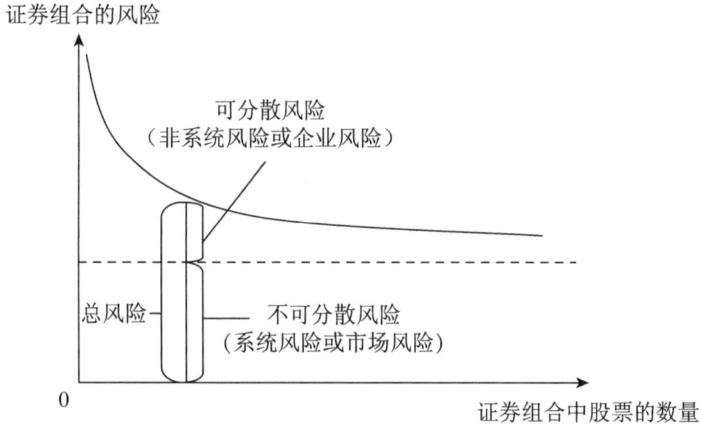

图5-12　可分散风险与不可分散风险关系图

7）β系数与投资组合的收益

在股票市场上，股票价格常因多种复杂因素而发生难以预测的波动，因而时常使投资者因价格涨落频繁而产生一种有损失利益的危险感。这就存在着股票投资的风险，包括系统风险与非系统风险。系统风险对个别股票的影响程度可由该股票价格变动的历史数据和市场价格的历史数据计算分析得出，通常用β系数来表示。

β系数被定义为某个资产的收益率与市场风险组合之间的相关性。其计算公式如下：

$$\beta_j=\frac{\sigma_{jm}}{\sigma_m^2}=\frac{r_{jm}\sigma_j\sigma_m}{\sigma_m^2}=r_{jm}\ (\frac{\sigma_j}{\sigma_m}) \tag{5.32}$$

式中：分子 σ_{jm}——第 j 种证券的收益与市场组合收益之间的协方差。

它等于该证券的标准差、市场组合的标准差及两者相关系数的乘积。

根据上式可以看出，一只股票的β系数大小取决于：①该股票和整个股票市场的相关性；②它自身的标准差；③整个市场的标准差。

β系数的计算方法有两种：

一种方法是使用直线回归法。根据数理统计的线性回归原理，β系数可以通过同一时期内的资产收益率和市场组合收益率的历史数据，使用线性回归方程预测出来。β系数就是该线性回归方程的回归系数。

另一种方法是按照定义，根据证券与股票指数收益率的相关系数、股票指数的标准差和股票收益率的标准差直接计算。

β系数有多种计算方法，实际计算过程十分复杂，但幸运的是，β系数一般不需要投资者自己计算，而是由一些投资服务机构定期计算并公布。

β系数的经济意义在于，它告诉我们相对于市场组合而言特定资产的系统风险是多少。作为整体的证券市场的β系数为1。当某只股票的风险情况与整个股票市场的风险相一致时，这只股票的β系数也就等于1。如果某只股票的β系数大于1或小于1，则说明该股票的风险程度高于或低于整个市场水平。从另一种角度说，如果计算出β的数值是1，就说明市场收益率上涨1%，这只股票的收益率也提高1%，该股票波动的程度与市场的一样。如果β=2，则说明市场收益率上涨1%时，这只股票的收益率提高2%；反之，如果市场收益率下降1%，则该股票的收益率将降低2%。其波动比市场波动大1%。如果β的数值是0.5，则表示市场涨或跌1%时，该股票收益率只提高或降低1%的一半。由此可见，β的大小表示某只股票收益随市场波动性的大小，从而说明其风险的程度。β大的股票风险大、β小的股票风险小。如果β的数值超过1.5，可以将其看作高风险的股票。

在国外，有些证券咨询服务企业把许多股票的β值都计算出来，供投资者选购时参考。一般认为，β值小于1.0的股票叫防守型的证券；β值大于1.0的股票叫进攻型的股票。一般来说，大部分股票的β系数在0.60～1.60；而根据定义，所有股票的β系数的平均值为1。β系数对于测定个股的市场表现及相应的市场风险、进行个股及股票投资组合选择，具有重要的参考价值。

系统风险无法被分散，因而投资组合的β系数是投资组合中个别证券的β系数的加权平均数。如果将一个β系数大于1的股票加入投资组合，则该组合的风险将会被拉高；反之，则会被拉低。其计算公式为：

$$\beta_p=\sum x_i\beta_i \tag{5.33}$$

式中：β_p——组合投资的β系数，表示个别组合投资报酬率相对于市场组合投资报酬率的变动程度；

x_i——第i只股票的权数；

β_i——第i只股票的β系数。

例如，如果企业持有A、B、C三只股票，所占比重分别为30%、40%、30%，三只股票的β系数分别为2.1、1.8、0.9，则证券组合的β系数为：

$$\beta_p=\sum x_i\beta_i=30\%\times2.1+40\%\times1.8+30\%\times0.9=1.62$$

至此，我们可以将证券组合投资风险归纳如下：

① 证券组合投资后的风险由两部分组成，即可分散风险和不可分散风险，如图5-12所示。

② 可分散风险可以通过证券组合来消减。从图5-12中可以看到，可分散风险随着证券组合中股票数量的增加而逐渐减少。

③ 股票的不可分散风险由市场变动产生，它对所有股票都有影响，不能通过证券组合消除，应当通过计量β系数后，在投资报酬中得到补偿。

8）证券市场线

由资本市场线进入证券市场线，是资本资产定价模型研究由组合风险与收益研究向个别证券的风险与收益推进的过程。单一证券的风险和收益之间的关系可由证券市场线（SML）来描述。

一般认为，投资者只有在一种证券的期望收益可以弥补其风险时才会持有这种风险性证券。β系数正是衡量证券风险的指标。因此，一种证券的期望收益应与其β系数正相关。图5-13可以证明这一点。图5-13中的直线称为证券市场线。

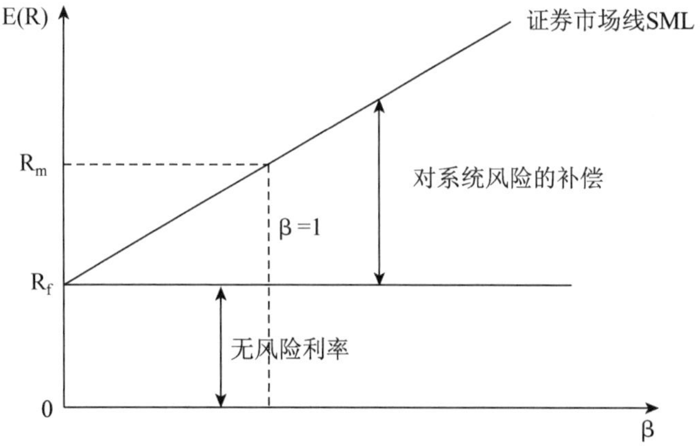

图5-13　β值与要求的报酬率

其中，①横坐标表示以β衡量的资产不可分散风险水平；

② 纵坐标表示必要报酬率，纵坐标的截距表示无风险报酬率水平，此时对应

的β系数为0；

③ 斜率表示市场对风险的厌恶程度。一般来说，市场对风险的厌恶感越强，证券市场线的斜率越大，对风险资产所要求的风险补偿越大，风险资产的必要报酬率越高（更多的系统风险补偿）。

由图5-13可以看出：β系数为零时的证券收益率为无风险利率；β系数为1时，证券期望收益率就是证券市场组合期望收益率；证券市场线为一条直线。因为任何低于证券市场线的证券组合，其β系数与证券市场线上的β值相同，但期望收益率却低于证券市场线上的证券组合，因此，没有投资者会持有证券市场线外的任何证券组合。

证券市场线受通货膨胀、风险回避程度及β系数变化的影响主要有：

① 通货膨胀。投资者要求的回报包括无风险报酬和风险报酬两部分。无风险报酬率是SML的截距，由纯粹利率与通货膨胀补偿率两部分构成。因此，如果通货膨胀水平发生变化，则投资者要求的报酬率会有所提高，提高的幅度为通货膨胀变化的比率，从而导致SML向上平移相同的幅度。

② 风险回避程度。SML的斜率反映了投资者的风险回避程度。SML的斜率越大，SML越陡，则表明投资者回避风险的程度越大；相反，SML的斜率越小，SML越平缓，则表明投资者回避风险的程度越小。风险回避程度增加，意味着投资者越厌恶风险，要求的风险报酬率便越高，SML的斜率就越大。

③ 随着时间的推移，β系数也在不断变化，比如一家企业的资产组合、负债结构等发生变化。β系数的变化会使企业股票的报酬沿着SML发生变化，β系数越大，证券收益率越高。

9）资本资产定价模型

上面我们分别讨论了组合投资的风险与收益，接下来我们要进一步讨论风险与收益之间的关系。在证券市场线上，我们可以建立一种证券的期望收益公式。这条证券市场线的截距为R_f，直线的斜率为（R_m-R_f），则资本资产定价模型公式为：

$$K_i=R_f+\beta_i(R_m-R_f) \tag{5.34}$$

式中：K_i——第i只股票的必要收益率；

R_f——无风险收益率，一般以国库券的收益率为代表；

β_i——第i只股票的β系数；

R_m——将所有股票都包括在内的市场组合投资的必要收益率，它同时也是平均风险（β=1）股票的必要收益率。

在西方金融学和财务学中，有许多模型论述了风险和报酬的关系，其中最著名的模型为资本资产定价模型（capital asset pricing model，CAPM）。资本资产定价模型是在马科维茨的现代资产组合管理理论基础上发展起来的，是由William Sharpe、John Lintner和Black等人在20世纪60年代提出解释风险收益决定因素和度量方法的简单易用的表达式。任何一个理论的提出都要基于一定的环境假设，资本资产定价模型的假设基础如下：

① 投资者的理财目标为单期财富的期望效用最大化，且其衡量标准是期望报酬率与标准差；

② 投资者可以在资本市场上以无风险利率无限制地借入或贷出款项；

③ 投资者对于资产的报酬率和标准差都有同样的预期；

④ 投资者均为价格接受者，任何一名投资者的行为都不会对资产的报酬率等造成影响；

⑤ 所有资产的数量是给定的和固定不变的；

⑥ 资产可以无限细分，有充分的流动性，不存在交易成本等市场摩擦；

⑦ 没有税金的影响。

【例5-28】某投资组合包含D、E、F三只股票，其投资权重分别为25%、45%、30%，对应的β系数分别为0.8、1.2和1.8。假设当前短期国债报酬率为4%，股价指数的平均报酬率为12%。请根据这些信息，计算D、E、F三只股票及其组合的必要报酬率。

D股票的必要报酬率$K_D = 4\% + 0.8 \times (12\% - 4\%) = 10.4\%$

E股票的必要报酬率$K_E = 4\% + 1.2 \times (12\% - 4\%) = 13.6\%$

F股票的必要报酬率$K_F = 4\% + 1.8 \times (12\% - 4\%) = 18.4\%$

资产组合的β系数 $= 0.8 \times 25\% + 1.2 \times 45\% + 1.8 \times 30\% = 1.28$

资产组合的必要报酬率$K_P = 4\% + 1.28 \times (12\% - 4\%) = 14.24\%$

由此可见，β系数影响股票的必要收益率。尽管资本资产定价模型存在争议，但是它揭示了风险与收益的关系。必要收益率等于无风险收益率加上风险溢酬。资本资产定价模型为计算风险补偿提供了基本思路。投资者能够期望得到补偿的风险是市场风险。他们不能期望市场对企业特有风险有任何超额补偿。这就是资本资产定价模型隐含的逻辑思路。

【小资料5-5】　　CAPM模型的提出与发展①

1964年，威廉·F.夏普在他的博士论文中提出了著名的资本资产定价模型（CAPM），解释了资本市场的两种典型风险——与市场整体相联系的系统风险和与特定公司相联系的非系统风险，并用一个简单的线性方程式揭示了资产预期收益与预期风险之间的理论关系。

Fama-French（1996）引入三因子模型。该模型认为，一个投资组合（包括单只股票）的超额回报率可由三个因子来解释，这三个因子是：市场资产组合（R_m-R_f）、市值因子（SMB）、账面市值比因子（HML），因此涵盖了CAPM无法解释的市值效应（size effect）和价值效应（value effect）。

首次提出流动性风险溢价理论的是Amihud和Mendelson（1986）。他们认为，流动性低的资产需要高的预期收益进行补偿。因此，流动性是影响收益的重要因素

---

① 朱光宇．我国CAPM模型研究现状［J］．当代经济，2017（9）：146-147.

之一。而三因子模型在市场风险的基础上，加上了小股票相对于大规模市值股票组合的风险溢价（SML），以及价值型相对于成长型股票组合的风险溢价（账面市值比因子HML）这两个因子，形成了五因子模型。

10）套利定价模型（APT）

套利定价模型APT（arbitrage pricing theory）是由斯蒂芬·罗斯于1976年12月首先提出来的。根据资本资产定价模型可知，只有不可分散风险影响证券的期望收益。套利定价理论则指出，多种风险因素共同影响收益。证券之间的相关性就是由这些共同的风险因素造成的。

套利定价理论也是建立在一定的基本假设前提下的，主要有：

① 投资者有相同的理念；

② 投资者是回避风险的，而且要实现效用最大化；

③ 市场是完全的，因此对交易成本等因素都不做考虑；

④ 证券回报率与一组指数线性相关，这组指数代表形成证券回报率的一些基本因素。

与资本资产定价模型不同的是，套利定价理论没有以下假设：①单一投资期；②没有税金；③投资者能以无风险利率自由借贷；④投资者以收益率的均值和方差为基础选择投资组合。

套利定价理论假定，每个投资者都相信资产收益具有以下结构：

$$R_j=\bar{R}_j+\beta_{1j}I_1+\beta_{2j}I_2+\cdots+\beta_{ij}I_n+\varepsilon_j,\ j=1,\ 2,\ \cdots,\ n \tag{5.35}$$

式中：I_K（K=1，2，…，n）——第K个影响证券收益的因素，且各因素互不相关；

ε_j——资产特有风险；

β_{ij}——各因素对证券收益率的影响程度。

套利定价模型是多因素的风险模型。投资人可以根据需要调整投资组合的风险构成，进行投资组合管理。如果投资人对某个风险因素预测更有把握，愿意承担这种风险，可以根据APT构建一个投资组合，加大这个风险因素的β系数，从而减少其他风险因素的β系数。

CAPM依赖于市场有效组合的存在，而APT依赖于无套利的存在。虽然两者依赖的条件不同，但都表明了期望收益和风险的正相关关系。在套利定价理论中，β系数度量一种资产收益对某种因素变动的反应程度。当影响资产收益的风险因素只有一个时，就会得到：

$$\bar{R}_i=R_f+\beta_i\ (\bar{R}_M-R_f) \tag{5.36}$$

上述公式同资本资产定价模型完全一致，因此CAPM可以视为APT特殊的单因素模型。

虽然APT和CAPM都说明只有系统风险才能得到补偿，但CAPM没有明确影响系统风险的因素。而APT指出，正是一些共同的风险因素使得证券之间存在相关性。很明显，APT的优点之一是存在多个影响因素，因而可以更准确地度量投资组合对不同风险的敏感度和期望收益。缺点在于，投资者很难确定哪些是影响资产期望收益的合适因素，不同决策者可能会据此做出不同的判断。

5.4 资本成本

资本成本是在资本的所有权和使用权相分离的条件下，资本使用者为了获得资本使用权而需要支付的费用。在企业的财务活动中，资本成本既是资本的需求者为了获得资本所必须支付的最低成本率，也是资本的提供者要求的最低收益率，进而扮演着重要的角色。因此，了解影响资本成本的因素，掌握资本成本计算方法，是做出正确的财务管理决策的前提条件。

5.4.1 资本成本概述

1）资本成本的含义

资本是指购置资产和进行生产而筹集的全部资金。在市场经济条件下，企业不能无偿使用资金，而必须向资金提供者支付一定数量的费用作为补偿。资本成本就是企业为筹措和使用资金而付出的代价，通常包括筹资费用和用资费用。从广义上讲，企业筹集和使用任何资金都要付出代价；而狭义的资本成本仅指筹集和使用长期资金（由债权人提供的长期负债和由股东提供的权益资金）的成本。

资本成本的公式如下：

$$资本成本=\frac{使用成本}{净筹资额}$$

其中，净筹资额为扣除筹资费用后的筹资额。

具体来讲，资本成本包括资金使用费和资金筹集费两部分。

（1）资金使用费

资金使用费是指企业在生产经营、投资过程中使用资金而向出资者支付的有关报酬，比如股利、利息等。这是资本成本的主要内容。

（2）资金筹集费

资金筹集费是指企业在筹集资金过程中为获取资金而付出的费用，比如向银行支付的手续费、发行股票债券的发行费、评估费、宣传费及承销费等。

资本成本是指投资资本的机会成本。这种成本不是实际支付的成本，而是一种失去的收益，是将资本用于本项目投资所放弃的其他投资机会的收益，因此被称为机会成本。

2）资本成本的影响因素

如前所述，资本成本是投资者投资于具有相同风险和期限的其他投资对象所能获得的最低报酬率，即与风险相适应的必要报酬率，而必要报酬率是由风险报酬率和无风险报酬率两部分构成的。因此，影响资本成本的决定性因素可归结为内部因素和外部因素两方面。外部因素主要指资本市场的状况，比如宏观经济环境、证券市场情况等。内部因素主要指资本使用者本身的经营和融资状况、项目融资规模（经营风险和财务风险）。前者通过影响无风险报酬率部分来影响资本成本，后者通过影响风险补偿报酬率来影响资本成本。对于企业来说，外部因素是无法控制的，企业只能通过降低自身的经营风险和财务风险来降低资本成本。

【小结5-6】影响资本成本的内外部因素归纳见表5-19：

表5-19 **资本成本的影响因素**

影响因素		说明
外部因素	利率	市场利率上升，公司的债务成本会上升，进而会引起普通股和优先股的成本上升
	市场风险溢价	①市场风险溢价由资本市场上的供给和需求决定，企业自身无法控制； ②市场风险溢价会影响股权资本成本
	税率	①税率是政府政策，个别公司无法控制； ②税率变化直接影响税后债务成本以及公司加权平均资本成本
内部因素	资本结构	①在适度负债的资本结构下，资本成本最小； ②增加债务的比重，由于利息抵税的作用，会使平均资本成本趋于降低，同时增加债务比重会加大公司的财务风险，而财务风险的提高，又会引起债务成本和权益成本上升
	股利政策	改变股利政策，会引起股权成本的变化
	投资政策	①公司的资本成本反映现有资产的平均风险； ②如果公司向高于现有资产风险的新项目进行投资，公司资产的平均风险就会提高，并使得资本成本上升

3）资本成本的分类

资本成本有多种运用形式。按资本成本对象的不同，资本成本可以分为个别资本成本、综合资本成本、边际资本成本三类。

① 个别资本成本，是指企业以某种筹资方式所筹集资本的成本，包括长期借款成本、债券成本、优先股成本、普通股成本、留存收益成本。

② 综合资本成本，是指企业以各种方式筹集的全部资本的平均水平。

③ 边际资本成本，是指企业追加筹资的资本成本。

5.4.2 资本成本的性质和作用

1）资本成本的性质

资本成本是商品经济条件下资金所有权和使用权分离的必然后果，是按资分配的集中表现。资本成本既包括资金时间价值，又包括投资风险价值。从资本成本的属性来看，它属于投资收益的再分配，是利润范畴；从资本成本的计算和应用价值看，它又属于预测成本。

2）资本成本的作用

资本成本是决定企业价值、影响理财目标实现的基本因素。具体来讲，资本成本在企业筹资、投资和经营活动过程中具有以下三个方面的作用：

（1）资本成本是筹资决策的依据

资本成本是影响企业筹资总额的重要因素。随着筹资数额的增加，资本成本也不断提高。当企业筹资数额增加到资本的边际成本超过企业承受能力时，企业便不宜再追加资本。当然，资本成本并不是影响企业筹资的唯一因素，企业还要考虑财务风险、资本期限等因素，但是，资本成本是限制企业筹资规模的一个重要考量维度。

（2）资本成本是项目投资取舍的重要标准

企业进行筹资的目的是利用筹集的资金补偿生产或对内、对外投资。无论投资在哪个项目，必须遵循一个重要原则：项目的预期资金的收益率需达到或超过资金的成本率。也就是说，资本成本是投资项目的一个取舍点。

（3）资本成本是业绩评价的重要尺度

资本成本是投资人要求的必要报酬率，是衡量企业资金效率的临界基准，与公司实际的报酬率进行比较就可以评价企业的业绩。另外，资本成本是一个综合评价指标，可以促使资金的使用者充分挖掘资金潜力，节约资金，提高使用效率。从某种意义上来说，资本成本是衡量企业业绩的最低尺度。

5.4.3　资本成本的计算

1）个别资本成本

个别资本成本是指各种长期资本的成本。企业的长期资本一般包括长期借款、长期债券、优先股、普通股和留存收益等，其中前两项是债务资本，后三者统称为权益资本。每一种筹资方式都有自己的筹资代价，即个别资本成本，财务人员需深入理解各类债务资本与权益资本在成本确定方法及计算结果上的差异，以便为企业的融资决策提供更为精准与优化的支持。

（1）长期借款

长期借款的成本是指借款利息和筹资费用。在现行会计制度下，借款的利息可以作为资金使用者的费用计入成本在税前扣除，可以少缴纳所得税，因而借款利息具有抵税作用。长期借款资本成本的计算公式如下：

$$D_0（1-f）=\sum\frac{I_t(1-T)+D_t}{(1+K_d)^t} \tag{5.37}$$

如果不考虑货币的时间价值，长期借款的资本成本还可以表示为：

$$K_d=K_d=\frac{I_t(1-T)}{D_0(1-f)} \tag{5.38}$$

式中：I——每年支付的利息；

T——所得税税率；

f——筹资费用率；

K_d——银行借款的资本成本；

D_t——第t年年末的银行借款本金；

D_0——银行借款总额。

【例5-29】A公司向银行借入长期借款1 000万元，银行贷款利率为12%，期限为10年，每年年末付息，到期一次还本。其中，筹资费用率为3%，公司适用的企业所得税税率为25%，那么借款成本为：

$$1\,000\times(1-3\%)=\sum_{t=1}^{10}\frac{1\,000\times12\%\times(1-25\%)}{(1+K_d)^t}+\frac{1\,000}{(1+K_d)^{10}}$$

K_d=9.48%

（2）长期债券

采用发行债券的方式进行筹资时，从债券购买者的角度来看，资本成本就是投资债券的到期收益率。因此，可以使用到期收益率法计算债券的税前成本，即债券的资本成本是指使得发行债券筹集到的资本与预期未来现金流量的现值相等的折现率，其公式为：

$$B_0(1-f)=\sum\frac{I_t(1-T)+B_t}{(1+K_b)^t} \tag{5.39}$$

式中：B_0——债券的票面价值；

B_t——第t年年末偿还债券的本金；

I_t——第t年年末支付的债券利息；

K_b——债券的资本成本；

T——所得税税率。

【例5-30】A公司溢价发行面值为1 000元、票面利率为8%、期限为6年的每年年末付息的债券，发行费用率为4%，企业所得税税率为25%，发行价为1 080元，则该债券的资本成本为：

$$1\,080\times(1-4\%)=\sum_{t=1}^{6}\frac{1\,000\times8\%\times(1-25\%)}{(1+K_b)^t}+\frac{1\,000}{(1+K_b)^{6}}$$

K_b=5.27%

【例5-31】A公司8年前发行了面值为1 000元、期限为30年的长期债券，利率为7%，每年付息一次，目前市价为900元。

900=1 000×7%×（P/A，K_d，22）+1 000×（P/F，K_d，22）

用内插法求解：

设折现率=8%，

1 000×7%×（P/A，8%，22）+1 000×（P/F，8%，22）=897.95（元）

设折现率=7%，

1 000×7%×（P/A，7%，22）+1 000×（P/F，7%，22）=1 000（元）

利率和对应的未来现金流入现值见表5-20。

表5-20 **利率和对应的未来现金流入现值** 单位：元

利率	未来现金流入现值
7%	1 000
K_d	900
8%	897.95

解得：K_d=7.98%。

由于利息可以抵税，因此，负债的税后成本是税率的函数。利息的抵税作用使得负债的税后成本低于税前成本。债务的税后成本与税前成本的关系如下：

债务税后资本成本=债务税前资本成本×（1-所得税税率）

对于年内付息多次的债券，计算资本成本时首先要确定税前年有效资本成本，然后确定税后年资本成本。

续【例5-31】，假设其他条件不变，该债券每半年付息一次。

900=1 000×3.5%×（P/A，$K_半$，44）+1 000×（P/F，$K_半$，44）

用内插法求解：$K_半$=3.99%

债务税前年有效资本成本=（1+3.99%）^{2}-1=8.14%

假设企业适用的所得税税率为25%，那么：

债务税后资本成本=8.14%×（1-25%）=6.11%

【例5-32】A公司现有长期负债：面值1 000元，票面利率12%，每半年付息一次，为不可赎回债券；该债券还有5年到期，当前市价为1 051.19元；假设新发行长期债券时采用私募方式，不用考虑发行成本。已知企业所得税税率为40%，计算债券的税后资本成本。

1 000×6%×（P/A，$K_半$，10）+1 000×（P/F，$K_半$，10）=1 051.19

60×（P/A，$K_半$，10）+1 000×（P/F，$K_半$，10）=1 051.19

设$K_半$=5%：

60×7.7217+1 000×0.6139=1 077.20（元）

设$K_半$=6%：

60×7.3601+1 000×0.5584=1 000.01（元）

（$K_半$-5%）÷（6%-5%）=（1 051.19-1 077.20）÷（1 000.01-1 077.20）

$K_半$=5.34%

债券的年有效到期收益率=（1+5.34%）^{2}-1=10.97%

债券的税后资本成本=10.97%×（1-40%）=6.58%

（3）优先股

优先股是特殊的权益资本，是一种具有相对明确股利支付率的股票。对比普通股，优先股具有优先的利润分配权；对比债券，两者资本成本的估计方法类似，但优先股的股息支付并不具备债券利息那样的强制性，且分红在税后支付，因而其资本成本一般会高于债务资本成本。由于优先股没有到期日，其股利相对稳定，因此可将其视为永续年金，其资本成本的计算公式为：

$$K_p=\frac{D_p}{P_0(1-f)} \tag{5.40}$$

式中：K_p——优先股资本成本；

P_0——优先股筹资总额，按发行价计算；

D_p——优先股股利。

【例5-33】A公司计划发行优先股，每股价格50元，发行费用率4%，每股每年支付股利2.5元，则优先股的资本成本为：

$$K_p=\frac{2.5}{50\times(1-4\%)}$$

$$K_p=5.21\%$$

【例5-34】A公司现有优先股：面值100元，股息率10%，每季付息，为永久性优先股。其当前市价为120元。如果新发行优先股，需要承担每股4元的发行成本。企业所得税税率为25%。优先股资本成本为：

年股利=100×10%=10（元）

季股利=10÷4 =2.5（元）

季优先股资本成本=2.5÷（120−2.5）×100%=2.13%

年有效优先股资本成本=［（1+2.13%）^{4}−1］×100%=8.80%

（4）普通股

同作为权益资本，普通股的资本成本计算方法与优先股基本相同。区别只是普通股的股利是不确定的，而是由经营状况和股利政策共同决定的。由于股东所获得的收益是在支付利息和税款之后，因此其承担的风险也最大，相应地，要求得到的资本成本的补偿也最高。普通股资本成本的计算公式为：

$$K_s=\frac{D_1}{P_0(1-f)}+g \tag{5.41}$$

式中：K_s——普通股的资本成本；

D_1——预计的下期股利；

P_0——股票的发行价格；

g——每年的股息预计年增长率。

【例5-35】A公司发行面值1元的普通股800万股，筹资总额为1 200万元，筹资费率为4%。已知第一年每股股利为0.2元，以后每年按4%的比率增长，则该股票的资本成本为：

$$K_s=\frac{800\times0.2}{1\,200\times(1-4\%)}+4\%$$

K_s=17.89%

（5）留存收益

公司的留存收益来源于净利润，归属于股东权益，是企业资金的一种重要来源。从表面上看，留存收益不需要现金流出，不花费资本成本，其实不然。留存收益的资本成本是一种机会成本，体现为股东追加投资要求的报酬率。因此，留存收益也需要计算资本成本，其计算方法和普通股相似，唯一区别是由于资金来源于企业内部积累，故不需要额外考虑资金的筹集费用。其计算公式为：

$$K_e=\frac{D_1}{P_0}+g \tag{5.42}$$

式中：K_e——留存收益成本。

【小资料5-6】　众筹[①]

众筹（crowdfunding）由发起人、跟投人、平台构成，具有低门槛、多样性、依靠大众力量、注重创意的特征，是指一种向群众募资，以支持发起的个人或组织的行为，一般通过网络平台连接赞助者与提案者。群众募资被用来支持各种活动，包含灾害重建、民间集资、竞选活动、创业募资、艺术创作、自由软件、设计发明、科学研究以及公共专案等。

众筹作为一种商业模式，起源于美国。早在2001年，众筹先锋平台美国ArtistShare公司就已诞生，在该平台获得资助的音乐人多次获得格莱美奖。2006年，美国学者迈克尔·萨利文致力于建立一个名为Fundavlog的融资平台，第一次用“众筹”一词解释了Fundavlog的核心理念。2009年4月，世界上最负盛名的同时也是最大的众筹平台——Kickstarter网站正式上线。网站创立不久就为入驻的创意项目成功募集到资金。由此，这种全新的融资模式引起了社会的广泛关注。

根据世界银行发布的《发展中国家众筹等发展潜力报告》，2025年全世界众筹市场规模将达到3 000亿美元，发展中国家将达到960亿美元，其中有500亿美元在中国，众筹市场发展前景广阔。众筹融资在我国出现于2011年，受到社会各界的高度关注。但由于缺乏必要的管理规范，众筹融资活动在快速发展中也积累了一些问题和风险，比如众筹融资的法律地位不明确、众筹融资平台存在运营管理风险、投资易受欺诈风险等。2014年12月，中国证券业协会向社会发布了《私募股权众筹融资管理办法（试行）（征求意见稿）》，公开向社会征求意见。

2）综合资本成本

综合资本成本是企业以各种方式筹集的全部长期资本的平均成本。一般以各种长期资本占全部资本的比重为权数对个别资本成本进行加权平均确定，故而又称加权平均资本成本。其计算公式如下：

$$K_w=\sum K_j W_j \tag{5.43}$$

① 肖本华. 美国众筹融资模式的发展及其对我国的启示 [J]. 南方金融，2013（1）：52-56；徐小俊. 发展新三板股权众筹 [J]. 中国金融，2015（3）：66-68.

式中：K_w——综合资本成本；

K_j——第j种个别资本成本；

W_j——第j种个别资本成本占全部资本成本的比重。

根据加权平均资本成本的公式，计算加权平均资本成本不但需要确定个别资本成本，还需要确定各种资本来源的资本比重，即权数。计算公司的加权平均资本成本，有三种方法可以用来确定权重，即账面价值法、市场价值法和目标价值法。账面价值法是以公司期末编制的资产负债表作为确定权数依据的加权平均资本成本确定方法。市场价值法将当前各项资本来源的市场价值作为计算权数的依据。目标价值法则是根据自己公司的风险和收益来确定一个目标资本结构。

【例5-36】A企业按账面价值反映的长期资本共2 000万元，其中长期借款400万元、长期债券400万元、普通股1 000万元、留存收益200万元，其对应的个别资本成本分别为5.4%、6.8%、15.02%、15%。该企业按账面价值计算的综合资本成本为：

$$K_w=5.4\%\times\frac{400}{2\,000}+6.8\%\times\frac{400}{2\,000}+15.02\%\times\frac{1\,000}{2\,000}+15\%\times\frac{200}{2\,000}=11.45\%$$

3）边际资本成本

在市场经济中，企业无法以某一固定的资本成本筹集无限的资本，当企业筹集的资本超过一定限度时，原来的资本成本就会增加。因此，企业在追加筹资时，必须了解筹资额达到什么数额便会引起资本成本的变化，这就需要计算边际资本成本。

边际资本成本是指每增加一个单位量的资本而增加的成本。边际资本成本采用加权平均法计算，其权数为市场价值权数，而不应使用账面价值权数。其计算公式如下：

$$K_m=\sum K_jW_j \tag{5.44}$$

式中：K_m——边际资本成本；

K_j——第j种个别资本成本；

W_j——第j种个别资本成本占全部资本成本的比重。

【例5-37】A公司现有长期资本总额1 000万元，其目标资本结构为：长期借款20%、优先股5%、普通股75%。现在欲追加500万元资本，保持目标资本结构不变。经测试，个别资本成本分别为：长期借款7.5%、优先股12%、普通股14.8%。边际资本成本计算表见表5-21。求追加投资的边际资本成本。

表5-21 **边际资本成本计算表** 金额单位：万元

资本种类	目标资本结构	追加筹资	个别资本成本	边际资本成本
长期借款	0.2	100	7.5%	1.5%
优先股	0.05	25	12%	0.6%
普通股	0.75	375	14.8%	11.1%
合计	1	500	—	13.2%

总结与结论

▶货币的时间价值是财务管理的基本观念之一。货币价值是客观存在的经济范畴。任何财务活动都是在特定的时空中进行的。离开了时间价值的因素，就无法正确计算不同时期的财务收支，也无法正确评价企业的盈亏。货币时间价值观念非常重要，因为它贯穿于所有的财务活动中。

▶货币的时间价值，是指运用中的货币在经历一定时间后所增加的价值。货币时间价值的基本表现形式有两种：终值与现值。货币时间价值的计算一般都按复利方式计算，有复利终值与现值计算和年金的终值与现值的计算两种形式。其中，年金又分普通年金、预付年金、递延年金和永续年金四种形式。普通年金是最基本的形式，其他形式的年金都可以转换成普通年金加以计算。

▶现金流量是指企业的现金流动及其以货币计量的数额，是企业按收付实现制反映的现金流入量、流出量和时间的总称。现金流量有两种不同内涵：一种是财务上所讲的资本投资决策中的现金流量，即企业长期投资中的现金流入和流出；另一种是会计中所讲的现金流量，即企业在生产经营过程中所发生的现金流入和流出。现金流量观念提供企业的现金流量信息，在业绩评价、企业估价和财务决策方面具有重要的功能。

▶在长期投资决策中所涉及的现金流量是指投资项目从筹划、计划、施工、投产直至报废为止的整个期间，由项目引起的各年现金流入与现金流出，具体包括初始现金流量、营业现金流量和终结点现金流量三部分。

▶基于会计基础的现金流量区别于会计利润，从收付实现制角度将企业的现金流量划分为经营活动现金流量、投资活动现金流量和筹资活动现金流量。

▶在财务管理中，无论决定价值，还是选择投资都需要考虑风险。承担风险就要求得到相应的额外收益，否则就不值得去冒险。实际上，证券估价与“风险与收益”权衡观念是理解企业价值最大化的基础。在进行财务管理时，必须研究风险，计量风险并设法控制风险，以求最大限度地增加企业价值。

▶单项资产一般利用标准差和变异系数衡量其风险。然而，实际上很少有人只选取一个投资项目。投资者往往将不同的投资结合在一起，以降低总投资的风险程度。这种将不同的投资结合在一起构成的总投资称为组合资产投资。

▶可以通过组合投资的方式来消除的个别投资的风险称为非系统风险、可分散风险或企业特有风险，是指某些个别因素对单只股票造成损失的可能性。系统风险又称不可分散风险或市场风险，是指某种因素使股票市场上所有的股票都出现价格变动的现象，给一切投资证券者都会带来损失的可能性。

▶β系数是用来衡量个别股票受包括股市价格变动在内的整个经济环境影响程度的指标。

▶资本资产定价模型讨论了风险与收益之间的关系。股票的必要收益率等于无风险收益率加上股票的风险报酬率。

▶套利定价理论是多因素定价模型，单因素APT模型同CAPM含义相同。

▶资本成本是在资本的所有权和使用权相分离的条件下，资金使用者为了获得资本的使用权而支付给资本所有者的费用，即资本筹资费用和使用费用。在财务管理中，资本成本既是资本的需求者为了获得资本所必须支付的最低价格，也是资本的提供者要求的最低收益率。因此，了解影响资本成本的因素，掌握资本成本计算方法，是做出正确的财务管理决策的前提条件。

▶按照资本成本的对象不同，资本成本可划分为个别资本成本和综合资本成本。个别资本成本又具体包括：长期借款的资本成本、长期债券的资本成本、优先股的资本成本、普通股的资本成本和留存收益的资本成本。综合资本成本则是企业各种资本成本的加权平均值。

即测即评

二维码5-5

即测即评

练习题

二维码5-6

练习题参考答案1

二维码5-7

练习题参考答案2

二维码5-8

练习题参考答案3

1.某投资者拟购买一处房产，开发商提出了3个付款方案：

方案一：从现在起，15年内每年年末支付10万元；

方案二：从现在起，15年内每年年初支付9.5万元；

方案三：前5年不支付，从第6年起到第15年每年年末支付18万元。

假设银行贷款利率按10%复利计息，如果采用终值方式进行比较，那么哪一个付款方案对购买者有利？

2.（1）某人拟在5年后还清10 000元债务，从现在起，每年年末等额存入银行一笔款项。假设银行存款利率为10%，每年需要存入多少元？

（2）假设以8%的利率借款20 000元，投资于某个寿命为10年的项目，每年至少要收回多少现金才是有利的？

3.某企业按账面价值反映的长期资本共500万元，其中长期借款200万元、普通股300万元，长期借款对应的税前资本成本是6%，普通股对应的个别资本成本是15%，企业所得税税率是25%。计算该企业按账面价值计算的加权平均资本成本。

4.ABC公司当前的普通股股利为每股4.2元，股价为每股53元，今后公司将保持7%的稳定的股利增长率。公司现在股票的β系数为1.28，当前无风险收益率为6.5%，预计资本市场平均收益率为15%。

要求：请分别运用股利固定增长模型和资本资产定价模型来估计该公司普通股的资本成本。

二维码5-9
练习题参考答案4

5.一台旧设备的账面价值为30 000元，变现价值为32 000元。企业打算继续使用该设备，但由于物价上涨，估计需要增加经营性流动资产5 000元，增加经营性流动负债2 000元。假定企业所得税税率为25%，则继续使用设备的初始现金流出量为多少？

二维码5-10
练习题参考答案5

6.假定甲、乙两项资产的历史收益率的有关资料见表5-22：

表5-22　**甲、乙两项资产的历史收益率**

年份	甲资产收益率	乙资产收益率
2021	-10%	15%
2022	5%	10%
2023	10%	0
2024	15%	-10%
2025	20%	30%

要求：

（1）估算两项资产的预期收益率；

（2）估算两项资产的标准差；

（3）估算两项资产的变异系数。

二维码5-11
练习题参考答案6

7.A公司持有A、B、C三只股票构成的证券组合，它们的β系数分别是0.6、1.3和2，在证券组合中所占的比重分别为20%、30%和50%。已知证券市场的平均收益率为12%，无风险收益率为5%。

要求：

（1）计算A、B、C三只股票各自的必要收益率。

（2）利用（1）中结果计算该证券组合的预期收益率。

（3）计算证券组合的β系数。

（4）利用（3）中结果计算该证券组合的预期收益率。

二维码5-12
练习题参考答案7

8.A公司的当前股利为1元/股，股票的实际价格为25元/股。证券分析师预测，未来2年的增长率分别为8%、6%，第2年及以后年度增长率为6%，请根据股利折现模型计算股权资本成本。

二维码5-13
练习题参考答案8

二维码5-14

练习题参考答案9

9.A公司债券面值为3 810万元，市场价值为面值的96.33%，约为3 670万元；优先股60万股，账面价值为1 500万元（60×25），根据优先股发行价格，市场价值约为1 453万元（60×24.22）；普通股账面价值为6 500万元（650×10），市场价值约为7 556万元（650×11.625）。A公司资本账面价值权数和市场价值权数见表5-23：

表5-23　**A公司资本账面价值权数和市场价值权数**　金额单位：万元

证券	资本成本	账面价值	市场价值	账面价值权数	市场价值权数
债券	6.21%	3 810	3 670	32.26%	28.95%
优先股	8.33%	1 500	1 453	12.7%	11.46%
普通股	16.46%	6 500	7 556	55.04%	59.59%
合计	—	11 810	12 679	100.00%	100.00%

求加权平均资本成本。

案例分析题

等额本息还款和等额本金还款的争议①

目前，大多数银行采用的是“等额本息还款”和“等额本金还款”两种方式。等额本息还款法是指借款人每月始终以相等的金额偿还贷款本金和利息，偿还初期利息支出最大，本金就还得少，以后随着每月利息支出的逐步减少，归还本金逐步增加；等额本金还款法是指借款人每月以相等额度偿还贷款本金，利息随本金逐月递减，每月还款额也逐月递减。

某年，大连某购房者购买首套住宅贷款150万元，贷款期限10年，当期贷款利率为4.90%。如果贷款期内利率未发生调整，选择等额本金还款法和等额本息还款法到期支付的利息总和分别为37.06万元和40.04万元，相差2.98万元。如果5年后贷款利率升为5.25%，则“等额本金还款法”和“等额本息还款法”到期支付的利息总和分别为39.70万元和43.13万元，相差3.43万元。可见，如果贷款期限更长，贷款金额更大，这种差距就会更明显。两种还贷方式在还款总额上存在差异，所以选哪种贷款更合算一直受到人们的关注和讨论。

二维码5-15

案例分析题提示

分析：

（1）根据财务管理的基本原理，评价案例中的说法。

（2）你认为在两种方法选择中，应当考虑哪些因素。

① 官中明. 等额本金和等额本息的贷款决策探析——基于数学和财务结合的方法［J］. 广西质量监督导报，2019（6）：132.

第6章

财务估价

学习目标

了解与掌握财务估价的相关概念；掌握影响债券价值的因素；掌握债券估价的基本模型；掌握股票估价的基本模型以及固定股利、固定股利增长率、股利两阶段增长条件下的估价模型；理解企业价值评估的目的与意义；掌握企业价值评估的步骤与方法。

导言

近年来，经济金融化成为宏观经济形势最主要的特征，社会上的经济关系越来越表现为债权、债务关系，股权、股利关系和风险与保险关系等金融关系。投资与融资成为企业的核心话题，正确的投资决策取决于投资者对具有投资价值的证券或企业进行的有效估测，只有在正确的财务估价的基础上，才能了解企业的真实经济价值，从而做出科学的投资决策与融资决策，不断提高企业价值，增加所有者财富。因此，研究和掌握财务估价的相关问题具有重要的意义。

6.1 财务估价概述

财务估价是指对一项资产价值的估计。这里的资产可能是金融资产，也可能是一个企业。这里的价值是指资产的内在价值或经济价值，即按适当的折现率计算的资产预期未来现金流量的现值。它与资产的账面价值、清算价值和市场价值既有联系又有区别。

财务估价的基本方法是现金流量折现法，涉及时间价值、风险价值和现金流量三个基本财务概念。这些内容已在前面章节中详细阐述过，本章将结合具体估价对象讨论财务估价的问题，即债券估价、股票估价与企业价值评估。

1）债券估价

债券估价旨在确定一个价格，该价格能够合理体现债券的风险水平及收益能力，是对债券未来收益的预测与评估过程。债券估价的基本问题是估算未来的现金流入。债券发行公司的财务实力、资产价值、经营管理水平等相关信息都是在估价时需考虑的因素。为此，选择反映上述情况的信息，估计债券的预期收益并预测未来的变动因素，是估价的基本手段。同时，估价时还要分析并权衡影响债券价值的外部因素，如市场利率的波动、税制特点、公共机构的需求和市场效率等。在某些情况下，这些外部因素可能成为决定债券收益的关键因素。

2）股票估价

股票估价是指投资者通过对股票进行分析后确定的股票的估计价值，也称为股票的投资价值或内在价值。这里讨论的股票估价，是指普通股股票的估价。

普通股是最基本的一种股票形式，是相对于优先股的一种股票种类。它是指股份公司依法发行的具有表决权和剩余索取权的一类股票。普通股具有股票的最一般特征，每一份股权包含对公司的财产享有的平等权利。相较于股息与红利，普通股股东往往更为关注股价的动态变化。普通股股票的价值取决于股东希望获得的股票收益的现值。因此，普通股股票的价值就是指预期的未来股息的现值。

3）企业价值评估

企业价值评估简称企业估值，是指把一个企业作为一个有机整体，依据其整体获利能力，并全面考量影响企业获利能力诸因素，对其整体资产公允市场价值进行的综合性评估，并提供有关信息以帮助投资人和管理当局改善决策。企业作为整体虽然是由部分组成的，但是它不是各部分的简单相加，而是各要素间相互依存、协同作用的结果。这种有机的结合，使得企业总体具有它各部分所没有的整体性功能，所以，整体价值不同于各部分的价值简单加和。

在进行企业价值评估之前，需要获取经济环境、行业状况、企业整体的背景信息，并据此预测与价值评估相关的各种财务变量和相关的资本市场数据，选择相应的价值评估方法，将财务信息、市场信息转化为价值信息。

6.2 债券估价

1）债券价值的决定因素

债券的价值是发行者按照合同规定从现在至债券到期日所支付的款项的现值。计算现值所需的要素是现金流量、折现率和时间，它们分别体现在不同的债券要素中，如图6-1所示。虽然债券种类繁多，但决定其内在价值的基本要素是各种债券共有的，它们共同影响债券的价值，缺一不可。

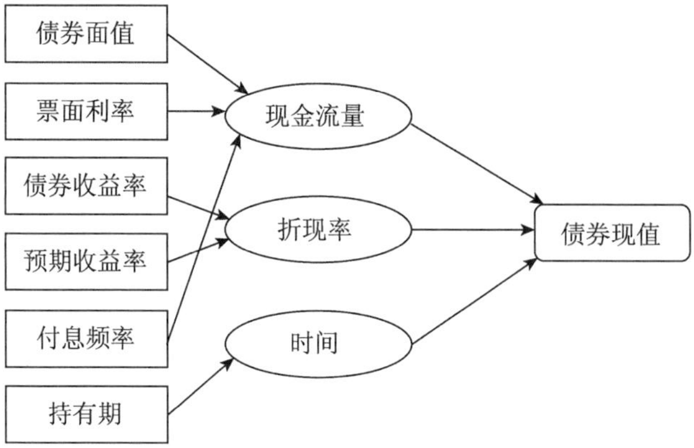

图6-1 债券价值决定因素关系图

(1) 债券面值

债券面值是指设定的票面金额，它代表发行人借入并且承诺于未来某一特定日期偿还给债券持有人的金额。债券票面所载明的金额，是企业承诺在债券到期后偿还给债券持有人的本金数，也是企业向债券持有人按期支付利息的计算依据。债券的面值不一定是债券的实际发行价格，发行价格大于面值称为溢价发行，小于面值称为折价发行，等于面值称为平价发行。

(2) 票面利率

债券的票面利率是指债券发行者预计一年内向投资者支付的利息占票面金额的比率，是债券发行者向投资者计算支付利息的依据。票面利率不同于有效年利率。有效年利率通常是指按复利计算的一年期的利率。由于债券的计息和付息方式有多种，这就使得票面利率可能不等于有效年利率。票面利率的确定主要由银行利率、发行企业的资信情况、偿还期限及金融市场上资金的供求状况等因素决定。

(3) 债券收益率

债券收益不同于债券利息。债券利息仅指债券票面利率与债券面值的乘积。但人们可以在债券持有期内进行买卖交易，赚取差价，因此，债券收益除利息收入外，还包括买卖盈亏差价。收益率与票面利率往往不相等。

在债券价值评估中常提到的收益率一般指两种，一种是债券收益率，另一种是投资者要求的收益率。

债券收益率，也是债券的内含收益率，是以已知市场价格为基础计算的债券收益与所投入本金的比率，通常以年利率表示。决定债券收益率的主要因素是债券的票面利率、期限、面值和购买价格。

当进行债券估价时，投资者有预期要求的收益率，也称为必要收益率，通常是市场利率。投资者将这个收益率与以当前市值计算的债券收益率进行比较，以决定是否进行投资。另一种方法是用投资者期望的收益率作为折现率，计算出投资者认可的债券价值，然后与实际市场价进行比较，决定买入还是卖出。

（4）期限

影响债券价值的期限有两个：付息期和持有期。

债券的付息期是指企业发行债券后的利息支付的时间。债券的计息和付息方式有多种，可能使用单利或复利计息，利息支付可能半年一次、一年一次或到期一次付清。因此，在考虑货币时间价值和通货膨胀因素的情况下，付息期将对债券投资者的实际收益产生很大影响。

债券持有期是指企业购买债券之日至被投资债券要求偿还债券本金之日的间隔期。一般持有期越长，价值变动幅度越大。

【小资料 6-1】　　　我国国有企业债券违约现状①

近年来，国有企业一方面受到经济结构调整、新冠肺炎疫情冲击、行业下行内卷等外部环境影响，另一方面存在经营效率低下、过度投资造成风险聚集、不够健全的风控体系等内部原因，其风险表现较为明显。2014—2023年，国有企业债券违约的现状如下：

（1）国有企业债券违约呈现“倒V”形

2014—2023年，有53家国有企业、259家非国有企业违约。2014—2019年，违约主体主要是民营企业，2020年起逐步转向国有企业，当年国有企业违约债券90只，违约数量和涉及金额均达历史高点。自2021年国有企业债券违约数量和涉及金额均下降，违约风险边际改善。2022年违约国有企业仅5家，处于历史低位；2023年仅有3家弱资质国企交叉违约，抗风险能力明显更强。

（2）国有企业评级违约预警功能相对较弱

总体上，国有企业发行债券时主体评级越低，对应债券的违约率越高，但由于评级受地方政府支持的影响，违约预警功能相对非国有企业较弱，不同评级下国有企业违约率差异不明显，只在AA-级别上违约率跳升到较高水平。

（3）国有企业债券违约偿还率呈现提升的趋势

2023年国有企业债券违约回收率为16.64%，较2022年的8.58%明显增加，如中林集团已偿还全部债券，天房、沈阳机床均有大规模兑付行为。国有企业偿债意愿及资源协调能力较强，信用修复趋势明显。

（4）弱资质国有企业的风险仍在持续暴露

2023年国有企业债券违约及展期规模较小，仅永煤、远洋等债券展期或交叉违约。国有资本比例越高、与国资委关系越近的国有企业，政府支持救助意愿更强；国有属性较弱的企业，出现资金链危机时较难获得支持。

国有企业作为我国经济的重要支柱，发生债券违约不仅会影响市场信心，还会因交叉传导触发系统性金融风险。因此，国有企业应从加强债务风险防控、优化内

---

① 吴烨. 国有企业债券违约现状及风险防范研究［J］. 福建冶金，2024，53（4）：64-66.

部治理结构、加强外部监管与支持、建立风险应对机制等方面入手，全面应对违约风险挑战，确保经济平稳健康发展。

2）债券估价的模型

（1）债券估价的基本模型

典型的债券是固定利率、每年计算并支付利息、到期归还本金。按照这种模式，债券价值计算的基本模型是：

$$PV=\frac{I_1}{(1+i)^1}+\frac{I_2}{(1+i)^2}+\cdots+\frac{I_n}{(1+i)^n}+\frac{M}{(1+i)^n}$$

$$=M\times i\times(P/A,\ r,\ n)+M\times(P/F,\ r,\ n) \tag{6.1}$$

式中：PV——债券价值；

I——每年利息；

M——面值；

i——年折现率，常采用当前等风险投资的市场利率或投资的必要报酬率；

n——到期前的年数。

一般来说，债券内在价值既是发行者的发行价值，又是投资者的认购价值。如果市场是有效的，债券的内在价值与票面价值应该是一致的，即债券的票面价值可以公平地反映债券的真实价值。但债券的价值不是一成不变的，债券发行后，虽然债券的面值、票面利率和债券期限一般会依据债券契约保持不变，但必要收益率会随市场状况的变化而变化，由此引起债券的价值也随之变化。

（2）债券估价的具体模型

二维码6-1

教学视频：债券价值评估的基本原理

由于各种债券还款付息方式的不同，未来现金流量的流入也表现出不同的形式，因而估价使用的具体模型存在一定差异，具体的模型如下：

①平息债券

平息债券是指利息在到期时间内平均支付的债券。支付的频率可能是一年一次、半年一次或每季度一次等。平息债券价值的计算公式如下：

$$PV=\sum_{t=1}^{m}\frac{I/m}{(1+i/m)^t}+\frac{M}{(1+i/m)^t} \tag{6.2}$$

式中：m——年付利息次数；

其他变量含义同上。

【例6-1】有一债券面值为1 000元，票面利率为6%，每半年支付一次利息，5年到期；假设年折现率为10.25%，该债券的价值是多少？

按惯例，票面利率为债券按年计算的报价利率，每半年计息时按票面利率的1/2计算利息，即按3%计息，每次支付30元。年折现率为市场按年计算的有效年利率，每半年期的折现率为5%。该债券的价值为：

$$PV=30\times(P/A,\ 5\%,\ 10)+1\ 000\times(P/F,\ 5\%,\ 10)$$
$$=30\times7.7217+1\ 000\times0.6139$$
$$=845.55\text{（元）}$$

该债券的价值低于每年付息一次时的价值。折价发行的债券，加快付息频率，价值下降。溢价发行的债券，加快付息频率，价值上升。平价发行的债券，加快付息频率，价值不变。

②纯贴现债券

纯贴现债券是指承诺在未来某一确定日期按面值支付的债券。这种债券在到期日前，购买人不能得到任何现金支付，因此，也称为“零息债券”。零息债券没有标明利息计算规则的，通常采用按年计息的复利计算规则。

纯贴现债券价值的计算公式如下：

$$PV = \frac{F}{(1+i)^n} \tag{6.3}$$

式中：F——到期日支付额。

【例6-2】某5年期企业债券，面值为2 000元，票面利率为6%，单利计息，到期一次还本付息。若市场要求的折现率为8%（复利、按年计息），请计算该债券的当前价值。

$$PV=\frac{2\ 000+2\ 000\times6\%\times5}{(1+8\%)^5}=1\ 769.52\text{（元）}$$

在到期日一次还本付息的债券，实际上也是一种纯贴现债券，只不过到期日不是按票面金额支付而是按本利和单笔支付。

③永久债券

永久债券亦称“年金债券”，指的是没有到期日，无限期地定期支付利息的债券。永久债券一般附有息票，购买此债券的人不具备要求偿还本金的权利，只能按期得到利息收入。现存唯一值得注意的永久债券，是英国财政部发行的统一公债。对于这种债券，通常政府都保留了回购债券的权利。优先股实际上也是一种永久债券，如果公司的股利支付没有问题，将会持续地支付固定的优先股股息。

永久债券的价值计算公式如下：

$$PV = \frac{I}{i} \tag{6.4}$$

式中：I——每年债券利息；

i——折现率。

二维码6-2

教学视频：不同类型债券价值评估的应用

④可赎回债券

可赎回债券亦称“可买回债券”，是指发行人有权在特定的时间按照某个价格强制从债券持有人手中将其赎回的债券，可视为债券与看涨期权的结合体。在市场利率下降至远低于可赎回债券票面利率的水平时，债务人如果认为将债券赎回并且按照较低的利率重新发行债券，相较于维持当前票面利率继续支付利息而言更为经济划算，其往往会选择行使赎回权。在这种情况下，可赎回债券持有者的现金流量包括两部分：赎回前正常的利息收入和赎回价格。

【小资料6-2】　　苏宁易购拟追加20亿至30亿元购回债券①

2020年11月23日，苏宁易购发布公告称，计划继续使用20亿元自有资金对此前发行的7只债券进行购回，共包含18苏宁01、18苏宁02、18苏宁03、18苏宁04、18苏宁05、18苏宁06、18苏宁07。

苏宁易购称，为持续增强投资者信心，维护公司债券价格稳定，促进公司长期稳定发展，在首次债券购回申购结果公告后，再次计划使用自有资金购回债券。公告显示，本次债券购回面向所有债券持有人，债券购回方式为现金购回，资金总额计划为20亿元。

11月12日，苏宁易购发布公告称，使用自有资金对18苏宁01等7只债券进行购回，资金总额为10亿元。苏宁易购计划累计使用30亿元自有资金购回债券，体现了公司对未来发展的信心。

市场人士分析指出，苏宁易购债券购回有效地提振了市场的信心，保障了投资人的利益。加上此前公司用15亿元回售18苏宁06，更有效反映了苏宁易购现金流充裕，可快速响应债券市场变化。

最新财报数据显示，苏宁易购三季度实现归母净利润7.14亿元，开放平台商品交易规模820.66亿元，同比增长56.83%。“双十一”期间，苏宁易购表现同样不俗。利用自身品牌、金融、运营、物流等优势，苏宁易购积极赋能线下零售商，与线上销售实现良性互动。11月11日当天，苏宁易购全场景生态渠道用时19分钟GMV成功突破50亿元；11月1日至11日23时59分，线上订单量增长75%。

2020年11月20日，苏宁易购宣布本年度第二次大幅涨薪，受到市场广泛关注。相关市场人士认为，苏宁易购年内两度加薪，展示了其近期业务发展的向好，以及较为雄厚的资金实力。经营业绩不断向好，保证苏宁易购有充足的实力吸引行业顶尖人才；同时，优秀的人才队伍又对苏宁易购的智慧零售业务形成了有力支撑，形成良性循环。

3）债券的收益率估价模型

使用上述模型估算债券价值时，是假设折现率已知，通过对债券的现金流量进行折现计算债券价值。而在收益率估价模型中，是债券当前的市场价格已知，计算折现率。这个折现率是指以特定价格购买债券并持有至到期日所能获得的报酬率，是使未来现金流量现值等于债券购入价格的折现率，也就是该项投资的内含报酬率。投资者可以通过这个指标进行决策，即如果算出来的收益率等于或大于投资者要求的收益率，则应该购买该债券，反之则应该放弃。

---

① 佚名. 拟追加20亿至30亿购回债券 持续增强投资者信心［EB/OL］.［2020-11-23］. https://www.sohu.com/a/433786717_135869? scm=1019.e000a.v1.0&spm=smpc.csrpage.news-list.5.1614607538232ss0DpHz.

【例6-3】XYZ公司于2×24年1月1日以800元的价格购入了一张面值为1 000元的6年期债券，该债券的票面利率为5%，每年1月1日支付一次利息。假设XYZ公司计划持有该债券至到期，请计算其到期收益率。

800=50×（P/A，i，6）+1 000×（P/F，i，6）

用“内插法”解该方程。先用票面利率i=8%试算：

50×（P/A，8%，6）+1 000×（P/F，8%，6）=861.35（元）

由于i=8%时，等式右边等于861.35，大于800，可判断收益率高于8%。

当i=9%时，

50×（P/A，9%，6）+1 000×（P/F，9%，6）=820.60（元）

由于820.60仍然大于800，还应进一步提高折现率。

当i=10%时，

50×（P/A，10%，6）+1 000×（P/F，10%，6）=782.27（元）

782.27小于800，可判断收益率为9%~10%，用内插法计算近似值：

$$\frac{9\% - i}{820.60 - 800} = \frac{10\% - i}{782.27 - 800}$$

解得i=9.54%，如果必要收益率高于9.54%，则需拒绝该投资计划；反之，则接受。

6.3 股票估价

1）股票价值的影响因素

同债券估价原理相似，股票的价值是股票预期未来现金流量的现值。普通股价值评估一般可以采用现金流量折现法，比较通用的估价模型是股利折现模型，该模型主要的因素仍旧是持有期限、预计的现金流量和折现率。以下将针对这三个要素进行介绍。

（1）持有期限

普通股按持有时间的长短可以分为长期持有和短期持有。一般而言，投资者投资股票，除了希望获得股利收入，还希望在未来出售时从股价上涨中获益。此时，持有股票具有一定的期限；但如果一个投资者的投资期限过长，趋近于无限，那么，股票估值只能近似计算。

（2）预计的现金流量

股票带给持有者的现金流入包括两部分：股利收入和出售时的售价。如果股东永远持有股票，其只获得股利，是一个永续的现金流入。预期的股利一般分为三种情况，固定股利（预期股利增长率为零）、固定增长股利（预期股利增长率为常数g）和非固定增长股利（增长率分阶段）。但是如果投资者不打算永久地持有股票，而在一段时间后出售，他的未来现金流入则是持有股票期间的股利和出售股票时的股价。

【小资料6-3】 **股权自由现金流量模型**①

股利折现模型的假设是股东获得的所有现金流量都是股息，而股权自由现金流量折现法则对此做出了突破。所谓股权自由现金流量（FCFE），是指满足了全部财务要求（包括债务偿还、资本支出和营运资本支出）后的剩余现金流量，即支付完所有的利息和本金以及用于维持现有资产和增加新资产的资本支出后的剩余现金流量。

股权自由现金流量的计算公式为：

FCFE=净利润+折旧-资本支出-营运资本变动-归还本金+新债发行

当资本支出和营运资本可以依靠目标负债比率δ进行融资，同时，本金的归还以新债发行支付时，则股权自由现金流量的表达式可以改写为如下形式：

FCFE=净利润-（1-δ）×（资本支出-折旧）-（1-δ）×营运资本变动

一般情况下，股票的价值可以用预期FCFE的现值来表示，即：

$$\text{股票价值}=\sum_{t=1}^{\infty}\frac{FCFE_t}{(1+K_e)^t}$$

式中：$FCFE_t$——第t期股权自由现金流量；

K_e——股权资本成本。

（3）折现率

折现率的主要作用是把所有未来不同时间的现金流入折算为现在的价值。折现率应当是投资的必要报酬率。学术界有两种方法确定普通股投资的必要收益率：一是根据资本资产定价模型确定；二是根据预期收益率确定必要收益率。本章只介绍第二种方法。

假设股票价格是公平的市场价格，证券市场处于均衡状态；在任一时点，证券价格都能完全反映有关该公司的任何可获得的公开信息，而且证券价格对新信息能迅速做出反应。在这种假设条件下，股票的期望报酬率等于其必要报酬率。若股票的市场价格、预期股利及股利增长率已知，股票的预期收益率计算公式如下：

$$r=\frac{D_iv_1}{P_0}+g \tag{6.5}$$

式中：D_iv_1——股票第一期股利；

P_0——股票当期股价；

g——股利增长率。

（4）股利增长率

除上述三个必要因素外，股利增长率也是影响股票价值的重要因素。如果没有外来资本，股利增长的来源就是留存收益和留存收益带来的回报。在股利固定增长

① 佚名．股权自由现金流量折现模型——资本运作［EB/OL］．［2020-07-22］．http：//www.guayunfan.com/baike/263101.html.

的情况下，股利增长率可以表示为公式（6.6）。

股利增长率=（1−股利支付率）×净资产收益率

=留存收益比率×净资产收益率 （6.6）

2）股票估价的模型

（1）股票估价的基本模型

利用股利折现模型对普通股进行价值评估的一般模型如下：

$$V=\frac{D_1}{(1+r)^1}+\frac{D_2}{(1+r)^2}+\cdots+\frac{D_n}{(1+r)^n}$$

$$=\sum\frac{D_n}{(1+r)^n}$$

二维码6-3

教学视频：股票价值评估的基本原理

式中：D_n——第n年的股利；

r——年折现率，一般采用资本成本或投资的必要报酬率；

n——折现期数。

（2）股票估价的具体模型

根据股利变化的情况，可将股票分为三类：零增长股、固定增长股和非固定增长股，分别采用固定股利模型、固定股利增长率模型和股利多阶段增长模型进行估值。

①固定股利模型

固定股利也称为零增长股利，假设未来股利不变，其支付过程是一个永续年金，则股票价值为：

$$P_0=\frac{D}{r} \tag{6.7}$$

②固定股利增长率模型

有些企业的股利是不断增长的。当公司进入可持续增长状态时，其增长率是固定的，各期股利以单一固定增长率（g）增加，假定公司上一年股利为D_0，则第一年年末股利为$D_1=D_0$（1+g），第二年年末股利为$D_2=D_0$（1+g）^{2}，依此类推，第n年年末股利为$D_n=D_0$（1+g）^{n}，则公式为：

$$P_0=\sum\frac{D_0(1+g)^n}{(1+r)^n} \tag{6.8}$$

当g为常数，并且r>g时，上式可简化为：

$$P_0=\frac{D_0(1+g)}{r-g}=\frac{D_1}{r-g} \tag{6.9}$$

③股利多阶段增长模型

在现实生活中，有的公司的股利是不固定的。例如，在一段时间里高速增长，在另一段时间里固定增长或固定不变。在这种情况下，就要分段计算，才能确定股票的价值。根据公司未来的增长情况，非固定增长股可分为两阶段模型、三阶段模型或更多阶段模型，只要最后将各个阶段的现值相加即可得出股票价值。

本章以两阶段增长模型为例，假设股利增长按增长率不同分为两个阶段，第一个阶段增长率为高增长率（g_1），第二个阶段增长率降为低增长率（g_2），即进入稳定增长阶段。此时，要分段计算才能确定股票价值。第一阶段股利现值为一个有限期间的股利现值，第二阶段为一个持续增长的固定股利增长率的现值。其计算公式为：

$$P_0=\sum_{t=1}^{n}\frac{D_t}{1+r}+\frac{P_n}{(1+r)^n} \tag{6.10}$$

其中，

$$P_n=\frac{D_{n+1}}{r-g}$$

式中：P_n——第n期期末的股票价值；

r——第n期以后股票投资必要收益率；

g——第n期以后股利稳定增长率。

运用该模型进行股权估价时，同样必须注意模型中的约束条件。稳定增长模型所要求的增长率约束条件或假设在两阶段增长模型中依然必须具备。除此之外，如何判断高速增长？如何划分高速增长阶段与稳定增长阶段？这也是实际工作中较难把握的问题。

二维码6-4

教学视频：不同类型股票价值评估的应用

【例6-4】一个投资者持有A公司的股票，投资必要报酬率为12%。预计A公司未来3年的股利将经历一个高速增长阶段，年增长率为20%。之后，股利增长将回归至一个稳定的水平，年增长率为10%。公司最近一次支付的股利为每股1.5元。请计算并确定A公司股票的价值。

根据已知资料，可以求解高速增长阶段每年股利值，结果见表6-1。

表6-1　**股利计算表**　单位：元/每股

期间	0	第1年	第2年	第3年
股利	1.5	1.5×（1+20%）=1.8	1.8×（1+20%）=2.16	2.16×（1+20%）=2.592

该公司的股票价值为：

$$P_0=\frac{1.8}{1.12}+\frac{2.16}{(1.12)^2}+\frac{2.592}{(1.12)^3}+\frac{2.592\times1.1}{12\%-10\%}\times\frac{1}{(1.12)^3}=106.65\text{（元/股）}$$

【小资料6-4】　两阶段增长模型的适用性[①]

两阶段增长模型一般适合于具有如下特征的公司：公司当前处于高速增长阶段，并预期今后一段时期内仍保持这一较高的增长率，在此之后，支持高速增长率的因素消失。例如，某公司拥有一种在未来几年内能够生产出色盈利产品的专利权，在这段时间内，预期公司将实现超常增长，一旦专利到期，预计公司无法保持超常的增长率，从而进入稳定增长阶段。另一种情形是：一家公司处于一个超常增长的行业，而这个行业之所以能够超常增长，是因为存在很高的进入壁垒（国家政

① 佚名．两阶段增长模型［EB/OL］．［2019-08-31］．http：//wiki.pinggu.org/doc-view-22843.html.

策、基础设施所限），并预计这一进入壁垒在今后几年内能够继续阻止新的进入者进入该行业。当然，我们在使用两阶段增长模型时，两阶段间增长率不能过度悬殊，要适中。如果公司运营从一个高速增长阶段陡然下降到稳定增长阶段，用这种模型进行估价就不太合理。

【小资料6-5】 企业ESG表现对股票价值的影响①

在国内正积极践行绿色发展模式并致力于达成“碳达峰、碳中和”目标的重要背景下，企业和投资者在进行决策时必须关注社会责任。相较于传统的仅以风险和收益为中心的投资理念，ESG还关注社会影响、生态环境、公司治理等方面，在新时代有更广阔的应用前景。

ESG是一种新型的投资策略和评价标准，其可能通过以下渠道影响企业的股票价值：

一是从ESG和股票价值的概念来看，两者有着相似的内核。ESG本质上是一种可持续发展理念。类似的，股票价值实际上是由预期收益决定的，而预期收益取决于企业长期的经营状况。企业想要提高股票价值，就必须追求企业整体利益的长期发展，不能局限于追求短期利润。也就是说，ESG评级较高的企业对预期收益的保证更高，股票价值也更高。

二是从利益相关者理论来看，企业保持良好的利益相关者关系，从长期来看能够使企业获利。ESG能够充分考虑各利益相关者的需求，帮助企业获得可长期使用的社会资本，从而提高其股票价值。企业通过改善环境表现可以提高能源和材料的利用效率、减少对环境产生的“外部性”影响；企业通过改善社会表现可以塑造良好的形象，获取公众的信任；企业通过改善治理表现可以降低代理成本，实现股东价值的最大化。

三是从股东积极主义来看，投资者进行ESG投资的最终目的是在保证财务收益的同时，促使企业追求ESG目标。为了实现这一点，投资者会通过参与投票、提交提案等方式影响企业的经营管理。因此，ESG评级较高的公司更符合投资者预期，投资者更容易通过行使股东积极主义实现ESG目标，这类公司的股票也就更有价值。

在此基础上，通过实证分析表明：第一，企业ESG表现与其股票价值成正相关关系，ESG评级较高的上市企业股票价值高于ESG评级较低的上市企业；第二，分行业来看，不同行业中两者基本成正相关关系，但在轻资产行业中相关性更强。

因此，企业在经营管理中应积极加强ESG实践，即追求利润的同时，还应当积极承担社会责任、积极参与环境保护、积极提升公司治理，并向市场充分披露ESG信息，这些都有利于企业的可持续发展。

① 伍航萱. 企业ESG表现对股票价值的影响［J］. 商展经济，2023（9）：97-100.

6.4 企业价值评估①

二维码6-5

延伸阅读：独角兽企业的价值评估

企业价值评估简称企业估值，目的是分析和衡量一个企业或一个经营单位的公平市场价值，并提供有关信息以帮助投资人和管理当局改善决策。对于投资者而言，企业价值评估有助于他们发掘市场中价值被低估的证券或企业，以期获得高于必要报酬率的收益。对于经营者而言，企业价值评估可以用来进行战略分析与价值管理，它是评价某决策的基础，是改进企业一切重大决策的手段。

企业价值评估与债券价值和股票价值的估价不同，企业价值评估的一般对象是企业整体的经济价值。企业整体的经济价值是指企业作为一个整体的公平市场价值，强调整体性概念，即企业价值并非各个部分的简单相加，而只有在整体中才能全面、准确地得到体现和衡量。企业的整体功能体现在其通过特定的生产经营活动为股东创造财富的能力上，这一功能是任何单项资产无法独立实现的。企业是有组织的资源，资源的结合方式不同，就可以产生不同效率的企业。企业整体能够具有价值，在于它可以为投资人带来现金流量。这些现金流量是所有资产联合起来综合运用的结果，而不是资产分别出售获得的现金流量之和。同时，企业价值评估也有与债券估价和股票估价相同的地方，就是通常也采用现金流量折现来计量，而不单单是企业的会计账面价值或现时的市场价格。

1）企业价值评估的步骤

企业价值评估通常分三步走：了解评估对象的背景、进行企业估值和根据评估价值进行决策。

（1）了解评估对象的背景

如果想要投资一个企业，就必须了解这个企业。了解一个企业，首先要进行整体的战略分析。战略分析是企业评估的基础，其不仅为企业投资者提供了宏观的视角，还帮助识别企业的核心竞争力、市场定位及未来发展方向，是评估企业价值、制定投资策略的重要依据。战略分析通常包括以下几方面：

① 一般宏观环境分析，包括企业的政治和法律环境、经济环境、社会文化环境和技术环境等。

② 行业环境分析，包括企业所在行业的生命周期、竞争状况等。

③ 经营环境分析，包括企业的产品市场状况、资本市场状况和劳动力市场状况等。

④ 企业资源分析，包括企业的有形资源、无形资源和组织资源等。

⑤ 企业能力分析，包括企业的研发能力、生产管理能力、营销能力、财务能

---

① 吕梅萌，杨银娥．我国独角兽企业价值评估影响因素分析［J］．中国资产评估，2019（2）．

力和组织管理能力等。

⑥ 企业竞争能力分析，包括产品的顾客价值分析、与竞争对手相比的优势分析，以及这种优势的可持续性分析等。

（2）进行企业估值

企业的估值包括三个部分：收集信息、预测现金流量和将预测转化为估值。

① 收集信息。估值所需信息通常形式多样，来源广泛。一般可以从财务报表分析入手，提炼对未来趋势具有预测价值的关键信息。此外，还需要在报表之外收集信息，包括消费者变化、技术变化和管理变化等。

② 预测现金流量，包括定义现金流量（使用自由现金流量还是经济利润等）和预测未来若干年的现金流量。

③ 将预测转化为估值，包括估计时间价值和风险价值，以及将现金流量转化为企业价值。

（3）根据评估价值进行决策

估值的目的是改善决策。外部投资者通过将估值结果与市场价格进行比较来决定是否进行交易，如是否购入股票。内部投资者通过将估值结果与成本进行比较来决定是否进行投资。决策时要考虑估值的假设前提与现实的差异，合理使用估值结果。此外，决策时还要考虑非计量因素和非财务因素的影响。

2）企业价值评估的模型

（1）现金流量折现模型

现金流量折现模型是企业价值评估使用最广泛、理论上最健全的模型。它的基本思想是增量现金流量原则和时间价值原则，也就是任何资产的价值是其产生的未来现金流量按照含有风险的折现率计算的现值。估价的基本公式为：

$$\text{企业价值} = \sum_{t=1}^{n} \frac{\text{现金流量}_t}{(1 + \text{资本成本})^t} \tag{6.11}$$

“现金流量”是指各期的预期现金流量，对于投资者来说，企业现金流量有三种：股利现金流量、股权现金流量和实体现金流量。具体现金流量的算法已在股票估计那一小节介绍了，在此不再赘述。由于股利分配政策有较大变动，股利现金流量很难预计，所以，股利现金流量模型在实务中很少被使用，本节只讨论后两种现金流量的估价模型。依据现金流量的不同种类，企业估价模型分股权现金流量模型和实体现金流量模型两种，具体公式见表6-2。

由于股权现金流量模型计算出来的是股权价值，并不是整个企业的价值，因此，还需要加上净债务的价值才是完整的企业价值估价。

（2）经济利润模型

经济利润模型的基本思想是：如果每年的息前税后利润正好等于债权人和股东要求的收益，即经济利润等于零，则企业的价值没有增加也没有减少，仍然等于投资资本。

表6-2　**现金流量公式表**

种类	计算公式	现金流量
股权现金流量模型	企业价值=股权价值+净债务价值 股权价值=$\sum_{t=1}^{\infty}\frac{股权现金流量}{(1+股权资本成本)^t}$ 净债务价值=$\sum_{t=1}^{\infty}\frac{偿还债务现金流量}{(1+等风险债务成本)^t}$	股权现金流量是指一定期间企业可以提供给股权投资人的现金流量
实体现金流量模型	实体价值=$\sum_{t=1}^{\infty}\frac{实体自由现金流量}{(1+加权平均资本成本)^t}$	实体自由现金流量是指企业全部现金流入扣除成本费用和必要的投资后剩余的部分，是企业一定期间可以提供给所有投资人（包括股权投资人和债权投资人）的税后现金流量

经济利润是指超过投资者要求报酬率的价值，也称为经济增加值。

经济利润=期初投资资本×（期初投资资本报酬率-加权平均资本成本）

=息前税后利润-全部资本费用

=息前税后利润-税后利息-股权资本费用

经济利润与会计利润的主要区别在于：经济利润扣除了股权资本费用，而不仅是债务费用；会计利润仅扣除债务利息，而没有扣除股权资本费用。因此：

企业价值=期初投资资本+预计经济利润的现值

（3）相对价值模型

相对价值法，也称市场比较法、价格乘数法或可比交易价值法等。这种方法是将目标企业与可比企业对比，用可比企业的价值衡量目标企业的价值。如果可比企业的价值被高估了，则目标企业的价值也会被高估。实际上，所得结论是相对于可比企业来说的，以可比企业价值为基准，是一种相对价值，而非目标企业的内在价值。

其基本做法是：首先，寻找一个影响企业价值的关键变量（如净利）；其次，确定一组可以比较的类似企业，计算可比企业的市价/关键变量的平均值（如平均市盈率）；最后，根据目标企业的关键变量（如净利）乘以得到的平均值（如平均市盈率），计算目标企业的评估价值。

相对价值模型分为两大类：一类是以股票市价为基础的模型，包括每股市价/每股收益、每股市价/每股净资产、每股市价/每股销售收入等模型。另一类是以企业实体价值为基础的模型，包括实体价值/息税折旧摊销前利润、实体价值/税后经营净利润、实体价值/实体现金流量、实体价值/投资资本、实体价值/销售收入等模型。我们这里只讨论三种最常用的股票市价模型。

①市盈率模型

市盈率是指普通股每股市价与每股收益的比率。

$$市盈率=\frac{每股市价}{每股收益}$$

运用市盈率估价的模型如下：

目标企业每股价值=可比企业平均市盈率×目标企业的每股收益

该模型假设每股市价是每股收益的一定倍数。每股收益越大，则每股价值越大。同类企业有类似的市盈率，所以，目标企业的每股价值可以用每股收益乘以可比企业市盈率计算。

值得注意的是：在估价时目标企业“本期”每股收益必须乘以可比企业“本期”市盈率，目标企业“预期”每股收益必须乘以可比企业“预期”市盈率，两者必须匹配。这一原则也适用于市净率和市销率。

②市净率模型

市净率是指每股市价与每股净资产的比率。

$$市净率=\frac{每股市价}{每股净资产}$$

目标企业每股价值=可比企业平均市净率×目标企业每股净资产

这种方法假设股权价值是净资产的函数，类似企业有相同的市净率，净资产越大则股权价值越大。因此，股权价值是净资产的一定倍数，目标企业的每股价值可以用每股净资产乘以可比企业平均市净率计算。

③市销率模型

市销率是指每股市价与每股营业收入的比率。

$$市销率=\frac{每股市价}{每股营业收入}$$

目标企业每股价值=可比企业平均市销率×目标企业每股营业收入

这种方法是假设影响每股价值的关键变量是营业收入，每股价值是每股营业收入的函数，每股营业收入越大则每股价值越大。既然每股价值是每股营业收入的一定倍数，那么，目标企业的每股价值可以用每股营业收入乘以可比企业市销率估计。

相对价值法在应用中面临的主要挑战在于选取可比企业。尤其是要求的可比条件较严格，或者同行业的上市企业稀缺的时候，往往难以搜集到充足且符合要求的可比对象。同时，类似企业中总有“不类似”的地方，类似企业的企业价值也不一定是公平市场价格。准确的评估还需要对计算结果进行额外的修正和调整，而这种修正比一般人想象的要复杂。现金流量法的假设是明确显示的，而相对价值法的假设是隐含在比率内部的。因此，相对价值法看起来简单，实际应用却并不简单。

3）企业价值评估的调整

为了最终确定被评估的目标企业的价值，还需要考虑一些调整事项。价值评估结果的调整类型主要分为控制权溢价或折价调整以及流动性不足折价调整。因为每一种估值方法或程序都会产生不同的价值特征，所以，并非所有的估值方法或程序所得到的评估结果都需要进行溢价或折价的调整，并且在进行价值调整时必须具体考虑评估方法的特点。

【小资料6-6】　　精准投资与经济形势[①]

从国内外逆周期调节经济运行的经验来看，只有在经济增速主要受周期性因素影响而大幅低于预期增长目标且具备相应条件时，才能出台强刺激投资的政策，而这显然并不符合我国当前的实际情况。从经济形势来看，目前我国经济增速处于合理区间，只要能够维持战略定力，坚持稳中求进的工作态度，坚决落实党中央决策部署，就可以保持经济的健康发展。目前，我国经济放缓的主因是供给结构缺乏合理性，放缓的主要表现是经济发展质量有待提高、创新能力相对较弱、实体经济发展存在困难、发展的环境资源代价偏高、民生领域存在短板等。因此，解决我国经济下行压力的措施是进一步深化改革，破除影响总供给和总需求增长的结构性、体制性障碍。如果采用刺激投资的做法，带来的影响其实是有限的，而且这种影响也会在刺激效应过后逐渐减弱，难以从根本上解决我国的经济下行压力。

2019年底召开的中央经济工作会议指出，将继续实施积极的财政政策和稳健的货币政策；财政政策、货币政策要同消费、投资、就业、产业、区域等政策形成合力，引导资金投向供需共同受益、具有乘数效应的先进制造、民生建设、基础设施短板等领域，促进产业和消费“双升级”。这说明，我国不会搞“大水漫灌”式强刺激，稳投资、发挥投资关键作用的重点在于形成精准投资、有效投资。

总结与结论

▶财务估价的基本方法是现金流量折现法，该方法涉及三个基本的财务观念：时间价值、风险价值和现金流量。本章结合具体估价对象讨论财务估价的问题，即债券估价、股票估价与企业价值评估。

▶债券价值计算的基本模型如下：

$$PV=\frac{I_1}{(1+i)^1}+\frac{I_2}{(1+i)^2}+\cdots+\frac{I_n}{(1+i)^n}+\frac{M}{(1+i)^n}$$

▶平息债券价值的计算公式如下：

$$PV=\sum_{t=1}^{m}\frac{I/m}{(1+i/m)^t}+\frac{M}{(1+i/m)^t}$$

▶纯贴现债券的价值计算公式如下：

$$PV=\frac{F}{(1+i)^n}$$

▶永久债券的价值计算公式如下：

$$PV=\frac{利息额}{折现率}$$

---

① 张长春. 精准投资 有效投资（热点辨析）［EB/OL］.［2020-01-20］. https://baijiahao.baidu.com/s?id=1656194873569163687&wfr=spider&for=pc.

▶股票估价的基本模型如下：

$$V = \frac{D_1}{(1+r)^1} + \frac{D_2}{(1+r)^2} + \cdots + \frac{D_n}{(1+r)^n}$$

$$= \sum \frac{D_n}{(1+r)^n}$$

▶固定股利模型如下：

$$P_0 = \frac{D}{r}$$

▶固定股利增长率模型如下：

$$P_0 = \sum \frac{D_0(1+g)^n}{(1+r)^n}$$

▶股利两阶段增长模型是两种模型的结合，第一阶段股利现值为一个有限期间的股利现值，第二阶段为一个持续增长的固定股利增长率的现值。

▶企业价值评估简称企业估值，目的是分析和衡量一个企业或一个经营单位的公平市场价值，并提供有效信息以帮助投资人和管理当局改善决策。企业价值评估通常分三步走：了解评估对象的背景、进行企业估值和根据评估价值进行决策。

▶企业价值评估的方法有：

（1）现金流量折现法

$$企业价值 = \sum_{t=1}^{n} \frac{现金流量_t}{(1+资本成本)^t}$$

（2）经济利润法

企业价值=期初投资资本+预计经济利润的现值

（3）相对价值法

相对价值法是将目标企业与可比企业对比，用可比企业的价值衡量目标企业价值的方法。具体可分为市盈率模型、市净率模型、市销率模型三种。

即测即评

二维码 6-6

即测即评

思考题

1. 影响债券价值评估的因素有哪些？债券、普通股价值评估模型有何不同？

2. 企业价值评估的相对价值法分为哪些具体方法？各类方法的内容是什么？

3. 如果一家公司招聘你进行股票估值，你是选择现金流量折现法，还是相对价值法？如果采用股利折现模型，你是选择固定增长模式，还是多阶段增长模式？思考决定股票价值的关键变量是什么，影响公司发展的原因又是什么。

练习题

1. 某公司于2024年2月1日平价购买一张面额为1 000元的债券，票面利率为8%，每年2月1日计算并支付一次利息，并于5年后的1月31日到期。该公司持有该债券至到期日，则其到期收益率是多少？

二维码6-7

练习题参考答案1

2. 某公司报酬率为15%，年增长率为10%，D_0=2元，则该公司股票的内在价值是多少？

3. 某普通股每股价格为20元，预计下一期每股股利为1元，该股利将以10%的速度持续增长。该股票的期望报酬率是多少？

二维码6-8

练习题参考答案2

案例分析题

ABC公司预计2025—2030年现金流量分别为614万元、663.12万元、716.17万元、773.46万元、835.34万元、1 142.4万元，自2031年进入稳定增长状态，永续增长率为5%。

二维码6-9

练习题参考答案3

企业当前的加权平均资本成本为11%，2031年及以后年份资本成本降为10%。债务当前的市场价值为4 560万元，普通股当前每股市价为12元，流通在外的普通股股数为1 000万股。

分析：

通过计算分析，说明该股票被市场高估还是低估了。

二维码6-10

案例分析题提示

第7章 财务计划与财务预算

学习目标

财务计划是企业实现战略目标的关键因素之一。本章在介绍了财务计划的相关概念的基础上，以销售预测为起点，介绍了销售预测、预计财务报表、外部资金需要量的预测方法和程序。通过本章的学习，学生应该掌握财务计划的概念和基本内容，理解财务计划和企业战略的关系；掌握销售预测的影响因素和预测方法；掌握预计利润表、预计资产负债表、预计现金流量表的编制过程；掌握外部资金需求量的预测；掌握内含增长率、可持续增长率的计算方法。

导言

财务计划是对企业财务状况和现金流量的分析。古人云，“预则立，不预则废”，通过财务计划，可以预见企业各项投资决策、筹资决策以及股利决策的可能后果，权衡其利弊得失。财务计划的要领是分析企业的过去、现在和未来——不仅要预测可能结果，而且要分析偏离可能结果的程度。财务计划的优点在于它能促使管理部门考虑到偏离计划的种种可能。

不同企业选择的计划期间长短不一，大多数企业的计划期在1年以上。年度计划一般较为详细，而3~5年的计划相对粗略，有的企业甚至还要编制10年或更长时间的计划。财务计划的编制不在于形式上的完美，而在于实际上的可操作性和有用性。

7.1 财务计划

7.1.1 财务计划的概念和分类

1）财务计划的概念

财务计划是企业以货币形式预计计划期内资金的取得与运用和各项经营收支及财务成果的书面文件。它是企业经营计划的重要组成部分，是进行财务管理、财务监督的主要依据。财务计划是在生产、销售、物资供应、劳动工资、设备维修、技术组织等计划的基础上编制的，其目的是确立财务管理上的奋斗目标。在企业内部实行经济责任制，使生产经营活动按计划协调进行，挖掘增产节约潜力，提高经济效益。

财务计划就是为企业未来的发展变化制定方针、政策。这些方针包括：①明确企业的财务目标；②分析企业目前财务状况与既定目标之间的差距；③指出企业未达到目标应采取的行动。正如通用汽车公司（GM）的一名董事会成员所说，“计划能使企业最大限度地免于在未来陷入衰退的过程”。

财务计划系统地阐述了实现财务目标的方法，包含两个要素：期限和汇总。

（1）期限

财务计划是对未来工作所作的安排。大多数决策都有很长的提前期，要花很长时间去试试这些决策。在不确定的环境下，决策制定要远远超前于具体实施。例如，企业要想在2024年投资一条新的产品生产线，可能在2022年就开始立项、论证、决策。那么，到底计划的期限多长为宜？或者说现在要计划多长时间以后的事项比较合适呢？基于这样的疑问，有必要将财务计划分为短期财务计划和长期财务计划。

（2）汇总

财务计划汇集了企业每一个项目的资本预算分析。实际上，财务计划要将企业每一个经营单位的较小的投资计划汇聚在一起，使之成为一个大的项目，这个过程就叫作汇总。

财务计划还要求就各种可能的情况做出假设，一般包括最好情形下的财务计划、一般情形下的财务计划、最差情形下的财务计划。

2）财务计划的分类

财务计划按照计划时间的长短可以分为长期财务计划和短期财务计划。

长期财务计划是指1年以上的计划，通常企业制订为期5年的长期财务计划。制订长期财务计划应以公司的经营理念、业务领域、地域范围、定量的战略目标为基础，长期财务计划是实现公司战略的工具。

长期财务计划编制包括以下程序：编制预计财务报表；确认需要的资本；预测

可用资本；建立控制资本分配和使用体系；制定修改计划的程序；建立激励报酬计划。

短期计划是指一年一度的财务预算。财务预算是以货币表示的预期结果，它是计划工作的终点，也是控制工作的起点，它把计划和控制联系起来。各企业预算的精密程度、实施范围和编制方式有很大差异。预算工作的主要好处是促使各级主管人员对自己的工作进行详细的思考和确切的计划。

7.1.2 财务计划的编制程序及功能

1）财务计划的编制程序

（1）由企业最高管理当局根据财务决策提出一定时期的经营目标，并向各级、各部门下达规划指标；

（2）各级、各部门在规划指标范围内，编制本部门预算草案；

（3）由财务部门或预算委员会对各部门预算草案进行审核、协调，汇总编制总预算并报企业负责人、董事会批准；

（4）将批准的预算下达各级、各部门执行。

2）财务计划的功能

企业自上而下需要花费大量的时间针对不同的情形准备计划，并以此作为编制财务计划的基础。由此可见，财务计划的编制会产生较大的成本，那么，财务计划需要具备什么样的功能呢？

（1）明确财务决策之间的相互关系。财务计划必须明确企业不同经营活动的投资计划与企业可行的融资选择之间的关系。例如，IBM的15%的增长目标与其融资计划密切相关。

（2）提出备选方案。财务计划使企业能够清楚各种投资和融资的选择。在财务计划所列出的各种方案中，企业需要对每一种方案进行评估，并选出最优的方案。

（3）可行性分析。不同的计划必须适应公司的战略目标，即为公司战略目标的实施而规划各种经营、财务活动。

（4）避免意外。财务计划能够指出如果某一特定事件的出现将会发生什么情况，即财务计划的目的之一就是避免意外。

7.1.3 财务计划的作用

二维码7-1

延伸阅读：财务计划与财务预算的关系

财务计划是围绕战略目标而进行的财务活动。财务计划对企业战略的实施主要起到以下作用：

（1）财务计划有利于配置资源

财务计划是公司战略实施的中心活动之一。明确总体战略目标后，要按年度分解目标，并有计划地配置企业资源。财务计划通常包括两个层面：经营计划和专项计划。经营计划主要通过财务预算解决经营活动中的资源配置问题；专项计划主要解决投资和融资活动中的资源配置问题。这两方面计划的制订和实施都必须以企业战略为导向。

（2）财务计划有利于制定企业“政策”

公司战略的实施需要有具体政策指导企业经营管理的日常工作。这里的“政策”包含了战略实施的具体准则、方法、程序、规则，以及支持和鼓励为实现战略目标而努力工作的各项管理活动。财务计划是公司战略实施的工具，通过财务计划的设定为员工的行为和企业的管理活动设立了边界、约束和极限，明确了公司期望，进而提高了成功实施公司战略的可行性。

（3）实施财务计划有利于建立年度目标

设定合理的年度目标是资源配置的基础，不仅如此，建立年度目标是所有管理者直接参与的战略分散化的活动，它突出了公司本部、下属公司和各职能部门的工作重点，是评价管理者业绩的主要尺度。在年度目标的指导下实施财务计划，有利于筹集实施公司战略的配套资金，并且能够提供预算控制的工具。值得提出的一点是，财务计划是战略实施的重要技术，它可以使企业清晰地考察各种行为和方法的预期结果，并预测出战略实施的不同阶段对企业财务状况造成的影响。因此，财务计划不应被视为限制支出的工具，而应被看作最有效利用企业资源以获取最大利润的方法。

7.2 财务预算

7.2.1 财务预算的概念和作用

1）财务预算的相关概念

党的二十大报告从战略和全局的高度，提出“健全现代预算制度”。企业作为经济实体，需要财务预算实现资金有效配置。财务预算是一系列专门反映企业未来一定预算期内预计财务状况和经营成果，以及现金收支等价值指标的各种预算的总称，具体包括现金预算、预计利润表、预计资产负债表和预计现金流量表等内容。由于现金预算和预计现金流量表只有格式上的不同而内容上几乎没有差异，因此，在实际工作中，常以现金预算代替预计现金流量表。

财务预算是全面预算的一部分。全面预算是指从企业全局出发，对企业一定时期内的销售、生产、采购、成本费用，以及财务状况等方面的预算进行汇总、协调而统一编制的预算。全面预算包括经营预算（也称业务预算）、资本支出预算和财务预算。其中，经营预算和资本支出预算是编制财务预算的基础。

经营（业务）预算是对企业在未来一定期间经常发生的各项经营活动的预算，主要包括销售预算、生产预算、经营成本预算和存货预算。其中，经营成本预算又包括直接材料预算、直接人工预算、制造费用预算、销售费用预算和管理费用预算，但不包括财务费用预算，因为财务费用预算通常包含在现金预算中。

资本支出预算是对企业固定资产购建、更新，无形资产开发、引进等特殊业务活动的预算，也称为特殊业务预算或特种决策预算。固定资产购建、更新和无形资产开发、引进都属于一次性业务活动，不同于经常发生的经营活动，这些活动不仅涉及期限长，而且所用资金数额大，所以，应在企业预算中单独列示。

上述各种预算间存在下列关系：销售预算是各种预算的编制起点，它是生产费用预算①、期间费用预算②、现金预算和资本预算的编制基础；现金预算是销售预算、生产费用预算、期间费用预算和资本预算中有关现金收支的汇总；预计利润表要根据销售预算、生产费用预算、期间费用预算、现金预算等预算编制；预计资产负债表要根据期初资产负债表、销售预算、生产费用预算、资本预算等预算编制；预计现金流量表要根据现金预算编制。

2）财务预算的作用

财务预算是企业全面预算体系的组成部分，它在全面预算体系中有以下重要作用：

第一，财务预算使决策目标具体化、系统化和定量化。在现代企业财务管理中，财务预算能够实现全面、综合地协调、规划企业内部各部门、各层次的经济关系与职能，使之统一服从于未来经营总体目标的要求；同时，财务预算又能使决策目标具体化、系统化和定量化，能够明确规定企业有关生产经营人员各自的职责及相应的奋斗目标，使得每个人都能了解自己部门的任务，做到未雨绸缪。

第二，财务预算有助于实现财务目标和业绩评价。通过财务预算，一方面，可以建立评价企业财务状况的标准。将实际数与预算数对比，可及时发现问题并调整偏差，使企业的经济活动按预定的目标进行，从而实现企业的财务目标。另一方面，财务预算是生产经营过程中指导各部门或有关人员工作的标准，并可将实际数与预算数进行对比，作为各部门和各相关人员业绩考核的依据。预算执行的情况越好，其业绩评价越高。

第三，财务预算可以反映各种决策预算和业务预算的综合结果。财务预算作为全面预算体系中的最后环节的预算，它可以从价值方面总括地反映经营期特种决策预算与业务预算的结果，使预算执行一目了然。其余预算均是财务预算的辅助预算。

另外，财务预算把整个企业各方面的工作严密地组织起来，而且把企业内部有关协作单位的配合关系，也纳入统一的计划之中，使企业内部横向、纵向相互协调，环环相扣，达到平衡的效果。

7.2.2 财务预算的编制原则

（1）重要性原则

在编制财务预算的过程中，企业不能对所有项目进行同样周密的控制，考虑到

---

① 生产费用预算包括直接材料预算、直接人工预算和制造费用预算。

② 期间费用预算包括销售费用预算和管理费用预算。

成本效益原则，应对重要领域，选择关键因素实施详细预算。也就是说，企业在推行预算管理的过程中产生的成本不能大于因缺少控制而丧失的收益。

（2）一致性原则

各预算单位的预算管理工作要与企业目标保持高度一致，各级预算单位的预算都必须服从于企业的近期经营目标和长期发展目标。

（3）分级预算原则

各级预算单位分别编制本级预算，然后由上级预算单位审核确定，按一级管理二级，二级管理三级的原则分级管理。

（4）实事求是原则

预算编制要根据企业的实际情况，从实际出发，充分估计各项目标在实现过程中可能发生的变动因素，保证预算能切实可行，充分发挥其指导和控制作用。

（5）量入为出，量力而行原则

企业在进行财务预算管理的过程中，特别是在资本性支出项目的预算管理中，要坚持有多少钱办多少事的原则，量力而行。考虑到负债对企业财务管理的重大意义，“量入为出”的“入”，要从过去自有资金的狭义范围拓宽到举债经营，但又要考虑企业的偿债能力，杜绝没有资金来源或债务风险过大的预算。

（6）权责明晰原则

现代预算管理要强调责、权、利相协调，使企业所有者、经营者、各部门及每个员工都能明确自己的权限空间，细化落实预算，从而科学地管理和可靠地执行预算，并最终带来效益的提高。按上述原则作了大量的筹划，心中有了依据，就可以按照一定的方法编制预算。例如：根据变化的市场情况进行弹性预算编制方式；根据企业内部强化长远管理的要求，克服预算编制的短期行为，推行滚动预算编制方式；对于从未真正切实编制过预算的企业，采用零基预算编制方式等。预算编制完成后，还需要进行事后的监控和考核，以检验预算的有效性和实用性。

7.2.3　财务预算的编制程序

财务预算的编制需要经过以下程序：

1）确定和下达预算目标

根据预算年度经营目标及相关制度确定基层各单位的年度目标利润、资产负债率、资产回报率、坏账损失率和投资收益率等预算指标，并在预算年度上一年的11月底之前下达给各基层单位。

2）编制和上报预算草案

各基层单位在确保完成下达的各项目标的前提下，根据本单位实际经营情况编制预算年度财务预算草案，并在预算年度上一年12月底前上报。具体编制流程如下：①基层单位的各个责任中心编制与该中心有关的各项预算，报相关归口管理部门审核。②基层单位的归口管理部门审核相关预算方案，并对项目按轻重缓急进行排序，报主管厂（局）长审定，经主管厂（局）长审定后审核、平衡。③基层单位审核各项财务预算，并进行平衡、汇总，审定后上报。

3）审查平衡预算草案

企业财务管理部门对各部门上报的财务预算方案进行审查、汇总，提出综合平衡的建议。在审查、平衡的过程中，预算管理层应当进行充分协调，对发现的问题提出初步调整意见，并反馈给各有关部门予以修正。

4）审议批准财务预算方案

企业财务管理部门在各部门修正调整的基础上，编制出企业财务预算方案，呈报预算管理层讨论。对于不符合企业发展战略或者财务预算目标的事项，企业预算管理层应当责成有关部门进一步修订、调整。在讨论、调整的基础上，企业财务管理部门正式编制企业年度财务预算草案，提交董事会或总经理办公室（简称“总经办”）审议批准。

5）下达执行财务预算

企业财务管理部门对董事会或总经办审议批准的年度总预算，分解成一系列的指标体系，由财务预算管理层逐级下达各部门执行。

7.3 财务预算的编制方法

7.3.1 固定预算和弹性预算

1）固定预算

固定预算又称静态预算，是把企业预算期的业务量固定在某一预计水平上，以此为基础来确定其他项目预计数的预算方法。固定预算的基本特征是：第一，不考虑预算期内业务活动水平可能发生的变动，只以预算期内预定的某一共同的业务水平为基础确定相应的数据；第二，将实际结果与按预算内预定的某一共同的业务水平所确定的预算数进行比较分析，并据以进行业绩评价、考核。固定预算编制思想认为，业务量在预算期内不变，且预算的成本也不变，适用于考核非营利组织和业务水平较为稳定的企业业绩。

2）弹性预算

弹性预算又称变动预算，是指在成本性态分析的基础上，按照预算期内可能发生的不同业务量水平编制的预算。在弹性预算中，预算不再是一套固定的数据，而是能随着业务量的增减相应调整的多套数据，使得预算的各个项目富有弹性。在企业内部调整繁多、市场环境变化莫测的情况下，弹性预算能够在不同的实际生产经营活动水平下保持其适用性；另外，只要各种单耗、价格等编制预算的基础不变，弹性预算还可以按一系列业务量水平调整，因而可以连续使用，不必重复编制。弹性预算能够适应变化的市场条件，有利于不同业务量水平下的各项经济活动的控制和考核。

【例7-1】M公司对甲产品编制预算，该企业分别编制了固定预算和弹性预算，见表7-1和表7-2。按照产销量1 000件来编制固定预算，而实际产销量为1 100件，实际销售收入为85 000元，总成本为61 550元，其中，直接材料费为21 550元，直接人工费为13 000元，制造费用为27 000元，其中，变动制造费用为14 000元，固定制造费用为13 000元。编制预算时，使用的单价为80元，单位直接材料成本为20元，单位人工成本为12元，单位变动制造费用为12.5元，固定制造费用为13 500元。请分别利用固定预算和弹性预算进行业绩评价。

表7-1　**固定预算与实际损益比较**　金额单位：元

项目		固定预算	实际	差异
产销量（件）		1 000	1 100	+100
销售收入		80 000	85 000	+5 000
成本项目	直接材料	20 000	21 550	+1 550
	直接人工	12 000	13 000	+1 000
	变动制造费用	12 500	14 000	+1 500
	固定制造费用	13 500	13 000	-500
	合　计	58 000	61 550	+3 550
损　益		22 000	23 450	+1 450

表7-2　**弹性预算与实际损益比较**　金额单位：元

产销量 项目	弹性预算			实际	差　异 ⑤=④-③
	单价或 单位成本①	1 000件 ②=1 000×①	1 100件 ③=1 100×①	1 100件 ④	
销售收入	80.0	80 000	88 000	85 000	-3 000
直接材料	20.0	20 000	22 000	21 550	-450
直接人工	12.0	12 000	13 200	13 000	-200
变动制造费用	12.5	12 500	13 750	14 000	+250
变动成本合计	44.5	44 500	48 950	48 550	-400
贡献边际	35.5	35 500	39 050	36 450	-2 600
固定制造费用	13.5	13 500	13 500	13 000	-500
损益	22.0	22 000	25 550	23 450	-2 100

由表7-1和表7-2的计算结果可以看出，把实际收益与固定预算的收益进行比较，实际多出1 450元。但由于产销量的增加，难以评价企业的实际收益水平。如果实际收益与弹性预算的收益进行比较，结论就完全相反，实际收益水平较预算低了2 100元。可见，弹性预算比实际预算能够更清楚地评价企业实际收益水平的优劣。

弹性预算的优点有：一是能够适应不同经营状况的变化，扩大了预算的范围，能够更好地发挥预算的控制作用，在实际情况发生变化时，不需要对预算作频繁的修改；二是使预算对实际执行情况的评价与考核建立在更加客观的基础之上。

7.3.2 增量预算和零基预算

（1）增量预算

增量预算是指在基期成本费用水平的基础上，结合预算期业务量水平及有关降低成本的措施，通过调整原有关成本费用项目而编制预算的方法。

增量预算编制假设预算期的业务活动是企业上期业务活动的延续，维持企业正在进行的业务活动，才能使企业的经营过程得到正常发展，因此，为维持企业所继续进行的每项业务活动而发生的支出都是必要的。但企业原有每项业务活动的各项支出不一定都是合理的，在新的预算期是可以得到改进或纠正的。因此，企业未来的预算可以在上期成本费用水平的基础上，结合预算期内的业务量水平等有关影响因素进行适当调整而编制。

【例7-2】M公司2024年存货平均占用资金500万元，其中，不该发生的项目支出和过度的不合理占用额共为50万元。预算年度业务量将比上年增长8%，价格上涨5%，存货周转速度提高10%。根据所述资料，M公司2025年预算年度存货资金预算额可按下列公式计算：

$$\frac{\text{预算年度存}}{\text{货资金预算额}}=\left(\frac{\text{基期存货资金}}{\text{实际平均占用额}}-\frac{\text{其中不该发生的项目支}}{\text{出和过度的不合理占用额}}\right)\times\left(1+\frac{\text{预算年度业务}}{\text{量增长百分比}}\right)\times\left(1+\frac{\text{预算年度价格}}{\text{增长百分比}}\right)\times\left(1-\frac{\text{预算年度存货周转}}{\text{速度提高百分比}}\right)$$

M公司预算年度存货资金预算额=（500-50）×（1+8%）×（1+5%）×（1-10%）

=459.27（万元）

增量预算法是以基期的实际支出为基础，在制定预算指标时比较容易找到参照标准，通过对基期的实际支出进行增减调整即可确定预算期的预算内容与预算指标，因此，这种预算方法比较简便。但增量预算法也具有局限性：第一，受原有费用项目及支出的限制，可能使原来不合理的费用开支继续存在下去；第二，不利于调动各部门降低费用的积极性，容易使预算产生“调增易，调减难”的问题；第三，容易忽略基期不发生但对企业未来发展有利的成本费用项目，不能及时地将其纳入预算中，从而对企业未来的发展产生不利影响。

由此可见，增量预算法适用于预算期业务活动与基期变化不大的预算的编制。

（2）零基预算

零基预算，或称零底预算，是指在编制预算时，对于所有的预算支出以零为基础，不考虑其以往情况如何，从实际需要与可能出发，研究分析各项预算费用开支是否必要合理，进行综合平衡，从而确定预算费用。

零基预算与增量预算的区别表现在以下几点：

第一，预算基础不同。增量预算是以基期成本费用水平为基础，本期的预算额是根据前期结果调整确定的。零基预算是一切从零开始，本期的预算额是根据本期经济活动的重要性及资金的可供量确定的。

第二，预算编制分析的对象不同。增量预算重点对新增的业务活动进行成本效益分析，而对将要进行的原有业务活动不再进行分析。零基预算则要求对列入预算的一切业务活动都进行成本效益分析。

第三，预算的着眼点不同。增量预算主要以金额的调增为重点，着重从货币角度控制预算金额的增减。零基预算除重视金额高低外，还能按照业务工作的重要程度来分配有限的资金。

【例 7-3】M 公司 2025 年预算年度可用于销售费用的资金总额为 130 万元，销售部门提出的销售费用预算总额为 148 万元，具体项目见表 7-3。

M 公司预算委员会根据上述资料，按销售费用可否避免和必要性将上述项目分为三个等级。

表7-3　**销售部门销售费用预算（草案）**　单位：元

项　目	金　额
销售人员工资	500 000
广告费	400 000
差旅费	120 000
保险费	100 000
办公费	100 000
培训费	60 000
销售佣金	200 000
合　计	1 480 000

一级费用是不可避免的成本，包括销售人员工资、保险费和销售佣金，总额为 80 万元，这部分费用必须全部予以保证。公司用于 2025 年度销售费用的资金总额为 130 万元，扣除一级费用后剩余 50 万元。二级费用是可避免但成本效益较高的成本，包括广告费和培训费，总额为 46 万元。二级费用虽可避免，但其开支的多少，决定着公司未来的销售潜力，因此，应尽量保证。但 46 万元的二级费用如果全部

予以满足，剩余的4万元资金难以保证正常销售管理活动的进行。经过权衡，决定将扣除一级费用后剩余的50万元资金的70%用于满足二级销售费用需要，即35万元（50×70%），其中，广告费为304 348元（400 000×350 000÷460 000），培训费为45 652元（60 000×350 000÷460 000）。三级费用是不可避免但成本效益较低的成本，包括差旅费和办公费，总额为22万元。但根据一级费用和二级费用的预算测定，三级费用预算额为15万元（130−80−35），其中，办公费为68 182元（100 000÷220 000×150 000），差旅费为81 818元（120 000÷220 000×150 000），不足部分通过部门内提高工作效率、加强成本管理、量入为出的办法来解决。最终编制的销售部门销售费用预算见表7−4。

表7−4 **销售部门销售费用预算** 单位：元

项　目	金　额
一级费用：	
销售人员工资	500 000
保险费	100 000
销售佣金	200 000
小　计	800 000
二级费用：	
广告费	304 348
培训费	45 652
小　计	350 000
三级费用：	
办公费	68 182
差旅费	81 818
小　计	150 000
合　计	1 300 000

二维码7−2

延伸阅读：江苏深化零基预算改革 将财政资金用在“刀刃”上

零基预算不以原有的成本费用水平为基础，而是如初次进行经营活动一样，一切以零为起点，所以，有如下优点：一是可以促使企业合理有效地进行资源分配，将有限的资金用在刀刃上，提高资金利用率；二是能够调动企业各部门降低费用的积极性、主动性和创造性，促进各预算部门精打细算，量力而行，合理使用资金；三是企业能够对一切费用一视同仁，有利于企业面向未来发展考虑预算问题。但零基预算对一切费用都需以零为基础逐一重新测算，因此，需要耗费大量的人力、物力和财力进行调查研究和分析等，产生大量的预算工作量。

7.3.3　定期预算和滚动预算

（1）定期预算

定期预算就是以会计年度为单位编制的各类预算，即为整个预算期内每个期间的预算指标全部详细确定下来而编制的预算。定期预算为便于将实际执行结果同预算数进行对比分析，通常以会计年度为单位进行定期编制，在所编制的预算中，年度内的各季、各月预算指标均详细制定。

定期预算通常于每一会计年度的最后一个季度着手编制下一年度的预算，这种预算编制方法的优点主要是预算可一次性编制完成，各期预算指标明确，便于分析对比，发现实际与预算的差异。

但定期预算也有其不足之处，主要表现在两个方面：一是预算的指导性差。由于预算期较长，特别是对整个预算期的后期阶段，难以做出较为准确的预测，因而后期阶段的预算往往会与实际发生较大的偏离，从而给预算的执行带来种种困难，导致预算的指导性降低。二是预算的适应性差。定期预算由于对整个预算期内的各个期间的预算指标均详细制定，因此，在预算执行过程中难以根据实际情况适时进行调整，还会使管理人员仅注重剩余预算期间预算指标的完成，缺乏较长远的计划，不利于企业长远稳定的发展。

（2）滚动预算

滚动预算又称永续预算，是指以一个固定的时间长度（一般为12个月）为预算的编制期，以每3个月为一个分期（也可以每月为一个分期），按各分期与现时的远近，制定详细程度不同的预算指标，每结束一个分期，即再续上一个分期的预算编制方法。

滚动预算有以下特点：第一，不将预算期与会计年度挂钩，而是始终保持固定时间的预算期，每过去一个分期，就根据新的情况进行调整和修订后几个分期的预算，并在原预算的基础上增补下一个分期的预算，从而逐期向后滚动，连续不断地以预算形式规划未来经营活动。第二，在预算指标制定上，按每一分期由近到远，预算指标由详细到粗略的顺序进行。并随着时间的推移，各分期的预算指标由原来比较粗略到不断地详细化，如此往复，不断滚动。

滚动预算按照滚动时间单位不同可分为逐季滚动、逐月滚动和混合滚动三种方式。

① 逐季滚动。逐季滚动是指以1个季度为预算的编制和滚动单位，或者说以1个季度为一个预算期，每结束1个季度预算期就调整一次预算的方法。编制逐季滚动预算比编制逐月滚动预算工作量小，但预算精确度较低。

② 逐月滚动。逐月滚动是以1个月份为预算的编制和滚动单位，或者说以1个月为一个预算期，每结束1个月份预算期就调整一次预算的方法。编制逐月滚动预

算工作量较大，但比较精确。

③ 混合滚动。混合滚动是在逐季滚动的基础上，同时使用月份作为预算编制分期的方法。图 7-1 即为混合滚动方式预算示意图。

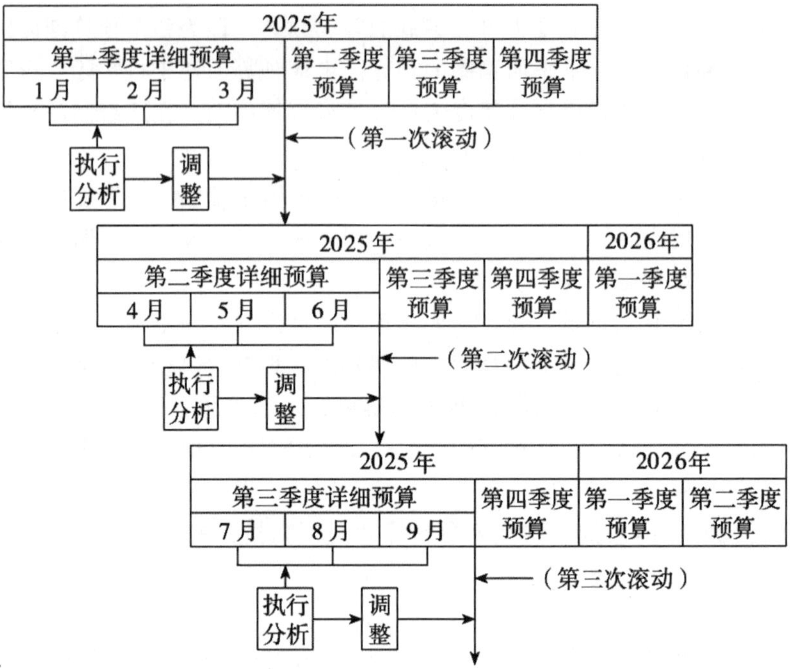

图7-1　混合滚动方式预算示意图

滚动预算与定期预算相比，具有以下优点：第一，及时性、衔接性强。由于滚动预算的编制是根据前一期预算的执行情况和实际经营活动状况而编制的，所以，能根据企业实际情况的变化，随时做出修正与调整，使预算与实际情况更加适应，因而能够使预算更加切合实际，并与日常经营活动管理紧密衔接，更有利于充分发挥预算的指导和控制作用。第二，连续性、前瞻性好。由于企业的生产经营活动是连续不断的，滚动预算在时间上突破了自然年度的限制，保持了预算的连续性，使预算能够近期、远期相结合地规划未来的经营活动，有利于企业从动态角度把握住近期的任务目标和远期的规划目标。

滚动预算也有其局限性，预算的编制工作比较繁重。因此，滚动预算一般用于较为重大事项的预算控制。

7.4 现金预算的编制

7.4.1 销售预算

企业为了保障供产销的整合效率，一般执行以销定产的经营策略，因此，销售预算是整个预算的编制起点，其他预算的编制都以销售预算为基础。

销售预算的主要内容是销量、单价和销售收入。销量是根据市场预测或销货合同并结合企业生产能力确定的。单价是销售部门根据市场预测所做出的价格决策确定的。销售预算通常要分品种、销售区域、推销员按月来编制。但如果为了简化工作量，也可以按季度来编制。

销售预算中还应该包括销售收入的收现情况，其目的是为编制现金预算提供依据。销售收入的收现状况可根据公司的销售政策来预测。每一期的现金收入由两部分构成：一部分是本期销售的现金收入，另一部分是收回以前的应收账款。

【例7-4】M公司编制2025年的销售预算，预计各季度的销量和单价见表7-5，根据销售政策，该企业每季度的销售收入中60%是现销收入，40%是赊销，赊销金额全部于下个季度收回。假设2025年年初应收账款为5 000元，请编制销售预算。

表7-5　**销售预算**　金额单位：元

季度	1	2	3	4	全年
预计销售量（件）	100	120	210	190	620
预计单价	300	300	300	300	
销售收入	30 000	36 000	63 000	57 000	186 000
本期现销收入	18 000	21 600	37 800	34 200	111 600
期初应收账款	5 000	12 000	14 400	25 200	5 000
本期现金收入	23 000	33 600	52 200	59 400	168 200
期末应收账款	12 000	14 400	25 200	22 800	22 800

7.4.2　生产预算

生产预算是在销售预算的基础上编制的。根据销售量预测期初和期末存货、生产量。通常，企业的生产和销售不能做到完全匹配，会产生一定的库存产品，可以保证在发生意外需求时按时供货。虽然持有存货会产生管理成本和机会成本，但能够避免短缺成本。在企业生产技术不变的情况下，一定期间内使用的原材料，产生的在产品、半成品和产成品应该是趋于稳定的，所以，企业期末库存产品和销售量会存在一定的关系。因此，可以根据长期销售趋势来预测期末库存产品数量。通常，期末库存产品可根据下一期销售量的一定比例来预测，本期的预计生产量可以根据下列公式来预测：

预计生产量=预计销售量+预计期末库存产品−预计期初库存产品　　(7.1)

生产预算在实际编制时是比较复杂的，产量受到生产能力的限制，存货数量受到仓库容量的限制，只能在此范围内安排存货数量和各期生产量。此外，有的季度可能销量很大，可能因为需要加班而产生额外的人工费用，而在生产淡季，会因为增加库存产品数量而增加机会成本。因此，实际库存产品数量可能因为经营状况的变化而与生产预算不相符。

【例7-5】承【例7-4】，假设M公司每期期末库存产品分别为10件、20件、30件、20件。2025年年初库存产品为10件，期末库存产品为20件，M公司2025年的生产预算见表7-6。

表7-6 **生产预算** 单位：件

季度	1	2	3	4	全年
预计销售量	100	120	210	190	620
加：预计期末库存产品	10	20	30	20	20
合计	110	140	240	210	700
减：预计期初库存产品	10	10	20	30	10
预计生产量	100	130	220	180	630

7.4.3 直接材料预算

直接材料预算是以生产预算为基础编制的，同时，要考虑原材料存货水平。本期需要采购的原材料可根据下列公式来计算：

预计原材料采购量=本期生产需用量+期末材料存量-期初材料存量 (7.2)

本期原材料的需用量根据本期生产量预测，等于本期生产量乘以单位产品材料耗用量，单位产品材料耗用量根据标准成本资料或消耗定额资料来确定。年初和年末的材料存货量根据当前库存情况和长期销售预测加以估计。各期的期末材料存量根据下一期生产需用量的一定比例加以预测。

直接材料预算还应该包括采购原材料的现金支出情况。每一期的现金支出由两部分构成：一部分是本期原材料采购的现金支出；另一部分是偿还以前的应付账款。原材料现金采购状况取决于供货商的销售政策，可根据历史原材料采购情况来预测预算期间原材料现金采购的比例。如果企业原材料品种很多，则需要按照原材料品种单独编制直接材料预算。

【例7-6】承【例7-5】，M公司产品消耗甲原材料，单位产品耗用量为50千克/件，单价为2元/千克。假设2025年年初库存原材料为800千克，期末库存原材料按照下一季度的材料生产需用量的10%预测，2025年年末库存原材料为850千克。根据以往的材料采购经验，2025年甲材料供应商仍然会执行当期50%现销的销售政策，年初的应付账款为5 000元，则直接材料预算的编制见表7-7。

表7-7　　直接材料预算

季度	1	2	3	4	全年
预计生产量（件）	100	130	220	180	630
单位材料耗用量（千克/件）	50	50	50	50	
本期生产需用量（千克）	5 000	6 500	11 000	9 000	31 500
加：预计期末材料存量（千克）	650	1 100	900	850	850
合计（千克）	5 650	7 600	11 900	9 850	35 000
减：预计期初材料存量（千克）	800	650	1 100	900	800
预计原材料采购量（千克）	4 850	6 950	10 800	8 950	31 550
单价（元/千克）	2	2	2	2	
预计采购金额（元）	9 700	13 900	21 600	17 900	63 100
本期现金采购支出（元）	4 850	6 950	10 800	8 950	31 550
期初应付账款（元）	5 000	4 850	6 950	10 800	5 000
本期现金支出（元）	9 850	11 800	17 750	19 750	59 150
期末应付账款（元）	4 850	6 950	10 800	8 950	8 950

7.4.4　直接人工预算

直接人工预算以生产预算为基础编制。根据人工费用的计价标准不同，工资制度可以分为计件工资制度和计时工资制度。

在计件工资制度下，直接人工费用可按照下列公式计算：

直接人工费用=预计生产量×单件人工费用　　(7.3)

在计时工资制度下，直接人工费用可按照下列公式计算：

直接人工费用=预计生产量×单位产品工时×每小时人工成本　　(7.4)

公式（7.3）和公式（7.4）中的单件人工费用、单位产品工时、每小时人工成本数据可根据标准成本资料预测。

由于人工工资需要使用现金支付，因此，直接人工费用产生的现金支出将全部纳入现金预算中。

【例7-7】承【例7-5】，M公司的工资制度为计时工资制度，根据标准成本资料，单位产品需用工时为8小时/件，每小时人工成本为5元/小时，则直接人工预算见表7-8。

表7-8 **直接人工预算**

季度	1	2	3	4	全年
预计生产量（件）	100	130	220	180	630
单位产品工时（小时/件）	8	8	8	8	
人工总工时（小时）	800	1 040	1 760	1 440	5 040
每小时人工成本（元/小时）	5	5	5	5	
人工总成本（元）	4 000	5 200	8 800	7 200	25 200

7.4.5 制造费用预算

制造费用通常分为变动制造费用和固定制造费用两部分。变动制造费用通常包括间接人工费用、间接材料费用、机器设备修理费、生产车间的水电费等费用项目。变动制造费用预算以生产预算为基础编制，如果有完善的标准成本资料，可直接根据标准成本资料来估计各变动制造费用项目的单位成本，然后根据预计产品总工时与每小时变动制造费用的乘积来计算。如果没有标准成本资料，就需要逐项预计各项制造费用的单位工时成本。固定制造费用通常包括管理人员工资、保险费、财产税等。固定制造费用需要逐项进行预计，通常与本期产量无关，按每期实际需要的支付额预计，然后求出全年数额。

为了便于以后编制现金预算，制造费用预算也需要预计现金支出。制造费用中，除折旧费用外都需要支付现金，因此，每个季度制造费用扣除折旧后，即可得出需要支付现金的制造费用。

【例7-8】承【例7-5】和【例7-7】，M公司变动制造费用中的间接人工、间接材料费、修理费、水电费的每小时耗费成本和固定制造费用，以及制造费用预算见表7-9。

表7-9 **制造费用预算** 金额单位：元

季度	1	2	3	4	全年
变动制造费用					
预计生产量（件）	100	130	220	180	630
人工总工时（小时）	800	1 040	1 760	1 440	5 040
每小时间接人工成本	1.0	1.0	1.0	1.0	1.0
每小时耗费材料费	2.0	2.0	2.0	2.0	2.0
每小时修理费	1.0	1.0	1.0	1.0	1.0
每小时水电费	1.0	1.0	1.0	1.0	1.0

续表

季度	1	2	3	4	全年
单位变动制造费用	5.0	5.0	5.0	5.0	5.0
间接人工	800	1 040	1 760	1 440	5 040
间接材料	1 600	2 080	3 520	2 880	10 080
修理费	800	1 040	1 760	1 440	5 040
水电费	800	1 040	1 760	1 440	5 040
合计	4 000	5 200	8 800	7 200	25 200
固定制造费用					
定期维修费	1 380	1 380	1 380	1 380	5 520
折旧	1 000	1 000	1 000	1 000	4 000
管理人员工资	1 000	1 000	1 000	1 000	4 000
保险费	200	200	200	200	800
财产税	200	200	200	200	800
合计	3 780	3 780	3 780	3 780	15 120
制造费用合计	7 780	8 980	12 580	10 980	40 320
减：折旧	1 000	1 000	1 000	1 000	4 000
现金支出的制造费用	6 780	7 980	11 580	9 980	36 320

表7–9中，固定制造费用中的定期维修费、折旧、管理人员工资、保险费、财产税需要根据M公司历史数据逐项预计得出。为了便于编制产品成本预算，需要计算小时费用率。变动制造费用分配率即为单位变动制造费用，为5元/小时。固定制造费用分配率的计算为：

固定制造费用分配率=15 120÷5 040=3（元/小时）

7.4.6　产品成本预算

产品成本预算是生产预算、直接材料预算、直接人工预算和制造费用预算的汇总。其主要内容是产品的总成本与单位成本。其中，总成本又分为生产成本、销售成本和期末库存产品成本。

在变动成本法下，如果产成品存货采用先进先出法计价，则产品成本预算的编制程序为：（1）估算预算期预计发生的单位生产成本；（2）估算预算期预计发生的生产成本；（3）估算预算期的预计期末库存产品成本；（4）估算预算期预计的产品销售成本。相关计算公式为：

本期销售成本=期初库存产品成本+本期生产成本–期末库存产品成本　　(7.5)

产品成本预算中的单位产品成本的有关数据来自直接材料预算、直接人工预算和制造费用预算。生产量、期末库存产品量、期初库存产品量来自生产预算。期初库存产品单位成本可从上期预算中获得。销售量来自销售预算。如果期初库存产品的单位成本与本期产品单位成本变化不大，本期的销货成本也可以直接用单位产品成本与销售量的乘积计算。

【例7-9】承【例7-5】至【例7-8】，M公司编制产品成本预算，已知2024年年末库存产品成本中直接材料成本为1 800元，直接人工成本为900元，变动制造费用为900元，固定制造费用为500元，则2025年产品成本预算见表7-10。

表7-10 **产品成本预算**

项目	单位成本			生产成本（630件）（4）=（3）×630	期末库存产品（20件）（5）=（3）×20	期初库存产品（10件）（6）	销货成本（620件）（7）=（4）+（6）-（5）
	元/千克或元/小时（1）	投入量（2）	成本（元/件）（3）=（1）×（2）				
直接材料	2	50	100	63 000	2 000	1 800	62 800
直接人工	5	8	40	25 200	800	900	25 300
变动制造费用	5	8	40	25 200	800	900	25 300
固定制造费用	3	8	24	15 120	480	500	15 140
合计			204	128 520	4 080	4 100	128 540

7.4.7 销售及管理费用预算

销售及管理费用预算又称营业费用预算，是指为组织产品销售活动和一般行政管理活动以及与之有关的经营活动发生的费用支出而编制的一种业务预算。编制销售及管理费用预算的主要依据，是预算期全年和各季度的销售量及各种有关的标准耗用量和标准价格资料。为了便于编制现金预算，在编制销售及管理费用预算的同时，还要编制与销售及管理费用有关的现金支出计算表。

销售费用预算是指为了实现销售预算而需支付的费用预算。它以销售预算为基础，要分析销售收入、销售利润和销售费用的关系，力求实现销售费用的最有效使用。在安排销售费用时，要利用本量利分析方法，费用的支出应能获取更多的收益。在草拟销售费用预算时，要对过去的销售费用进行分析，考察过去销售费用支出的必要性和效果。销售费用预算应和销售预算相配合，应有按品种、按地区、按用途的具体预算数据。

管理费用预算是指在企业日常的生产经营中为搞好一般管理业务所必需的费用预算。随着企业规模的扩大，一般管理职能日益重要，因而其费用也相应增加。在编制管理费用预算时，要分析企业的业务成绩和一般经济状况，务必做到合理化。管理费用项目比较复杂，且多属固定成本，因此，可以先由各费用归口部门上报费用预算。企业在比较、分析过去的实际开支的基础上，充分考虑预算期各费用项目变动情况及影响因素，确定各费用项目预计数额。值得注意的是，企业必须充分考虑各种费用是否必要，以提高费用支出效率。另外，为了给现金预算提供现金支出资料，在管理费用预算的最后，还需要预计预算期管理费用的现金支出数额。管理费用中的固定资产折旧费、低值易耗品摊销、计提坏账准备、无形资产摊销和递延资产摊销均属于不需要现金支出的项目，在预计管理费用现金支出时，应予以扣除。通常情况下，销售及管理费用各期支出比较均衡，因此，各季度的销售及管理费用现金支出数为预计全年管理费用现金支出数的1/4。

【例 7-10】M公司2025年的销售及管理费用预算见表7-11。

表7-11　**销售及管理费用预算**　单位：元

销售费用	
销售人员工资	2 000
广告费	4 000
包装、运输费	2 000
保管费	2 500
合计	10 500
管理费用	
管理人员工资	3 000
福利费	600
保险费	800
办公费	1 100
合计	5 500
销售及管理费用合计	16 000
每季度支付现金	4 000（16 000÷4）

7.4.8　现金预算

现金预算，也称现金收支预算或现金收支计划，用于预测企业还有多少库存现金，以及在不同时点上对现金支出的需要量。

现金预算是有关预算的汇总，由现金收入、现金支出、现金多余或不足、资金的筹集和运用四个部分组成。

现金收入部分包括期初现金余额和预算期现金收入，现金收入的主要来源是销货收入。期初现金余额是上一年度现金预算的期末现金余额；销货现金收入的数据来自销售预算；可供使用现金是期初现金余额与本期现金收入之和。

现金支出部分包括预算的各项现金支出。其中，直接材料、直接人工、制造费用、销售与管理费用的数据，分别来自前述有关预算；所得税、购置设备、股利分配等现金支出的数据分别来自另行编制的专门预算。

现金多余或不足是现金收入合计与现金支出合计的差额。差额为正，说明收入大于支出，现金有多余，可用于偿还借款或用于短期投资，以增加收益；差额为负，说明支出大于收入，现金不足，需要向银行取得新的借款。现金预算是通过企业的现金收入、支出情况推算出企业预算期的现金结余情况。

【例7-11】承【例7-4】至【例7-10】，假设M公司2025年年初各季度现金余额和各季度需要缴纳的所得税见表7-12。预计M公司于2025年第二季度将采购一台价值为20 000元的机器设备，年末支付现金股利4 000元。根据M公司的现金管理制度，最低现金持有余额为3 000元，多余的现金用于偿还贷款，现金不足时通过银行借款融资，假设银行借款的金额要求是1 000元的倍数，贷款利率为6%，则M公司的现金预算见表7-12。

表7-12 **现金预算** 单位：元

季度	1	2	3	4	全年
期初现金余额	8 000	5 470	3 190	3 940	8 000
加：销货现金收入（表7-5）	23 000	33 600	52 200	59 400	168 200
可供使用现金	31 000	39 070	55 390	63 340	176 200
减：各项支出					
直接材料（表7-7）	9 850	11 800	17 750	19 750	59 150
直接人工（表7-8）	4 000	5 200	8 800	7 200	25 200
制造费用（表7-9）	6 780	7 980	11 580	9 980	36 320
销售及管理费用（表7-11）	4 000	4 000	4 000	4 000	16 000
所得税	900	900	900	900	3 600
购买设备		20 000			20 000
股利				4 000	4 000
支出合计	25 530	49 880	43 030	45 830	164 270
现金多余或不足	5 470	-10 810	12 360	17 510	11 930
最低现金余额	3 000	3 000	3 000	3 000	12 000
向银行借款		14 000			14 000
还银行借款			8 000	6 000	14 000
借款利息（利率6%）			420	90	510
偿还本息和			8 420	6 090	14 510
期末现金余额	5 470	3 190	3 940	11 420	11 420

表7-12中第1季度的现金多余5 470元，高于最低现金余额，因此，不需要从银行取得贷款。第2季度现金余额为-10 810元，需要向银行借款金额为：

借款额=现金不足额+最低现金余额=10 810+3 000=13 810≈14 000（元）

第3季度现金多余12 360元，超过最低现金余额部分可以用来偿还借款，可以偿还8 000元贷款，一般按“每期期初借入，每期期末偿还”来预计利息，因此，M公司还款时的计息期为6个月，则应计利息为420元（14 000×6%×6÷12）。

第4季度现金多余17 510元，超过最低现金余额部分可以用来偿还借款，可以偿还剩余的6 000元贷款，一般按“每期期初借入，每期期末偿还”来预计利息，因此，M公司还款时的计息期为3个月，则应计利息为90元（6 000×6%×3÷12）。

二维码7-3

延伸阅读：中国建筑保卫现金流

现金预算以各项营业预算和资本预算为编制基础，反映了各预算期的收入款项和支出款项，在资金不足时融资，资金多余时及时处理现金余额，同时，提供了现金控制的最低限额，从而发挥其现金管理的作用。

总结与结论

▶财务计划是企业以货币形式预计计划期内资金的取得与运用和各项经营收支及财务成果的书面文件。财务计划是在生产、销售、物资供应、劳动工资、设备维修、技术组织等计划的基础上编制的，其目的是确立财务管理上的奋斗目标。

▶财务预算是一系列专门反映企业未来一定预算期内预计财务状况和经营成果，以及现金收支等价值指标的各种预算的总称，具体包括现金预算、预计利润表、预计资产负债表和预计现金流量表等内容。

▶各种预算间存在下列关系：销售预算是各种预算的编制起点，它是生产费用预算、期间费用预算、现金预算和资本预算的编制基础；现金预算是销售预算、生产费用预算、期间费用预算和资本预算中有关现金收支的汇总；预计利润表要根据销售预算、生产费用预算、期间费用预算、现金预算等预算编制；预计资产负债表要根据期初资产负债表、销售预算、生产费用预算、资本预算等预算编制，预计现金流量表要根据现金预算编制。

▶财务预算的编制方法有：固定预算和弹性预算、定期预算和滚动预算、零基预算和增量预算。

▶销售预算是预算编制的起点。销售预算的主要内容是销量、单价和销售收入。销量是根据市场预测或销货合同并结合企业生产能力确定的。单价是通过销售部门根据市场预测所做出的价格决策确定的。销售预算中还应该包括销售收入的收现情况，其目的是为编制现金预算提供依据。

▶制造费用通常分为变动制造费用和固定制造费用两部分。变动制造费用通常包括间接人工费用、间接材料费用、机器设备修理费、生产车间的水电费等费用项目。变动制造费用以生产预算为基础编制，根据预计产品总工时与每小时变动制造费用乘积来计算。固定制造费用通常包括管理人员工资、保险费、财产税等。固定制造费用需要逐项进行预计，通常与本期产量无关，按每期实际需要的支付额预计，然后求出全年数额。

▶现金预算，也称现金收支预算或现金收支计划，是指用于预测组织还有多少库存现金，以及在不同时点上对现金支出的需要量。现金预算是有关预算的汇总，由现金收入、现金支出、现金多余或不足、资金的筹集和运用四个部分组成。

即测即评

二维码7-4

即测即评

思考题

1.什么是财务计划？它包含哪些基本内容？

2.什么是财务预算？

3.预算有哪些种类？

4.现金预算都依据哪些预算进行编制？

5.零基预算和增量预算有何区别？

6.固定预算和弹性预算有何区别？

练习题

1.某公司2024年的实际销售额为500 000元，获净利30 000元，发放股利9 000元；预计2025年销售额增长20%，假定预测期销售盈利能力不变，仍按基期股利发放率支付股利，杠杆比率保持不变，当期折旧全部用于更新改造支出，厂房设备能力已经饱和，该企业简略的资产负债表见表7-13。

表7-13 **某公司2024年简略资产负债表** 单位：元

资产		负债及所有者权益	
		负债：	
货币资金	10 000	应付账款	20 000
应收账款	25 000	长期负债	80 000
存货	50 000	所有者权益：	
固定资产	100 000	股本	100 000
无形资产	50 000	留存收益	35 000
合计	235 000	合计	235 000

要求：

（1）用销售百分比法预测2025年外部资金需求量；

（2）计算该公司内含增长率；

（3）计算该公司可持续增长率。

二维码7-5

练习题参考答案1

2.ABC公司2024年的利润表和资产负债表见表7-14、表7-15第三栏，表中第二栏列示了预测方法。

表7-14　**实际与预计利润表**　单位：万元

项　目	预测方法	2024年实际数
销售收入	增长（10%）	4 000.00
销售成本	销售百分比（75%）	3 000.00
毛利	会计定义	1 000.00
管理费用	增长（5%）	600.00
其中：折旧	增长（10%）	300.00
息税前利润	会计定义	400.00
利息（10%）	暂时保持不变	80.00
税前利润	会计定义	320.00
所得税（25%）	会计定义	80.00
净利润（税后利润）	会计定义	240.00
股利	股利政策（66.7%）	160.08
留存收益	会计定义	79.92

表7-15　**实际与预计资产负债表**　单位：万元

项目	预测方法	2024年实际数
资产		
货币资金	销售百分比（2%）	80.00
应收账款	周转天数（27.87天）	320.00
存货	周转天数（46.45天）	400.00
流动资产合计	会计定义	800.00
固定资产净值	销售百分比（40%）	1 600.00
资产总计	会计定义	2 400.00
负债及股东权益		
应付账款	周转天数（46.45天）	400.00
长期负债	暂时保持不变	800.00
股本	暂时保持不变	1 100.00
留存收益	技术变量	100.00
负债及股东权益总计	会计定义	2 400.00

二维码7-6

练习题参考答案2

要求：

（1）预测2025年外部资金需求量；

（2）计算该公司内含增长率；

（3）计算该公司可持续增长率。

3.KHU公司2024年有关的财务数据见表7-16。

表7-16　**KHU公司财务数据表**　金额单位：万元

项目	金额	百分比
流动资产	1 400	35%
长期资产	2 600	65%
资产合计	4 000	
短期借款	600	无稳定关系
应付账款	400	10%
长期负债	1 000	无稳定关系
实收资本	1 200	无稳定关系
留存收益	800	无稳定关系
负债及所有者权益合计	4 000	
销售额	4 000	100%
净利润	200	5%
现金股利	60	

要求：

（1）假设2025年计划销售收入为5 000万元，需要补充多少外部融资（保持目前的股利支付率、销售净利率和资产周转率不变）？

（2）假设2025年不能增加借款，也不能发行新股，预计其可实现的销售增长率。

（3）若股利支付率为零，销售净利率提高到6%，目标销售额为4 500万元，需要筹集补充多少外部融资？

二维码7-7

练习题参考答案3

（4）假设该公司实收资本一直保持不变，并且公司在今后可以维持2024年的经营效率和财务政策，不断增长的产品能为市场所接受，不变的销售净利率可以涵盖不断增加的利息，预计其可实现的销售增长率，2025年可实现的销售额是多少，2025年的预期股利发放额是多少。

4.X公司2024年12月31日有关资料见表7-17。

表7-17 **X公司简易资产负债表** 单位：万元

项目	金额	项目	金额
流动资产（经营）	240	短期借款	46
长期资产（经营）	80	应付职工薪酬	18
		应付账款	32
		长期借款	32
		股本	100
		资本公积	57
		留存收益	35
合计	320	合计	320

2024年度公司销售收入为4 000万元，所得税税率为25%，实现净利润100万元，分配股利60万元。

要求：

（1）若不打算发行股票，也不打算从外部借债，且销售净利率、股利支付率与2024年一致，2025年预期销售增长率为多少？

（2）若不打算发行股票，公司维持2024年销售净利率、股利支付率、资产负债率，则2025年预期销售增长率为多少？

（3）假设2025年计划销售增长率为30%，回答下列互不相关问题：

① 若保持2024年财务政策，则销售净利率应达到多少？

② 若不打算从外部筹集股权资本，并保持2024年经营效率和资产负债率不变，则股利支付率应达到多少？

③ 若不打算从外部筹集股权资本，并保持2024年经营效率和股利支付率不变，则资产负债率应达到多少？

④ 若想保持2024年经营效率和财务政策不变，需从外部筹集多少股权资本？

二维码7-8

练习题参考答案4

案例分析题

AB公司的财务预算编制

AB公司2024年12月31日的简略式资产负债表见表7-18。

表7-18　**AB公司资产负债表**

2024年12月31日　单位：元

资产	金额	负债及股东权益	金额
货币资金	1 000	应付账款	5 000
应收账款	7 000	长期借款	0
存货：材料	1 338	负债合计	5 000
产成品	2 400	股本	35 000
固定资产	38 240	留存收益	9 978
合计	49 978	合计	49 978

王强为AB公司财务部预算科科长，他负责编制公司每年的财务预算。王强在编制2025年财务预算时作了如下预测：

（1）预计AB公司生产的甲产品2025年的单价为50元。2025年1至4季度甲产品预计销售量分别为400个、500个、600个和500个；甲产品的现销比例为70%。

（2）2024年年末甲产品存货50个，期末存货成本中，直接材料成本为350元，直接人工成本为450元，变动制造费用为900元，固定制造费用为700元。预计产成品存货量资料如下：甲产品2025年年末存货量为60个，其余每季末存货量均为下季销量的10%，存货按先进先出法计价。

（3）甲产品直接材料消耗定额为3千克/个，材料价格为2元/千克；甲产品消耗人工工时2小时/个，人工工资为4元/小时。

（4）预计材料存货量及付款方式如下：2024年年末材料存货量为669千克；预计2025年材料存货量为840千克。各种材料的季末存货量均为下季度生产总耗用量的30%。每季度购买材料只需支付60%的现金，余款下季度内付清。

（5）制造费用、销售费用及管理费用预算如下：2025年全年变动制造费用为16 120元；固定制造费用为12 000元，其中，固定资产折旧为4 000元，其余均为各季均衡发生的付现成本；销售费用及管理费用合计为800元。

（6）其他资料如下：企业每年预分500元股利；免交所得税；第2季度购置机器设备支出现金20 000元；根据财务制度，企业年度最低现金持有量为5 000元，各季季末应收账款均在下季度收回；各季度现金余缺可通过归还短期借款或取得短期借款解决，借款额为1 000的倍数，借款期初发生、期末偿还，借款利率为6%。

案例要求：根据上述预测，帮助王强编制如下预算：

（1）销售预算；

（2）生产预算；

（3）直接材料消耗及采购预算；

（4）直接工资及其他直接支出预算；

（5）制造费用预算（简略式）；

（6）产品生产成本预算；

（7）销售及管理费用预算（简略式）；

（8）现金预算。

二维码7-9

案例分析题提示

第8章 财务管理决策

学习目标

本章作为财务管理基础的重要内容之一，主要阐述了资本投资决策、融资决策、营运资本决策和收益分配决策等主要财务问题。学习本章内容，应重点明确投资项目现金流量的含义及估算方法，掌握投资项目评价指标及规则；了解融资动机及融资渠道与融资方式，掌握财务杠杆分析的一般原理以及资本结构决策的方法；掌握最佳现金持有量的决策模式、信用政策的内容以及存货批量控制方法；了解收益分配的原则与程序，理解股利理论主要观点，了解股利支付程序与支付方式，掌握股利分配政策的制定与实施。

导言

根据自利行为原则，任何个人或组织从事任何活动，都需要决策。决策是行动的前提，是获取财务利益的保证，企业财务管理也不例外。作为财务管理工作环节的重要组成部分，财务决策是决定财务管理成败的关键。在市场经济条件下，无论是企业的经营活动，还是企业的财务活动，都存在着很大的不确定性。尤其是企业的财务活动，大多都是在资本市场上进行的，面临着巨大的风险，同时，也给企业的财务决策造成了很大的困难。尽管在客观上决策存在着成与败两种情况，但是，财务管理决策一旦失误，就会给企业带来较大的损失，有时甚至是灭顶之灾。这就要求决策者要正确预见市场，分析各种可能，运用合理的手段，保证决策的科学化，从而保证财务目标的最终实现。

8.1 资本投资决策

党的二十届三中全会提出，加快培育完整内需体系，明确“形成市场主导的有效投资内生增长机制”。有效的投资需要用科学的方法管理和决策，下面介绍一下投资管理和投资决策的内容。

二维码8-1

延伸阅读：量质齐抓扩大有效投资

8.1.1 资本投资管理程序

一般而言，资本投资是指具有资本支出属性的投资，即项目投资，包括厂房设备的新建、扩建与更新，新产品的研制与开发等。

资本投资是一项复杂的系统工程，它具有投资规模大、周期长、收益高、风险大、影响深远等特点。为了保证项目的合理性和财务上的可行性，应按照严密的程序进行，资本投资管理程序包括：

1）提出投资项目

提出投资项目，即立项，它是进行投资项目论证的起点。投资项目可以由企业管理当局或高层管理人员提出，也可由企业的各级管理部门或相关部门的领导提出。

2）占有和分析资料

投资项目的选择与决策，应以大量而翔实的资料分析为基础。这些资料包括：技术资料、市场调查资料、资源和环境状况资料、法律政策资料和财务资料等。

3）设计备选方案，进行可行性论证

在分析信息资料的基础上，进行备选方案的设计，并进行方案的论证，其论证内容包括：技术可行性、经济可行性、环保可行性，以及财务可行性等。

4）做出投资项目决策

投资项目论证评价后，做出最后决策。一般来讲，其结论不外乎三种。一是接受投资项目，可以进行投资；二是拒绝投资项目，不能进行投资；三是发还给项目提出部门，重新论证后，再行处理。

5）投资项目执行与控制

经过批准，决定对项目进行投资后，要积极筹措资金，实施项目投资。在投资项目执行的过程中，一方面，要对项目周期、工程进度、工程质量、项目风险等进行全过程的监督和控制；另一方面，要对预算的执行情况进行跟踪检查，及时发现问题，及时进行修正或调整。

8.1.2 资本投资决策主要参数的确定

资本投资决策涉及的一个主要问题就是确定有关系数，包括现金流量、折现率和折现期，其中，现金流量是关键。

1）投资项目现金流量

投资项目的现金流量是指接受或采纳某一投资项目或方案之后，在未来一定时期内引起的现金变动的数量。从现金流量的构成内容来看，投资项目的现金流量包括现金流出量、现金流入量，以及现金流入量与现金流出量的差额，即现金净流量；从现金流量发生的时间序列来看，投资项目的现金流量包括初始现金流量、经营现金流量和终结现金流量。初始现金流量往往表现为现金流出量，经营现金流量和终结现金流量通常表现为现金流入量。

对于项目投资而言，这里的“现金”是指广义的现金，它不仅包括各种货币资金，还包括项目需要投入的企业现有的非货币资源的变现价值。例如，一个项目需要使用原有的厂房、设备、材料等，则相关的现金流量是指它们的变现价值，而非账面价值。

在进行投资项目现金流量的判断与估计时，应关注以下问题：

（1）现金流量与会计利润既有区别，又有联系

会计利润是按权责发生制确认的，它仅反映某一会计期间的“应计现金流量”，而不是实际的现金流量，没有考虑现金收支的实际时间。现金流量是按收付实现制确认的，能够明确地反映每一笔现金收入与支出的具体时间。另外，在确认会计利润时，是将折旧费和无形资产的摊销等作为费用看待的，属于当期会计利润的抵减项目。但这种费用属于非付现性质的支出，并没有真正引起现金的流出，因而，在确认现金流量时，应将其作为现金流量的加项来考虑。

（2）使用未来价格和成本

现金流量的预测是面向未来的，因此，在估计投资项目的现金流量时，应使用未来价格和成本计算，而不是用现在的，尤其在面临较高的通货膨胀时，还要考虑调整通货膨胀对现金流量的影响。

（3）正确区分相关与非相关成本

从决策的角度来看，非相关成本是指与特定决策无关的成本，即使它们已经发生并存在着，但对未来决策不产生任何影响作用，因此，在预测现金流量时也就没有考虑的必要。沉没成本、历史成本、账面成本等属于典型的非相关成本，例如，市场调研费用、项目论证费用，以及旧设备的折旧费用等。相关成本是指与特定决策有关的成本，无论其发生与否，都会对未来决策产生影响。因此，在预测现金流量时应给予充分关注。差额成本、未来成本、重置成本、机会成本等都属于典型的相关成本，尤其是重置成本和机会成本，对项目现金流量的影响非常广泛。

（4）考虑投资项目的附加效应

所谓附加效应是指当采纳一个新的项目后，该项目可能对公司其他项目造成有利或不利的影响。在进行附加效应分析时，要从两个方面来考虑：一是如果能够明确地确认原有项目的收入或获利水平的减少，确是新的项目的实施造

成的，在这种情况下，估计新项目现金流量时，必须从中扣除这部分减少的现金流量；二是原有项目收入或获利水平的减少，纯属激烈的商业竞争所致，与新项目的实施与否并无多大关联，在这种情况下，可按全额估计新项目的现金流量，而不必作扣除的处理。实务中，这种情况很难准确计量，需要决策者谨慎分析与判断。

（5）考虑新增制造费用的归属

在确定项目的现金流量时，要对制造费用作明确的归属分析，只有那些与投资项目相关的制造费用才能计入投资项目的现金流量当中。例如，因投资项目而增加的管理人员工资、动力费用、租金支出等，而与投资项目无关的费用不应计入投资项目的现金流量当中。

（6）考虑折旧的影响

折旧对现金流量的影响应从以下两个方面考虑：其一，折旧作为非付现支出，虽抵减当期会计利润，但并不引起现金的流出，反而把它作为现金流入的一项来源；其二，折旧所产生的抵税额也可作为一项现金流入来看待。折旧抵税额的计算公式为：

折旧抵税额=折旧额×所得税税率

（7）考虑利息费用的处理

在项目投资中，如果项目所需资本的一部分是通过借款来解决的，在这种情况下，必然会产生利息费用。按照国际惯例，项目投资所产生的利息费用有两种处理方式：一是将利息费用视为费用支出，从现金流量中扣除；二是将其归于资本成本，即折现率之中。实务中，采用后一种方法的比较普遍。如果已从项目的现金流量中扣除利息费用，就不能再将其归于资本成本之中，否则就会出现重复计算的现象，从而影响决策结果的准确性。

（8）考虑所得税的影响

所得税也会对项目的现金流量产生影响。主要表现在：其一，所得税支出是一种付现支出，引起现金流出量的增加是必然的，只是流出多或少的问题；其二，因所得税的存在而形成的节税额，即少缴的部分应视为现金流入，多缴的部分应视为现金流出。以上情况在固定资产残值的计提、资产的出售处理等方面时有体现。

总之，在现金流量预测过程中，对上述问题考虑得越充分，判断得越准确，不仅可以保证现金流量在内容上的完整、全面，而且有助于现金流量预测结果准确度的提高，从而使决策更加科学可行。

2）投资项目的折现率

项目投资决策除了正确预测现金流量之外，还要选择一个恰当的折现率，并以此对项目的现金流量进行折现。这里所说的折现率，可以根据实际情况进行选择，可以选用资本成本、项目投资的必要报酬率，也可以选用项目投资的机会成本和行业基本收益率。通常情况下可以选择资本成本作为折现率。但是，以资本成本作为投资项目的折现率需要注意两个问题：

其一，如果拟投资项目的风险与公司当前资产的平均风险相同，并且打算继续采用相同的资本结构为新项目筹资，可以采用公司当前的资本成本作为项目的资本成本。

其二，如果拟投资项目的风险与公司现有资产的平均风险显著不同，则不能使用公司当前的资本成本，而应在正确估计项目系统风险之后，重新估算项目的资本成本。

二维码8-2

延伸阅读：如何选择合适的实业投资项目

3）投资项目的折现期

投资项目的折现期，即项目的周期，包括项目的建设期和项目的有效使用期。在项目现金流量和折现率一定的条件下，项目折现期的长短直接影响项目现金流量现值的大小。

【例8-1】远大公司2025年准备购入设备一台扩大生产能力，该设备的购入主要用于新产品的开发，前期发生调研费用20 000元，根据调研结果，相关部门提出了甲、乙两套方案，有关资料如下：

（1）甲方案。按甲方案实施需投资100 000元，设备使用寿命为5年，5年后无残值，采用直线法折旧。5年中每年可实现销售收入60 000元，每年付现成本20 000元。

（2）乙方案。按乙方案实施需投资120 000元，同时，需在第1年垫付30 000元的营运资金。使用寿命为5年，5年后有残值20 000元，采用直线法折旧。5年中每年销售收入为80 000元，付现成本第1年为30 000元，以后随设备陈旧，将逐年增加修理费用4 000元。另外，采用该方案可利用公司一处闲置的生产车间，该车间厂房当前的市场价格为20 000元。

（3）公司适用25%的所得税税率，整个经营期保持不变。

（4）项目的折现率假设为8%。

根据上述资料，对甲、乙两方案的现金流量分析如下：

（1）前期发生的20 000元的调研费用，属于沉没成本，与投资决策无关。

（2）乙方案利用当前价格为20 000元的闲置车间，属于机会成本，与决策相关。

（3）甲方案年折旧额=100 000÷5=20 000（元）

乙方案年折旧额=（120 000−20 000）÷5=20 000（元）

（4）甲、乙两个方案经营现金流量计算见表8-1，项目现金流量计算见表8-2。

表8-1　　**经营现金流量计算表**　　单位：元

t	1	2	3	4	5
甲方案：					
销售收入	60 000	60 000	60 000	60 000	60 000
付现成本	20 000	20 000	20 000	20 000	20 000
折旧	20 000	20 000	20 000	20 000	20 000
税前利润	20 000	20 000	20 000	20 000	20 000
所得税	5 000	5 000	5 000	5 000	5 000
税后利润	15 000	15 000	15 000	15 000	15 000
经营现金流量	35 000	35 000	35 000	35 000	35 000
乙方案：					
销售收入	80 000	80 000	80 000	80 000	80 000
付现成本	30 000	34 000	38 000	42 000	46 000
折旧	20 000	20 000	20 000	20 000	20 000
税前利润	30 000	26 000	22 000	18 000	14 000
所得税	7 500	6 500	5 500	4 500	3 500
税后利润	22 500	19 500	16 500	13 500	10 500
经营现金流量	42 500	39 500	36 500	33 500	30 500

表8-2　　**投资项目现金流量计算表**　　单位：元

t	0	1	2	3	4	5
甲方案：						
设备投资	(100 000)					
经营现金流量		35 000	35 000	35 000	35 000	35 000
现金净流量	(100 000)	35 000	35 000	35 000	35 000	35 000
乙方案：						
设备投资						
垫支营运资金	(120 000)					
厂房机会成本	(20 000)					
经营现金流量	(30 000)	42 500	39 500	36 500	33 500	30 500
设备残值						20 000
营运资金回收						30 000
现金净流量	(170 000)	42 500	39 500	36 500	33 500	80 500

8.1.3　投资项目评价规则

投资项目评价按是否考虑时间价值可分为非折现评价法和折现评价法两种：非

折现评价法包括投资回收期和会计收益率两个评价指标；折现评价法包括净现值、现值指数和内含报酬率等评价指标。

1）非折现评价指标

（1）投资回收期（PP）

投资回收期是指收回投资项目全部初始投资所需要的时间，一般以年为单位计量。它可以用来衡量收回初始投资速度的快慢。一般来讲，回收投资的速度越快，用时越短，项目或方案越具有可行性。

通常情况下，投资回收期的计算可分为两种情况：

①若各年的投资回收额，即经营现金净流量（NCF）相等，则投资回收期可按下式计算：

$$\text{投资回收期（PP）}=\frac{\text{项目初始投资额}}{\text{每年经营现金净流量(NCF)}}$$

②若各年的经营现金净流量（NCF）不相等，那么，在计算投资回收期时，应将各年非等额的经营现金净流量进行逐年累计，直至累计回收额与项目初始投资额相等为止，能够使两者相等的年份，即为投资回收期，满足下式即可：

$$\sum_{t=0}^{m} CO_t = \sum_{t=m+1}^{m} NCF_t$$

式中：CO_t——初始投资（现金流出量）。

依据表8-2的资料，远大公司的投资回收期为：

甲方案投资回收期（PP）=100 000÷35 000=2.857（年）

乙方案投资回收期（PP）=4+18 000÷80 500=4.224（年）

利用投资回收期进行投资项目评价的规则是：若项目或方案的投资回收期小于基准回收期，可接受该项目或方案；反之，则应放弃。这里的基准回收期可以是决策者主观期望的，或者是行业平均的，也可是可比项目的回收期。在进行互斥项目的比较分析时，应以回收期最短的方案作为最优方案。

利用投资回收期评价投资项目，方法简单，反映直观，易于接受，因而被广泛采用。但这种方法也存在明显的不足：第一，没有考虑货币时间价值和投资风险；第二，没有考虑收回投资后后续期的现金流量状况；第三，评价基准的选用具有一定的主观任意性。

（2）会计收益率（ARR）

会计收益率是指投资项目年平均会计净收益与原始投资额的比率，其计算公式为：

会计收益率（ARR）=年均净收益÷原始投资额×100%

依据表8-1的资料，远大公司的会计收益率为：

甲方案：

ARR=15 000÷100 000×100%=15%

乙方案：

$$ARR=\frac{(22\,500+19\,500+16\,500+13\,500+10\,500)\div 5}{170\,000}\times 100\%=9.71\%$$

利用会计收益率评价投资项目的规则是：若项目或方案的会计收益率大于基准会计收益率（公司自行确定或根据行业标准确定），可接受该项目或方案；反之，则应放弃。在有多个方案的互斥选择中，应选择会计收益率最高的项目。

会计收益率指标的优点是计算简单，容易理解，并且将收益与投资结合考虑。其缺点在于：第一，没有考虑时间价值和风险价值；第二，基准收益率的确定仍具有主观任意性。

2）折现评价指标

（1）净现值（NPV）

净现值是指投资项目未来现金流入量的现值与未来现金流出量的现值之差，或者说是项目周期内各期现金净流量现值的代数和。净现值的计算公式为：

$$NPV=\sum_{t=1}^{n}\frac{CIF}{(1+i)^t}-\sum_{t=1}^{n}\frac{COF}{(1+i)^t}$$

或者：

$$NPV=\sum_{t=1}^{n}\frac{NCF}{(1+i)^t}$$

式中：NPV——项目净现值；

CIF——现金流入量；

COF——现金流出量；

NCF——现金净流量；

i——资本成本（折现率）。

依据表8-2的资料，远大公司投资项目的净现值为：

NPV（甲）=35 000×3.9927-100 000=39 744.5（元）

NPV（乙）=42 500×0.9259+39 500×0.8573+36 500×0.7938+33 500×0.7350+80 500×0.6806-170 000

=11 598.6（元）

净现值指标的评价规则是：在只有一个备选方案的条件下，若方案的NPV>0，接受该方案；若NPV<0，则应放弃。在有多个备选方案的选择中，应选择NPV最大者。通过上述计算可知，甲方案优于乙方案，故应该选择甲方案。

净现值指标不仅充分考虑了货币时间价值，而且能够反映各种投资方案的净收益，同时，也可根据投资风险选择适当的折现率。但该指标不能揭示各投资方案本身可能达到的实际报酬率是多少，尤其在独立方案决策时，如果各方案原始投资额不相等，可能无法做出正确决策。

（2）现值指数（PI）

现值指数亦称获利指数，是指投资项目未来现金流入量现值与初始投资现金流出量现值的比率，其计算公式为：

$$PI=\sum_{t=1}^{n}\frac{CIF}{(1+i)^{t}}\div\sum_{t=1}^{n}\frac{COF}{(1+i)^{t}}$$

依据表8-2的资料，远大公司投资项目的现值指数为：

$$PI_{甲}=\frac{139\ 744.85}{100\ 000}=1.3974$$

$$PI_{乙}=\frac{170\ 000+11\ 630.5}{170\ 000}=1.0684$$

采用现值指数指标的评价规则是：若项目的现值指数大于或等于1，则接受该项目；若现值指数小于1，则放弃该项目。在有多个备选方案的条件下，应选择现值指数最大者。

现值指数指标不仅考虑了时间价值，真实地反映项目的盈亏程度，而且克服了净现值指标不能用于独立项目评价的缺陷。在对同一项目进行评价时，两者得出的结论是一致的。

（3）内含报酬率（IRR）

内含报酬率又称内部收益率，是指能够使投资项目未来现金流入量现值与现金流出量现值相等，即净现值为零时的折现率，它反映的是投资项目本身可望达到的收益水平。

依据项目经营期内各期现金净流量相等与否，内含报酬率的计算亦有所不同。如果各期的经营现金净流量相等，可采用简化算法；如果各期的经营现金净流量不等，则可根据内插法原理，采用逐步逼近测试法计算。

根据表8-2的资料，远大公司甲方案的内含报酬率计算如下：

100 000=35 000×（P/A，IRR，5）

（P/A，IRR，5）=2.8571

查阅“年金现值系数表”，寻找n=5时，与2.8571相邻近的两个系数分别是2.8636和2.8035，其对应的利率分别为22%和23%，则用内插法计算的甲方案的内含报酬率为：

$$IRR_{甲}=22\%+(23\%-22\%)\times\frac{2.8636-2.8571}{2.8636-2.8035}=22.11\%$$

远大公司乙方案的内含报酬率计算从略。

内含报酬率指标的评价规则是：若项目的内含报酬率大于资本成本，则接受该项目；若项目的内含报酬率小于资本成本，则放弃该项目。在进行多个备选方案的互斥选择时，应选用内含报酬率超过资本成本最多的投资项目。

内含报酬率指标考虑了时间价值，不受基准收益率高低的影响，反映了投资项目的真实收益水平。但该指标在各年经营现金净流量不相等时计算较复杂。

8.1.4 投资项目风险来源

除无风险投资外，大多数投资项目都是有风险的，或者说盈利性是不确定的。投资项目的风险，一方面，来自项目本身即项目的特有风险，项目不同，风险程度不同。特有风险可以用项目预期收益率的波动性来反映。另一方面，来自外部因素，主要包括：

（1）项目收益风险，主要是指影响项目收入的不确定性因素，如价格波动、市场状况、消费者偏好、意外事故等。

（2）投资与经营成本风险，主要是指对项目建设投资以及交付使用后运营过程中各项费用的估计不足而产生的风险。

（3）融资风险，主要是指项目资本来源、供应状况、利率和汇率的变动等带来的风险。

（4）其他风险，主要是指社会、政治、经济的稳定程度，通货膨胀水平，国家相关法律、法规的调整，国家投资政策的变动等带来的风险。

8.2 融资决策

8.2.1　企业融资的基本问题

融资决策是企业财务决策的重要内容之一，在进行融资决策之前，首先应明确以下基本问题：

1）融资动机

企业融资的基本目的是自身更好地生存和发展。融资既是企业生产经营活动的前提，又是企业再生产顺利进行的保证，同时，也为企业投资提供了基础和保障。概括而言，企业融资的动机在于：

（1）创立型融资动机

按照我国《企业财务通则》的规定，创办新企业都有最低法定注册资本的要求，企业为成功创办，必须通过筹资以满足其要求。

（2）维持型融资动机

维持型融资动机是指企业在日常经营过程中，为满足其季节性、临时性、周转性、结算性等需要，维持生产经营活动的正常运转而引发的融资行为。

（3）扩充型融资动机

企业在经营和发展过程中，一方面经营规模和资产规模的扩大会引发对资金的额外需求，另一方面对外兼并、收购、合并等资本扩张行为也会引发对资金的额外需求，由此产生了扩充型融资动机。

（4）调整型融资动机

调整型融资动机是指企业因现有的资本结构已极度不合理，通过筹资来达到调整和改善资本结构的目的。

（5）混合型融资动机

混合型融资动机是指企业同时既为扩张规模又为调整资本结构而产生的融资

动机。

2）融资类型

企业融资可按不同标准进行分类，主要有：

（1）按资金使用期限划分

按资金使用期限长短，可将融资分为短期融资和长期融资。短期融资是指每次所筹资金的使用期限不超过1年的融资，如短期银行借款、商业信用等；长期融资是指每次所筹资金的使用期限在1年以上的融资，如长期银行借款、发行长期债券、发行股票等。

（2）按资金的权益特征划分

按资金的不同权益特征，可将融资分为权益融资和负债融资。权益是所有者或股东在企业净资产中所享有的经济利益，即所有者权益或股东权益，在数量上为资产减去负债后的余额，包括投资者投入企业的资本以及在持续经营中形成的积累等。此外，还包括通过吸收直接投资、发行股票等方式形成的资金。所有者权益一般不用归还，因而又称为自有资本、主权资本或权益资本。负债融资是企业向企业内部或企业外部有关个人或组织借入的资金，又称债务资本，负债融资需要到期还本付息。

（3）按资金的来源范围划分

按资金的来源范围不同，可将融资分为内部融资和外部融资。内部融资来自企业内部，是通过企业内部积累而形成的，是一种自动化的资本来源；外部融资主要来自企业外部的有关个人或组织。

上述融资类型的划分，从不同的方面体现了企业的资本构成或结构。

3）融资渠道

融资渠道是指客观存在的融通资金的来源方向与通道。目前，我国企业的融资渠道主要包括：

（1）国家财政资金

现有国有企业，特别是国有独资企业，其资金来源大多是国家财政的直接拨款或以国有资产入股的方式形成的，属于国家投入的资金，其产权归国家所有。

（2）银行信贷资金

银行信贷资金是我国目前各类企业的主要资金来源。商业银行为各类企业提供各种商业贷款，政策性银行为特定企业提供政策性贷款。

（3）非银行金融机构资金

非银行金融机构是指信托投资公司、保险公司、租赁公司、证券公司、财务公司等。它们所提供的金融服务，既包括信贷资金的投放，也包括物资的融通，还包括为企业承销证券等。

（4）其他企业资金

企业间的相互投资、拆借以及商业信用的存在，使其他企业资金也成为企业资金的重要来源。

（5）社会公众和个人资金

企业职工和居民个人的结余货币，可用于对企业的投资，形成民间资金来源，为企业所用。

（6）企业内部积累

企业内部积累又称企业留存收益，它是形成企业资金的内部来源。

（7）境外资金

境外资金是指我国境外投资者以及港、澳、台地区的投资者投入的资金。

4）融资方式

融资方式是指企业取得资金的具体形式或手段。我国企业目前融资方式主要包括：

（1）利用商业信用

商业信用筹资是企业通过赊购商品或劳务、预收货款等交易行为来筹集短期资金的一种融资方式，它是企业与企业之间的直接信用行为。

（2）利用银行借款

银行借款筹资是企业按照借款协议从银行等金融机构借入各种款项的融资方式，包括短期借款和长期借款两种基本形式。

（3）发行债券

发行债券筹资是企业或公司按照有关规定，在具备资格和符合条件的前提下，通过向社会公开发行债券进行资金筹措的一种融资方式。它包括信用债券、抵押债券等基本形式。

（4）租赁筹资

租赁筹资是企业按照租赁合同的规定，从其他企业或专业租赁公司租入资产从而筹集资本的一种特殊融资方式。

（5）吸收直接投资

吸收直接投资是企业按照有关协议通过吸收国家投资、法人投资和个人投资等而形成的一种资金来源，它是企业取得权益资本的主要融资方式之一。

（6）发行股票

发行股票筹资是股份制公司按照公司章程依法发行股票筹集股本的一种融资方式，它包括发行普通股股票和优先股股票等形式。

（7）利用留存收益

利用留存收益筹资是企业将实现的净利润的一部分留存在企业内部，形成企业内部资金来源的一种融资方式。

在以上的融资方式中，利用（1）~（4）融通的资金是企业的债务资本，利用（5）~（7）融通的资金为企业的权益资本。

二维码8-3

延伸阅读：孵化阶段中小微科企成长，债券融资来助力

5）融资决策内容

通常情况下，企业融资决策主要从三个方面进行，即融资成本决策、融资风险决策和融资结构决策。

8.2.2 融资成本决策

融资成本决策即资本成本决策，正确进行资本成本决策，不仅可以避免不必要的融资损失，提高融资效益，而且也有利于资本结构优化。融资成本决策包括：个别资本成本决策、综合资本成本决策和边际资本成本决策三个方面。

1）个别资本成本决策

个别资本成本即单个融资方式的资本成本。融资方式不同，个别资本成本亦有很大差别。一般来讲，长期融资方式的资本成本高于短期融资方式的资本成本，权益融资方式的资本成本高于债务融资方式的资本成本。个别资本成本的决策，是通过估计和测算单个融资方式资本成本的高低，以资本成本最低者为最优融资方式。个别资本成本的决策主要适用于多种（两种以上）融资方式并存条件下的择一选择。

【例8-2】远大公司2025年拟融资1 000万元用于新项目的开发，现有以下三种融资方式可供该公司选择，公司适用25%的所得税税率。与融资相关的资料如下：

（1）当地交通银行可提供年利率为8%的商业贷款，预计筹资费率为2%。

（2）发行面值为1 000元，发行价格为1 000元，票面利率为10%，期限为5年的公司债券。预计筹资费率为3%。

（3）全部发行股票筹集，公司股票当前价格为20元/股，最近一期支付的股利为3元/股，预计股利增长率为5%，预计筹资费率为4%。

试问：远大公司选择上述哪种融资方式更为有利？

依据题意分析如下：

（1）计算银行贷款的资本成本。

$$K_d = \frac{8\%}{1-2\%} \times (1-25\%) = 6.12\%$$

（2）计算发行债券的资本成本。

$$K_b = \frac{10\%}{1-3\%} \times (1-25\%) = 7.73\%$$

（3）计算发行股票的资本成本。

$$K_s = \frac{3 \times (1+5\%)}{20 \times (1-4\%)} + 5\% = 21.41\%$$

计算结果证明，银行借款筹资资本成本最低，债券筹资次之，发行股票筹资资本成本最高，故应选择借款筹资。

2）综合资本成本决策

综合资本成本亦称加权平均资本成本。综合资本成本的高低取决于两个因素，一是个别资本成本，二是权数。在既定的筹资总额范围内，当个别资本成本一定的条件下，综合资本成本主要是由权数决定的。个别资本成本越高的筹资方式的权数越大，综合资本成本越高，反之，则相反。综合资本成本的决策主要适用于组合筹资的选择。所谓组合筹资是指在既定的筹资数额下，有多种筹资方案，且每种筹资方案包含两种以上的筹资方式。在这种情况下，通过估计和测算各个筹资方案的综合资本成本，并以综合资本成本最低者作为最优筹资方案或最优筹资组合。

【例8-3】假设远大公司拟筹集的1 000万元资金有A、B、C三个筹资方案可供选择，有关资料如下。

A方案：以8%的利率向银行借款500万元，预计筹资费率为2%，以10%的票面利率发行债券筹资500万元，预计筹资费率为3%。

B方案：向银行借款500万元，同时发行股票筹资500万元，发行股票筹资相关资料与【例8-2】相同。

C方案：向银行借款500万元，发行债券300万元，利用内部留存收益200万元。

试问：应选择哪一个筹资方案？

依据题意分析如下：

（1）计算A方案的综合资本成本。

$$WACC_A=6.12\%\times50\%+7.73\%\times50\%=6.925\%$$

（2）计算B方案的综合资本成本。

$$WACC_B=6.12\%\times50\%+21.41\%\times50\%=13.77\%$$

（3）计算C方案的综合资本成本。

$$\text{留存收益资本成本}=\frac{3\times(1+5\%)}{20}+5\%=20.75\%$$

$$WACC_C=6.12\%\times50\%+7.73\%\times30\%+20.75\%\times20\%=9.53\%$$

计算结果表明，A方案的综合资本成本最低，其次是C方案，综合资本成本最高的是B方案，故应选择A方案筹资。

8.2.3　融资风险决策

融资风险主要与企业的融资活动有关，一般是指企业在融资过程中因不同程度地使用债务融资而导致企业未来支付能力和普通股每股收益所具有的不确定性。融资风险有时又称为狭义的财务风险。负债是形成融资风险的直接原因。具体来说，它又来自两个方面：一是负债资本与权益资本的比例安排及变化；二是息税前资本收益率和负债利率差额的变化。融资风险决策就是通过对上述两个方面的分析和选择，来衡量企业的风险程度，进而达到控制风险和提高普通股收益的目的。在财务实践中，除了依据财务报表利用资产负债率、权益乘数、权益净利率、资金安全率等财务指标进行融资风险分析之外，人们更多的是倾向于利用财务杠杆进行融资风险的决策分析。

1）财务杠杆

现代企业的资本是由权益资本和债务资本构成的，在资本结构一定的条件下，财务成本中的负债利息和优先股股息是相对固定的，属于固定资本成本。因此，当企业的息税前利润变化时，每1元息税前利润所负担的固定资本成本就会相应变化，从而使普通股每股收益指标发生更大的变化。这种由于固定资本成本的存在而引起的普通股每股收益的变动幅度大于息税前利润变动的幅度（或者说息税前利润的变动引起每股收益更大幅度的变动）的现象称为财务杠杆。财务杠杆现象形成于企业的融资活动中，它具有双重效应，既有存在利益的一面，又有存在风险的一面。在其他条件不变的情况下，固定的资本成本所占比重越大，财务杠杆效应越明显。

2）财务杠杆系数（DFL）

财务杠杆系数是指普通股每股收益变动率相当于息税前利润变动率的倍数，它可以用来衡量财务杠杆作用的大小。财务杠杆系数的计算公式为：

$$DFL=\frac{\Delta EPS/EPS}{\Delta EBIT/EBIT}$$

式中：EPS——每股收益；

EBIT——息税前利润。

上述公式还可以简化为（推导过程略）：

$$DFL=\frac{EBIT}{EBIT-I}$$

式中：I——负债利息。

在有优先股的条件下，上述公式也可改写为（推导过程略）：

$$DFL=\frac{EBIT}{EBIT-I-\frac{D}{1-T}}$$

式中：D——优先股利息；

T——所得税税率。

【例8-4】2024年A公司资本来源为：债券10万元，年利率为10%，普通股10万股，每股收益0.35元，优先股5 000股，每股面值100元，年股息率6%。公司所得税税率为25%，当前息税前利润为10万元。财务杠杆系数为多少？

依据题意，A公司财务杠杆系数计算如下：

$$DFL=\frac{100\ 000}{100\ 000-10\ 000-\frac{30\ 000}{1-25\%}}=2$$

计算结果表明，A公司的财务杠杆系数为2，即息税前利润增长1倍，普通股每股收益将增长2倍，表现出更大幅度的增长。

3）财务杠杆系数分析

财务杠杆系数分析不仅可以反映影响财务杠杆系数变动的因素，而且也可以揭示企业的财务风险程度。

【例8-5】假设2024年甲、乙、丙三家公司的有关资料见表8-3。

表8-3　**每股收益计算表**　金额单位：元

项　目	甲公司	乙公司	丙公司
息税前利润	100 000	100 000	100 000
资本总额	1 000 000	1 000 000	1000 000
其中：负债资本	—	500 000	800 000
权益资本	1 000 000	500 000	200 000
负债利率	—	8%	8%
所得税税率	30%	30%	30%
普通股股数	10 000	5 000	2 000
每股收益	7	8.4	12.6

注：为计算方便，假设三家公司的权益资本均来自股票发行，所得税税率均为30%。

由表8-3可以看出，甲、乙、丙三家公司除资本结构不同外，其他均相同。但每股收益的结果却截然不同，未运用负债的甲公司只取得了7元的每股收益，而运用负债50%和80%的乙、丙公司分别取得了8.4元和12.6元的每股收益，均高于甲公司。不仅如此，由于丙公司的负债规模大于乙公司，因而，丙公司的每股收益也远远大于乙公司。之所以出现这样的结果，是因为运用负债的乙、丙公司其息税前资本收益率均为10%，大于负债利率8%。在此情况下，负债比例越大，普通股每股收益越大，越能产生财务杠杆的正效应。

如果本例中，其他因素保持不变，负债利率提升至12%，则据此计算的乙、丙公司的每股收益分别为5.6元和1.4元，分别比原来降低了2.8元和11.2元，如果继续提升负债利率，甚至会出现每股收益为负数的现象。之所以出现这样的结果，是因为负债资本运用不当，未能获得超过负债利率水平的收益（10%<12%），此时负债比例越大，普通股每股收益越小，甚至会出现负数，产生了财务杠杆的负效应。

以上分析旨在揭示企业是否运用负债，运用多少负债以及运用效果如何。

假设本例中，甲、乙、丙三个企业保持资本结构不变，预期2025年各企业的息税前利润分别由10万元增加到20万元，即息税前利润均增长100%。据此计算出各企业2025年的每股收益分别为14元、22.4元和47.6元，每股收益的增长幅度分别为100%、167%和278%。各企业的财务杠杆系数分别为：

$$DFL_{甲}=\frac{100\%}{100\%}=1$$

或者：

$$DFL_{甲}=\frac{100\ 000}{100\ 000-0}=1$$

$$DFL_{乙}=\frac{167\%}{100\%}=1.67$$

或者：

$$DFL_{乙}=\frac{100\ 000}{100\ 000-40\ 000}=1.67$$

$$DFL_{丙}=\frac{278\%}{100\%}=2.78$$

或者：

$$DFL_{丙}=\frac{100\ 000}{100\ 000-64\ 000}=2.78$$

计算结果表明，甲公司财务杠杆系数为1，即息税前利润变动的幅度与每股收益变动的幅度一致，未产生财务杠杆作用，因其负债为零，故无财务风险；乙公司财务杠杆系数为1.67，即息税前利润增长1倍引起每股收益以1.67倍较大幅度地增长，在产生较大财务杠杆作用的同时，也表现出较大的财务风险；丙公司的财务杠杆系数为2.78，即息税前利润增长1倍引起每股收益以2.78倍更大幅度地增长，表现出更大的财务杠杆作用和财务风险。当然，如果乙、丙公司的息税前利润以相同的幅度降低，那么，每股收益的降低幅度也会远远大于息税前利润的降低幅度。

4）财务杠杆系数揭示的问题

（1）财务杠杆系数反映了息税前利润变动与普通股每股收益变动之间的关系，息税前利润增长会引起普通股每股收益更大幅度地增长，息税前利润降低也会引起普通股每股收益更大幅度地下降。

（2）财务杠杆系数反映了财务杠杆作用程度的大小。财务杠杆系数越大，财务杠杆发挥作用的程度越大，反之，则越小。

（3）财务杠杆系数反映了企业财务风险的大小。财务杠杆系数越大，财务风险越大，反之，则越小。

（4）财务杠杆系数与负债规模之间的关系。在息税前利润一定的条件下，若企业无负债，财务杠杆系数通常为1；若有负债，负债规模越大，财务杠杆系数越大。

（5）财务杠杆系数为企业控制财务风险指明了方向。企业若想控制并降低财务风险，应合理安排负债比例，控制负债规模，并保证息税前资本收益率大于负债利率。

（6）财务杠杆系数为规划未来每股收益提供了依据。在已知财务杠杆系数和息税前利润变动幅度的条件下，预期每股收益可按下式计算：

预期每股收益=基期每股收益×（1±财务杠杆系数×息税前利润变动幅度）

5）经营杠杆、财务杠杆、总杠杆的关系

在融资决策过程中，人们总是想到杠杆效应问题，并常常把经营杠杆、财务杠杆和总杠杆一并加以说明，但真正与融资风险决策有关的只有财务杠杆。

首先，融资风险的定义描述已经非常明确地告诉我们，融资风险是因为企业使用负债融资而产生的财务风险，负债是形成财务风险的根本原因。正是因为企业使用了负债产生了固定的资本成本，才产生了财务杠杆效应，并可根据财务杠杆系数的大小衡量企业的财务风险。同时，通过合理安排负债规模，有效地进行融资风险决策来达到控制并降低财务风险的目的。如果一个企业的资本完全来自权益资本，负债为零，则可视为无财务风险。无财务风险的企业不一定没有经营风险。

其次，经营杠杆的存在是因为成本中存在一定比重的固定成本，它是以成本按性态分类为唯一前提条件的，如果企业未能对成本做出这种明确的划分，则经营杠杆无法体现，即使企业作了这种划分，能够体现经营杠杆，经营杠杆也只是用来衡量企业经营风险的。经营风险是指企业没有使用负债的情况下因经营上的原因而导致的息税前利润所具有的不确定性。无论从影响经营风险的内部因素来考察，还是从外部因素来考察，都与企业的融资活动无关。将经营风险和经营杠杆体现在融资决策范畴内，似乎显得牵强。对于一个企业来讲，由于它的经营活动是面向市场的，所以，经营风险总是存在的，但有经营风险的企业不一定有财务风险（无负债）。我们只能客观地讲，企业一旦使用了负债资本，会加大企业的资本成本，从而加大企业的经营风险。

最后，总杠杆亦称联合杠杆，它是财务杠杆与经营杠杆的复合。它可以用来衡量企业的总风险程度。在数量上，它是经营杠杆系数与财务杠杆系数的乘积。若某企业的经营杠杆系数为2，财务杠杆系数为1，则企业的总杠杆系数和总风险程度也为2，此时，恰恰说明企业的总风险就是企业的经营风险，因为财务杠杆系数为1时，企业是不存在财务风险的。

8.2.4　融资结构决策

党的二十届三中全会指出，投资、融资功能协调发展，能够提升直接融资比重，优化融资结构。融资结构即资本结构，对于企业而言，融资结构是融资决策的核心问题。企业应综合考虑有关影响因素，运用适当的方法，通过合理的决策以保证资本结构的合理，甚至达到最优。

1）资本结构的内涵

资本结构是指企业各种资金的构成及比例关系，是企业一定时期筹资组合的结果。

在实务中，资本结构有广义和狭义之分。广义的资本结构是指企业全部资本的构成及比例关系。狭义的资本结构特指企业长期资本的构成及比例关系，尤其是指长期债务资本与权益资本之间的构成及比例关系。融资结构决策主要是针对狭义资本结构而言的，即如何合理安排负债比例问题。

在理论上，最优资本结构是存在的。所谓最优资本结构是指在一定条件下，能使企业综合资本成本最低、企业价值最大的资本结构。任何一个企业都应该权衡资本成本和财务风险的关系，以确定最优资本结构。

在企业的资本结构决策中，合理地利用债务融资，科学地安排债务资本的比例，不仅可以降低企业的综合资本成本，获取财务杠杆利益，还可以增加企业的价值。

2）资本结构决策的方法

资本结构决策的方法包括定性分析法和定量分析法两种，以定量分析法为主。定性分析主要是分析影响资本结构决策的各种因素，包括企业财务目标、发展阶段、财务状况、投资者动机、债权人态度、经营者行为、税收政策、行业差别等。定量分析法包括资本成本比较法、每股收益无差别点分析法和企业价值分析法。

（1）资本成本比较法

资本成本比较法是指在适度的财务风险条件下，通过测算可供选择的不同资本结构或筹资组合方案的综合资本成本，进而确定最优资本结构的一种方法。

该方法确定最优资本结构是以综合资本成本是否最低作为判断标准的，但在综合资本成本最低时，每股收益不一定最大。

该方法确定最优资本结构的适用条件是：在筹集某一固定数额的资本时，存在两个或两个以上的筹资方案，但在每一筹资方案下存在两种或两种以上的筹资方式，也就是说，企业在采用多方案组合筹资时才可以使用该方法。

该方法确定最优资本结构的决策过程是：首先，计算不同筹资方案下个别筹资方式的个别资本成本；其次，确定不同筹资方案下个别筹资数额占筹资总额的比重，即权数；再次，根据个别资本成本和权数计算不同筹资方案的综合资本成本；最后，比较各方案的综合资本成本，并以综合资本成本最低者作为最优选择，即最优资本结构。

关于综合资本成本的确定与计算可参照前述内容，在此不再另行举例说明。

（2）每股收益无差别点分析法

每股收益无差别点分析法是利用每股收益无差别点来进行资本结构决策的方法。所谓每股收益无差别点亦称筹资无差别点，是指在两种筹资方案下能够使普通股每股收益相等的点，这个“点”可以用销售收入（S）来表示，也可用息税前利润（EBIT）来表示，即无差别点销售收入或无差别点息税前利润。也就是说，当企业的销售收入或息税前利润处在某一固定的点时，无论采用哪种方案融资，都能得到相同的每股收益，一旦这个点发生了变化，每股收益也随之发生变化，由此导致融资方案选择不确定。实务中，采用无差别点息税前利润分析比较普遍。

该方法确定最优资本结构是以每股收益是否最大作为判断标准，凡是能够提高每股收益的资本结构就是最优的，不能提高甚至导致每股收益下降的资本结构则不是最优的。但在每股收益最大时，综合资本成本不一定最低。

运用该方法确定最优资本结构，一般适用于互斥融资方案的选择，即在筹集某一固定数额的资本时，只可进行两个方案之间的比较，或者全部利用债务融资，或者全部利用权益融资，即使存在第三种方案，也只能进行两两方案之间的比较。

该方法确定最优资本结构的决策过程是：首先，测算无差别点息税前利润，并验证每股收益是否相等；其次，利用期望息税前利润与无差别点息税前利润进行比较，若期望的息税前利润大于无差别点息税前利润，则债务融资下的每股收益大于权益融资下的每股收益，此时，选择债务融资有利，反之，则相反；最后，反映采用某种融资方式后的资本结构状况。

根据上述每股收益无差别点的含义和相关分析，每股收益无差别点应是满足下列条件的息税前利润。

$$\frac{(\overline{EBIT}-I_1)\times(1-T)-D_1}{N_1}=\frac{(\overline{EBIT}-I_2)\times(1-T)-D_2}{N_2}$$

式中：$\overline{EBIT}$——无差别点息税前利润；

I_1、I_2——两种筹资方式下的债务利息；

D_1、D_2——两种筹资方式下的优先股股息；

N_1、N_2——两种筹资方式下的普通股股数；

T——所得税税率。

利用上述公式可以确定$\overline{EBIT}$，并与企业预计的EBIT进行比较，选择最优资本结构。

【例8-6】W公司2024年现有资本700万元，其中，长期债务200万元，负债利率12%，普通股股本500万元，股数10万股，每股面值50元。该公司拟追加筹资300万元，现有A、B两个方案可供选择。A方案，按票面利率12%全部发行债券；B方案，按原面值全部增发股票。假设该公司无优先股，适用的所得税税率为25%。该公司期望增资后预计息税前利润能够达到200万元。试用无差别点分析法做出最优选择。

依据题意分析如下：

设无差别点息税前利润为$\overline{EBIT}$，则有：

$$\frac{(\overline{EBIT}-60)\times 0.75}{10}=\frac{(\overline{EBIT}-24)\times 0.75}{10+6}$$

将上式整理后得出：

$\overline{EBIT}=120$

计算结果表明无差别点息税前利润为120万元，将计算结果代入上式得出无差别点每股收益为4.5元，即当企业的息税前利润为120万元时，企业无论采用发行债券增资还是发行股票增资都能得到相同的4.5元的每股收益。此时，到底选择哪种融资方式完全取决于企业的偏好。

因为本例中，企业期望增资后预计的息税前利润水平大于无差别点水平，此时，企业选择发行债券增资更为有利，因为发行债券增资后的每股收益大于发行股票增资的每股收益。将200万元代入上式即可看出，发行债券后的每股收益为10.5元，发行股票后的每股收益为8.25元。

若企业增资后预计的息税前利润（100万元）小于无差别点息税前利润，则采用发行股票增资更为有利，因为发行股票的每股收益大于发行债券的每股收益，将100万元代入上式即可得出该结论（3.56>3）。

本例中，企业选择发行债券增资每股收益最大。融资后企业的资本总额达到1 000万元，其中，负债资本500万元，股本500万元，负债资本与权益资本各占50%，此结构即为企业所选择的最优结构。

二维码8-4

延伸阅读：为什么要健全投资和融资相协调的资本市场功能

在财务实践中，人们常常使用每股收益无差别点分析法来衡量筹资方式的优劣并对资本结构进行决策。但这种方法的缺陷在于没有考虑风险因素。从根本上讲，财务管理的目标是追求企业价值最大化和股价最大化。然而，只有在风险不变的情况下，每股收益的增长才会引起股价的上升，实际上经常是随着每股收益的增长，风险也随之加大。如果每股收益的增长不足以补偿风险增加所需的报酬，尽管每股收益增加，股价仍然会下降。所以，从理论上讲，企业的最佳资本结构应当是使企业价值最高，而不一定是每股收益最大的资本结构。同时，有关实证研究也表明，在企业价值最大的资本结构下，综合资本成本也是最低的。

8.3 营运资本决策

8.3.1 营运资本的特点及管理内容

1）营运资本的特点

前已述及，营运资本又称营运资金，营运资本具有以下特点：

（1）营运资本的来源具有多样性。与筹集长期资本的方式相比，企业筹集营运资本的方式较为灵活多样，通常有短期银行借款、短期融资券、商业信用、应交税费、应付股利、应付工资等。

（2）营运资本的数量具有波动性。流动资产的数量会随企业内外部条件的变化而变化，随着流动资产数量的变化，营运资本的数量也会发生相应变动，时高时低，波动很大。季节性企业如此，非季节性企业也如此。

（3）营运资本的周转具有短期性。通常会在一年或超过一年的一个营业周期内收回，对企业影响的时间比较短。

（4）营运资本的实物形式具有可转化性。在企业的经营活动过程中，营运资本一般按照“现金—原材料—在产品—产成品—应收账款—现金”的顺序转化。

2）营运资本管理内容

营运资本是流动资产和流动负债的差额，因此，营运资本管理的内容包括流动资产和流动负债两个方面的管理。其中，流动资产管理要解决企业应投放多少资金在流动资产上，即资金使用的管理，体现的是资本去向、占用或持有数量，包括现金管理、应收账款管理和存货管理。流动负债管理主要解决企业流动资产所需资金的问题，即资金筹措管理，包括短期借款和商业信用等的管理。从决策的角度看，营运资本决策既包括对流动资产占用或持有量的决策，也包括对其资本来源的融资决策。

二维码8-5

延伸阅读：上市公司如何有效管理营运资金正成为发展核心

8.3.2　营运资本主要项目的决策

1）现金决策

现金是指企业以各种货币形态占用的资产，包括库存现金、银行存款、银行本票、银行汇票，以及其他货币资金等。现金决策主要是指现金持有量的决策。

（1）持有现金的动机与目标

企业持有一定量的现金，往往是出于以下动机：

①交易动机

交易动机是指企业为满足日常经营业务对现金支付的需求而引起的现金持有动机。企业在经营过程中，由于支付材料价款、支付工资、支付税款、支付现金股利、偿付到期债务等原因，经常引起对现金的需求。但现金的流入与现金的流出在时间上和数量上很难做到同步，因此，企业必须持有一定量的现金以满足上述需要。

②预防动机

预防动机是指企业为了应对意外紧急事件或偶然情况对现金支付的需求而引起的现金持有动机。企业在经营过程中，因不确定性因素的存在，也不排除一些突发事件或偶然情况引起对现金的额外需求，因此，要求企业保持一定的现金持有量。企业用于预防性现金余额的多少主要取决于企业愿意承担风险的程度、临时举债能力、对现金需求预测的可靠程度等。

③投机动机

投机动机是指企业为把握市场上稍纵即逝的投资机会，以获取较大的投资收益而引发的现金持有动机。如价格低廉的原材料或其他资产的购买机会、价格有利的股票或其他有价证券的购买机会等。

现金是一项比较特殊的资产，其流动性最强，收益性最差。现金管理的目标就是在现金的流动性和收益性之间进行合理选择，在保证正常需要的同时，尽可能降低现金的持有量，以获取最大的资金使用效益。

（2）现金持有量决策模型

在现代财务管理理论中，用于确定最佳现金持有量的模型有很多，其中，应用较为广泛的主要有：成本分析模型、现金周转模型、存货模型和随机模型。

①成本分析模型

成本分析模型是根据持有现金的有关成本，分析预测使其总成本最低时的现金持有量的一种决策方法。通常情况下，企业持有现金会发生以下成本：

第一，管理成本。企业持有现金会发生一些管理费用，如管理人员的工资、安全措施费用等。这些因持有现金而发生的管理成本与持有量之间没有明显的关系，属于决策无关成本。

第二，机会成本。机会成本又称持有成本，是指企业因持有一定量的现金而失去的潜在投资机会的收益。机会成本与现金持有量正相关，现金持有量越大，机会成本越高，它属于决策相关成本。机会成本一般可按下式计算：

机会成本=现金持有量×有价证券利率

第三，短缺成本。短缺成本是指企业因现金持有量不足而产生的直接损失和间接损失等，如丧失的购买能力成本、信用损失成本、投机损失等。短缺成本与持有量负相关，现金持有量越大，短缺成本越低，它也属于决策相关成本。

利用成本分析模型，就是要找出能够使上述两项决策相关成本之和最小的值，此时的现金持有水平即为最佳现金持有量。

【例8-7】远大公司现有A、B、C、D四种现金持有方案，有关资料见表8-4。

表8-4　**远大公司现金持有方案**　金额单位：万元

项　目	A	B	C	D
现金持有量	50	80	100	120
有价证券利率	10%	10%	10%	10%
短缺成本	12	6.5	1.5	0

依据表8-4的资料测算远大公司最佳现金持有量，见表8-5。

表8-5　**远大公司最佳现金持有量预测表**　单位：万元

项　目	A	B	C	D
现金持有量	50	80	100	120
短缺成本	12	6.5	1.5	0
机会成本	5	8	10	12
相关总成本	17	14.5	11.5	12

根据表8-5的测算结果，应选择成本最低的C方案。

成本分析模型计算简单，易于理解。但要求企业能够确定决策相关成本与现金持有量之间的函数关系。

②现金周转模型

现金周转模型是通过确定现金周转期（天数），进而确定最佳现金持有量的一种决策方法。所谓现金周转期是指从现金投入生产经营开始，到产成品出售收回现金的时间，也就是现金每完成一次流出至流入所需要的时间。现金周转期可按以下公式计算：

现金周转期=应收账款周转期+存货周转期-应付账款周转期

现金周转期确定后，便可确定最佳现金持有量。其计算公式为：

最佳现金持有量=年现金需求量÷360×现金周转期

【例8-8】远大公司2025年全年的现金需求量为120万元，预计的应收账款周转期为95天，存货周转期为125天，应付账款周转期为100天。该企业的最佳现金持有量应为多少？

依据题意分析如下：

现金周转期=125+95-100=120（天）

现金周转次数=360÷120=3（次）

最佳现金持有量=120÷3=40（万元）

现金周转模型简单明了，易于操作，但其必须满足年度现金需求量是相对稳定的、未来年度与历史年度的周转效率基本一致或虽有变化但可以预计这样两个条件。否则，其预测的准确性会受到影响。

③存货模型

存货模型也称鲍摩尔模型，是1952年由美国经济学家威廉·鲍摩尔首先提出的。他认为，现金持有量在许多方面与存货批量类似，因此，可用存货批量模型来确定企业的最佳现金持有量。该模型的建立是基于四个方面的假设：其一，企业持有现金与持有存货的目的是相同的；其二，企业在一定时期（1年）内对现金的需求量是可以预测并相对固定的；其三，存在一个完全的外部二级证券市场；其四，企业可以在二级证券市场频繁地进行现金到证券（买入）或证券到现金（卖出）的转换。

基于上述假设，利用该模型确定最佳现金持有量主要与两种成本有关，一是持有现金的机会成本，二是转换成本或交易成本。机会成本与持有量相关，持有量越大，机会成本越高；转换成本与持有量、转换次数以及每次转换成本相关，在每次转换成本一定的条件下，持有量越大，转换次数越少，转换总成本越低；反之，则相反。

最佳现金持有量就是能使上述两项成本之和最小的现金持有量，用公式表示为：

$$TC=\frac{C}{2}\times K+\frac{T}{C}\times F$$

式中：TC——总成本；

C——现金持有量；

T——一定时期内现金需求总量；

K——有价证券利率；

F——每次的转换成本。

设C为变量，TC为C的函数，通过对上式求一阶导数，即可得到最佳现金持有量C^*的计算公式：

$$C^*=\sqrt{\frac{2TF}{K}}$$

【例8-9】远大公司2025年预计年现金需求量为200万元，有价证券的年利率为1%，现金与有价证券的转换交易成本为每次25元，则该企业最佳现金持有量应为多少？

$$C^*=\sqrt{\frac{2\times 25\times 2\,000\,000}{1\%}}=100\,000\text{（元）}$$

每年有价证券交易次数=2 000 000÷100 000=20（次）

存货模型是基于一系列的假设而建立起来的，而且要求现金均匀支出，因此，在实务中真正能够满足上述条件的企业并不多见。

④随机模型

随机模型又称米勒-奥尔模型，它是由美国经济学家默顿·米勒和丹尼尔·奥尔首先提出的，是一种基于现金需求量不确定性情况下的现金持有量分析模式。该模式假定企业每日的净现金流量为一随机变量，其变化近似地服从正态分布，而且现金与有价证券之间可以自由转换。模型假设企业的现金余额是随机波动的，但这种波动是有一个合理的控制范围的，企业可以根据历史经验和现实需要测算出一个现金持有量的控制范围。一般情况下，可利用简化的坐标图，通过三条线来体现，处在上端的H线代表现金持有量的上限，处在下端的L线代表现金持有量的下限，介于上、下限之间的R线代表最优现金返回线或最佳现金余额线。当现金持有量在H和L之间变动时，表明企业的现金持有水平处在一个合理的范围内，无须进行调整；当现金持有量升至H时，表明企业的现金余额过多，应将数额为H-R的现金转换为有价证券，使现金持有量降至R；当现金持有量降至L时，表明企业现金余额过少，应将数额为R-L的有价证券转换为现金，使现金持有量升至R。在实务中，对于下限L，通常企业可根据现金流量情况及管理者对风险的态度，取大于零的某一数值。根据随机模型，R和H分别按以下公式计算：

$$R=\sqrt[3]{\frac{3F\delta^2}{4K}}+L$$

$$H=3R-2L$$

式中：K——有价证券的日利率；

Q——每日现金余额变化的标准差。

【例8-10】远大公司规定的现金最低持有量为3 000元，公司持有的有价证券的年利率为10%，每次有价证券的转换成本为40元，每日现金余额波动的标准差为600元。要求：确定该公司的最佳现金持有量及现金的控制上限。

依据题意分析如下：

$$R=\sqrt[3]{\frac{3\times 40\times 600^2}{4\times 10\%\div 360}}+3\,000=6\,388\text{（元）}$$

$$H=3\times 6\,388-2\times 3\,000=13\,164\text{（元）}$$

计算结果显示，该企业将现金持有量控制在3 000元至13 164元之间，6 388元为最优现金持有余额。当持有量降至3 000元时，应出售3 388元的有价证券，使其恢复到6 388元的水平上；当持有量升至13 164元时，则应购买6 776元的有价证券，使其再降至6 388元的水平上。

随机模型计算相对复杂，不易操作，但其对现金的控制效果要好于经验控制。

需要指出的是，在现金的控制上，除了对其持有量进行控制之外，还应加强对现金的日常控制，以便更有效地提高现金的使用效率。现金日常控制的手段主要包括：加速收款、控制支出、力争现金流量同步、合理使用现金浮游量等。所谓现金浮游量是指企业银行存款账面上的现金余额与银行账户上的存款余额之间的差额。它是由企业与银行双方出账与入账的时间差造成的，如果企业能够正确地预测现金浮游量并加以利用，就可以节约一定量的现金，降低现金持有水平，从而极大地提高现金的利用效率。

2）应收账款的决策

（1）应收账款管理目标

应收账款是指企业因对外赊销商品或提供劳务等而形成的应收款项。它是由激烈的市场商业竞争和销售与收款的时间差等原因形成的。

企业应收账款的规模在一定程度上与企业采用的信用政策有关，是企业为扩大销售规模而采取的积极主动行为，可看作企业在应收账款上的一种投资。一般来讲，企业给予客户的信用政策越宽松，条件越优惠，不仅能稳定住现有的客户，而且也有利于吸纳更多潜在的客户，随着企业所拥有的客户的增加，不仅扩大了企业的市场份额，提高了企业的竞争能力，同时，也扩大了企业的销售规模，尤其是扩大了应收账款的规模，从而反映出企业较多的会计账面收入和会计账面利润。但同时也应该看到，随着应收账款规模的扩大，也会相应地增加一系列的信用成本，导致企业收益的减少。由此可见，企业在应收账款的管理中，面临着收益和成本的权衡问题。应收账款的管理目标就是要在实施应收账款信用政策所增加的收益和该政策所增加的成本之间做出权衡，通过科学合理地制定信用政策，有效控制应收账款的规模，降低资金占用水平，实现企业效益的最大化。应收账款决策的核心问题是信用政策的选择。

（2）应收账款信用成本

应收账款的信用成本包括管理成本、坏账成本和机会成本等。

① 管理成本，即企业为管理应收账款所发生的各种费用，如信息收集费用、客户信用状况调查费用、簿记费用、收账费用等。收账费用是构成管理成本的重要内容，它一般可按应收账款额的一定百分比来确定，应收账款规模越大，收账难度越高，估计的收账费用比例越大。

② 坏账成本，即坏账损失，是指企业的应收账款因故不能收回而发生的损失。它与应收账款的规模、质量以及风险程度密切相关。坏账成本一般可按赊销额的一定百分比来估计。

③ 机会成本，即企业的资金因被应收账款占用而失去的可能投资于其他方面所获取的收益。应收账款规模越大，机会成本越高。机会成本可按以下两种方法估计。

方法一：

机会成本=维持赊销业务所需的资金×资本成本

维持赊销业务所需的资金=应收账款平均余额×变动成本率

应收账款平均余额=年赊销额÷应收账款周转次数

应收账款周转次数=360÷应收账款周转期

方法二：

机会成本=年赊销额÷360×信用期×变动成本率×资本成本

以上两种方法，计算结果是相同的。

（3）应收账款信用政策

应收账款信用政策是企业对商业信用进行规划和控制而确定的基本原则和行为规范，主要包括信用标准、信用条件和收账政策三个方面的内容。

①信用标准

信用标准是客户获得商业信用所应具备的基本条件。企业对客户资信程度的考察一般可用“5C”评估法进行分析和判断。“5C”评估法的具体内容包括品德、能力、资本、抵押品、经济状况五个方面。品德是评价客户信誉品质的首要因素；能力是指客户的偿债能力；资本是指客户的财务实力；抵押品是指客户提供的可用作抵押的财产；经济状况是指可能影响客户偿债能力的各种经济环境。

②信用条件

信用条件是企业向客户提供商业信用的付款要求，包括信用期限、折扣期限和现金折扣。信用条件的基本表示方式为“2/10，N/30”。信用期限是企业允许客户从购货到支付货款的时间期限；折扣期限是企业规定客户可以享受现金折扣的付款时间；现金折扣是企业给予客户在折扣期内付款而享受的货款优惠。企业放宽信用条件，延长信用期限，虽然可以增加销售量，增加毛利，但随着信用期的延长，不仅延长了企业的平均收账期，加大了应收账款的资金占用，同时也会引起相应的信用成本的增加。因此，在实务中，企业经常面临着是否改变信用条件的抉择问题。如果企业改变信用条件后所增加的收益大于信用成本的增加，能够带来净收益，则选择改变；反之，则应放弃，仍维持原信用条件。关于是否改变信用条件的选择问题可以分别采用总量法和增量法来进行决策分析。下面举例说明。

【例8-11】远大公司采取赊销的方式进行产品销售，为此准备了三个信用条件的备选方案：A方案，维持现行的“N/30”的信用条件；B方案，将信用条件放宽到“N/60”；C方案，将信用条件放宽到“N/90”。假设该企业的固定成本总额不变，变动成本率为60%，资本成本为10%。各备选方案估计的赊销收入、坏账损失率和收账费用等数据见表8-6。

表8-6 **信用条件备选方案** 金额单位：万元

项　目	A（N/30）	B（N/60）	C（N/90）
年赊销额	120	150	180
应收账款周转次数	12	6	4
应收账款平均余额	120÷12=10	150÷6=25	180÷4=45
维持赊销所需资金	10×60%=6	25×60%=15	45×60%=27
坏账损失率	1%	1.5%	5%
坏账成本	120×1%=1.2	150×1.5%=2.25	180×5%=9
收账成本	0.8	1.25	6.5

根据上述资料分析该企业应选择哪一个备选方案？

依据题意，按总量法分析见表8-7。

表8-7 **信用成本与收益比较** 单位：万元

项　目	A（N/30）	B（N/60）	C（N/90）
①年赊销额	120	150	180
②变动成本（①×60%）	72	90	108
③信用成本前收益（①-②）	48	60	72
④信用成本			
机会成本	6×10%=0.6	15×10%=1.5	27×10%=2.7
坏账成本	1.2	2.25	9
收账成本	0.8	1.25	6.5
小计	2.6	5	18.2
⑤信用成本后收益	45.4	55	53.8

计算结果表明，B方案比A方案多获利9.6万元，C方案比A方案多获利8.4万元，B方案比C方案多获利1.2万元，故应选择B方案。

同理，依据上述资料也可按增量法进行分析。

首先，将B方案与A方案进行对比。

增量边际收益=（150-120）×（1-60%）=12（万元）

增量信用成本=（1.5-0.6）+（2.25-1.2）+（1.25-0.8）=2.4（万元）

增量净收益=12-2.4=9.6（万元）

其次，将C方案与A方案进行对比。

增量边际收益=（180-120）×（1-60%）=24（万元）

增量信用成本=18.2-2.6=15.6（万元）

增量净收益=24-15.6=8.4（万元）

计算结果同样表明与A方案相比，B方案比C方案多增加收益1.2万元，B方案仍然最优。

③收账政策

收账政策是指信用条件被客户违反时，企业所采取的收账策略。收账政策是否科学有效，直接关系到企业应收账款的安全性。一般情况下，企业制定收账政策应考虑以下问题：

第一，制定收账政策应以账龄分析表为依据。

通过账龄分析，可以使企业了解到有多少账款尚处于信用期内，有多少账款已超出信用期，超出信用期多长，不同账龄的账款余额为多少，占应收账款总额的比例多大，都有哪些客户等。据此，企业可以有针对性地制定经济灵活的收账政策，以保证应收账款的安全。

第二，制定收账政策应宽严适度。

过宽或过严的收账政策都不利于企业利润的增加。收账政策过于宽松，不仅不利于企业账款的及时回收，甚至可能出现大量的坏账损失；收账政策过于严厉，也可能使企业失去一些现有的或潜在的客户，影响企业的销售规模和市场份额。

第三，制定收账政策应根据情况区别对待。

企业的客户众多，情况复杂。对于那些确因客观环境导致的不能及时支付或需延期支付的客户，企业可适当给予展期甚至可放弃部分债权，使客户能够在财务上有一定的缓冲。对于那些有支付能力但却故意甚至恶意拖欠的客户，企业应加大收账力度，必要时可以诉诸法律。

第四，制定收账政策应权衡收账费用与坏账损失。

一般来讲，企业加大收账力度，增加收账费用，既可以减少应收账款上的资金占用，又可以减少坏账损失。但收账费用的增加与所减少的坏账损失之间并不是完全的线性关系，在投入收账费用的初期，通常只能减少很少的坏账损失，随着收账费用的进一步增加，对减少坏账损失才可能具有显著的效果，再进一步增加收账费用时可能对减少坏账损失几乎不起作用。也就是说，通过增加收账费用来减少坏账损失是有一个饱和点的，收账费用是不能超过这个饱和点的，否则，对减少坏账损失于事无补。

第五，制定收账政策应有切实可行的收账程序。

一般来讲，企业对未能如期付款的客户，通常可采用信函通知、电话催收、派专人与客户洽谈、对客户采取法律行动等程序进行收账。

【小资料 8-1】　　应收账款机会成本[①]

应收账款机会成本是指因应收账款占用资金而产生的利息支出或失去的再投资收益。其计算方法一般有三种：

（1）赊销收入法

应收账款机会成本=全年赊销额÷360×平均收款期×机会成本率

（2）全部成本法

应收账款机会成本=全年赊销额×销售成本费用率÷360×平均收款期×机会成本率

（3）变动成本法

应收账款机会成本=全年赊销额×变动成本率÷360×平均收款期×机会成本率

3）存货决策

（1）存货管理目标

存货是企业在生产经营过程中为满足生产和销售的需要而储备的各类流动资产物资，包括原材料、在产品、产成品等。

企业之所以持有存货，一方面是为了保证生产和销售的顺利进行，另一方面是为了获取规模效益。企业的进货批量越大，存货储备量越大，此时，虽然能够极大限度地满足生产和销售的需要，但同时也加大了存货储存成本，增加了存货资金占用量，降低了资金使用效率；存货储备量过低，甚至出现短缺，虽然降低了存储成本，减少了资金占用量，但又会给企业带来不必要的缺货损失，降低企业收益。因此，存货管理目标就是在合理确定存货储备量的基础上，合理确定存货资金占用规模，并尽力在各种存货成本与存货效益之间做出权衡，在充分发挥存货功能的同时降低成本，增加收益，提高资金使用效率，达到两者的最佳结合。存货决策的主要内容是经济订货批量的确定。

（2）存货相关成本

与企业存货有关的成本主要包括取得成本、储存成本和缺货成本。

①取得成本

取得成本是指企业为取得某种存货而发生的成本，它包括购置成本和订货成本。购置成本是由存货需求数量（D）和单价（U）决定的；订货成本中一部分为订货固定成本（F_1），另一部分为订货变动成本，订货变动成本与订货次数和每次订货变动成本（K）有关，其中，订货次数是由存货年需求量（D）和每次进货批量（Q）之比决定的。购置成本与订货成本之和即存货的取得成本，其公式可表示为：

取得成本=购置成本+订货成本

$$TC_a=DU+F_1+\frac{D}{Q}\cdot K$$

②储存成本

储存成本是指企业在存货储存期间发生的成本，包括储存固定成本和储存变动

① 吴有庆. 应收账款机会成本计算方法浅析［J］. 财务与会计，2018（1）.

成本。前者与存货数量多少无关，如库房折旧费、管理人员工资等；后者与存货数量有关，如存货资金的应计利息、存货毁损等。以F_2表示储存固定成本，K_c表示储存单位变动成本，则储存成本（TC_c）的计算公式为：

储存成本=储存固定成本+储存变动成本

$$TC_c=F_2+\frac{Q}{2}\cdot K_c$$

③缺货成本

缺货成本是指企业因存货储备不足而造成的损失，如停工损失、丧失销售机会的损失等。缺货成本可用TC_s表示。

上述三项成本之和即与存货相关的总成本（TC），用公式表示为：

$$TC=TC_a+TC_c+TC_s$$

（3）存货经济订货批量

订货批量即每次（批）订货的数量，订货批量不同，存货成本不同。经济订货批量是指能够使存货相关总成本最低的采购批量。根据上述存货相关成本的不同组合，可以视情况分别确定基本经济订货批量、存在商业折扣的经济订货批量、存货陆续供应和使用的经济订货批量、允许存在缺货的经济订货批量。其中，基本经济订货批量是基础，其他几种情况下的经济订货批量都是在基本经济订货批量的基础上扩展而成的。在此主要介绍基本经济订货批量。

存货基本经济订货批量通常是以一系列假设为前提的，这些假设包括：

① 一定时期对存货的需求量是能够确定的已知常量；

② 市场供应充足，需要时可立即得到补充，不存在缺货现象；

③ 存货能够集中到货，而非陆续入库；

④ 企业现金充足，不会因现金短缺而影响进货；

⑤ 存货单价不变，且为已知常量，不考虑现金折扣。

基于上述假设，存货相关总成本的计算公式为：

$$TC=F_1+\frac{D}{Q}\cdot K+DU+F_2+\frac{Q}{2}\cdot K_c$$

只要对上述公式求一阶导数，即可求出存货总成本TC的最小值，此时确定的订货批量即为基本经济订货批量，即：

$$Q^*=\sqrt{\frac{2KD}{K_c}}$$

根据基本经济订货批量（Q^*）模型，还可以进一步计算该批量下的其他相关指标。

存货总成本：

$$TC（Q^*）=\sqrt{2KDK_c}$$

最佳订货次数：

$$N^*=D/Q^*$$

最佳订货周期：

$t^*=360/N^*$

存货资金占用量：

$I^*=\frac{Q^*}{2}\cdot U$

【例8-12】远大公司2024年全年耗用甲材料1 200千克，每千克单价为80元，每次订货成本为150元，单位储存变动成本为4元。根据资料，计算甲材料的基本经济订货批量及其他有关指标。

依据题意，分析计算如下：

$Q^*=\sqrt{\frac{2\times 150\times 1\ 200}{4}}=300$（千克）

$TC（Q^*）=\sqrt{2\times 150\times 1\ 200\times 4}=1\ 200$（元）

$N^*=1\ 200\div 300=4$（次）

$t^*=360\div 4=90$（天）

$I^*=300\div 2\times 80=12\ 000$（元）

存货决策主要以经济订货批量决策为主，除此之外，在实务中，还可以采用其他一些手段，对存货实施日常管理，诸如：定额管理、归口分级管理、ABC分类管理、适时供应系统（JIT）控制等。

定额管理，就是通过核定生产经营过程中存货资金的占用定额来控制存货的一种手段，它需要分别确定原材料、在产品、产成品等存货的资金定额。

归口分级管理，是指在企业（公司）总部的领导下，以财务部门为核心，将所确定的各项存货资金定额指标，按职能部门所涉及的业务先归口，后分级，做到权责明确，落实到位。

ABC分类管理，是由意大利经济学家帕累托于19世纪首先提出来的，它是将全部存货根据耗用量的大小、金额的高低及重要程度，按金额标准，或者数量标准分为A、B、C三类，其中：A类存货品种数量占比较低（5%~10%），但资金量占比较高（70%左右），C类存货品种数量占比较高（50%~70%），但资金量占比较低（10%左右），介于A、C两类存货之间的可作为B类存货。对A类存货重点控制，B类存货一般控制，C类存货灵活掌握，总额控制。

适时供应系统，即JIT，是由日本丰田汽车公司副总裁大野耐一于20世纪70年代提出来的。JIT强调的是：“只在需要的时间，按需要的量，生产需要的产品。”也就是说，保证企业生产不中断不是依靠企业自己持有存货，而是依靠供应商的“准时”供应。与传统的存货控制相比，JIT要求最大限度地降低存货，零库存是JIT的最高目标。

4）应付账款决策

应付账款是企业赊购商品暂时未付款而形成的对卖方的负债。对于买方（融资方）来说，延期付款则等于向卖方借用资金购进商品，满足其对短期资金的需求。

应付账款决策包括应付账款融资成本和现金折扣利用两个方面。

（1）应付账款融资成本

应付账款融资按其是否支付代价，可分为“免费”融资和有代价融资两种。如果供应商提供的信用条件只规定信用期限，不提供现金折扣（如N/30），则购货方在信用期限（30天）内任何时间付款均无代价；如果供应商在提供信用期限的同时又规定了现金折扣期和现金折扣率，购货方在折扣期限内支付货款也没有融资代价；如果购货方虽然在规定的信用期限内付款，但却超过了规定的折扣期，则意味着放弃现金折扣的付款优惠，此时，利用应付账款融资便产生了代价。企业放弃现金折扣而产生的融资成本可以用放弃现金折扣的年成本率来表示。其计算公式为：

$$\text{放弃现金折扣的年成本率}=\frac{\text{现金折扣率}}{1-\text{现金折扣率}}\times\frac{360}{\text{信用期}-\text{折扣期}}\times 100\%$$

【例8-13】假设远大公司按“2/10，N/30”的信用条件购入货物一批，价值为100万元。如果该企业在10天内付款，可获得现金折扣2万元（100×2%），免费信用额为98万元（100-2）。如果该企业放弃折扣优惠，在10天后（不超过30天）付款，便要承受因放弃折扣而产生的筹资成本。该企业放弃折扣的年成本率可按上式计算如下：

$$\text{放弃现金折扣的年成本率}=\frac{2\%}{1-2\%}\times\frac{360}{30-10}\times 100\%=36.7\%$$

计算公式和计算结果表明，现金折扣率越大，放弃现金折扣的年成本率越高；现金折扣期越长，放弃现金折扣的年成本率越高。但是，信用期限越长，放弃现金折扣的年成本率则越低。

（2）现金折扣的利用

对于买方（融资方）而言，是否利用现金折扣需要一个简单的财务权衡，如果企业能以低于放弃现金折扣年成本率的利率借入短期资金，则应在现金折扣期内用借入的资金提前支付货款，享受现金折扣，反之，则应放弃；如果企业在折扣期内将应付账款所形成的资金来源用于短期投资，所得的投资收益率高于放弃现金折扣的年成本率，则应放弃现金折扣而去追求更高的收益；即使企业放弃现金折扣优惠是一个无奈的选择，也应将付款日推迟至信用期内的最后一天，以降低放弃现金折扣的成本。

对于持续正常经营的企业而言，应付账款融资是一种持续性的商业信用融资方式。这种融资方式不仅容易取得资金，而且在是否享受现金折扣方面也有较大的灵活性，同时，在融资规模上也可根据企业经营活动的变化而自动调节。但同时也应看到，应付账款融资不仅会产生融资成本，而且也存在一定的融资风险，尤其当企业过度延期支付时，可能会给企业带来信用损失、利息罚金支出，有时还会导致供货方停止供货，甚至还会利用某些法律手段迫使企业不得不寻求破产保护等。由此可见，应付账款融资决策不仅要结合其融资成本与是否利用现金折扣进行分析，还要对其风险进行分析与控制。

8.3.3　营运资本管理政策

营运资本管理政策包括营运资本融资政策和营运资本持有政策两个方面。

1）营运资本融资政策

（1）流动资产与流动负债的匹配关系

企业的流动资产一般分为临时性流动资产和永久性流动资产两部分。前者是指由于季节性或临时性等原因占用的流动资产，如季节性存货、经营和销售旺季增加的应收账款等；后者是指那些企业处于经营低谷仍需保留的，用于满足企业长期稳定需要的流动资产，如保险储备中的存货或现金等。与此相对应，企业的资本需求也分为临时性资本需求和永久性资本需求两部分。企业一般通过流动负债（短期负债）筹资满足临时性流动资产需要，通过长期负债和股权资本筹资满足永久性流动资产和固定资产的需要。流动负债又可进一步分为临时性负债和自发性负债，临时性负债一般可利用短期借款形成，自发性负债是直接产生于企业持续经营中的负债，如商业信用形成的应付账款和日常运营中产生的其他应付款、应付工资、应付利息、应付税金等。

（2）营运资本融资政策类型

营运资本融资政策，主要是就如何安排临时性流动资产和永久性流动资产的资金来源而言的，一般可分为以下三种类型。

①配合型融资政策

配合型融资政策的特点是：对于临时性流动资产，运用临时性负债筹集资金满足其资金需求；对于永久性流动资产和固定资产（统称永久性资产，下同），运用长期负债、自发性负债和权益资本筹集资金满足其资金需求。

配合型融资政策要求企业制订严密的临时负债筹资计划，以实现现金流动与预期安排相一致。在经营淡季和低谷阶段，企业除了自发性负债外应该没有其他流动负债，只有在临时性流动资产需求的高峰期，企业才举借各种临时性债务。

配合型融资政策的基本思想是：将资产与负债的期间相配合，以降低企业不能偿还到期债务的风险和尽可能降低债务资本成本。但是，事实上由于资产使用寿命的不确定性，往往达不到资产与负债的完全配合，一旦企业生产经营高峰期内的销售不理想，未能取得销售现金收入，便会面临偿还临时性负债的困难。因此，配合型融资政策是一种理想的、对企业资金使用水平要求较高的营运资本融资政策。

②激进型融资政策

激进型融资政策的特点是：临时性负债不仅可以解决临时性流动资产的资金需求，还可以解决部分永久性资产的资金需求。

由于临时性负债的资本成本一般低于长期负债和权益资本的资本成本，而激进型融资政策下，临时性负债所占比重较大，所以，该政策下的综合资本成本较低。但另一方面，为了满足永久性资产的长期资金需求，企业必然要在临时性负债到期后重新举债或申请债务展期，使企业更为经常地举债和还债，从而加大了筹资的困难和风险，甚至还可能面临由于短期负债利率变动而增加资本成本的风险。所以，这种政策是一种收益性和风险性均较高的营运资本融资政策，是比较冒险的选择。

③稳健型融资政策

稳健型融资政策的特点是：临时性负债只解决部分临时性流动资产的资金需求，另一部分临时性流动资产和全部永久性资产，则由长期负债、自发负债和权益资本作为资金来源。

该政策下，由于临时性负债所占比重较小，所以，企业无法偿还到期债务的风险较低，蒙受短期利率变动损失的风险也较低。然而，另一方面，却会因为长期负债资本成本高于临时性负债的资本成本，以及经营淡季仍需负担长期负债利息等原因，从而降低企业的收益。所以，该政策是一种收益性和风险性均较低的营运资本融资政策，是比较保守的选择。

一般来说，如果企业的管理基础比较好，财务管理水平比较高，驾驭资金的能力比较强，采用收益和风险配合得较为适中的配合型融资政策是较为有利的。

2）营运资本持有政策

根据流动性、收益性和风险性之间的权衡关系，通常可把营运资本的持有政策分为三种类型：

（1）宽松型的持有政策

该政策的特点是：企业保持一个较高的营运资本持有水平，以增强资产的流动性和偿债能力，降低风险，但同时也降低了企业的收益。它是一种双低类型的持有政策，即低风险、低收益。

（2）紧缩型的持有政策

该政策的特点是：企业保持一个较低的营运资本持有水平，以提高企业的收益，但同时也降低了资产的流动性和偿债能力，加大了企业的风险。它属于双高类型的持有政策，即高收益、高风险。

（3）适中型的持有政策

该政策的特点是：企业保持一个适中的营运资本持有水平，持有量既不过高，也不过低，流入的现金恰恰能够满足支付的需要，存货也恰好满足生产和销售所需。它将流动性、收益性和风险性很好地进行了权衡，做到了风险和收益适中。

在理论上，适中型的持有政策比较符合财务管理总体目标的要求，是一种理想的选择。但在实务中，由于营运资本的持有水平受销售规模、存货水平、应收账款周转速度等多种因素的影响。因此，企业应根据自身的具体情况和环境条件，选择一个较为适当的营运资本持有政策。

8.4 收益分配决策

收益分配决策是关于企业对其经营及其他所得进行分配或留存，以用于再投资的选择决策，它是财务管理决策的重要内容之一。无论是上市公司，还是非上市公司都存在收益分配的决策问题，尤其是上市公司。因此，科学制定收益分配政策，合理安排留存与分配之间的比例，不仅可以权衡投资、融资、分配，以及各利益相关者之间的关系，也有利于企业未来发展和价值最大化目标的实现。

8.4.1 收益分配的原则与程序

收益有税前收益和税后收益之分，税后收益亦称净利润或净收益。通常来讲，收益分配是指对企业净收益的分配。收益分配应遵循一定的原则和程序。

1）收益分配原则

企业收益的分配应遵循以下原则：

（1）依法分配原则

企业对收益进行分配时，其分配项目、分配比例、分配顺序等应符合国家相关政策法规的规定，依法进行分配。依法分配不仅是进行收益分配活动的前提，也是企业正确处理财务关系的准绳。

（2）资本保全原则

资本保全原则要求企业在进行收益分配时应首先保证资本的完整，不能因为收益分配的原因而减少企业的资本。确保向投资者分配的收益是投资者投入资本的增值部分，而不是投资者资本金的返还。这种资本保全措施不仅有利于企业承担风险和履行责任，也有利于企业有稳定的资本来持续经营和发展。

（3）兼顾各方利益原则

企业收益的分配涉及投资者、经营者及公司职工等各方面的利益，因此，企业必须统筹兼顾，制定合理的收益分配政策。既要考虑投资者的单边利益，又要兼顾其他利益相关者的合法权益，以确保企业内部财务关系的和谐稳定。

（4）分配与积累并重原则

在企业收益既定的情况下，分配与积累是矛盾的统一体。分配过多，会使企业失去可供未来发展的资金，丧失投资机会，减少收益；积累过多，会影响投资者的现实利益，使企业形象受损，打击投资者的信心。因此，收益分配应处理好积累与分配的关系，使企业的近期目标和长远发展得到更好的协调。

（5）投资与收益对等原则

企业向投资者分配收益时，应本着平等一致的原则，按照投资者投入资本的比例来进行，不允许发生任何一方随意多分多占的现象，防止大股东侵害中小股东的利益。这样才能真正做到收益分配的公平、公开、公正，有利于保护投资者的利益，提高投资者的积极性。

2）收益分配的程序

根据我国《公司法》的规定，企业收益分配应按以下顺序进行：

（1）弥补以前年度的亏损

企业以税前收益弥补亏损已达规定年限，剩余亏损可用税后收益继续弥补。

（2）提取法定盈余公积金

法定盈余公积金一般按当年税后净收益的10%计提，但若有亏损需要弥补，则以弥补亏损后的净收益为计提基数。

（3）提取任意盈余公积金

提取任意盈余公积金必须在提取法定盈余公积金之后，经股东大会或董事会决议，按照决议通过的比例提取。

（4）向股东（投资者）支付股利

向股东支付股利应按各股东的股份投资比例分配。原则上，企业无盈利不得支付股利，即所谓“无利不分”。但为了维护其股票信誉，经股东大会特别决议，也可用盈余公积金支付股利。

8.4.2 股利理论与股利政策

股利理论是研究股利分配与公司价值、股票价格之间的关系，探讨公司应当如何制定股利政策的基本理论。股利政策是以股利理论为支撑，确定公司的净收益如何分配的方针与策略。

1）股利理论

关于股利理论，不同的学派有不同的观点，其中最具代表性的有：

（1）股利无关论

股利无关论是由米勒和莫迪格莱尼于1961年首次提出的，即MM理论。

MM理论的基本假设是：①公司的投资者和管理层可同等获得关于未来投资机会的信息；②公司的投资决策与股利政策彼此独立；③不存在个人或公司所得税；④不存在任何证券发行或交易费用。

基于上述假设，MM理论认为，在一个完善的资本市场条件下，投资者对股利和资本利得并无偏好，股利政策不会影响公司的价值。在资本结构一定的条件下，公司价值是由既定投资决策的获利能力和风险水平决定的，与股利政策无关。

（2）股利相关论

与股利无关论持相反观点的股利相关论认为，股利政策与股票价格密切相关，对公司价值会产生重大影响。持这种观点的理论主要有：

①“一鸟在手”理论

“一鸟在手”理论的主要代表人物是麦伦·戈登和约翰·林特纳。该理论认为由于风险的存在，投资者对现金股利收益与资本利得收益是有偏好的，出于对风险的回避，大部分投资者更偏向于现金股利收益，他们宁愿现在收到较少但确定的现金股利，也不愿意等到未来收到可能较多但风险较大的资本利得好处。现金股利收益好比在手之鸟，抓在手中是飞不掉的，正所谓“双鸟在林，不如一鸟在手”。

②差别税收理论

差别税收理论是由莱森伯格和拉姆斯韦于1979年提出的。该理论认为，MM理论中关于不存在个人或公司所得税这一假设是不成立的。在现实生活中，这两种税都是存在的。一般来说，现金股利收入的税率高于资本利得的税率，这使得资本利得对于股东更为有利。即使现金股利与资本利得按相同的税率征税，但两者的支付时间不同，现金股利纳税是在收取股利的当时发生，而资本利得纳税只有在股票出售时才发生。因此，当存在税收差异时，企业采取高现金股利政策会损害股东的利益，而采取低现金股利政策则会提升股价，增加企业的价值。

③代理成本理论

代理成本理论认为，在现代企业中，股东与经理人之间、股东与债权人之间、控股股东与中小股东之间是存在利益冲突的。一方面，股东希望采取高现金股利政策，通过提高现金股利支付率，以减少经理人可自由支配的现金流量，从而减少股东和经理人之间的利益冲突，降低代理成本。另一方面，随着高额现金股利的支付，不仅减少了公司现金流量，增加了债权人风险，而且也使公司内部留存收益减少，增加了外部筹资成本；同时，控股股东也会利用其持股比例的优势控制董事会和管理层，利用其在公司中的控制权侵占公司利益，损害中小股东利益。通过提高现金股利，可以减少控股股东可支配的资本，降低掏空对公司利益的损害，从而保护中小股东的利益。由此可见，代理理论主张提高现金股利支付，不仅可以降低代理成本，提高公司价值，而且也有利于保护中小股东利益。但是，这种高现金股利支付也会带来外部筹资成本增加和股东税负增加的问题。因此，在实践中，需要在降低代理成本与增加筹资成本和税负之间权衡，以制定出符合股东利益的股利政策。

除上述比较有代表性的股利理论之外，还有诸如信号传递理论、客户效应理论等。

【小资料8-2】　双重股权结构[①]

双重股权结构是指上市公司将股票设置为高和低两种投票权。高投票权的股票有90%的表决权，每股具有2~10票投票权，主要由高级管理者持有。低投票权股票由一般股东持有，其投票权只占高投票权股票的10%或者更少，甚至没有投票

① 张继德. 双重股权制度在我国实施的路径探讨［J］. 财务与会计，2018（7）.

权。双重股权制度是公司管理者通过分离现金流和控制权而对公司实行有效控制的一种手段。

2）股利政策

公司制定股利政策，既要考虑影响和制约股利政策的因素，又要合理选择适合自身情况的股利政策类型并加以实施。

（1）股利政策的影响因素

一般来说，影响股利政策的因素主要有：法律因素、公司自身因素、股东因素、其他因素等。

①法律因素

为了保护股东和债权人的利益。各国法律（如公司法、证券法等）都会对公司的股利分配进行一定的限制，这些法律限制包括：第一，资本保全限制，即规定公司不能用包括股本和资本公积等在内的资本发放股利，以保证资本的安全完整；第二，公司积累的限制，即规定公司必须按净收益的一定比例提取法定盈余公积金，以增强企业抵抗风险的能力；第三，净收益限制，即规定公司的净收益必须是在以前年度的亏损得到足额弥补后还有剩余的情况下，才能用于发放股利，以防止侵蚀权益资本；第四，偿债能力限制，即规定公司分配股利时，必须保持充分的偿债能力，以维护债权人的利益；第五，超额累积利润限制，即规定公司的留存收益如果超过法律许可的范围，将被加征额外税款，以防止利用累积利润使股价上涨来帮助股东避税。

②公司自身因素

公司出于自身的财务需要，也存在一些限制股利分配的因素，这些财务限制包括：第一，资产的流动性。公司资产的流动性越好，变现能力越强，支付现金股利的能力越强。第二，盈余的稳定性。公司未来盈利能力越强，盈利的稳定性越好，就越倾向于采用高股利支付率政策，反之，则要采用低股利支付率政策。第三，举债能力。如果公司能够较容易地在资本市场上筹集到资本，未来举债筹资能力较强，就可以采取比较宽松的股利政策，适当提高股利支付水平，反之，则应采取较紧的股利政策。第四，现金持有量。公司是支付现金股利还是股票股利，在很大程度上受制于现金持有量，如果公司的现金持有量不充足，就会影响现金股利的支付水平。第五，投资机会。如果公司未来有较高回报的良好投资机会，则可考虑少发放现金股利，多增加留存，以满足投资所需。反之，可适当多发放现金股利。第六，资本成本。与发行新股筹资相比，公司利用留存收益筹资，其资本成本较低。如果公司未来有扩大资金的需要，则应采取低股利政策。第七，债务需要。如果公司具有较多债务偿还需要的话，也应尽量减少当期的股利支付。

③股东因素

股东出于自身经济利益的需要，对于股利分配也有一定的限制要求，来自股东的限制包括：第一，稳定的收入。公司留存收益过多，将会使股东收益减少，同时，资本利得又具有很大的不确定性。因此，对于要求稳定股利收入的股东而言，则希望多分得股利。第二，合理避税。许多国家的个人所得税税率采用累进税率，属于高收入阶层的股东为了避税往往反对公司发放较多的现金股利，属于低收入阶层的股东因个人税负较轻，则欢迎公司多分股利。我国税法规定，现金股利按20%的税率征收个人所得税，而股票交易尚未征收资本利得税。第三，控制权。公司举债筹资，虽然增加了财务风险，但却不会改变股东的控制权，一旦通过增募股本筹资，而现有的股东又没有足够的现金认购新股，他们的控制权就可能被稀释，因此，他们宁可公司不分配股利也不支持增募新股。

④其他因素

影响股利政策的其他因素包括债务合同的限制和通货膨胀等。例如，在公司的长期债务合同中，往往有限制公司现金支付程度的条款，使得企业只能采取低股利政策。又如，由于通货膨胀的原因，折旧基金的购买力水平下降，企业没有足够的资金来源重置固定资产，企业只能采取偏紧的股利政策。

（2）股利政策的类型与实施

在实务中，常见的股利政策类型主要有：

①剩余股利政策

剩余股利政策的基本思想是，在不改变公司最优资本结构的情况下，将企业的净收益首先用于报酬率超过资本成本的投资项目上，在满足了这些投资项目的资金需要之后，才将剩余的部分作为股利发放给股东，多剩多发，少剩少发，不剩不发。

剩余股利政策实施的基本程序是，首先，设定目标资本结构，即债务资本与权益资本各自的比例；其次，确定目标资本结构下投资所需的权益资本数额；再次，确定使用留存收益对投资所需权益资本的满足程度；最后，确定投资所需权益资本得到满足后的剩余，并将其作为股利发放给股东。

【例8-14】假设远大公司2024年提取公积金后的税后净收益为800万元，预计2025年的投资计划需要资金1 000万元。该企业目标资本结构为：权益资本占70%，负债资本占30%。试按剩余股利政策确定股利发放额。

依据题意，分析如下：

预计投资所需的权益资本=1 000×70%=700（万元）

股利发放额=800-700=100（万元）

采用剩余股利政策的理由是：不仅考虑了公司积累和未来发展的需要，而且也能使公司在目标资本结构下综合资本成本最低。但该政策容易导致各期股利忽高忽低，极不稳定。

②固定或稳定增长的股利政策

固定或稳定增长股利政策的基本思想是：公司将每年发放的每股股利固定在某

一特定的水平上，并在较长时间内保持不变，只有当公司认为未来收益会显著、不可逆转地增长时，才提高年度的股利发放额，并继续保持较长时间的稳定，等待下一次收益增长高峰的到来，再考虑适当提高股利。在持续经营过程中，公司股利的发放始终是在固定与增长中交替变换的。

采用该政策的理由是：它不仅可以向市场或投资者传递公司经营状况稳定且增长的信息，树立公司的良好形象，有利于股票价格的稳定，而且也有利于投资者有规律地安排股利收入和支出。但该政策极易导致股利支付与公司收益脱节，在资金短缺时，出现财务困境。

③固定股利支付率政策

固定股利支付率政策的基本思想是：公司将每年净收益的固定百分比作为股利发放给股东，这个固定百分比即固定股利支付率。股利支付率一经确定，各期保持不变，各期股利发放额随各期收益的变动而变动，收益高的年份股利发放额较高，收益低的年份股利发放额较低。

采用该政策的理由是：它可以使公司的股利支付与收益状况紧密衔接，真正体现多盈多分、少盈少分、不盈不分的股利分配原则。但这种政策由于股利支付极不稳定，可能向市场或投资者传递公司经营不稳定的信息，不利于树立公司良好形象，容易动摇投资者的信心，导致股价下跌，不利于实现公司价值最大化。

④低正常加额外股利政策

低正常加额外股利政策的基本思想是：公司每年都向股东支付固定的、较低的正常股利，当公司收益较多、资金较为充裕时，再根据实际情况向股东发放额外股利，但额外股利并不固定，也不意味着公司永久地提高了规定的股利率。它是一种介于固定股利政策与变动股利政策之间的折中政策。

采用该政策的理由是：它具有较大的灵活性，可使公司具有较大的财务弹性，尤其是对那些收益水平在各年之间波动较大的公司，提供了一种较为理想的股利分配政策。它不仅克服了固定股利政策、固定股利支付率政策的缺点，而且也兼顾了股东稳定收入与股价的稳定、股利支付与收益的配合。它是一种集稳定性与灵活性于一体的股利政策，因而为许多企业所采用。

以上各种股利政策各有所长，公司在进行股利分配时，应充分理解各种股利政策的基本思想，制定适合自己实际情况的股利分配政策。

8.4.3 股利支付程序与支付方式

股利支付程序是股利政策具体实施的阶段，公司发放股利必须遵循一定的法律程序。与此同时，公司进行股利支付必须选择合适的方式。

1）股利支付程序

股利支付程序是公司向股东支付股利的过程。按我国《公司法》的规定，公司向股东支付股利应按以下程序进行：

（1）股利宣告日

股利宣告日即股东大会决议通过并由董事会宣告发放股利的日期。宣告的内容包括股利分配的年度、分配的范围、分配的方式、分配现金股利的金额或股票股利的数量，并公布股权登记日、除息日、股利支付日。

（2）股权登记日

股权登记日是有权领取本期股利的股东资格登记截止的日期。只有在股权登记日之前登记在册的股东才有资格分享本期股利。

（3）除息日

除息日也称除权日，是指领取股利的权利与股票彼此分开的日期。投资者只有在除息日之前购买股票，才能领取本次股利，在除息日当天或以后购买股票，则不能领取本次股利。之所以有这样的规定，是因为股票交易后，办理过户登记手续是需要时间的。在西方国家，按照证券业的传统惯例，除息日一般确定在股权登记日的前2个工作日或前4个工作日。目前，电子技术的应用使交割过户非常快速，除息日也可定为股权登记日的下一个工作日。

（4）股利支付日

股利支付日是公司将股利正式支付给股东的日期。在这一天，公司将股利邮寄给股东或直接打入股东在证券公司开立的资金账户。

【例8-15】远大股份有限公司2025年5月20日召开的股东大会已经审议通过了2024年度的股利分配方案。该公司于2025年6月18日正式宣告，公司将于2025年7月1日向截止到2025年6月24日上午上海证券交易所收市后在中国证券登记结算有限责任公司上海分公司登记在册的全体股东，每10股派发现金红利2元。

本例中，2025年6月18日为股利宣告日；2025年6月24日为股权登记日；2025年6月25日为除息日；2025年7月1日为股利支付日。

2）股利支付方式

公司向股东派发股利的形式一般有现金股利、财产股利、负债股利和股票股利等，我国有关法律规定，公司只能采用现金股利和股票股利两种形式。

（1）现金股利

公司支付现金股利亦称派现，是指公司直接用现金来支付股利，是公司股利支付的主要形式。公司支付现金股利除了要有足够的留存收益外，还要有足够的现金流量。

（2）财产股利

财产股利是公司以现金以外的资产支付的股利，主要是以公司所拥有的其他企业的有价证券，如股票、债券等，作为股利支付给股东。

（3）负债股利

负债股利是公司以负债方式支付的股利，通常以应付票据支付给股东，在不得已的情况下也可以发行公司债券抵付股利。

财产股利和负债股利实际上是现金股利的替代，目前，在我国公司实务中很少使用，但并非法律所禁止的。

（4）股票股利

股票股利是公司利用增发股票代替现金而向股东支付的股利。它是根据现有股东所持股份的比例和公司规定的股票股利发放率来分配每个股东应得的新股的数量。发放股票股利，既不影响公司的资产和负债，也不增加股东权益总额，对股东财富没有任何改变，所以说股票股利不是实质性的资金使用。股票股利只是资本在股东权益内部的转移或调整，将公司未分配利润转为股本，在增加了股份数量和股本的同时，引起公司股东权益结构的改变，并由此使每股收益、每股市价和每股净资产降低，但股东持股比例保持不变。

【例8-16】假设远大上市公司发放股票股利前，股东权益数据见表8-8。

表8-8 **股东权益简化表** 单位：元

项　目	金　额
股本（10万股，每股面值1元）	100 000
资本公积	400 000
盈余公积	500 000
未分配利润	1 000 000
股东权益合计	2 000 000

假设远大公司以每10股送1股，即按10%发放股票股利，远大公司本年净收益为180万元，当前股票市价为20元/股。某股东原持有股份为10 000股。

试对该公司发放股票股利进行操作，并进行发放前后的比较。

依据上述资料分析如下：

公司增发股票数量=100 000×10%=10 000（股）

从未分配利润中转出资金=10 000×20=200 000（元）

其中：

转入股本部分=10 000×1=10 000（元）

转入资本公积部分=200 000-10 000=190 000（元）

发放股票股利后，股东权益见表8-9。

表8-9 **发放股票股利后股东权益表** 单位：元

项　目	金　额
股本（11万股，每股面值1元）	110 000
资本公积	590 000
盈余公积	500 000
未分配利润	800 000
股东权益合计	2 000 000

由此可见，发放股票股利，并未引起股东权益总额的改变，但改变了股东权益内部结构。

发放股票股利前后有关指标对比分析见表8-10。

表8-10　**股票股利发放前后对照表**　金额单位：元

项　目	发放前	发放后
股票数量（股）	100 000	110 000
股本总额	100 000	110 000
每股收益	1 800 000÷100 000=18	1 800 000÷110 000=16.36
每股净资产	2 000 000÷100 000=20	2 000 000÷110 000=18.18
每股市价	20	20÷（1+10%）=18.18
市价总值	100 000×20=2 000 000	110 000×18.18=1 999 800
持股比例	10 000÷100 000×100%=10%	11 000÷110 000×100%=10%

从上述分析可以看出，发放股票股利后，除股票市价总值和股东持股比例保持不变外，其他各项均发生了变化。

在实践中，发放股票股利对公司和股东都有着特殊的意义，对公司的意义在于：首先，发放股票股利避免了现金流出，可将留存的现金用于再投资，满足企业长期发展需要；其次，发放股票股利可以降低股价，从而吸引更多的投资者；再次，发放股票股利可以传递公司将会持续发展的信息，从而提高投资者的信心，稳定股票价格，但在某些情况下，发放股票股利也可能被认为是公司资金周转不灵的征兆，从而降低投资者的信心，加剧股价的下跌。

发放股票股利对股东的意义在于：首先，发放股票股利后，股价并不成比例下降。一般在发放少量股票股利后，大体不会引起股价的立即变动，这可使股东得到股票价值相对上升的好处；其次，发放股票股利通常是成长中的公司的行为，这预示着公司将会有较大发展，利润将大幅度上升，这种利好信息足以消除增发股票带来的不利影响，从而保持股价稳定甚至略有上升；最后，股东需要现金时，不仅可以通过出售分得的股票股利得到现金，而且还可以获得税负上的好处。

总结与结论

▶资本投资是指具有资本支出属性的投资，即项目投资。资本投资决策的关键问题是估计现金流量和选择评价指标。投资项目的现金流量包括现金流出量、现金流入量，以及现金净流量；投资项目的评价指标包括投资回收期、会计收益率、净现值、现值指数和内含报酬率。

▶正确估计投资项目的现金流量应重点关注的问题是：注意区分现金流量与会计利润；使用未来价格和成本；区分相关与非相关成本；关注附加效应影响；确定制造费用归属；考虑折旧和所得税的影响以及利息费用的处理。在充分关注上述问题后，应对项目的初始现金流量、经营现金流量和终结现金流量分别估计。

▶无论采用贴现指标还是采用非贴现指标对投资项目进行评价，对某一特定项目或方案而言，只要项目指标值大于或小于设定的基准值，即可视为项目可行，反之，则不可行。对于互斥项目的选择，应以项目指标值最大者或最小者为最优。

▶投资项目是有风险的，其风险一方面来自项目本身，另一方面来自各种外部因素。

▶企业融资是一种筹措资本的财务行为。融资动机、融资渠道、融资方式，以及融资的类型等是企业融资的主要内容。融资决策既包括融资方式的选择和融资成本的估计，也包括融资风险分析和融资结构优化等。

▶融资渠道是企业取得资金的来源通道，融资方式是企业取得资金的具体形式。企业从不同渠道，以不同的方式取得的资金，一部分形成了企业的债务资本，另一部分形成了企业的权益资本。企业融资既可以满足创办新企业的需要，又可以满足正常经营和扩充的需要。

▶融资成本包括个别资本成本、综合资本成本和边际资本成本。不同的资本成本内涵可以满足不同的融资成本决策要求。个别资本成本可用于单个融资方式的选择，综合资本成本可用于组合筹资的选择，边际资本成本可用于追加筹资的选择。

▶融资风险是企业因为使用债务融资而形成的一种财务风险，财务风险的大小可利用财务杠杆来衡量。财务杠杆系数是普通股每股收益变动率相当于息税前利润变动率的倍数。财务杠杆系数越大，财务风险越大。

▶融资结构即资本结构，主要是指企业长期资本的构成及比例关系。最优资本结构是能够使综合资本成本最低、公司价值最大的资本结构。最优资本结构的决策根据适用条件不同，可分别采用资本成本比较法、无差别点分析法和企业价值法等。

▶营运资本主要是指狭义的营运资本，它是流动资产与流动负债的差额。营运资本的管理决策主要包括现金、应收账款、存货和应付账款的持有量和日常的管理。

▶营运资本的特点是来源具有多样性、数量具有波动性、周转具有短期性、实物形态具有转化性。营运资本的管理内容包括流动资产和流动负债两个方面。

▶现金管理的目标是通过流动性和收益性的权衡，确定一个合理的现金持有量，以提高现金的使用效率。根据不同的假设条件，结合现实需要，企业现金持有量可采用现金周转模式、成本分析模式、存货模式和随机模式等确定。

▶应收账款管理应围绕着应收账款控制目标、信用成本，以及信用政策的选择与实施等问题来进行。其中，信用政策分析是关键。

▶存货管理应正确确定存货相关成本，合理确定存货采购批量、合理库存量、合理存货资金占用量等，是存货决策的关键所在。

▶应付账款管理主要涉及应付账款融资成本和现金折扣政策的利用与选择。

▶收益分配主要是对净收益的分配。收益分配应遵循依法分配原则、资本保全原则、兼顾各方利益原则、分配与积累并重原则、投资与收益对等原则。收益分配应依次按弥补亏损、提取法定盈余公积金、提取任意盈余公积金、支付普通股股利的顺序进行。

▶股利理论是研究和探讨股利分配与公司价值、股票价格之间关系的理论，具有代表性的股利理论包括股利无关论、“一鸟在手”理论、税差理论，以及代理成本理论等。公司应以股利理论为支撑制定股利政策，在制定股利政策过程中，应考虑包括法律、公司自身、股东及其他方面等在内的一系列影响因素，在此基础上，选择适合公司实际情况的股利政策。股利政策类型包括剩余股利政策、固定或稳定增长股利政策、固定股利支付率政策和低正常加额外股利政策，各种股利政策各有所长。

▶股利支付程序主要是确定与股利分配有关的几个具体日期，包括股利宣告日、股权登记日、除息日和股利支付日；股利支付方式是股利支付所采用的具体形式，包括现金股利、财产股利、负债股利和股票股利等，其中，现金股利和股票股利应用比较普遍。

即测即评

二维码8-6

即测即评

思考题

1.投资项目的现金流量是如何构成的？估计投资项目现金流量时应注意哪些问题？如何估计？

2.折现评价指标主要有哪几个？运用这些指标进行评价的决策规则是什么？指出各种评价指标的优缺点。

3.既然净现值决策规则优于其他规则，那么，是不是说对所有投资项目只使用净现值指标进行分析就可以了？为什么还要使用现值指数和内含报酬率指标？

4.企业融资的动机是什么？融资渠道与融资方式是什么关系？

5.从资本成本的角度来看，如何进行融资决策？融资决策进行资本成本分析有何现实意义？

6.何谓财务杠杆？为什么说财务杠杆是一把“双刃剑”？财务杠杆是如何衡量财务风险的？

7.何谓资本结构？使用资本成本比较法、无差别点分析法和企业价值分析法决策资本结构有何异同之处？

8.何谓营运资本？你认为哪种营运资本持有政策较为理想？为什么？

9.营运资本有哪些特点？其管理内容和原则是什么？

10.企业持有现金的动机是什么？用于确定最佳现金持有量的各种模型在应用上有何不同？

11.应收账款的管理目标是什么？信用政策包括哪些主要内容？如何进行信用条件分析？

12.营运资本融资政策有哪几种类型？应付账款融资应主要考虑哪些问题？

13.常见的股利政策类型有哪些？你认为公司的股利政策是否必须保持稳定？如何评价股利政策是否合理？

14.发放股票股利对公司、对股东分别会产生怎样的影响？

练习题

1.远大公司2025年初投资100万元兴建某项目，该项目使用期限为5年，预计未来5年每年的经营状况如下：

（1）营业收入120万元；

（2）营业成本95万元（含折旧10万元）；

（3）所得税税率25%；

（4）预计最低投资报酬率为8%。

二维码8-7

练习题参考答案1

要求计算：

（1）投资回收期；

（2）会计收益率；

（3）净现值。

2.某企业2024年投资15 500元购入一台设备，该设备预计残值为500元，可使用3年，按直线法折旧。设备投产后每年销售收入增加额分别为10 000元、20 000元和15 000元。除折旧外的费用增加额分别为400元、12 000元和5 000元。假设所得税税率为25%。要求的最低报酬率为10%，目前的年税后利润为20 000元。

二维码8-8

练习题参考答案2

要求：

（1）假设企业经营无其他变化，预测未来3年每年的税后利润；

（2）计算该投资方案的净现值。

二维码8-9

练习题参考答案3

3.假定ABC公司认为任何时候其现金余额都不可低于2 000元，并根据以往的经验测算出现金余额波动的标准差为1 000元，每当现金有多余时则投资于有价证券，相反则出售有价证券。现金到有价证券的转换每次固定转换成本为60元，假定有价证券的年利率为12%。那么，当该公司的现金余额达到控制上限时，将以多少现金去投资有价证券？

4. 某企业以往的销售方式为现金交易，每年销售产品12万件，单价为15元，变动成本率为60%，固定成本10万元，企业尚有40%的剩余生产能力，现准备通过给客户一定的信用政策，以期达到扩大销售的目的。经过测试可知：如果信用期限为30天，可以增加销售25%，坏账损失率为2.5%，收账费用为22 000元；如果信用期限为60天，可以增加销售32%，坏账损失率为4%，收账费用为30 000元。假定资金成本为20%。

要求：做出采用何种信用期限的决策。

二维码8-10

练习题参考答案4

5. 甲、乙两家企业除资本结构外，其他条件均相同，甲企业资本100万元，均为普通股，每股面值100元；乙企业资本100万元，其中，普通股50万元，每股面值100元，负债50万元，年利率8%。息税前利润均为10万元，假定所得税税率均为30%。

要求：若甲、乙两企业的息税前利润均增加到20万元，其财务杠杆系数各是多少？

二维码8-11

练习题参考答案5

6. 某公司目前发行在外的普通股为100万股，每股面值1元，已发行10%利率的债券400万元。该公司打算为一个新的投资项目融资500万元，新项目投产后公司每年息税前利润增加到200万元。现有两个方案可供选择：按12%的利率发行债券（方案一）；按每股20元发行新股（方案二）。假定公司适用25%的所得税税率。

要求：

（1）计算两个方案的每股收益；

（2）计算无差别点息税前利润；

（3）计算两个方案的财务杠杆系数；

（4）判断哪个方案更好。

二维码8-12

练习题参考答案6

7. 某公司以50%的资产负债率作为目标资本结构，公司当年的税后利润为500万元，预计公司未来的总资产要达到1 200万元，现有的权益资本为250万元。

要求采用剩余股利政策：

（1）计算当年股利支付率；

（2）计算在市盈率为10、每股收益为2元的条件下增发股票数。

二维码8-13

练习题参考答案7

案例分析题

海天味业应收账款为零的背后①

在我国调味品行业中，有许多规模较大、知名度较高的企业，诸如：梅花生物、中炬高新、恒顺醋业、加加食品、莲花健康和海天味业等，海天味业是其中的

① 穆林娟，贾英然．海天味业应收账款为零的背后［J］．财务与会计，2018（1）．

佼佼者。

广东省佛山市海天味业食品股份有限公司（以下简称海天味业）是调味品行业的龙头。该企业与同行业大多数企业不同的是，从2010年起一直到2016年连续7年应收账款为零。而同行业的5家企业在这7年中应收账款的平均值分别为：4.39亿元、0.5亿元、0.89亿元、0.39亿元、4.65亿元。海天味业不仅没有应收账款，而且还可以预收经销商的货款，从2010年到2016年连续7年各年的预收账款分别是：7.23亿元、7.85亿元、16.49亿元、17.36亿元、20.22亿元、11.19亿元、18.09亿元，平均预收账款高达14.06亿元。海天味业流动负债的平均值是25.24亿元。预收账款平均值占流动负债平均值的比例约为56%。

尽管海天味业的应收账款为零，但是其收入、净利率、毛利率每年都稳步增长，并且显著高于同行业水平。仅2016年海天味业就实现营业收入124.59亿元，毛利润54.75亿元，净利润28.43亿元。这说明海天味业的盈利能力并没有受到紧缩的信用政策的影响。

分析：

二维码8-14

案例分析题提示

（1）何谓商业信用？它包括哪些内容？能帮助企业解决什么问题？

（2）对海天味业采取的信用政策做出评价。

（3）海天味业应收账款为零的积极意义是什么？

（4）海天味业应收账款为零的隐患是什么？

（5）本案例对你有何启示？

第9章 财务控制

学习目标

学习本章，学生们应能掌握财务控制的含义；理解财务控制的本质和特征；了解财务控制的目标；熟悉财务控制的主体和客体；理解财务控制的原则；了解财务控制的意义；熟悉财务控制的类型；掌握财务控制的方法；掌握资产控制、负债控制、所有者权益控制、收入控制、费用控制和利润控制的内容；理解六大会计要素控制的特点和控制目标。

导言

在管理学当中，控制一直是管理的一个重要职能和组成部分，因此，财务控制在管理控制中具有相当重要的地位。它是财务管理的重要环节，并与财务预测、财务决策、财务分析等一起构成财务管理系统。本章主要讲述与财务控制有关的内容，包括财务控制的含义、本质和特征；财务控制的主体和客体；财务控制的原则和意义；财务控制的类型和方法；以及资产控制、负债控制、所有者权益控制、收入控制、费用控制和利润控制的内容、特点及控制目标等。

9.1 财务控制概述

9.1.1 财务控制的含义

1）财务控制的定义

财务控制是内部控制的重要组成部分，也是财务管理体系的重要环节。从管理的角度理解，财务控制就是从财务管理的角度实施管理控制。这是因为，内部控制所涉及的企业活动都是与企业的财务资源有关的，在内部控制的过程中，计划的制订、控制标准的设定以及对控制效果的评价等都与财务活动密不可分，因此，财务控制是内部控制的重要组成部分。

从财务管理的环节来看，财务管理主要分为财务预测、财务决策、财务计划、财务控制与财务分析，而财务控制在整个财务管理环节中起到了承上启下的作用。以财务预测和决策为基础的财务计划最终需要通过执行来完成，而要使实际执行情况达到预期的计划或目标，必须要有相应的财务控制作为保证；对于财务分析，其分析的对象就是财务活动的实际执行情况，是对财务控制效果的评价，并为下一轮财务控制反馈相关信息。

很多权威词典都对与财务控制相关的概念进行了阐述，尤其对内部财务控制的解释逐渐趋同[①]。

按照 COSO（The Committee of Sponsoring Organizations of the Treadway Commission）报告，内部控制被定义为，“内部控制是由企业董事会、管理层以及其他员工为达到财务报告的可靠性、经营活动的效率和效果、相关法律法规的遵循等三个目标而提供合理保证的过程”。

按照《会计辞海》的解释，内部财务控制是指以政策、制度、计划（或目标）为依据对财务活动进行约束、指导和干预，使之符合原定要求的管理过程。

按照《新会计大词典》的解释，内部财务控制一般是指对企业、事业、行政单位各项财务活动，按照财务计划的要求进行严格监督，把财务活动限制在计划规定的范围之内。发现偏差，及时进行纠正，不断总结经验，改进工作，从而保证财务计划的实现。

按照《现代会计百科辞典》的解释，内部财务控制是利用财务反馈信息影响与调节财务活动，使之按照预定目标运行的过程。

综上所述，本书将财务控制定义为：财务控制是指财务控制主体以法律、法规、制度、财务目标为依据，通过对财务活动进行约束、指导和干预，使之按既定的计划进行，确保企业战略目标实现的过程。它是内部控制的重要组成部分，是财务管理的重要环节，并与财务预测、财务决策、财务分析等一起构成财务管理系统。

2）财务控制的本质和特征

（1）财务控制的本质

财务控制就是对评估过程中发现的实际执行情况与控制标准之间的不利差异进行及时矫正或纠正[②]。控制的本质在于纠正偏差，这是保证控制标准和控制目标实现的关键，也是决定控制质量的根本要素。

但并不是任何偏差都需要采取更正措施，也不是任何人都能采取更正措施，只

---

① 韦德洪，张星文．财务控制学［M］．北京：国防工业出版社，2009：8.
② 张先治．财务学概论［M］．大连：东北财经大学出版社，2006：88.

是在偏差较大，并且影响到目标实现时才需要采取行动，也只有被授予权力的人员才能够采取行动。采取更正行动之前，必须仔细分析偏差产生的原因，这些原因可能包括计划目标制订错误、计划和组织不适应、人员不称职或培训强度不足、设备及技术条件的影响等，因此，着眼点应放在如何采取更正措施以防止今后偏差的再次发生上。

纠正偏差根据控制程度要求可分为“松控制”和“紧控制”。“松控制”通常是指允许实际报告与控制标准之间有较大的不利偏差（如5%）时才进行纠正；而“紧控制”是指当实际报告与控制标准之间有较小的不利偏差（如2%）时就要进行纠正。

（2）财务控制的特征

第一，财务控制是一种价值控制。它主要是借助价值手段进行控制。各项财务控制方法，不论是责任预算、责任报告、业绩考核、风险管理，还是企业内部各机构和人员之间的相互制约关系，都需要借助价值指标和价值手段进行衡量。

第二，财务控制是一种综合控制。因为财务控制是以价值形式为控制手段，将各种性质不同的业务综合在一起，因而财务控制并不是针对某一具体业务活动的分散控制，它不仅可以将各种性质不同的业务综合起来进行控制，也可以将不同岗位、不同部门以及不同层次的业务活动综合起来进行控制，因此，财务控制是一种综合控制，其控制内容都能够归结到各种综合价值指标上。

第三，财务控制是一种动态控制。财务控制应该随着企业环境、经营重心的变化而变化，并不要求企业的经营活动必须与战略或预算严格保持一致，这样才能够使公司适应外部环境的变化，同时，也能够提高财务控制的适应性和有效性。

第四，财务控制是一种系统控制。财务控制并不是针对某一具体业务活动的分散控制，它实际上是存在于企业经营中的一系列控制活动，并且与企业经营过程结合在一起，促使经营过程正常运转和持续进行。

3）财务控制的总体目标

财务控制的总体目标是在确保法律法规和规章制度贯彻执行的基础上，优化企业整体资源的综合配置效益。制定财务控制目标，进行财务控制活动是企业理财活动的关键环节，也是确保实现理财目标的根本保证，因此，财务控制的总体目标与企业理财的总体目标应保持一致。

财务控制的总体目标包括：确保国家法律法规和企业内部规章制度的贯彻执行，确保实现企业的战略经营目标，保护企业财产的安全完整，确保提供的财务信息真实可靠，确保企业能够及时发现风险，并采取相应的措施对风险进行控制和管理等。

9.1.2　财务控制的主体与客体

1）财务控制的主体

财务控制的主体是对财务控制起决定作用的参与者，也就是财务控制的实施者。

按照委托代理理论，公司的股东、管理者、员工之间都存在着委托-代理关系，因此，财务控制的主体并不是一个简单的部门或个人，而应该是一个系统，即以公司董事会为中心，各级经营管理者为补充，由财务部门实施具体措施的综合的多层次的系统。

财务控制系统中的核心主体是公司的董事会。在现代企业制度下，公司法人治理结构框架的一个重要特点就是董事会强化对经营者的财务约束和控制。根据我国《公司法》有关规定，董事会由创立大会或股东大会选举产生。公司治理结构以董事会为中心构建，董事会对外代表公司进行各种活动，对内管理公司的财务和经营，只有董事会才能全方位负责财务决策与财务控制，从本质上决定公司的财务状况。

公司各级经营管理者是公司财务控制体系内的第二层次主体。在分权制下，公司经营管理者会将一部分财产交给下级经营管理者进行经营管理，也就出现了内部多层次经营管理的分权，从而出现了上级管理者和下级管理者之间、管理者与员工之间的委托-代理关系。因此，公司各级经营管理者有必要对下级进行约束和控制，以确保公司财产的安全完整、财务信息的真实可靠以及公司战略目标的实现，而这些活动也是公司整体财务控制活动的一个组成部分。

财务部门是财务控制的具体实施主体。在企业的经营活动中，财务部门处在企业管理的中心环节，企业活动的各个环节都要经过会计环节转化为会计信息，而财务人员处于全面掌握企业各种经济活动和企业财务状况的重要环节。通常情况下，财务部门的职责包括：财务制度建设、会计核算、资金管理、预算与成本费用管理、风险管控、绩效管理，并要完成公司领导交办或其他部门临时需要协助的工作。而上述内容，都是财务控制系统中必不可少的组成部分。

2）财务控制的客体

财务控制的客体是指财务控制的对象或要素。财务管理是对企业发生的各种财务活动以及在财务活动中所涉及的财务关系进行的管理。相应地，财务控制应控制的客体就是企业的财务活动及各种财务关系。

（1）财务活动

财务活动的载体是各种不同的财务资源，如资金、技术、信息、人力等，因此，在财务活动中，财务控制的客体通常是指包括人力资本和财务资本在内的企业资本以及与其相对应的资产。

人力资本强调的是人力资源在生产过程中的使用。当把人力资源作为获取利润的手段时，其就被赋予了人力资本的内涵。人力资本的载体是人力资本的真正所有者，即劳动力。人力资本的价值与财务资本有着截然不同的区别，因为人力资本的使用是其自身知识和技能的运用，并且在运用过程中可以创造出价值，同时，还可能通过劳动经验的积累，或通过自身素质的提高而使价值得到增加。但由于人力资本是依附于其所有者的，二者不能严格分离出来，因此，对人力资本的控制，主要就是对人力资本所有者，也就是对“人”的控制。只有控制好“人”，人力资本才能够得到控制。

财务资本是指企业各类有形或无形资产用货币表现的价值。按照资本来源的不同，财务资本可以划分为债务资本和权益资本。财务资本是企业基本的财务资源，是指能够在运动中不断增值的价值，而这种价值通常表现为企业为开展生产经营活动所流出的现金。资本的最初形态表现为货币，企业使用货币购买各种生产经营要素，通过生产实现价值的转移和增值，通过销售完成价值的实现，从而使资本在再生产过程中得到循环和周转。

（2）财务关系

财务关系是指企业在组织资本运动过程中形成的与各方面利益关系人之间的经济关系。例如，企业与投资者以及企业与其投资对象之间存在着投资与被投资的关系、企业与债权人之间存在着债权债务关系、企业与员工之间存在着雇用与被雇用的关系等，同时，企业还要接受政府各管理部门的管理，并向政府税收部门缴税。这些财务关系也是财务控制的客体。财务控制活动只有把这些财务关系作为重要的控制对象和控制内容，才能使企业的财务控制活动更加趋于完整和充实。

9.1.3　财务控制的原则和意义

1）财务控制的原则

在进行财务控制活动时，应遵循以下原则：

（1）合法性原则

财务控制制度应当符合国家有关法律法规的规定和企业的实际情况。合法性原则就是指企业财务控制制度的建立必须符合国家的法律法规和政策，必须把国家的法律法规和政策体现在财务控制制度中。这一原则是任何一家企业在建立财务控制制度时的前提条件。国家机关制定的法律法规，体现了广大人民群众的根本利益，并对企业的生产经营活动起到了强制性和指导性作用，因此，企业在建立、维护和修订其财务控制制度时，要以国家的法律法规和政策为依据。

由于每家企业的实际情况各不相同，因此，在现实中不存在一个完全固定的财务控制模式和制度。各企业在制定本企业的财务控制制度时，还必须结合自身的具体情况，不能照抄照搬其他企业的财务控制制度，也不能不顾企业的实际情况，造成制定出来的财务控制制度与实际情况无法有效地匹配，这样将难以发挥企业财务控制制度的作用。

（2）全面性原则

企业的财务控制制度应当涵盖企业内部涉及财务工作的各项经济业务及相关岗位，并针对业务处理过程中的关键控制点，将控制活动落实到政策、执行、监督、反馈等各个环节中去。也就是说，企业的财务控制应当遵循全面性原则。

全面性原则是指财务控制必须从会计核算、会计监督，以及财务管理的角度出发，将财务控制活动深入到企业各项业务过程和各个操作环节，覆盖所有的部门和岗位，不能有所遗漏。财务控制的全面性包括两个方面的含义，即全过程性和全员性。财务控制是对企业的整个经营管理活动进行的监督和控制，它贯穿于企业经营活动的各个方面。也就是说，只要存在企业经济业务活动和经营管理，就需要有相应的财务控制制度。同时，由于企业中的所有部门和全体员工既是财务控制的主体，也是财务控制的客体，既要对其负责的活动实施控制，又受到其他人员或制度的监督与制约。因此，在制定财务控制制度时，必须充分调动各个部门及员工的积极性，这样才有利于做到每时每事每人都能遵循财务控制制度，才能够充分发挥财务控制制度的作用。

（3）协调性原则

协调性原则是在企业设计财务控制制度时，必须使各部门和各岗位形成既相互制约又具有纵横交错关系的统一整体，以保证各部门和各岗位都能够按照特定的目标相互协调地发挥作用，从而发挥财务控制系统的总体功能，实现财务控制的总体目标。

协调性原则的另一个含义是遵循内部牵制。内部牵制是指在部门与部门、员工与员工及各岗位间所建立的互相验证、互相制约的关系，是企业财务控制制度的一个重要组成部分。它的主要特征是将有关责任进行分配，使单独的一个人或一个部门对任何一项或多项经济业务活动都没有完全的处理权，必须经过其他部门或人员的查证核对。坚持内部牵制可以使每项业务的处理既不会被某一个人包办，也不会因为由于多人经手而没有相互牵制，从而确保每项经济业务都经过至少两个部门或人员的处理，达到相互监督、相互制约、纠错防弊的目的。

（4）经济性原则

财务控制制度要遵循经济性原则，以合理地控制成本，达到最佳的控制效果。企业在实施财务控制时，必须运用科学的经营管理方法以降低成本，提高经济效益，力争以最小的控制或管理成本获取最大的经济效益。

坚持经济性原则要求企业在实施财务控制时要注意以下两个方面：第一，要进行有选择的控制，也就是正确地选择控制点，以避免控制点过多而造成不经济，或控制点过少而使控制制度缺乏效果；第二，要努力降低控制的各种耗费，应尽量精简机构和人员，改进控制方法和手段，减少过于复杂的手续和程序，避免重复劳动，使企业能够因工作简化、效率提高而节省费用。

（5）及时性原则

及时性原则就是企业在实施财务控制时，应及时根据信息反馈的过程及各阶段的特征，在企业内部设置严密的记录和报告等，使各控制主体能够及时了解控制措施的执行情况，不失时机地行使权利，履行责任，调整生产经营活动，有效实现内部控制的目标。例如，在企业内部要建立严格的账务处理和凭证传递程序，确保及时并通畅的信息反馈；在信息反馈的关键点要有严格的控制手续，并建立经常性的核对制度，以便及时发现错误和舞弊；建立报告制度和分析制度，便于及时采取纠正措施，避免或减少可能造成的损失等。

（6）客观性原则

坚持客观性原则是指企业在实施财务控制的过程中，应根据各岗位和部门的职能和性质，明确各部门及人员应承担的责任范围，赋予其相应的权限，规定操作程序和处理手续，确定客观公正地追究、查处责任的措施及奖惩办法等。坚持客观性原则就是要求事事有人管、事事有人做、办事有标准，权有所属，责有所归，利有所享。客观公正地采取奖惩措施，就是贯彻以责任为中心、以权力为保证、以利益为手段，这也是确保企业财务控制发挥有效作用的重要前提。

2）财务控制的意义

不论对投资者还是经营者来说，实施财务控制都具有重要的意义。

（1）实施财务控制有利于切实保护投资者的利益

财务控制有利于企业贯彻实施有关财务会计法规，加强会计核算，提高财务会计信息质量，遏制财务会计造假行为，切实保护投资者的权益。

当前，我国企业经营中效率和效益低下、人为的损失浪费现象比较普遍，企业违规操作等不正当行为时有发生，部分企业甚至为了贪图短期之利，大肆进行财务会计造假，在企业中使用“两本账”，甚至“多本账”。这些行为不仅严重地损害了国家相关法律法规的严肃性和权威性，扰乱了正常的市场经济秩序，而且会使企业自身的经济效益低下，腐败现象更加严重，损害企业职工的利益，对社会稳定性也有相当不利的影响。为了杜绝这些违法乱纪的行为，抑制财务会计造假现象，国家有关部门制定了相关的法律法规，严厉打击各种会计造假行为，努力创造公平竞争的市场环境，确保企业、投资者、国家的利益都能够得到切实的保障，实现有关利益各方的多赢局面。同时，实施并加强企业内部的财务控制，建立健全各项财务控制制度，及时发现和制止企业内部的各种舞弊和会计造假行为，也能够达到防患于未然的目的，从而最终提高财务会计信息的质量，使企业能够在长期的竞争中立于不败之地。

（2）实施财务控制有利于规范经营者的行为

在现代企业制度下，由于企业的所有权和经营权相互分离，所有者与经营者之间存在着委托-代理关系。也就是说，企业的所有者并不能直接参与企业的日常经营管理，而是由管理者担负起管理企业的责任。因此，对于所有者而言，如果要实现他所关心的资本保值增值、投入资本具有安全性及收益性的目标，就必须对管理者提供的财务会计信息进行分析，以了解企业的财务状况和经营成果，并且在所有者利益受损时进行必要的干预。而所有者为了保证其利益不受损，必须要借助在企业中建立健全财务控制制度的方法。这是因为所有者和管理者之间存在着信息不对称现象，如果企业没有建立有效的财务控制制度，经营者就有可能出现“逆向选择”或者“道德风险”，例如，通过篡改财务数据，提供虚假的财务会计信息等手段使所有者的利益受损。而对于经营者而言，建立健全财务控制制度是其履行受托经济责任，实现公司经营目标的重要保证。

因此，建立健全有效的财务控制制度，不但能够规范经营者的行为，而且能够促使所有者建立一种科学合理的激励与约束机制，以调动经营者管理好企业、赚取利润的积极性，从而促使企业稳步协调发展。

9.2 财务控制的类型和方法

9.2.1 财务控制的类型

财务控制可以按照控制的内容、控制的环节、控制权的集中程度、控制的方式，以及控制主体的层次进行不同的划分。

1）按控制内容划分

按照控制的内容，财务控制可以划分为资产控制、负债控制、所有者权益控制、收入控制、费用控制和利润控制。其中，资产控制又包括货币资金控制、应收款项控制、存货控制、投资控制、固定资产控制、无形资产控制及其他资产控制等。本章第3节将对这部分内容进行详细论述。

2）按控制环节划分

按照控制的环节，财务控制可以划分为反馈控制、实时控制和前馈控制。

（1）反馈控制

反馈控制是将实际工作成效与控制标准相比较，找出偏差并加以分析，拟订和执行纠偏方案，最后达到预期成果。反馈控制既可控制系统的最终成果，也可控制系统的中间成果。前者称为端部反馈，后者称为局部反馈。局部反馈对于改善管理控制系统的功能起着重要作用。反馈控制系统在管理中有一定的作用，但它很难做到实时控制。因为从取得信息，到比较、分析偏差，提出和执行纠偏方案等，需要很长的时间。

（2）实时控制

实时控制也称为现场控制，是指对实际执行过程的控制。实时控制通常是基层管理人员采用的控制方式，管理人员通过亲自指挥，监督控制下属人员的活动。实时控制的内容包括：向下级指示正确的工作方法和工作过程；监督下级工作以保证计划目标实现；发现偏差立即采取措施进行纠正。实时控制的及时性对控制管理活动是十分有益的，但实时控制对环境及条件要求较高，因此，实时控制的成本水平相对反馈控制要高。

（3）前馈控制

前馈控制是指管理者能够对即将出现的偏差有所察觉，并及时采取措施防止偏差的出现，以保证计划目标的实现。前馈控制是一种面向未来的控制理论和控制方法。前馈控制作为对资源投入的控制，其控制内容包括人力资源投入控制、资本资源投入控制和物力资源投入控制。前馈控制的特点决定了前馈控制需要具备一定的条件和较高的要求。

3）按控制权的集中程度划分

按照控制权的集中程度，财务控制可以分为集中控制、分散控制和分级控制三种。

（1）集中控制

集中控制是指由一个控制中心对所有子系统的信息进行集中加工、处理，集中做出指令，操纵所有子系统的财务活动的一种控制方式。

（2）分散控制

分散控制是指由多个控制中心分别控制一定数量子系统的一种控制方式。

（3）分级控制

分级控制是指在一个最高控制中心的领导下，按照整个系统的内在结构层次，设立若干不同级别的控制中心，进行层层控制。

4）按控制的方式划分

按照控制的不同方式，财务控制可以分为直接控制和间接控制两大类。

（1）直接控制

直接控制是指不采用行政手段直接管理有关单位和人员，而是培养更好的管理人员，使他们能够应用管理的概念、技术和原理，用系统观点来看待管理工作和管理问题，从而消除由于管理不善造成的不良后果。

直接控制是相对于间接控制而言的，它是通过提高管理人员的素质进行事前预防控制。直接控制认为，合格的管理者能够观察到即将出现的问题，并能及时采取措施加以纠正。所谓合格的管理者是指能够熟练运用管理理念、原则和方法，系统进行管理工作的管理者。管理者及员工素质越高，直接控制方式运用得就越多。直接控制能够克服间接控制事后纠偏所带来的问题，做到防患于未然；同时，直接控制也有利于提高管理者的素质。

（2）间接控制

间接控制是指探寻出造成不良后果的原因，追溯其个人责任，并使他们在实践中改正。间接控制实际上是一种事后纠偏，人们在管理过程中没有事先察觉可能要出现的问题，没有及时适当地采取预防措施，而是在事后根据标准发现实际与标准的偏差，然后才进行纠正和控制。

实际与标准产生偏差的原因是多方面的，但主要有三种情况：一是标准制定得不合理或不正确；二是环境变化或存在不确定性；三是管理者的能力不足，如知识水平、判断能力不足等。间接控制主要可以解决由于管理者能力不足所产生的偏差，一方面可以纠正由于管理者能力差异造成的不利偏差，另一方面可以通过间接控制提高管理者的素质与能力。间接控制的缺点主要表现在事后纠偏，不利差异已经产生后才采取措施。这种控制虽然控制成本可能不高，但不利差异带来的损失成本可能会比较大。

传统的控制方法往往是间接控制。要有效地进行财务控制，从根本上说，应更重视直接控制。但是应当注意，直接控制对高级管理者及下属的素质要求是相当高的。在管理者素质达不到一定水平的情况下，直接控制不但不会取得理想的效果，甚至可能会造成较大的损失。

5）按控制主体的层次划分

按照控制主体的不同层次，财务控制可以分为高层控制、中层控制和基层控制。

（1）高层控制

高层控制是由公司管理高层（如董事会、总经理等）通过审议决定公司的财务发展规划及重大财务方案，制定和分解财务预算指标，拟订和颁布财务管理制度，确定重大财务偏差的调节等形式对公司财务所实施的控制。

（2）中层控制

中层控制是由受公司管理高层领导的中层管理人员，根据高层控制的目标和指令，进行分解落实与执行控制。

（3）基层控制

基层控制是由基层业务人员在日常的工作活动中，根据上级分解下来的财务控制目标和指令，执行具体的预算、分析、考核等控制活动。

上述三个层次的控制是相互联系、相辅相成的，上层控制为下层控制提供控制的目标和依据，下层控制则是上层控制的深化和具体。

9.2.2 财务控制的方法

1）法规制度控制

法规制度控制是指在实施财务控制时，要严格遵循国家的相关法律法规的要求，如《会计法》《票据法》《公司法》等。其中涉及的主要内容有：

（1）制定适合本企业的会计制度

企业要根据《会计法》和《企业会计准则——基本准则》的相关要求和国家统一的会计制度，制定适合本企业的会计制度，建立本企业的会计系统控制，明确会计凭证、会计账簿和财务会计报告的处理程序，建立和完善会计档案保管和会计工作交接办法，实行会计人员岗位责任制，充分发挥会计的监督职能。

建立企业会计系统的目的就是以货币为计量单位，对企业经济活动进行记录、计算、反映和控制。其对内能够向管理层提供经营管理活动的诸多信息，对外可以向投资者、债权人等提供用于投资等决策的信息，是企业内部控制的组成部分。会计系统控制的主要内容包括：建立会计工作的岗位责任制，对会计人员进行科学合理的分工，使其相互监督和制约；按规定取得和填制原始凭证；设计良好的凭证格式；对凭证进行连续编号；规定合理的凭证传递程序；明确凭证的装订和保管手续及责任；合理设置账户，登记会计账簿，进行复式记账；按照《会计法》和国家统一会计制度的要求编制、报送、保管财务会计报告等。

（2）确保公司财产安全完整

企业要限制未经授权的人员对财产的直接接触和处置，采取财产记录、实物保管、定期盘点、账实核对、财产保险等措施，确保财产的安全完整。为达到这一目标，企业可以采取的具体控制方式主要包括以下几个方面：

第一，接近控制。

接近控制就是严格限制无关人员对实物资产的接触，只有经过授权批准的人员才可以接触资产。接近控制既包括对资产本身的直接接触，也包括通过文件批准对资产使用或分配的直接接触。一般情况下，对货币资金、有价证券、存货等变现能力较强的资产必须限制无关人员的直接接触，间接接触的限制可以通过保管、批准、记录及分别设置不相容职务和授权书控制来实现。

第二，定期盘点。

定期盘点是指定期对实物资产进行盘点，并将盘点结果与会计记录进行比较，进行账物核实。如果盘点结果与会计记录不一致，则说明资产管理上可能出现了错误、浪费、损失或其他的不正常现象，应当及时采取相应的措施加强管理。企业内部控制中保管职责与记录职责的划分，只有通过定期盘点进行控制才有意义。[①]

第三，妥善保管会计记录。

首先，应该严格限制接近会计记录的人员，以保持保管、批准和记录职务分别设置的有效性；其次，会计记录应妥善保存，以便减少遭受损失、被盗或被毁坏的可能；最后，对某些重要资料（如定期的财务报告）应留有备份记录，以便在遭受意外损失或被毁坏时重新恢复。在使用计算机处理账务的情况下，备份记录更加重要。

二维码9-1

延伸阅读：
固定资产盘点的
基本步骤

第四，投保。

通过对资产投保，比如火灾险、盗窃险、责任险等，或其他途径来减少实物资产受损的程度和可能，从而保护企业实物资产的安全。企业高级管理人员应该根据企业经营水平和业务性质的变化，做出保险覆盖率水平的决策，并应定期对该项覆盖率水平是否正确做出重新评估。

（3）不相容职务分离

企业应该根据不相容职务分离的原则，合理设置会计及相关工作岗位，明确职责权限，形成相互制衡的机制。根据财政部发布的《内部会计控制规范》，不相容职务是指那些如果由一个人担任，既可能发生错误和舞弊行为，又可能掩盖其错误

① 引自东奥会计在线（https：//www.dongao.com/shuiwushi/cwykj/201905071018740.shtml）。作者有删改。

和弊端行为的职务。不相容职务分离的核心是“内部牵制”，它要求每项经济业务都要经过两个或两个以上的部门或人员的处理，使得每个人或部门的工作必须与其他人或部门的工作相一致或相联系，并受其监督和制约。

一般情况下，企业的经济业务活动通常可以划分为授权、签发、核准、执行和记录五个步骤。如果上述每一个步骤都由相对独立的人员或部门分别实施或执行，就能够保证不相容职务的分离，从而有利于财务控制作用的发挥。

概括而言，在单位内部应加以分离的主要不相容职务有：

第一，授权进行某项经济业务和执行该项业务的职务要分离，如有权决定或审批材料采购的人员不能同时兼任采购员职务；

第二，执行某些经济业务和审核这些经济业务的职务要分离，如填写销货发票的人员不能兼任审核人员；

第三，执行某项经济业务和记录该项业务的职务要分离，如销货人员不能同时兼任会计记账工作；

第四，保管某些财产物资和对其进行记录的职务要分离，如会计部门的出纳员与记账员要分离，不能兼任；

第五，保管某些财产物资和核实实存数与账存数的职务要分离；

第六，记录明细账和记录总账的职务要分离；

第七，登记日记账和登记总账的职务要分离等。

二维码9-2

延伸阅读：泉州市建立政府采购过程制衡机制，实行不相容岗位分离

2）授权书控制

授权书控制是指在某项财务活动发生之前，按照既定的程序对其正确性、合理性、合法性加以核准，并确定是否准予其发生所进行的控制。授权书控制是一种事前控制，它的具体方法是通过授权通知书来明确授权事项和使用资金的限额。授权管理的原则是对在授权范围内的行为给予充分信任，但对授权之外的行为不予认可。授权通知书除授权人持有外，还要下达到企业相关的部门，这些部门应一律按照授权范围严格执行。

从理论上分析，授权一般可以分为一般授权和特别授权两种形式：

（1）一般授权

一般授权是对办理常规性的经济业务的权利、条件和有关责任者做出的规定。这些规定在管理部门中采用的是文件形式，或者是在经济业务中规定一般性交易办理的条件、范围和对该项交易的责任关系。例如，管理层规定某些赊销政策。当符合这些政策的客户申请赊销时，业务人员就可按这些政策的授权办理赊销业务。再比如，企业在日常业务处理中可以按照规定的权限范围和有关职责自行办理，如制定产品销售价格的权力、购买固定资产的权力或招聘员工的权力等。

（2）特别授权

与一般授权不同，特别授权是指授权处理非常规性交易事件。特别授权的对象

是某些例外的经济业务。这些例外的经济业务往往是个别的、特殊的，一般没有既定的预算、计划等标准作为依据，需要根据具体情况进行具体的分析。例如，授权购买一件重要设备、授权降价出售特定商品等。

企业的授权控制应能做到以下几点：第一，企业所有人员不经合法授权，不能行使相应权力。这是最基本的要求。不经合法授权，任何人不能审批。有权授权的人应该在规定的权限范围内行使授权，不能越权授权。第二，企业的所有业务不经授权不能执行。第三，财务业务一经授权必须予以执行。

【案例9-1】　瑞银（UBS）因一人巨亏23亿美元

——未授权交易引发的灾难①

“需要奇迹出现”，这是加纳籍交易员科维库·阿杜伯利（Kweku Adoboli）在社交网站上最后的留言。

2011年9月18日，瑞银将阿杜伯利未授权交易对其造成的损失由20亿美元上调至23亿美元，声明指出，该项损失是过去三个月以来对标准普尔500指数、德国DAX指数和Euro Stoxx指数期货交易造成的亏损。

在该声明发布的三天前，一手酿成此项巨亏的交易员阿杜伯利在法庭上被控两项罪名：伪造账目及滥用职权构成欺诈。而此事发生前，阿杜伯利还是一个年收入高达60万英镑的“明星交易员”。

据报道，事发前，阿杜伯利在瑞银的“Delta One”交易小组工作，该小组隶属于瑞银的欧洲股市交易部门。“Delta One”是一种衍生产品交易，是投行仅剩的几种可用自营资本进行大笔押注的交易之一，这类业务虽然发展迅速，却处于监管的灰色地带，主要是交易一些密切跟踪某类标的资产（如股票）的证券，往往牵涉交易所交易基金和互换合约。但是，阿杜伯利所在的“Delta One”交易小组，主要负责管理客户和银行自己的交易，一般在买入一种资产的同时，购买另外一种资产来对冲损失。

瑞银在9月18日的声明中指出，阿杜伯利涉及在交易系统中通过伪造账户进行大量未授权交易，造成银行的巨亏，即通过采取违法的虚拟现金ETF头寸制造虚假的对冲交易，越过他所授权的风险限额。而根据欧洲市场惯例，一些主要的经纪商并没有发送ETF交易确认的义务。

本次损失的发生主要来自阿杜伯利从事未经授权的对标准普尔500指数、德国DAX指数和Euro Stoxx指数期货的投机交易，他一边倒地押注这些指数会上涨。但是在2011年6—9月的几个月中，德国股市DAX指数跌幅超过20%，美国标准普尔500指数下跌超过7%。而阿杜伯利被认为已经建立了总额约100亿美元的交易头寸。

瑞银声明表示，集团董事会已经成立了一个特殊委员会，对这项交易及相关风

① 王勇，关晶奇，隋鹏达. 金融风险管理［M］. 北京：机械工业出版社，2020：7.

控环节进行独立调查。该委员会由高级独立董事戴维·西德维尔（David Sidwell）牵头，并直接向董事会汇报。英国及瑞士金融监管机构也对瑞银事件展开联合外部调查。

2011年9月24日，瑞银的CEO Oswald Grübel宣布辞职，他称“对这次未经授权的交易丑闻负有责任”。10月5日，瑞银全球股票部门的联席主管Francois Gouws和Yassine Bouhara也宣布辞职。2011年10月，过渡时期的CEO Sergio Ermotti承认瑞银的计算机系统事先已经检测到阿杜伯利的未经授权的交易活动，并发出了警告，但该银行没有对警告采取行动。

2012年11月26日，由于瑞银系统和内控失效，使得阿杜伯利在伦敦可以通过未授权的交易造成超过20亿美元的损失，对于这一事件，英国金融监管当局对瑞银开出2 970万英镑（约合4 760万美元）的罚单。阿杜伯利本人也在2012年最终被判定为伪造账目和滥用职权构成欺诈，并被判入狱7年，但阿杜伯利在2015年6月被释放。尽管事件可能导致瑞银在下一季度出现净亏损，但瑞银称遭受的损失是“可控的”。截至2011年6月，瑞银净收益为64亿美元，2011年第三季度毛利润约为11亿美元。在阿杜伯利被捕的9月15日，瑞银股价收盘下跌10.8%，而其他欧洲银行股票价格上涨3%~6%。

瑞银声称在这次的丑闻中没有客户资金损失，但根据《每日电讯报》的报道，瑞银的声誉会遭受巨大损失，而且瑞银损失的资金金额与计划裁减3 500个岗位而节省下来的资金金额几乎相当。

3）预算控制

预算最重要和最基本的功能就在于控制。预算控制是指通过预算的形式规范组织的目标和经济行为过程，调整与修正管理行为与目标偏差，保证各级目标、策略、政策和规划的实现。

预算是以金额、数量、其他价值形式或几种形式的综合方式反映企业未来（通常为1年）业务的详细计划。预算控制也称为全面预算控制，是内部控制的重要组成部分，其内容可以涵盖企业经营活动的全过程，包括筹资、采购、生产、销售、投资等多方面。通过预算的编制和检查预算的执行情况，可以比较分析内部各单位未完成预算的原因，并对未完成预算的不良后果采取改进措施，确保各项预算的严格执行。预算既可以控制各项业务的支出，也能控制整个业务的处理。

一般情况下，预算控制应包括以下几个方面的内容：预算编制控制、预算执行控制、预算调整控制、预算分析与考核控制。控制是预算最基本的功能，预算的控制作用贯穿于整个经营活动过程中。预算编制是一种事前控制，预算执行是一种事中控制，预算分析与考评是一种事后控制。尤其是通过预算执行结果反馈以及与预算目标的差异分析，有助于发现经营和管理的薄弱环节，并纠正不利差异，从而改进工作、实现目标。例如，费用报销、资金拨付和会计核算等业务的进行都要以预算目标为依据。如果属于预算内项目，且符合预算目标要求，则费用可以报销，资金可以拨付，会计核算可以进行；如果属于超预算或预算外支出，则需要重新进行审批。

预算控制的作用主要体现在以下几个方面：确定企业的整体目标，制订为达到这一目标所应有的各类业务计划和为配合业务计划而应有的财务收支计划；在业务执行和收支执行的过程中，随时注意不与原计划脱节，并在必要时对计划进行调整，以确保计划的可执行性；及时和定期做出反映实际和预算的业绩报告，以公正考核工作成果，并及时纠正偏差，确保预定目标的实现；通过预算划分权责，使企业高层管理当局保持集中控制的效力，同时，赋予各级管理人员一定的责任。

当然，在预算的工作岗位设置中也要注意不相容岗位的相互分离。预算工作不相容岗位一般包括：预算编制（含预算调整）与预算审批；预算审批与预算执行；预算执行与预算考核。

4）内部报告控制

内部报告控制要求企业建立和完善内部报告制度，明确相关信息的收集、分析、报告和处理程序，及时提供业务活动中的重要信息，全面反映经济活动情况，增强内部管理的时效性和针对性。

企业的经营管理方针政策是否得到贯彻落实，管理层的各项决策是否得到有效执行，企业经营管理中存在哪些需要改进和完善的方面等，这些都需要及时反馈到企业高层管理当局，以便其做出正确的判断和决策。但通常情况下，企业对外编制的资产负债表和利润表并不能完全真实地反映企业的实际情况，这种或多或少修饰过的对外报告在管理中很难满足企业管理当局的需要。而企业的内部报告则能够提供管理当局所需的相关信息，起到“下情上传”的作用。

内部报告的编制要求包括：第一，内部报告的编制必须与企业的组织结构相结合，以明确各部门主管人员的责任；第二，内部报告的内容应符合“例外管理”原则，凡是属于不正常，或在可控范围以外的事项，应予以反映或加以强调；第三，内部报告的格式和内容必须简明扼要、通俗易懂、统筹规划、避免重复；第四，内部报告的编制必须及时。

内部报告的种类由各企业根据各自的实际情况自行设计，可以由财务人员负责，也可以由财务、业务和管理人员共同完成。一般情况下，企业需要编制的内部报告包括：成本报表和成本分析报告；各种明细表，如管理费用明细表、销售费用明细表等；财务状况分析报告、各种考核报告、各种可行性报告和调查报告等。

利用内部报告实施控制时，最关键的是把握好以下三点：第一，内部报告要及时、随时报送。不要求内部报告一定要像对外报告那样分成月报、季报和年报。内部报告可以是日报、周报、月报或年报等。第二，内部报告要真实、细致。第三，内部报告的内容要灵活，形式要多样化。除此之外，还要考虑的因素主要有：报告责任的划分；可控制和不可控制项目的划分；报告与计划的差异；报告建议或说明等。

5）财务结算中心控制

财务结算中心是办理内部各成员，或分、子公司现金收付和往来结算业务的专门机构。它通常设立于财务部门内，是一个独立运行的职能机构。

财务结算中心的业务主要包括：

（1）账户管理

为子公司在财务结算中心设立内部结算账户，进行统一管理，并对各子公司在银行独立开设的资金账户实行审核和备案管理，对该类资金账户进行管理和监控。

（2）内部资金调配

财务结算中心负责制定企业集团及各子公司内部资金调度、配置、使用的管理制度和管理流程。根据集团公司决策和财务部指令，对企业集团的资金进行统一管理、统一调度、统一配置和统一使用，保证资金在体系内的高效循环和流转，从整体上保证资金使用的最大效益。

（3）内部结算

办理企业集团内部相互之间的资金往来和资金结算业务。为在财务结算中心开设内部结算账户的各子公司及时办理对内对外资金往来和资金结算业务，及时计算各子公司的内部存贷款利息。

（4）对外业务

负责从企业集团层面上与银行等金融机构展开合作，负责银行等金融机构对企业集团层面上的整体授信工作。

（5）资金管理

财务结算中心负责实时监控和掌握体系内资金的流转信息，及时发现资金流转中出现的异常状况，向集团公司管理层上报并及时采取相关措施。

财务结算中心的这些职责对增强企业活力、强化资金管理、控制财务收支、正确处理业务管理与资金管理的关系、完善企业经营机制等发挥着不可低估的作用。

9.3 财务控制的内容

9.3.1 资产的财务控制

根据《企业会计准则——基本准则》第三章的规定，资产是指企业过去的交易或者事项形成的、由企业拥有或者控制的、预期会给企业带来经济利益的资源。其中，“企业过去的交易或者事项”包括购买、生产、建造行为或其他交易或者事项，预期在未来发生的交易或者事项不形成资产；“由企业拥有或者控制”是指企业享有某项资源的所有权，或者虽然不享有某项资源的所有权，但该资源能被企业所控制；“预期会给企业带来经济利益”是指直接或者间接引起现金和现金等价物流入企业的潜力。

符合资产定义的资源，在同时满足以下条件时，确认为资产：第一，与该资源有关的经济利益很可能流入企业；第二，该资源的成本或者价值能够可靠地计量。

1）资产控制的内容

根据资产的表现形式不同，资产控制的内容应包括：现金控制、银行存款控制、应收款项控制、存货控制、长期投资控制、固定资产控制、无形资产控制及其他资产控制等。

其中，在现金控制和银行存款控制中，主要包括现金和银行存款的收入、支出、余额及安全性控制；在应收款项控制中，主要应包括应收款项的信用政策控制，如对信用标准、信用期限、折扣条件、收账政策等的控制，以及应收款项的会计核算控制、应收款项的余额控制以及对坏账的控制等；在存货控制中，主要包括对存货的采购、生产、销售以及对存货保管环节的控制等；在长期投资控制中，主要应关注对投资的事前可行性分析、投资的审批、投资的决策、投资的取得、投资的核算、投资的保管以及投资的处置等方面的控制；而在固定资产、无形资产及其他资产的控制中，应主要关注在资产的取得、资产的使用及资产的退出环节中对相关内容的控制。

【小资料9-1】　　某集团公司固定资产管理制度①

第三章　固定资产的购置

第九条　各单位应当在每年年末向集团公司提报下一年度的固定资产购置计划，经集团公司批准后方可执行，凡未提报计划或计划未被批准，严禁自行购置。如需要计划外购置的，必须将需购置固定资产的详细情况形成书面报告，提交集团公司经营管理部、技术工程部和财务部，经审核同意后，报总经理审批。

第十条　各单位需新增固定资产时，必须填报《固定资产（购置）审批表》(一式四份)，要详细说明申请原因、原同类设备的数量和使用状态以及净值情况、新添固定资产的规格、价格和数量以及预计的效益情况等内容。各单位的资产管理员、财务人员以及公司经理必须署名并签署意见，上报集团公司经营管理部。

第十一条　集团公司经营管理部受理各单位的购置申请并审核该申请的可行性，如可行则负责将该申请转至技术工程部，由技术工程部确定有无内部调动的必要，如确需购置的，需对数量、规格和价格发表意见后，转至财务部、总经理签署意见并负责反馈各单位。集团公司财务部负责审核原同类资产的数量、净值以及申请购置资产的预计折旧情况，对该项固定资产购置发表意见。

第四章　固定资产的日常管理

第十二条　各单位每年需制定设备检修计划，定期进行保养、检查和维修。

---

① 节选自某集团公司固定资产管理制度。资料来源：某集团公司网站。

第十三条　各单位办理固定资产进账时，首先由资产管理员填制《新建（购置）固定资产验收交接记录》报集团公司审批，财务人员负责登记固定资产台账，填制《固定资产卡片》。

第十四条　固定资产卡片要全面详细登记固定资产的名称、编号、卡片号等卡片内容。如需更改，必须由财务部门人员进行并签章，其他部门、个人无权更改卡片上的任何内容。

第十五条　重要的固定资产（特种设备）必须按照国家有关规定定期检验、维修和保养，并在适当的位置进行挂牌或标记。设备操作人员必须经过培训，经考核合格后方可上岗。特种作业人员必须持有劳动部门认可的上岗证，无证不得上岗。

第十六条　对于集团公司本部与分子公司以及分子公司之间调拨的资产，由调入单位办理相关手续，填制《固定资产移交、接收记录》(一式四份)，报公司各部门批准，并经集团公司总经理确认后，技术工程部、财务部、调入单位、调出单位各留存一份。

集团公司本部与子公司以及子公司之间调拨固定资产的，除按上述要求外，还要按照调入固定资产的净值及剩余折旧年限重新计算折旧额，并按照增加固定资产的税务要求和资产确权要求，办理相应手续。

第十七条　各单位之间借用固定资产，必须有相应的固定资产借用手续，填制《固定资产借用记录》(一式两份)，经集团公司技术工程部同意，该借用记录必须记入借入和借出单位的固定资产保管明细账。凡集团公司检查中无相应手续的借入、借出的固定资产，一律作为盘亏、盘盈固定资产，同时，处罚借入和借出两个单位的责任人。

第十八条　凡对外投资、出租（或租用）的资产，应在董事会授权范围内，首先由需用部门提出申请，集团公司技术工程部根据资产实际使用情况拿出本部门意见并集中有关部门意见后，上报总经理审批，方可按规定程序签订协议并填写《固定资产投资（出租）转入、转出记录》(一式四份)；超过授权的应有董事会批文及相关文件。

第十九条　各单位若以固定资产作为抵押物进行抵押，必须经过集团公司技术工程部、经营管理部和财务部同意并报总经理办公会审批。

2）资产控制的特点

资产控制的特点体现在以下几个方面：

（1）资产控制的全面性

由于任何企业中资产的表现形式都不可能仅有一种，因此，对资产进行控制的一个重要特点就是要对各类资产实现全面控制，也就是对货币资金、应收款项、存货、长期投资、固定资产、无形资产及其他资产等都要进行财务控制。实际上，由于各种资产形式不同，控制的重点和具体方法也应有所区别。

（2）资产控制的全程性

一般情况下，企业的资产都具有周期性的特点，即首先资产形成，然后将其运用到生产过程中，最后形成收入。以应收款项为例，企业采取赊销的方式销售商品，扩大销售收入，形成一项债权，一段时间后再收回应收账款，得到流动资金，从而实现了一个循环过程。为使资产有效地发挥作用，为企业创造价值，企业应抓住资产的形成、运用、收回等环节进行全程控制。

（3）流动资产控制和非流动资产控制的差别性

流动资产和非流动资产的占用形式不同，作用有所不同，其控制重点也应有所不同。其中，流动资产应重点关注安全性及流动性，尽量缩短周转期，这样可使企业在占有流动资产数额不变的前提下创造更多的收入；而非流动资产则应关注控制的范围、控制的风险以及控制资产的周期长度。因为非流动资产的单位价值都较高，且周转期都很长，因此，控制难度通常会更大。

3）资产控制的目标

（1）保证资产的安全和完整

保证资产的安全和完整是对资产进行财务控制最重要的目标。所有的企业只有在保证各项资产安全完整的前提下，才能让资产为企业创造价值，不论是流动资产，还是固定资产或无形资产。因此，资产控制的首要目标就是必须保证资产的安全和完整，如保证货币资金的安全性、保证存货的实际存在性、保证固定资产的完整性并对其进行定期保养维修等。

（2）保证资产计价的正确性

资产计价的正确与否能够影响资产负债表上反映的企业财务状况，因此，在对资产进行财务控制时必须保证资产计价的正确性，如对货币资金要做到账实相符、对存货要保证合理确定存货的价值、保证销货成本的正确核算、对固定资产原值及计提折旧计价要准确等。

（3）提高资产使用效率

提高资产的使用效率，可以在资产占用相同金额的情况下获得更多的营业收入，或在营业收入相同的情况下减少资产的占用。因此，企业应尽量争取提高资产的使用效率。如在不影响企业销售收入的前提下提高应收款项的回收速度；通过对存货的购进、耗用、保管和生产、销售等环节的控制来加速存货的周转，实现在保证企业生产的同时节约企业资金，提高资金使用效率的目的。

（4）合理确定流动资产的持有量

一般情况下，企业资产的流动性与其盈利性是成反比的。以现金为例，如果不将其投入到周转使用中，企业手中持有的现金不会发生增值，有时甚至会由于通货膨胀的原因发生贬值。因此，对于流动资产，一个重要的控制目标就是合理确定流动资产的持有量，包括确定企业最佳现金持有量、制定最适合企业的应收账款的信用政策以及确定能够使得存货总成本达到最低的存货经济采购批量等。

9.3.2 负债的财务控制

根据《企业会计准则——基本准则》第四章的规定，负债是指企业过去的交易或者事项形成的、预期会导致经济利益流出企业的现时义务，其中，现时义务是指企业在现行条件下已承担的义务。未来发生的交易或者事项形成的义务，不属于现时义务，不应当确认为负债。

符合负债定义的义务，在同时满足以下条件时，确认为负债：第一，与该义务有关的经济利益很可能流出企业；第二，未来流出的经济利益的金额能够可靠地计量。

1）负债控制的内容

负债控制的内容包括对负债总额的控制、负债期限结构的控制、负债成本的控制以及负债风险的控制。

（1）负债总额的控制

简单地说，企业对负债总额进行控制就是对企业资本结构进行安排。企业一旦确定要进行负债经营，就要正确把握负债的量与度。负债具有资本成本低、能够抵税及财务杠杆效用等优点，因此，不利用负债将会丧失这些好处；但负债总额不能过高，因为负债总额过高往往是发生财务危机的主要原因，而且还会影响企业的再融资能力和企业信誉。另外，负债总额过高，不仅会增加财务风险，而且也会影响权益资本的稳定收益，危及权益资本的安全，动摇投资者对经营者的信任。所以，经营者应权衡利弊得失，既要考虑负债经营的收益性，又要考虑负债经营的风险性，采用适度的负债战略，把风险降到最低。

（2）负债期限结构的控制

负债的期限结构是指长、短期负债分别占企业负债总额的比重。长、短期负债在企业中的作用是不同的，且有各自的优缺点，例如：长期负债的资金成本比短期负债的成本高，而短期负债的财务风险比长期负债的大；就难易程度来说，短期负债的取得比较容易，而长期负债的取得比较困难。因此，企业应根据自身的资本运作情况，确定合理的长、短期借款期限。

（3）长期负债成本的控制

企业所需资金是企业生存和发展的重要基础，企业拥有的大部分资金来源于债权人和股东提供的中长期资金。但取得任何资金都是要付出代价的，这种代价就是资本成本，而不同来源的资金，资本成本是不同的，因此，做好企业资本成本的控制工作，关系到企业是否能用更具有竞争力的低成本资金创造出最大的企业价值，这对企业的生存和发展至关重要。

（4）负债风险的控制

负债风险包括两个方面：不能按期还本付息的风险及担保风险。负债的还本付息义务是法定的，无论企业当年是否盈利、盈利多少，都必须定时足额偿还债务本金和利息，否则可能会引发企业破产。担保风险是指企业在担保业务运作过程中，由于各种不确定性因素的影响而遭受损失的可能性。企业在为受保企业提供担保后，就必须承担起受保企业带来的经营者素质和竞争力风险、信用风险、市场风险、技术风险等。

2）负债控制的特点

（1）负债的不同形式决定负债控制的重点

企业的负债有已发生负债和或有负债两大类。已发生负债是指由企业过去的交易、事项形成的现时义务，履行该义务将会导致企业的经济利益流出；或有负债是指由过去的交易或事项形成的潜在义务，如企业提供的对外担保等。或有负债最终是否构成企业的真正负债，取决于未来不确定事项是否发生或金额是否能够可靠计量。基于上述情况，企业对负债进行财务控制也要区分已发生负债和或有负债：对已发生负债应重点控制它们的规模和结构；而对或有负债则应重点控制它们发生的可能性，以及或有负债一旦发生，企业的风险预警系统和风险分担体系的有效性。

（2）负债总额直接决定企业面临的财务风险

如上所述，企业对负债总额的控制实际上就是对企业资本结构的安排。为有效利用负债资金，企业需要合理确定负债资金比重。负债是一把双刃剑，过大的负债总额会加大企业的破产风险，会影响投资者对企业的信心，因此，企业应确定适当的资本结构，即借入适当的负债资金。

（3）企业的实际情况决定企业负债的方式和结构

企业的实际情况，如管理层对风险的态度、企业所处的发展阶段等，决定了企业负债的方式和结构。比如，保守的企业管理层倾向于低负债融资，以降低公司风险，且通常比较倾向于长期负债；而勇于冒险的企业管理层则倾向于较高的负债总额，其目的是想获得更高的利润回报，同时，这样的管理层对负债风险的控制也较为宽松。

3）负债控制的目标

（1）确保企业选择合适的资本结构

企业在负债融资前，要进行利弊分析，实施负债融资业务预算和审批控制，把企业的负债总额和负债结构控制在合理的范围内。

（2）确保及时足额地筹集到负债资金

确保及时足额地筹集到负债资金，是负债控制的最基本目标。当然，企业的各项负债必须是在法律允许的范围内进行的，不能超越法律的约束进行负债融资。

（3）确保及时足额还本付息

确保及时足额还本付息是企业作为债务人的法定义务。同时，获取利息是债权人进行投资的主要目的之一，因此，及时足额支付利息也是企业维系与债权人良好关系的一个重要因素。

（4）降低负债融资的成本和风险

负债融资成本越低，企业的净价值就越高，因此，企业要通过控制负债总额、负债结构和单项负债融资成本的方式尽量降低负债的融资成本。同时，企业应当根据自身的经营业绩状况合理控制负债的总额和结构，以降低负债融资的风险。

9.3.3 所有者权益的财务控制

根据《企业会计准则——基本准则》第五章的规定，所有者权益是指企业资产扣除负债后由所有者享有的剩余权益。公司的所有者权益又称为股东权益。

所有者权益的来源包括所有者投入的资本、直接计入所有者权益的利得和损失、留存收益等。其中，直接计入所有者权益的利得和损失，是指不应计入当期损益、会导致所有者权益发生增减变动的、与所有者投入资本或者向所有者分配利润无关的利得或者损失；利得是指由企业非日常活动所形成的、会导致所有者权益增加的、与所有者投入资本无关的经济利益的流入；而损失是指由企业非日常活动所发生的、会导致所有者权益减少的、与向所有者分配利润无关的经济利益的流出。

1）所有者权益控制的内容

从所有者权益的来源看，所有者权益控制的内容应该包括所有者投入资本的控制、直接计入所有者权益的利得和损失的控制和留存收益的控制等。但在现代公司制企业中，所有权和经营权的分离使得所有者权益控制实际上变成了经营者和出资人的双重控制。因此，所有者权益控制的内容可以从经营者和出资人这两个控制主体的角度来加以分析[①]。

（1）经营者的所有者权益控制

经营者的所有者权益控制包括对实收资本，即股本的控制、资本公积的控制、盈余公积的控制，以及未分配利润的控制。

（2）出资人的所有者权益控制

企业中，由于所有权和经营权相互分离使得作为委托人的所有者和作为受托人的经营者之间往往会存在目标不一致的情况，而这会引发代理问题的产生。比如，当有多种会计方法可供选择时，管理层往往选择对管理者有利的方法，而使财务会计的目标及其所提供的会计信息的相关性更偏重管理者的需要。由此常常产生诸如道德风险、逆向选择和内部人控制等一系列问题，表现为经营者实施短期行为、为牟取个人私利伤害委托人利益、会计信息失真等。因此，出资人必须运用其权力进行监督控制，以保证资产的安全性和保值增值，保证所有者权益不被稀释和侵害。出资人的所有者权益控制主要应包括出资人对资本运作的控制、出资人对经营者的控制以及出资人对盈余管理行为的控制等。

---

① 韦德洪，张星. 财务控制学［M］. 北京：国防工业出版社，2009：197.

2）所有者权益控制的特点

（1）所有者权益控制主体的双重性

公司制企业产权关系的主要特征是企业的财产所有权分离为两种权利：出资人的所有权和企业的法人财产权，拥有所有权的出资者和拥有法人财产权的公司法人在法律上形成了两个对等的权利主体。出资人称为“外部人”，主要职能是监督经营者；经营者是企业的“内部人”，主要负责企业的决策和经营活动。

（2）所有者权益控制内容的复杂性

所有者权益控制既包括经营者对所有者权益的控制，也包括出资者对所有者权益的控制，既包括对所有者权益会计信息的控制，也包括对所有者权益增减变动活动的控制，因此，控制内容比较复杂。

（3）所有者权益控制与资产、负债控制的关联性

根据资产负债表的平衡原理，所有者权益在数量上等于企业的全部资产减去全部负债后的余额，即企业净资产数额。因此，所有者权益控制与资产控制和负债控制具有特殊的关联性，所有者权益信息的正确性在某种程度上也取决于资产信息和负债信息的正确性。

3）所有者权益控制的目标

（1）保证出资人资产的安全和有效运作

在所有权与经营权分离的状态下保证出资人资产的安全和有效运作，保护所有者权益，为全体股东创造更多财富，是所有者权益控制的首要目标。保证权益资本的安全和有效运作是实现资本保值增值的前提和关键。

（2）保证所有者权益信息的合法性、真实性和完整性

所有者权益控制要保证投入资本，资本公积的形成、增减及其他有关经济业务会计记录的合法性和真实性，为投资者及其他有关方面研究企业的财务结构，进行投资决策提供依据；保证盈余公积和未分配利润的形成和增减变动的合法性、真实性，为投资者及其他有关方面了解企业的增值、积累情况等提供资料；保证会计报表上所有者权益的反映真实完整。

（3）实现所有者和经营者权力的制衡

出资者与经营者通过委托-代理这种形式联系起来，双方具有不同的利益：作为委托人，出资者的目标一般是追求利润最大化；而作为代理人，经营者的目标一般是个人货币收入和效用的最大化。因而，出资者对于经营者不仅要激励，还要予以监督和约束，以实现权力和利益的制衡。所有者权益控制制度要根据公司治理结构的需要和生产经营活动的特征设计，以维持公司治理结构中相关利益主体之间的相互制衡。

9.3.4　收入的财务控制

根据《企业会计准则——基本准则》第六章的规定，收入是指企业在日常活动

中形成的、会导致所有者权益增加的、与所有者投入资本无关的经济利益的总流入。收入只有在经济利益很可能流入，从而导致企业资产增加或者负债减少，且经济利益的流入额能够可靠计量时才能予以确认。

1）收入控制的内容

收入按照来源不同，可以分为商品销售收入、提供劳务收入和其他收入，因此，收入控制的内容将覆盖这三个方面。

（1）商品销售收入控制

商品销售收入是企业营业收入的最重要来源。商品销售收入控制是建立在商品销售收入预测的基础上进行的一项财务控制活动。其控制内容应主要包括：控制产品的品种及结构、制定良好的销售价格政策、制定适合本企业应用的信用政策、控制销售合同的签订和执行、对销售发票实行严格控制等。

【小资料9-2】　　有关“企业销售商品收入的确认条件”会计准则与税法规定的区别

根据《企业会计准则第14号——收入》的“第二章　确认”的规定：

第五条　当企业与客户之间的合同同时满足下列条件时，企业应当在客户取得相关商品控制权时确认收入：

（一）合同各方已批准该合同并承诺将履行各自义务；

（二）该合同明确了合同各方与所转让商品或提供劳务（以下简称“转让商品”）相关的权利和义务；

（三）该合同有明确的与所转让商品相关的支付条款；

（四）该合同具有商业实质，即履行该合同将改变企业未来现金流量的风险、时间分布或金额；

（五）企业因向客户转让商品而有权取得的对价很可能收回。

而根据《国家税务总局关于确认企业所得税收入若干问题的通知》（国税函〔2008〕875号）中第一条的规定：

除企业所得税法及实施条例另有规定外，企业销售收入的确认，必须遵循权责发生制原则和实质重于形式原则。

企业销售商品同时满足下列条件的，应确认收入的实现：

1.商品销售合同已经签订，企业已将商品所有权相关的主要风险和报酬转移给购货方；

2.企业对已售出的商品既没有保留通常与所有权相联系的继续管理权，也没有实施有效控制；

3.收入的金额能够可靠地计量；

4.已发生或将发生的销售方的成本能够可靠地核算。

由此可以看出二者的区别，会计准则中除税法规定的四个条件以外，还把“企业因向客户转让商品而有权取得的对价很可能收回”作为企业确认收入的必要条件。

(2) 提供劳务收入控制

提供劳务收入主要是指企业在提供旅游、运输、饮食、广告、咨询、代理、培训、产品安装，以及技术服务等各种劳务时取得的收入。对劳务收入的控制重点在于根据提供的劳务种类及劳务完成时间准确地确认和计量劳务收入，防止企业利用劳务收入的确认任意调节利润。

(3) 其他收入控制

其他收入控制是指对企业获取的除商品销售收入和提供劳务收入以外的收入进行财务控制。以让渡资产使用权获取的利息收入和使用费收入为例，其控制重点应为：控制让渡资产使用权的数额和期限，在不影响企业正常生产经营的情况下获得更多的收入；控制让渡资产使用权的种类和对象，不应影响企业的正常生产经营，不能损害企业声誉；要定期对让渡资产使用权的收益情况及对企业产生的影响进行考核。

2) 收入控制的特点

(1) 收入控制的全程性

企业，特别是生产性企业，其整个业务过程就是投入成本，获得收入，进而实现利润的过程。从收入控制的内容可以看出，收入控制贯穿于企业整个生产经营活动，涉及的范围比较广。从产品开发、生产，一直到最终的收入实现，货款的收回，需要整个过程中各个程序的相互配合，对各个程序进行科学、合理的控制，才能最终实现企业的收入控制目标。

(2) 收入控制的可预测性

从收入控制的内容和过程可以看出，整个收入控制是根据对市场的调查和对经营能力的分析来制定本年度收入控制的目标的，信用标准基本上也是根据制定的目标以及客户的信用情况确定，因此，对这些因素根据以往的情况进行合理估计，基本上就可以预测出本年度有可能实现的收入将是多少。

(3) 收入控制的重要性

企业最终的经营成果是以收入减去为取得收入而付出的成本费用得到的。企业要想获得最大的收益，必须要有一定的合理收入才能实现。所以，企业的收入控制关系着企业经营目标的实现以及企业最终的经营成果。也就是说，收入控制对企业影响相对比较大，如果收入控制得不好，可能会对企业整个的经营活动产生影响。

3) 收入控制的目标

(1) 确保产品定价合理

企业获得的收入主要取决于商品或劳务的定价以及销售的商品或提供的劳务的数量两个方面。一方面，价格和数量之间存在着反比变动的关系，价格的高低直接影响企业销售量的高低，进而影响企业收入的多少；另一方面，在销售的商品或提供的劳务数量一定的情况下，价格越高则获得的收入越多，价格越低则获得的收入越少。因此，对产品定价实行严格控制，确保其合理性，不仅是收入控制要达到的一个基本目标，也是实现收入控制其他目标的重要保障。

（2）保证收入确认与计量的真实性

企业要保证收入确认与计量的真实性、合理性和完整性。由于收入贯穿于企业整个经营过程中，收入的真实、完整与否直接影响着企业当期，甚至以后期间的经营成果的真实性，进而对企业后期的决策可能也会产生影响。

（3）严格控制销售业务中可能出现的违纪行为

企业的销售业务涉及的范围及金额比较大，与企业的经营成果密切相关，而收入控制又是一项复杂的工作，涉及的业务比较多，非常容易出现各种错误、欺诈和舞弊行为。对收入进行严格的控制，应能防止并及时发现、纠正在销售业务中可能出现的各种违法乱纪和侵吞企业利益的行为，维护企业资产的安全和完整。

9.3.5 费用的财务控制

根据《企业会计准则——基本准则》第七章的规定，费用是指企业在日常活动中发生的、会导致所有者权益减少的、与向所有者分配利润无关的经济利益的总流出。费用只有在经济利益很可能流出，从而导致企业资产减少或者负债增加，且经济利益的流出额能够可靠计量时才能予以确认。

企业为生产产品、提供劳务等发生的可归属于产品成本、劳务成本等的费用，应当在确认产品销售收入、劳务收入等时，将已销售产品、已提供劳务的成本等计入当期损益；企业发生的支出不产生经济利益的，或者即使能够产生经济利益，但不符合或者不再符合资产确认条件的，应当在发生时确认为费用，计入当期损益；企业发生的交易或者事项导致其承担了一项负债，而又不确认为一项资产的，应当在发生时确认为费用，计入当期损益。

1）费用控制的内容

根据上述规定，本章中所讨论的“费用控制”包含了生产成本控制和期间费用控制。

（1）生产成本控制

生产成本是指企业为生产产品而发生的各项费用，主要包括直接材料、直接人工和制造费用三项，因此，生产成本控制的内容主要包括直接材料控制、直接人工控制和制造费用控制三项。

（2）期间费用控制

期间费用控制包括管理费用控制、销售费用控制和财务费用控制三大项。其中，管理费用是指为组织和管理企业生产经营而发生的各项费用；销售费用是指企业为销售产品而支出的各种费用；财务费用是指企业为筹集生产经营所需资金等而发生的各项费用。

2）费用控制的特点

（1）成本费用控制直接关系到企业净利润的水平

成本费用控制的直接结果就是成本费用的发生情况。在企业收入金额确定的情况下，成本费用的发生额越小，企业净利润水平就越高；而成本费用发生额越大，净利润就越低。因此，对成本费用的控制会直接影响企业的净利润水平。

（2）成本费用控制的内容比较繁杂

成本费用控制既包括生产成本控制，也包括期间费用控制，其内容多，项目细。尤其是生产型企业，其生产成本中涉及的直接材料控制就可能涉及几百，甚至上千种材料的耗费；而管理费用一般也会有几十个二级明细项目，每个二级明细项目又有若干个三级明细项目等，因此，涉及的内容相当多，而且细致。同时，成本费用的控制涉及企业内部的每一个部门和单位，需要这些部门和单位相互协作。只有各个部门和单位协调合作，成本费用控制才有可能达到预定的目标。

当然，在实务中，各公司进行成本费用控制的着重点是不一样的。比如，美的公司注重对物流成本的控制，重庆美心集团主要关注采购成本的控制，格兰仕集团采用的是通过合理整合全球家电产品生产力的方式来降低成本，邯郸钢铁集团则在成本控制中引入市场竞争手段，将指标责任与奖惩挂钩，强制实现成本目标，而小米科技有限责任公司的成本控制更加关注成本费用的控制意识，实现公司的低成本运营。

3）费用控制的目标

（1）确保成本费用发生的合法性

国家的法律法规明确规定了成本费用的开支范围、归集项目、确认条件、计量标准、记录规则、报告条例等。企业必须依据这些规定来进行成本费用的控制，通过控制成本费用发生过程中的各项手续、程序、各种文件记录，以及账面的反映和财务报表的披露等，使成本费用的发生符合国家法律法规的规定。

（2）确保成本费用发生的合理性和必要性

国家的相关法律法规作了原则性的规定，规定了企业的成本费用哪些应该发生，哪些不应该发生。对此，企业的规章制度也有明确的规定。成本费用的控制必须保证成本费用发生的合理性和必要性，应该发生的允许其发生，不应该发生的坚决杜绝其发生。

（3）确保成本费用记录和报告的真实性

成本费用的记录不仅涉及明细账、总账等会计信息载体的可靠性，而且还涉及财务报表的正确性。企业每天进行账务处理，划分年度、季度、月度进行财务报表的编制，目的是要利用真实、有用的会计信息为企业的生产经营服务。成本费用信息的真实性是其有用性的重要前提，虚假的信息是无用的信息。企业应采取各种控制措施，加强对生产经营活动过程中成本费用的控制，确保成本费用记录和报告的真实性，从而保证成本费用信息的有用性。

9.3.6 利润的财务控制

根据《企业会计准则——基本准则》第八章的规定，利润是指企业在一定会计期间内的经营成果。利润包括收入减去费用后的净额、直接计入当期利润的利得和损失等。其中，直接计入当期利润的利得和损失，是指应当计入当期损益、会导致所有者权益发生增减变动的、与所有者投入资本或者向所有者分配利润无关的利得或者损失。

1）利润控制的内容

利润控制的内容主要包括利润总额控制、利润构成控制、净利润控制和利润分配控制等。

（1）利润总额控制

利润总额是企业在一定时期内实现盈亏的总额，集中反映企业生产经营活动各方面的效益，是企业最终的财务成果，是衡量企业生产经营管理的重要综合指标。利润总额如果是正数，表示企业盈利；如果是负数，则表示企业亏损。如果亏损的企业不能及时消除不利因素实现扭亏为盈，最终将会面临破产或者被兼并的命运。因此，任何单位在生产经营活动中都不能忽视对利润总额的财务控制。

（2）利润构成控制

企业的利润总额一般包括四项：营业利润、投资净收益、营业外收支净额和补贴收入。其中：营业利润是企业生产经营活动产生的经营成果，由主营业务利润、其他业务利润和期间费用构成；投资净收益是企业对外投资所获得的投资收入扣除投资损失后的余额；营业外收支净额是指与企业的生产经营活动没有直接关系的各项收支；补贴收入是指企业收到的各种补贴，包括国家拨入的亏损补贴、退还的增值税等。

（3）净利润控制

企业的净利润等于利润总额减掉所得税。按照现行财务制度的规定，企业利润总额按照国家规定的调整项目进行相应调整后要依法缴纳所得税。因此，企业对净利润进行控制主要就是要对所得税进行控制。

（4）利润分配控制

利润分配是将企业实现的净利润，按照国家财务制度规定的分配形式和分配顺序，在企业和投资者之间进行分配。按照《中华人民共和国公司法》等有关法律法规的规定，企业当年实现的净利润一般应按照下列顺序进行分配：第一，计算可供分配的利润。如果可供分配的利润为负，则不能进行后续分配。第二，提取法定盈余公积金。法定盈余公积金已达注册资本的50%时可不再提取。第三，提取任意盈余公积金。其计提标准由股东大会确定，如确因需要，经股东大会同意后，也可用于分配。第四，向投资者分配利润。

【小资料9-3】 广东领益智造股份有限公司财务会计制度（节选）[①]

第八章 财务会计制度、利润分配和审计

第一节 财务会计制度

第一百四十九条 公司依照法律、行政法规和国家有关部门的规定，制定公司的财务会计制度。

第一百五十条 公司在每一会计年度结束之日起四个月内向中国证监会和证券交易所报送并披露年度报告，在每一会计年度上半年结束之日起两个月内向中国证监会派出机构和证券交易所报送并披露中期报告。

上述年度报告、中期报告按照有关法律、行政法规、中国证监会及证券交易所的规定进行编制。

第一百五十一条 公司除法定的会计账簿外，将不另立会计账簿。公司的资产，不以任何个人名义开立账户存储。

第一百五十二条 公司分配当年税后利润时，应当提取利润的10%列入公司法定公积金。公司法定公积金累计额为公司注册资本的50%以上的，可以不再提取。

公司的法定公积金不足以弥补以前年度亏损的，在依照前款规定提取法定公积金之前，应当先用当年利润弥补亏损。

公司从税后利润中提取法定公积金后，经股东大会决议，还可以从税后利润中提取任意公积金。

公司弥补亏损和提取公积金后所余税后利润，按照股东持有的股份比例分配，但本章程规定不按持股比例分配的除外。

股东大会违反前款规定，在公司弥补亏损和提取法定公积金之前向股东分配利润的，股东必须将违反规定分配的利润退还公司。

公司持有的本公司股份不得分配利润。

第一百五十三条 公司的公积金用于弥补公司的亏损、扩大公司生产经营或者转为增加公司资本。但是，资本公积金将不用于弥补公司的亏损。

法定公积金转为资本时，所留存的该项公积金将不少于转增前公司注册资本的25%。

第一百五十四条 公司股东大会对利润分配方案做出决议后，公司董事会须在股东大会召开后两个月内完成股利（或股份）的派发事项。

第一百五十五条 公司实行持续、稳定的利润分配政策，采取现金、股票、现金与股票相结合或者法律、法规允许的其他方式分配利润，在满足公司正常生产经

① 领益智造成立于2006年，2018年登陆A股资本市场，股票代码：002600。领益智造在全球范围内为客户提供精密功能件、结构件、模组等一站式智能制造服务及解决方案。2023年，领益智造先后入选《财富》中国500强、2023年《财富》中国上市公司500强、2023中国民营企业500强、2023中国制造业民营企业500强等，MSCI ESG评级跨级跃升至“A”。2023年公司实现收入约341亿元。资料摘自该公司官网：公司章程。

营资金需求的情况下，公司将积极采取现金方式分配利润。公司实施利润分配应当遵循以下规定：

（一）公司的利润分配应重视对投资者的合理投资回报，充分听取中小股东的意见，保持利润分配政策的连续性和稳定性，并兼顾公司的可持续发展。

（二）公司利润分配应优先采取现金分配，在优先采取现金分配前提下可结合股票股利的分配及法律、法规允许的其他方式。采用股票股利进行利润分配的，应当具有公司成长性、每股净资产的摊薄等真实合理因素。

（三）公司进行现金分红的条件：

1.公司该年度实现的可分配利润（即公司弥补亏损、提取公积金后所余的税后利润）为正值。

2.审计机构对公司的该年度财务报告出具标准无保留意见的审计报告。

3.公司未来十二个月无重大投资计划或重大现金支出等事项发生。

（四）利润分配实施的时间间隔与比例。

在符合利润分配原则、保证公司正常经营和长远发展的前提下，在满足现金分红条件时，公司原则上每年进行一次现金分红，每年以现金方式分配的利润应不低于当年实现的可分配利润的10%，且公司连续三年以现金方式累计分配的利润不少于该三年实现的年均可分配利润的30%。确实因为特殊原因不能达到上述比例的，董事会应当向股东大会作特别说明。公司利润分配不得超过累计可分配利润的范围，不得损害公司持续经营能力。

（五）差异化的现金分红政策。

董事会制定利润分配方案时，应综合考虑公司所处的行业特点、同行业的排名、竞争力、利润率等因素论证公司所处的发展阶段，以及是否有重大资金支出安排等因素，制定公司的利润分配政策。利润分配方案遵循以下原则：

1.在公司发展阶段属于成熟期且无重大资金支出安排的，利润分配方案中现金分红所占比例应达到80%；

2.在公司发展阶段属于成熟期且有重大资金支出安排的，利润分配方案中现金分红所占比例应达到40%；

3.在公司发展阶段属于成长期且有重大资金支出安排的，利润分配方案中现金分红所占比例应达到20%；

4.公司发展阶段不易区分但有重大资金支出安排的，根据具体情况，由公司董事会按照前项规定处理。

重大资金支出安排是指公司未来十二个月内拟对外投资、收购资产或购买设备累计支出超过公司最近一期经审计的合并报告净资产的20%。

现金分红在本次利润分配中所占比例为现金股利除以现金股利与股票股利之和。

（六）利润分配的审计程序。

1.公司进行利润分配时，应当由公司董事会先制定分配预案，再提交公司股东大会进行审议。董事会在决策和形成利润分配预案时，要详细记录管理层建议、参会董事的发言要点、董事会投票表决情况等内容，并形成书面记录作为公司档案妥善保存。

2.董事会审议现金分红具体方案时，应当认真研究和论证公司现金分红的时机、条件和最低比例，调整的条件及其决策程序要求等事宜。

3.股东大会对现金分红具体方案进行审议时，公司应当通过多种渠道主动与股东特别是中小股东进行沟通和交流（包括但不限于提供网络投票表决、邀请中小股东参会等），充分听取中小股东的意见和诉求，并及时答复中小股东关注的问题。

4.若年度盈利但未提出现金分红，董事会在分配预案中应说明未提出现金分红的原因、未用于现金分红的资金留存公司的用途和使用计划。董事会审议通过后提交股东大会审议批准，并由董事会向股东大会做出情况说明。

5.监事会应对董事会和管理层执行公司利润分配政策和股东回报规划的情况及决策程序进行监督，并应对年度内盈利但未提出利润分配的预案，就相关政策、规划执行情况发表专项说明和意见。

（七）利润分配政策调整原则。

公司根据生产经营情况、投资规划和长期发展的需要，确需调整利润分配政策的，调整后的利润分配政策不得违反中国证监会和深圳证券交易所的有关规定；有关调整利润分配政策议案，由监事会发表意见，经公司董事会审议后提交公司股东大会批准，并经出席股东大会的股东所持表决权的三分之二以上通过。公司应当尽量为各股东参与股东大会提供便利。

（八）公司应严格按照有关规定在年报、半年报中披露利润分配预案和现金分红政策执行情况。若公司年度盈利但未提出现金分红预案，应在年报中详细说明未分红的原因、未用于分红的资金留存公司的用途和使用计划。

（九）存在股东违规占用公司资金情况的，公司应当扣减该股东所分配的现金红利，以偿还其占用的资金。

党的二十大报告指出：分配制度是促进共同富裕的基础性制度。要完善分配制度，要完善个人所得税制度，规范收入分配秩序，规范财富积累机制，保护合法收入，调节过高收入，取缔非法收入。

2）利润控制的特点

利润控制具有灵活性、综合性和目的性的特点。

（1）灵活性

企业的利润总额受多种因素的影响。例如，营业收入会受市场供求关系、产品质量、信誉、税收等因素的影响，费用会受原材料价格、产品设计人员的技术水平等因素的影响，而这些因素还会受到诸如国家经济政策、社会环境等宏观因素的影响。综上所述，企业的利润额往往不会是一成不变的，企业的利润总额会随着企业生产经营状况的变化而发生变化，具有非常明显的不稳定性，因此，这也要求企业在对利润进行财务控制时要具有灵活性的特点，要能够根据企业内外部环境的变化及时调整利润控制的目标或控制方法。

（2）综合性

企业的利润总额是一个综合性的指标，它包括企业经营过程中的营业利润、投资收益和营业外收支净额等。它是企业生产经营活动、投资活动、筹资活动效率与效益的综合表现，因此，利润不仅是企业经营管理水平、获利水平高低的标志，而且能够综合考核和衡量企业的经营成果与经济效益。

（3）目的性

投资者对企业投资的最终目的是获取投资收益。企业取得的利润在缴纳所得税及按规定提取公积金后的剩余金额就是属于投资者的权益，对此，投资者有权做出用于企业发展还是分配利润的决定。因此，企业管理当局在制定利润分配的控制措施时，一定要充分尊重投资者的意愿，并要体现投资者的权益。

3）利润控制的目标

企业利润控制的目标是多样的，具体体现在，针对不同的控制内容其控制目标也应有所区别。首先，在利润总额控制中，要保证目标利润的实现，因为只有保证目标利润的实现，才能够实现企业的经营业绩目标，保证后续经营正常进行。其次，在利润构成控制中，要保证利润构成的合理性。一般情况下，营业利润这一指标能够恰当地代表企业管理者的经营业绩，因此，应是利润的主要构成内容。再次，在净利润控制中，要保证企业依法纳税、合理节税和避税。因为税收是无偿性的，而它是利润构成中一项较大的抵减项目，因此，企业必须在遵守税法和其他法规的前提下，对自身的经济活动进行事先的筹划和安排，以达到涉税零风险及减轻税收负担的目的。最后，在利润分配控制中，要保证利润分配的合法性和合理性。对缴纳所得税后的企业利润，企业必须按照规定的项目和程序进行分配，同时，向股东分配利润时必须考虑全体投资者的利益，保证资本金的完整，不得用资本金支付股利，也不能影响企业的偿债能力，也就是要合理处理股东当前利益和公司长远发展之间的关系。

总结与结论

▶财务控制是指财务控制主体以法律、法规、制度、财务目标为依据，通过对财务活动进行约束、指导和干预，使之按既定的计划进行，确保企业战略目标实现的过程。它是内部控制的重要组成部分，是财务管理的重要环节，并与财务预测、财务决策、财务分析等一起构成财务管理系统。

▶财务控制就是对评估过程中发现的实际执行情况与控制标准之间的不利差异进行及时矫正或纠正。控制的本质在于纠正偏差，这是保证控制标准和控制目标实现的关键，也是决定控制质量的根本要素。

▶财务控制的特征为财务控制是一种价值控制、综合控制、动态控制和系统控制。

▶财务控制的总体目标是在确保法律法规和规章制度贯彻执行的基础上，优化企业整体资源的综合配置效益。

▶财务控制的主体是对财务控制起决定作用的参与者，也就是财务控制的实施者，是以公司董事会为中心，各级经营管理者为补充，由财务部门实施具体措施的一个综合的多层次的系统；财务控制的客体是企业的财务活动及各种财务关系。

▶在实施财务控制时，应遵循合法性原则、全面性原则、协调性原则、经济性原则、及时性原则和客观性原则。

▶不论对投资者还是经营者来说，实施财务控制都具有重要的意义。首先，实施财务控制有利于切实保护投资者的利益；其次，实施财务控制有利于规范经营者的行为。

▶财务控制可以按照控制的内容、控制的环节、控制权的集中程度、控制的方式，以及控制主体的层次进行不同的划分。按照控制的内容，财务控制可以划分为资产控制、负债控制、所有者权益控制、收入控制、费用控制和利润控制；按照控制的环节，财务控制可以划分为反馈控制、实时控制和前馈控制；按照控制权的集中程度，财务控制可以分为集中控制、分散控制和分级控制三种；按照控制的不同方式，财务控制可以分为直接控制和间接控制两大类；按照控制主体的不同层次，财务控制可以分为高层控制、中层控制和基层控制。

▶实施财务控制的方法包括法规制度控制、授权书控制、预算控制、内部报告控制及财务结算中心控制。

▶根据资产的表现形式不同，资产控制的内容应包括：现金控制、银行存款控制、应收款项控制、存货控制、长期投资控制、固定资产控制、无形资产控制及其他资产控制等。资产控制的特点表现在：资产控制的全面性、全程性以及流动资产控制和非流动资产控制的差别性。资产控制的目标为保证资产的安全和完整、保证资产计价的正确性、提高资产使用效率以及合理确定流动资产的持有量。

▶负债控制的内容包括对负债总额的控制、负债期限结构的控制、负债成本的控制，以及负债风险的控制。负债控制的重点表现在：负债的不同形式决定负债控制的重点、负债总额直接决定企业面临的财务风险，以及企业的实际情况决定企业负债的方式和结构。负债控制的目标包括：确保企业选择合适的资本结构、确保及时足额地筹集到负债资金、确保及时足额还本付息，以及降低负债融资的成本和风险。

▶所有者权益控制的内容可以从经营者和出资人这两个控制主体的角度来加以分析，包括经营者的所有者权益控制和出资人的所有者权益控制。所有者权益控制的特点包括：所有者权益控制主体的双重性、所有者权益控制与资产控制和负债控制的关联性，以及所有者权益控制内容的复杂性。所有者权益控制的目标包括：保证出资人资产的安全和有效运作，保证所有者权益信息的合法性、真实性和完整性，实现所有者和经营者权利的制衡。

▶收入控制的内容包括商品销售收入控制、提供劳务收入控制，以及其他收入控制。收入控制的特点是：收入控制具有全程性、可预测性和重要性。收入控制的目标包括：确保产品定价合理、保证收入确认与计量的真实性，以及严格控制销售业务中可能出现的违纪行为。

▶费用控制包括生产成本控制和期间费用控制。费用控制的特点包括：成本费用控制直接关系到企业净利润的水平以及成本费用控制的内容比较繁杂。费用控制的目标是：确保成本费用发生的合法性、确保成本费用发生的合理性和必要性，以及确保成本费用记录和报告的真实性。

▶利润控制的内容主要包括利润总额控制、利润构成控制、净利润控制和利润分配控制等。利润控制具有灵活性、综合性和目的性的特点。

即测即评

二维码9-3

即测即评

思考题

1. 什么是财务控制？企业实施财务控制有什么意义？
2. 企业实施财务控制应遵循什么原则？
3. 企业在进行财务控制时可以采用哪些方法？
4. 财务控制的类型有哪些？
5. 收入控制和利润控制的特点和目标分别是什么？

案例分析题

阳光公司产品被骗案

阳光公司是我国某省一大型企业，2021年3月在销售该公司产品过程中，出现了销售单据和印章真实，但财务专用章及增值税发票为伪造的现象，导致该公司35吨的产品被骗，造成价值50万余元的重大损失。

具体情况是：一位陌生客户来到阳光公司的销售部门，开具了真实的产品销售调拨单，但使用伪造的财务专用章及增值税专用发票，私盖了印章，然后到销售处盖了销售章，最终到储运车间成功提货，导致了事故的发生。该客户利用财务部门和销售部门办公地点未在同一栋办公楼，且储运发货区位于公司西南角落，距离公司主办公区较远的特点，经过长期预谋，并使用假牌照的报废车辆，骗过了公司财务部收款开发票关、销售部门对接关、储存车间发货核对关、保卫科车辆出入口验收关，以及阳光公司门卫查证关，最终完成作案。

分析：

请问该案例反映出阳光公司在管理上存在哪些问题？该案例为我们提供了哪些启示？

二维码9-4

案例分析题提示

第10章 国际财务管理

学习目标

通过本章的学习，了解并掌握国际财务管理的概念、特点及内容，理解外汇风险的相关知识及管理方法，并能够具体应用。了解国际财务管理中投资的特点和方式，理解融资过程的特点及具体方式，并熟悉境外现金管理的具体内容。

导言

资本市场和货币市场全球一体化进程的加快，使得企业的筹资、投资、分配等财务活动超越国界，与其他国家、地区的有关企业、单位和个人发生千丝万缕的联系。因各国间的资金运动而形成的财务管理活动，使得国际财务管理成为企业在国际舞台上求得生存和发展的重要管理工作之一。

10.1 国际财务管理概述

国际财务管理的原理是风险与收益相均衡，目的是通过协调国际企业的资金流，充分利用国际经营机遇，积极应对国际经营风险，进而实现企业价值最大化。国际财务管理的主要主体是跨国公司。跨国公司是指以本国为基地，通过对外直接投资，在世界各地设立分支机构或子公司，从事国际化生产和经营活动的企业。因此，国际财务管理主要研究跨国公司从事跨国性生产经营活动所面临的诸多方面的问题，以及跨国公司在国际市场中如何对其资金运营活动及财务关系进行管理，是国内财务管理走向国际经营的扩展和延伸。

10.1.1 国际财务管理的内容

国际财务管理是现代财务管理的一个新领域。作为财务管理的重要分支，国际财务管理与财务管理的内容存在诸多相同之处，如筹资决策、投资决策、营运资金的管理等。党的二十大以来，国家外汇管理局深入践行金融工作的政治性、人民性，持续推进外汇领域改革开放，为经济高质量发展提供了有力支持。国家外汇管理局助力科创企业创新发展，将科创企业跨境融资便利化政策从17个省市推广至全国。优化升级了跨国公司跨境资金集中运营的管理政策，提升了企业资金配置效率。扩大了金融市场高水平制度型开放，修订了境外机构投资者境内证券期货投资资金管理规定，进一步便利国际投资者投资境内资本市场。然而，跨国公司处于风云变幻的国际市场中，会与其他国家和地区的有关企业、单位和个人发生财务关系，因而，跨国公司面临着特殊的政治风险和外汇风险，这些特殊性又决定了国际财务管理研究的独特内容。

1）外汇风险管理

外汇风险，也称汇率风险或外汇经营风险，是指一个经济实体（可以是一国政府、银行、企业或团体）或个人，在参与国际经济、贸易、金融等活动的一定时期内，其以外币计价的资产（债权）或负债（债务）因外币汇率的上涨或下降而引起价值增减变化的可能性。随着经营的全球化，众多跨国企业在进行筹资、投资和分配等活动时不可避免地会在国际范围内收付大量外汇，随之会给跨国经营公司带来很大的不确定性。因此，国际财务管理体系中，企业应该对外汇风险进行有效的管理，避免外汇变动带来的亏损风险。

二维码10-1

延伸阅读：央行下调远期售汇业务的外汇风险准备金率至零

2）国际投资管理

随着国际贸易的发展，商品在全球范围内的流动带动了生产要素的流动，促进了国际投资的发展。国际投资可分为直接投资和间接投资。与国内投资不同，国际投资面临更复杂的商业环境和影响因素，是多种制度、文化和行为方式之间的融合和协调。因此，在进行国际投资时，企业需要制订切实的投资方案，通过可行性研究论证，选择有利的投资方式，坚持对投资活动进行系统科学的管理，有效地驾驭投资风险。

二维码10-2

延伸阅读：《国有企业境外投资财务管理办法》出台

3）国际融资管理

跨国公司建立了全球性的错综复杂的经营网，从而产生了全球性的资金需求。与国内融资决策相比，国际融资决策不仅需要进行成本估算、成本分析和偿债能力分析，还须考虑国际融资环境及融资特点、法律规定、有关币种的汇率等。国际融资决策比国内融资决策要复杂得多，其筹资方式更加灵活多变，主要有国际股票融资、国际债券融资、项目融资、国际租赁和补偿贸易融资等。面对国际金融市场多样的资金来源，公司应在各种因素之间进行权衡，做出正确的决策，选出最佳的融资方案。

4）境外资金管理

二维码10-3

延伸阅读：探索境外资金管理平台

在跨国企业进行经营活动的过程中，由于国与国之间的资金转移支付，不可避免地会产生大量的现金转移和现金结余。境外现金管理的目标是在保证国际企业经营活动现金充足的情况下，尽可能减少资金持有量，剩余部分用于再投资，以获取企业的最大收益。从国际角度来看，因为涉及国与国之间的现金转移，从而触及不同国家的法律规定，使得现金管理更加繁杂。因此，境外资金管理便成为国际财务管理的一项重要内容。

10.1.2　国际财务管理的影响因素

企业经营范围的国际化，必然要求企业从国际的角度来看待财务管理问题。与国内财务管理相比，国际财务管理是在一个更为复杂的环境中进行的，影响国际财务管理的重要因素有以下几种。[①]

1）经济因素

金融市场、金融机构的完善程度及东道国的通货膨胀水平会影响在该国投资和融资的难易程度，因此，要关注东道国实行的金融政策，深入了解其汇率政策、货币政策、税收政策等，把握好市场状况。东道国的产业政策、对外贸易政策等，也会对企业的财务管理产生重大影响。

2）政治因素

政治因素可以从东道国的政治体制及其政权的稳定性、对外资的政策及其稳定性、国际关系等方面考虑。如果东道国政局不稳定，势必会影响企业的经营，给其收益带来巨大的不确定性。比如，发生政变，许多跨国企业的经营场所被查封，将给企业带来巨大损失。所以，企业应当仔细分析有关国家的政治环境，充分评估该国政治环境带来的风险。

3）法律因素

不同的国家和地区有不同的法律规范和要求，有时两个国家有相反的法律规范。因此，国际财务管理需要对不同国家和地区的法律因素进行深入分析。考虑东道国涉及外商投资的法律是否完备、法治是否稳定、执法力度是否坚决，是对东道国的内部考察。考察东道国与重要国际组织的关系，其签署的国际性的条约和协议及执行情况，是对东道国的外部评价。

4）文化因素

除了经济、政治和法律环境会影响国际企业的财务管理以外，社会文化环境也

---

① 人民日报评论员．继续高质量共建“一带一路”——论习近平主席在博鳌亚洲论坛2021年年会开幕式上的视频主旨演讲［N］．人民日报，2021-04-22（01）．

对其有不可忽视的广泛影响。它包括教育、科学、文学艺术、信念、道德、风俗，以及同社会制度相适应的权利义务观念、道德观念、价值观念等相当广泛的内容。一般而言，比较重要的影响因素包括文化水平、文明程度、文化传统，以及宗教信仰等方面。

10.1.3 国际财务管理的特点

国际财务管理面临着新的环境因素、新的风险来源和新的经济机会。

二维码 10-4

延伸阅读：共享经济全球化和世界经济增长成果

1）新的环境因素[①]

在国际公司理财中，要遵循国际惯例，执行有关国家的法律、政策、制度，使用外国货币，要了解有关国家的利率、税率、汇率、通货膨胀率等。因此，国际公司理财的范围更为广泛，环境更为复杂。

2）新的风险来源

公司进行跨国生产经营活动，除了面临经营风险和财务风险以外，还存在政治风险、外汇风险等。

政治风险是指由于政治方面的原因给公司造成损失的风险。其主要有外国政府政策变动风险、战争暴动风险等。

外汇风险是指由于汇率发生变动而对公司财务收支和成果产生影响的风险。例如，企业在出口时，由于发出货物和收到货款存在时间差，这段时间内汇率就有可能发生变化，从而有给企业带来损失的可能。因此，进行公司理财工作必须充分考虑外汇风险。

3）新的经济机会

各个国家的政治、经济情况存在着许多差别，比如，货币有软有硬、税种有多有少、税率和利率有高有低，劳动力和商品价格也存在一定的差距，外汇和外贸管制的宽严程度也不相同。因而，企业有更多的选择机会和更多的获利机会。例如，公司可以向利润率最高和税率最低的国家投资；到劳动力和原材料价格低廉的国家建厂，就地生产和销售以获取更多的利润；从原材料价格最低的国家进口原材料，生产产品到价格最高的国家销售等。此外，还可从整个公司集团内部各单位的统筹调配中获得新的经济机会。

国际财务管理上述三个特点是相互联系的，新的环境因素产生新的经济机会和新的风险来源。机遇和风险是并存的。跨国经营公司只有适应新的环境，善于抓住新的机遇，注意防范新的风险，才能达到提高经济效益的目的。

二维码 10-5

世界经济论坛：2024年全球风险报告

① 人民日报评论员．让各国人民共享经济全球化和世界经济增长成果——论习近平主席在首届中国国际进口博览会开幕式上主旨演讲［N］．人民日报，2018-11-09（01）．

10.2 外汇风险及其管理

跨国公司的许多决策都会受到汇率预期的影响，汇率是货币在外汇市场的相对价格，汇率对于跨国公司进行进出口贸易或国际货币资金流动具有重大影响，因此，跨国公司合理预测汇率变动对保持或提升跨国公司价值十分关键。影响汇率波动的因素十分复杂，任何技术都不能保证准确预测未来汇率的变化。为了能够合理预期汇率变动，首先需要了解汇率波动的基本经济因素和基本原理。

10.2.1 汇率的决定

随着经济环境的变化，汇率可能会大幅度变化，汇率的波动影响跨国公司资产价值。

1）汇率均衡理论

汇率代表了某一时点外币的货币价格，与市场上销售的其他商品一样，外币的货币价格也是由货币的供给相对于货币需求的关系决定的。在任一时点上，外汇的货币价格都应该是外汇供给等于外汇需求时的价格，即所谓的均衡汇率。图10-1描述了美元在不同汇率价格时点的供给和需求关系。在汇率为0.150美元时，美元需求数超过了可供出售的美元供给数，即供不应求。此时，提供外汇服务的银行在该汇率时将产生美元的短缺风险，因此，银行会提高美元售价。当汇率为0.158美元时，美元需求量小于可供出售的美元供给量，即供过于求，此时，提供外汇服务的银行在该汇率时会有美元盈余，因此，银行会降低美元售价。在0.155美元时，美元的需求量恰好等于供给量，此时，达到汇率均衡状态。因此，0.155美元即为均衡汇率。

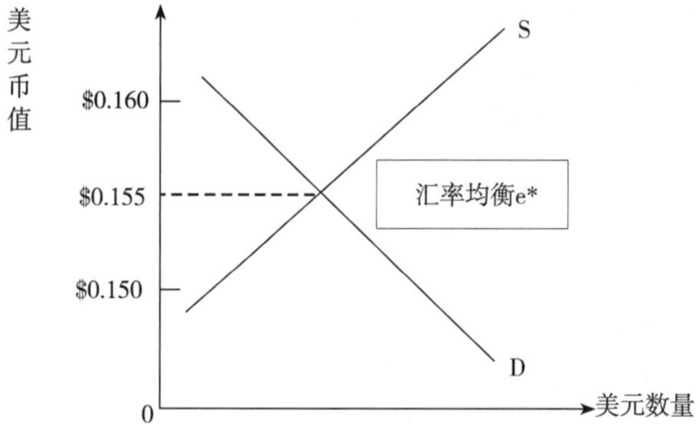

图10-1 美元供给需求均衡图

对所有货币而言，均衡汇率是通过在外汇市场的交易达到的，外汇均衡状态的调整取决于外汇的流动性，因为外汇的流动性会影响汇率对某些交易的敏感性。如果外汇的现汇市场流动性强，它的汇率将不会对单笔大额货币的购买或销售有很强的敏感性，因此，均衡汇率的变动是相对较小的。在存在众多有意向的外汇买方和卖方的情况下，外汇交易的供求关系是很容易被调节的。相反，如果外汇的现汇市场是非流动性的，它的汇率对单笔大额货币的购买或销售将会有很强的敏感性。若调节外汇交易的外汇买方和卖方不足，就意味着外汇的价格必须被调整，才能使得外汇的供给和需求重新达到平衡。因此，当外汇的均衡价格即使是在供求条件下微小地调整时，流动性不强的外汇趋于表现为更不稳定的汇率波动。

2）汇率的预测与计量

跨国公司的每项经营活动都会受到汇率变化的影响，合理预测汇率的变化对企业实行以下决策产生重要影响。

（1）套期保值决策

跨国公司常常面对是否对未来外币应付项目和应收项目套期保值的决策问题。企业是否套期保值取决于企业对外币价值的预测，通常在预期未来汇率变动会给企业造成损失时进行套期保值决策。

（2）外币投资决策

企业外币投资决策可分为短期投资和长期投资。当企业短期内有大量的闲置资金时，可以利用高额的外币储蓄进行短期投资。进行外币短期投资决策选择币种的标准主要取决于两个方面，一是利率高，二是投资期间货币升值。企业进行国际长期投资时，通常需要考虑对外投资计划的预期货币兑换需求。在进行资本预算时，只有将所有的预期现金流量折算为母公司本国货币，资本预算才能有效和彻底地进行。

（3）外币融资决策

企业进行外币融资时需要考虑外币币种的选择、期限选择，以及融资成本的测算，这些决策都会受到汇率的影响。在短期外币融资决策中，选择外币短期借款的决策标准既要满足利率低，又要实现融资期间货币贬值。在长期外币融资决策中，无论是长期外币借款还是发行外币债券，其决策标准如同短期外币借款一样，期望借入的币种会相对于销售收到的币种贬值。在估算长期外币融资资本成本时，需要对未来外币现金流出折算成母公司本国货币才能够进行资本成本测算。

（4）收益汇回决策

跨国公司在决策是否将子公司收益再投资或汇回母公司时，必须考虑到汇率预测的影响。如果外币预期会发生剧烈贬值，则母公司会加速对子公司收益的回收行为，以避免外币贬值给企业带来的损失。汇率预测在预测跨国公司收益时也发挥作用，因为子公司的收益要合并折算为母公司所在国的货币，编制合并报表报告跨国公司的收益。

跨国公司预测汇率的动机会通过影响现金流和资本成本来影响企业价值，其中，套期保值决策、外币投资决策、收益汇回决策是通过增加本国货币现金流量来增加企业价值，外币融资决策是通过降低融资资本成本来增加企业价值。具体如图

10-2所示。

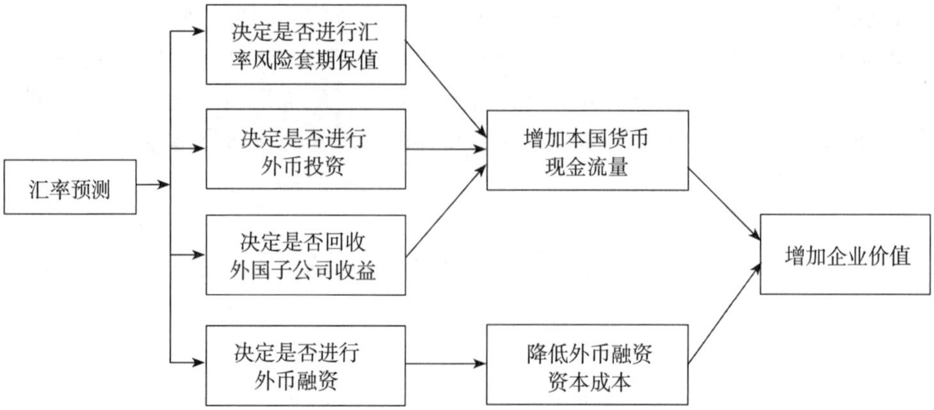

图10-2　跨国公司汇率预测的动机

3）预测汇率的方法

预测汇率的方法有很多，大体分为以下四类：技术预测法、基本预测法、市场预测法、混合预测法。

技术预测法（technical forecasting）是指利用历史的汇率数据来预测未来汇率。某种货币一段时间内的连续日汇率可能存在同方向的升降变化，这表明可利用该汇率未来的变化方向来预测未来汇率。在某些情形下，存在一定的技术因素表明某种货币的历史趋势发生改变，因此，可能导致汇率预测结果发生变化。技术因素有时被看作改变投机头寸的主要原因，这些头寸导致某种货币价值的调整。主要有以下原因可能导致某种货币汇率剧烈变动：（1）技术因素压倒了经济消息；（2）技术因素触发抛售该种货币；（3）技术因素显示该种货币最近超卖，从而触发买进该货币。

【例10-1】假设明天A公司需要1 000万英镑支付其所购买的货物的货款。今天，英镑兑美元的汇率升值3%。A公司可以选择今天支付货款以避免明天英镑的继续升值带来的损失。基于对历史数据的时间序列分析，A公司已经确定如果英镑当天的升值超过1%，第二天则会贬值达到其增值率的60%，即：当$e_t>1\%$，$e_{t+1}=e_t\cdot(-60\%)$，则应用该预测方法，A公司预测明天的汇率将会变动如下：

$$e_{t+1}=e_t\cdot(-60\%)=3\%\times(-60\%)=-1.8\%$$

从跨国公司角度看，技术预测法有其局限性，主要体现在以下几个方面：一是该方法只适用于短期汇率预测，不利于长期汇率预测。由于汇率变动的模式在短期内更为系统化，大多数技术预测法应用于非常短的期间，通常只有一天。因此，汇率变动的系统模式在预测未来一个季度、一年或者五年时，结果缺乏一定的可靠性，在预测远期汇率变动时的有用性也较低。因此，对需要预测远期汇率的跨国公司而言，技术预测模型并不是最合适的选择。二是技术预测模型的有效性具有时间性。在某个期间起作用的模型不一定在另一个期间起作用，如果货币价值的变化呈现随机的特点，某一期间的技术预测模型就不再适用。如果汇率变动的历史趋势不确定，那么，货币汇率历史变动的探索对预测未来汇率的有用性就大大降低了。

基本预测法（fundamental forecasting）是指根据经济变量与汇率间的基本关系进行预测。货币即期汇率的变动会受以下因素的影响：

e=f（ΔINF，ΔINT，ΔINC，ΔGC，ΔEXP）

其中，e为即期汇率的变化率，ΔINF是某国和外国通货膨胀率差额变化率，ΔINT是某国和外国利率差异变化率，ΔINC是某国和外国收入水平差异变化率，ΔGC是国家控制的变化，ΔEXP是未来汇率预期的变化。依据这些变量的现值及其对货币币值的历史影响，企业就可以进行汇率预测了。

市场预测法（market-based forecasting）是一种直接根据市场中的汇率价格预测未来汇率的一种方法，也是非金融企业主要使用的预测方法。

由于各种汇率预测法各有其优缺点，所以，混合预测法（mixed forecasting）是综合运用各种预测方法对汇率价格进行预测的综合性方法。

10.2.2 外汇风险

跨国公司的许多决策都会受到汇率预期的影响，要了解外汇风险，进行汇率预测，根据预测结果有效管理外汇风险，从而实现企业价值最大化。

1）外汇风险的含义

外汇风险（foreign exchange risk），也称汇率风险（exchange rate risk）或外汇暴露，指一个经济实体（可以是一国政府、银行、企业或团体）或个人，在参与国际经济贸易活动的一定时期内，以外币计价的资产（债权）或负债（债务）因外币汇率的变化而引起价值增减的可能性。

外汇风险一般是由外币、时间和汇率变动三个因素共同构成的。以产品出口为例，如果产品外销的应收货款以本币计价结算，成交到收款的时间不论多长，由于不涉及外币，故不存在外汇风险；如果产品外销的货款虽以外币计价结算，但成交日立即收到货款（不存在时间因素），汇率无变动，也不存在外汇风险；如果产品外销的应收货款以外币计价结算，成交到收款经过一段时间，但在这一段时间内汇率无变动，也不存在外汇风险。所以，只有产品外销的应收货款以外币计价结算，成交到收款经过一段时间，而且在这一期间汇率发生了变动，这三个因素同时存在，才形成外汇风险。

外汇风险管理就是通过对汇率变化方向、变动幅度的预测，对承受风险的外币资产或负债项目进行调整或保值，从而使公司可能发生外汇损失的风险降低到最低程度。

2）外汇风险的种类

外汇风险按照其形成原因可以分为：交易风险（transaction exposure）、经济风险（economic exposure）和折算风险（translation exposure）。交易风险指在约定以外币计价成交的交易过程中，由于结算时的汇率与交易发生（即签订合同）时的汇率不同而引起的风险。经济风险指外汇汇率意外的变动对公司价值或股票价格的影响。折算风险是指企业把外币余额折算为本国货币时，由于汇率变动导致会计报表中的有关项目发生变动的风险。外汇风险管理就是对不同风险采取相应措施进行管理。交易风险、经济风险和折算风险在概念上的区分如图10-3所示。

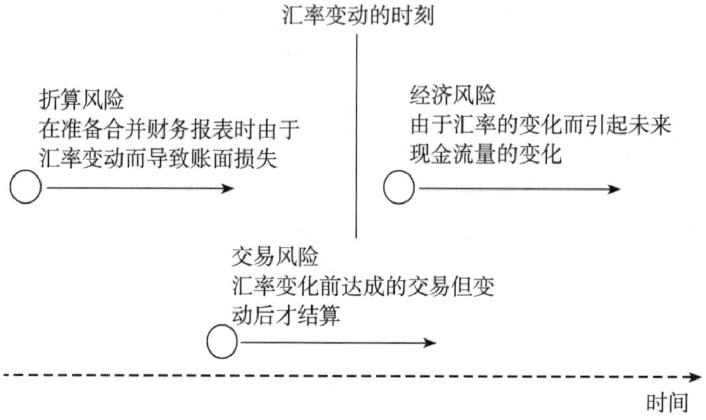

图10-3　三种外汇风险的概念比较

外汇风险按主体不同分为企业外汇风险、银行外汇风险、国家外汇储备风险。企业外汇风险通常包括前述的交易风险、经济风险和折算风险。银行外汇风险包括外汇买卖风险和外汇信用风险。在人民币坚挺升值时，外汇多头损失、空头盈利；在人民币疲软贬值时，外汇多头盈利、空头损失。国家外汇储备风险包括国家外汇库存风险和国家外汇储备投资风险。

3）外汇风险的管理策略

外汇风险的管理策略有资产负债表避险策略、合约性避险策略和经营性避险策略。

（1）资产负债表避险策略

资产负债表避险策略是通过调整公司暴露资产和暴露负债的大小来降低风险。由于折算风险的根源在于用同一种外币计量的净资产和净负债不匹配，一般可以采用资产负债表抵补保值，即调整处于不平衡状态的外币资产与负债，使暴露资产与暴露负债达到均衡。当预期子公司所在国货币相对于母公司所在国货币升值时，应尽可能增加资产和减少负债；反之，应尽可能减少资产和增加负债，并尽可能减少暴露在外汇风险中的净资产。运用该策略，当子公司所在国货币预期贬值时，对于交易风险和经济风险的规避的方法是保持维持公司当前经营活动所需的最低水平的当地货币现金余额，将超过资本扩张所需的利润转移到母公司，加速当地货币应收账款的收款，延迟当地货币应付账款的付款，将过量资金投资于当地货币存货或其他受货币贬值影响较小的资产，投资于较坚挺的外币资产。当子公司所在国货币预期升值时应采取相反的措施。

（2）合约性避险策略

合约性避险策略是指公司利用金融工具进行保值避险活动，包括外汇期货交易避险、远期外汇交易避险、外汇期权交易避险、外汇掉期交易避险和货币市场避险。其中，外汇期货交易避险和远期外汇交易避险都是通过锁定购买者在未来某一时点支付的货币价格，使得公司未来的现金流入变得更确定，从而达到规避外汇风险的目的。不同的是，外汇期货交易是标准化合约，交割日和每张合同金额都是确定的，而远期合约可以根据公司个体的特殊需要具体订立。使用外汇期货交易避险和远期外汇交易避险能否有好的效果关键在于现时远期汇率（锁定价格）与未来即期汇率的偏差大小。实际上，只要这一偏差小于现时即期汇率与未来即期汇率的偏差，那么，避险就是有效的。事实上，由于外汇市场上存在众多套利投机者，几乎接近完全竞争市场的远期汇率，反映了整个市场对未来即期汇率的预期，应该可以在相当大的程度上规避外汇波动风险。外汇期权交易避险，通过购买外汇期权获得在未来选择是否执行合约规定的权利，从而在锁定最大亏损的情况下，一旦汇率朝有利方向波动的幅度大于期权汇率，公司还可以盈利。

（3）经营性避险策略

外汇风险对于跨国公司长期经营的影响，要比对资产负债表和短期交易的影响显著得多。比起前面两种避险策略较多用于短期规避风险，经营性避险策略主要针对经济风险。经济风险管理的本质是追求风险的最小化而非利润的最大化，应该立足于公司的长远发展，在全球范围内积极推行多元化战略。

10.2.3 交易风险管理

交易风险是指一个经济实体在以外币计价的跨国交易中，由于签约日和履约日之间汇率变动导致的应收资产或应付债务价值变动的风险。例如，发生的以外币计价达成合同的外币事项，如应收应付账款、外币借贷款项、远期外汇合约，以及已经签订的贸易合同或订单等。

1）交易风险的表现形式

（1）商品进出口交易的外汇风险

商品进出口交易的外汇风险是指公司在商品、劳务进出口交易过程中，用外币计价结算，由于成交日到结算日汇率变动，使公司以本币计算的收入和支出数额产生的不确定性。一方面是出口交易中的外汇风险，如出口以美元计价结算，当人民币贬值时，收回的美元货款折合为人民币的数额会增加；当人民币升值时，则收回的美元货款折合为人民币的数额会减少。另一方面是进口交易中的外汇风险，其原理与出口相同，只是方向相反。如进口以美元计价结算，当美元升值时，付出的人民币会增加，当美元贬值时，则付出的人民币会减少。

（2）外汇借款的汇率风险

外汇借款的汇率风险是指公司借入某种外汇，由于借入日到偿还日之间存在汇率变动，使公司还本付息折合本币数额的不确定性。例如，我国某公司从银行借款100万美元，期限1年，年利息率10%，借款时汇率为1美元=6.4875元人民币，还款时汇率可能有三种情况：若汇率未变，此时汇兑损益为零；若美元升值，则1美元>6.4875元人民币，那么，本息的汇兑损益为亏损；若美元贬值，则1美元<6.4875元人民币，那么，本息的汇兑损益为盈利。

（3）远期外汇交易的汇率风险

远期外汇交易的汇率风险是指在远期外汇交易中，由于合约规定的远期汇率与合约到期日的即期汇率不一致，而使按远期汇率付出的货币数额多于或少于按即期汇率付出的货币数额而发生的风险。例如，某公司于6月1日与银行签订用人民币买美元的远期外汇交易合约，期限半年。远期汇率为1美元=6.8090元人民币，金额为680.90万元人民币买100万美元。12月1日合约到期时，即期汇率为1美元=6.7090元人民币，如果该公司不签订远期外汇交易合约，按即期汇率用670.90万元人民币可买入100万美元，进行远期外汇交易反而多付了10万元人民币。但如果12月1日的即期汇率为1美元=6.9090元人民币，按此汇率买入100万美元需付690.90万元人民币，进行远期外汇交易只需付680.90万元人民币，节省了10万元人民币。

企业管理交易风险面临三项任务：第一，测定交易风险的程度；第二，决定是否对该风险套期保值；第三，如果决定部分或全部地对风险进行套期保值，则需要选择合适的套期保值的方法。

2）管理交易风险的方法

企业对以外币标价的部分或者全部应收和应付项目进行套期保值，以避免外币币值变动带来的影响，通常情况下，可以选择远期合约套期保值、货币市场套期保值、货币期权套期保值等。

（1）远期合约套期保值

远期合约套期保值允许跨国公司锁定其购买某种货币的特定汇率，从而帮助公司规避该货币各种应付项目的外汇风险。远期合约由公司与特定的金融机构签署，如商业银行。远期合约明确规定的项目有公司需要支付的货币、公司将要收到的货币、公司收到的货币金额、跨国公司进行货币兑换的汇率（远期汇率）、货币兑换的日期。

【例10-2】A公司是一家跨国企业，该公司财务总监预计1年后需要支付200 000美元给其关联方。财务总监打算通过远期合约在1年后购买美元，合约约定1年期远期汇率为1美元=6.4869元人民币。如果财务总监购买了1年期远期合约，则：

1年后支付的人民币金额=应付美元金额×远期汇率=200 000×6.4869=1 297 380（元）

（2）货币市场套期保值

货币市场套期保值是指用货币市场头寸抵补未来应付款或应收款头寸。如果企业拥有闲置现金，可以进行货币市场套期保值。

【例10-3】假设中国的甲公司1年后需要支付200 000英镑，公司财务总监考虑公司所持现金状况，将人民币兑换为英镑，并办理1年期的储蓄。假设银行1年期定期存款利率为1.6%，则公司需要存入多少英镑？

甲公司应该套期保值的储蓄额=200 000÷（1+1.6%）=196 850.39（英镑）

假设英镑的即期汇率为1英镑=8.8196元人民币，则需要的人民币金额计算如下：

甲公司人民币储蓄金额=196 850.39×8.8196=1 736 141.70（元）

应该实施远期合约套期保值，还是货币市场套期保值以抵补未来应付款呢？两种方法的结果都可以提前确定，因此，企业应该选择更可行的方案。如果利率平价理论成立，且交易成本不存在，那么，货币市场套期保值产生的结果同远期套期保值一样。这是因为远期汇率的远期升水体现两种货币间的利率差异，用远期买入对未来应付款套期保值等同于以本国利率举债而以外国利率投资，用远期出售对未来应收款套期保值等同于以外国利率举债而以本国利率投资。即使远期升水能够用国家间的利率差异来加以反映，交易成本的存在也可能导致远期套期保值的结果不同于货币市场套期保值。

（3）货币期权套期保值

在应付项目货币贬值或应收项目货币升值时，远期套期保值和货币市场套期保值这两种方法不能实现套期保值。在这种情况下，不套期保值的策略将可能比远期套期保值或货币市场套期保值更有利。理想的套期保值方法会使公司摆脱不利的利率波动，并且使公司从有利的汇率波动中受益。货币期权有这种功能，但公司要考虑货币期权套期保值的收益是否超过所付出的代价（期权费）。在实施货币期权套期保值过程中，要注意如下三方面内容：

第一，以货币买入期权对应付项目套期保值。货币买入期权提供在一定时间内，按执行汇率购买一定数量某种货币的权利。不像远期合约，货币买入期权持有者不负有以执行汇率购买货币的义务。如果期权存续期内外币即期汇率低于执行汇率，则公司可以让期权失效，以目前的即期汇率购买外币。但是，如果外币即期汇率升值，买入期权允许公司以执行汇率购买外币。也就是说，拥有买入期权的公司已锁定了购买货币的最高价格（执行汇率）。该公司也有让期权失效和以当前即期汇率取得货币用于付款的灵活性。

第二，基于或有曲线的买入期权套期保值成本。采用买入期权进行套期保值的成本，在购买期权时并不能够确定。只有当应付项目到期，且那时的即期汇率已知时才能确定。因此，可通过分析应付项目到期时可能的外币汇率，来确定是否买入期权进行套期保值及其成本。该成本既包括购买货币支付的成本，也包括买入期权的期权费用。如果应付项目到期时的货币即期汇率低于执行汇率，则可以选择让该期权失效，而以当前即期汇率购买外币。如果外币即期汇率等于或高于执行汇率，可以执行期权，购买外币。可以通过绘制或有曲线来确定不同汇率情况下，通过买入期权进行套期保值的成本。如果即期汇率波动幅度较大，这种方法将会更有效。

第三，基于货币预测的买入期权套期保值成本。或有曲线虽然能够确定应付项目到期时，不同汇率情况下的套期保值成本，却并没有考虑币值预测。因此，它并不能帮助决策是否采用货币期权进行期权保值。可以进行货币币值预测，其能够更准确地估计货币期权的成本。

【例10-4】中国A公司希望对其1年期的100 000美元应付项目进行套期保值。公司可以购买100 000美元的买入期权。假设买入期权的执行汇率为6.8500元人民币/美元，期权费为0.01元人民币/美元，1年后到期。假设公司对1年后即期汇率的预测见表10-1。

表10-1　**1年后美元即期汇率预测**

1年后即期汇率（元人民币/美元）	6.8200	6.8600	6.8900
概率	20%	70%	10%

每一种汇率情形下的套期保值成本见表10-2。

表10-2　**应用货币买入期权对美元应付款套期保值**

情形	到期日即期汇率	期权费	执行汇率	期权总成本（含期权费）	支付人民币（元）
1	6.8200	0.01	6.8200	6.8300	683 000
2	6.8600	0.01	6.8500	6.8600	686 000
3	6.8900	0.01	6.8500	6.8600	686 000

由表10-2可知，当到期即期汇率低于6.85时，公司会选择放弃期权。当到期即期汇率高于6.85时，公司会选择执行期权。公司可以选择不同种类的买入期权，对于给定的货币种类和到期日，这些买入期权具有不同的执行价格和期权费用。需要在较低的执行价格和较高的期权费用之间做出权衡。或者选择较低的期权费用，但要支付较高的执行价格。

10.2.4　经济风险和折算风险管理

1）经济风险管理

经济风险是指由于汇率变动对公司产销数量、价格、成本等产生影响，从而引起公司未来一定时期利润和现金净流量的不确定性。经济风险的影响是长期的，而交易风险和折算风险都是一次性的。一般来说，经济风险的大小取决于市场竞争结构以及这些市场如何受汇率变动的影响，而这种影响又取决于一系列经济因素，如产品的价格弹性、汇率变动对市场的直接影响（通过价格）及间接影响（通过收入）等。

一个公司即使没有任何跨国经营活动也会面临经济风险，因为绝大多数国家的商品与金融市场是相互联系并相互影响的。例如，如果本国货币升值，将会对一个只在国内生产销售的公司产生不利影响，因为来自国外的竞争加强了，进口原材料的竞争对手也处于有利的地位。

经济风险涉及面广，不仅包括财务内容，还涉及市场营销、供应和生产等各个方面，因此，其风险由整个公司管理层承担，而交易风险和折算风险由财务人员承担。经济风险的管理目标，是预测汇率变动对未来现金流量的影响，并采取必要的措施避免风险，减少损失。对从事跨国经营的公司来说，经济风险管理的重要方法就是实现多元化，即经营多元化和财务多元化。

（1）经营多元化

经营多元化是指不仅在不同业务领域经营，而且也在不同地区、不同国家经营。经营的多元化要求公司管理人员对不同国家或地区的差别和变化予以关注和了解，以迅速采取措施对其经营策略加以调整，从而增强其竞争力。

如果国际公司经营行业的范围及跨越的地区、国家相当广泛，由于资产组合效应，汇率变化的风险可以在不同国家和地区之间部分或全部抵消，即汇率改变对公司现金流量的影响可能会因多元化经营而降低。

（2）财务多元化

财务多元化主要是指融资多元化和投资多元化，即公司可以从多个国家的金融市场筹集资金，用多种货币计算，如果有的外币贬值，而有的外币升值，就可以使外汇风险相互抵消。同时，公司可以向多个国家投资，创造多种外汇收入，就可以适当避免单一投资带来的风险。

另外，公司还可以将外币应收款与外币应付款进行配合。例如，使美元应收款与美元应付款的数额基本上相等，如果美元贬值，使应收款的实值减少，而应付款的实值也相应减少，使风险抵消。财务多元化不仅可以避免外汇风险，还可以降低资金成本，减少政治风险。

2）折算风险管理

为了编制合并报表，集团企业需把每个子公司的财务数据折算为本国货币，这时就会产生折算风险。即使折算时不影响现金流量，许多公司仍关心折算风险，因为其会影响公司的合并利润，从而影响公司的股价。因此，许多公司会考虑对其折算风险进行套期保值。

（1）远期合约套期保值

企业可运用远期合约对折算风险进行套期保值。具体来说，可以卖出子公司所在国的货币远期合约，构造现金流出，与未来将要收到的利润收入相抵。下面举例说明远期合约对折算风险套期保值。

【例10-5】A公司是中国公司在美国的子公司，存在风险资产1 200万美元，存在风险负债600万美元。当人民币兑美元汇率由6.4860上升到6.6166时，公司的风险净资产是多少？由美元升值引起的折算利得或损失是多少？

风险净资产=1 200-600=600（万美元）

折算利得=600×（6.6166-6.4860）=78.36（万元人民币）

（2）折算风险套期保值的局限性

对折算风险套期保值有四个局限性。第一，收益预测值不准确。子公司对年末收益的预测值是存在误差的，但如果实际收益高于预测值，而且子公司计价外币在当年大幅贬值，折算损失可能会超过远期合约策略产生的收益。第二，某些货币无远期合约。现实中并不是所有的货币都有远期合约，在一些国家无法得到该国货币的远期合约。第三，会计信息的扭曲。远期汇率利得或损失反映了远期汇率和将来即期汇率的差异，而折算利得或损失体现了这一期间的平均汇率。另外，折算损失不能抵税，而用于对折算风险套期保值的远期合约的利得需要纳税。第四，交易风险增加。套期保值可能使企业增加交易风险。例如，如果子公司货币升值，就会产生折算利得，如果企业在年初实施套期保值策略，产生的交易损失将在一定程度上抵消折算利得。

10.3 国际投资管理

跨国公司通过与外国企业合资、收购外国企业或组建新的国外分支机构来进行直接对外投资。国际直接投资数量的迅速增长，已成为世界经济中最活跃的因素之一。国际直接投资不是资本在国家间的简单转移，而是企业从母公司所在国向东道国的实际扩张，包括资本、技术以及先进的管理方法都在向东道国转移，然后与当地的生产要素相结合，开拓市场，向当地及其他国家提供产品。

10.3.1 国际投资的含义

国际投资是指投资者为获得比国内投资更高的收益而投放资本于国外的行为。各个国家为了实现经济发展目标而利用外资、增加就业、推进新技术革命并进行产业结构调整，促进了资源的优化配置，推动了本国经济的发展。

10.3.2 国际投资的特点

1）投资动机的多元性

不同公司的投资动机各不相同，如为了获得高额利润，维护和扩大国际市场，充分利用现有设备、技术和人力；带动机器设备、成品、半成品和劳务的出口，扩大对外贸易；开发和利用国外自然资源，增加外汇收入，取得和利用国外的先进技术和科学管理经验，降低投资风险等。但国际投资的直接动机就是为了增加收益和减少风险，即为了获得高于国内经营的利润率，减少实现预期收益的风险。

2）资金流动的多样性

由于国际资本具有双向流动性，既包括本国对外国投资，又包括外国对本国投资，这导致投资资金来源的多样性和资金投放的多种选择。资金来源既可以是公司的净资产，也可以是各国政府、单位和个人的资金，以及向当地金融市场和国际金融市场筹集的资金。投资选择面也很宽泛，可以直接在国外投资办企业，也可以购买各种外国债券、股票、国际基金等分散资金风险。在投资的行业上也可以打破国家和地区的限制，可以投资一些国外需求很大同时在本国有较大的资源或劳动力优势的行业。

3）投资主体代表的民族性

进行国际投资的主体为数众多，有国家、政府、公司和各种经济组织及个人等。对于东道国来说，其来自不同的国家和民族，要受东道国政府的管辖，要向东道国政府纳税，可能会受到贸易保护主义和民族异己主义分子的歧视。

4）投资计价货币的多样性

在国际投资中，要采用可以自由兑换的货币或可以向第三国办理支付业务的货币及支付手段，如美元、欧元等。

5）投资风险的多重性

国际投资的风险性包括国际投资中的政治风险、外汇风险和经营风险，前已述及。

6）投资环境的复杂性

国际投资涉及的地域广泛，在不同国家和地区，其政治、经济、金融体制、自然环境千差万别。即使在地域接近的国家和地区，不同国家和地区的经济发展程度不一致，其经济制度和市场化程度也不同。而这些因素综合起来就加大了投资环境的复杂性。不同国家的税收、利润分配制度、商业法律和惯例等方面无不存在着很大的差异，在财务投资决策时必须注意到这些差异并对这些差异进行调整。在国外建立公司登记注册时，接受投资国政府管辖，向被投资国政府依法纳税，遵守和执行投资国的方针政策、法律和有关规定。国际投资要受到各方面条件的制约，在复杂的经济条件下协调各方面的利益。

10.3.3 国际投资的种类及方式

国际投资分为直接投资和间接投资。

1）国际直接投资

国际直接投资，是指投资者在国外所投资的公司中拥有足够所有权或控制权的投资。

（1）直接投资的方式

国际直接投资的方式主要有两种：一是在国外建立新企业，即跨国创建，又称“绿地投资”。新建企业可以采取合资经营、独资经营或合作经营等多种组织形式。

选择不同的组织形式将会对跨国企业未来发展产生不同影响。二是通过跨国并购获得国外企业的控制权。跨国并购包括跨国收购和跨国合并两种方式。跨国收购是购买另一国企业的整个资产或足以行使经营控制权的股份，以获得该企业的控制权。跨国合并则是原来属于两个不同国家的企业的资产和经营业务被组合成一个新的法人实体。在全球的跨国并购中，收购占了大部分，合并占跨国并购的比例不足3%。

（2）直接投资的动因

企业进行国际直接投资通常出于以下五个方面的动机。

第一，打破国际贸易壁垒。各国政府出于政治考虑，往往通过设置关税壁垒、进出口配额等方式来限制商品、服务以及自然资源的自由流动。有时，为了保护本国弱势产业，大力扶持和发展民族产业，或者其他目的，政府甚至禁止某种商品在国家间的流动。贸易壁垒对产品在国家间的自由流动设置了障碍，会增加企业出口产品的成本和费用，进而提高进口企业产品在国际市场上的价格，削弱产品的竞争力。在这种情况下，企业利用国际直接投资，以资本、技术、中间产品等形式在国外投资生产，有利于突破贸易壁垒，寻求新的商业机会，维护和扩大国际市场，使企业能够在日益激烈的市场竞争中求得生存和发展。例如，美国对日本进口的汽车征收高关税后，日本的本田、丰田、日产等汽车公司纷纷在美国建厂，以绕过美国进口配额的限制。

第二，充分开发和利用国外的资源。由于各国的自然资源、地理环境的禀赋不同，在国外直接投资开办工厂，可以直接利用各国具有竞争优势的资源以追求最大利润。有数据显示，我国人均石油和天然气拥有量分别不到世界人均拥有量的1/8和1/20，并且关系到国计民生的大部分矿种难以满足需要，资源短缺已成为我国经济发展的制约因素。通过对外直接投资，开发和利用国外的自然资源，可以较好地缓解国内某些资源的不足。同时，在各要素市场中，劳动力市场是最不完善的要素市场，一国的劳动力价格可能被严重地低估，而劳动力的转移受到较大的限制。因此，企业可以选择要素价格水平较低的国家和地区进行直接投资，以国外廉价的资源获得较高的投资收益率。比如丰田、通用、福特、索尼、松下等公司，在劳动力价格低廉的国家，如墨西哥、印度尼西亚、马来西亚、中国、泰国等投资建厂。

第三，纵向一体化。跨国公司为了保持其产品的原材料供应充足，往往在原材料供应国进行直接投资，垄断了这一原材料的供应，对其他厂家设置进入壁垒，进而攫取利润。跨国公司对自然资源加工领域，如提炼、矿物开采、森林开采等进行直接投资就是出于这种考虑。同时，把这些自然资源的后续加工产业也设在当地，可以节约运输成本。例如，荷兰的皇家壳牌集团给其提炼精油的部门提供原材料，从拥有石油资源的沙特阿拉伯购进原油。原油垄断国的公司拥有很高的议价能力，壳牌公司不得不用较高的价格购买原油。原油的价格变动很大，公司对其上下游产业进行纵向合并，可以很好地解决这个问题。

第四，延长产品生命周期。产品生命周期理论是市场营销学中的概念，是指产品像任何事物一样，有一个诞生、成长、成熟、衰退的过程。生命周期理论认为，每种新技术产品都要经历创始阶段、产品成熟阶段、产品标准化阶段、产品衰退阶段。在产品生命周期成熟阶段，尤其是标准化阶段，竞争的关键是降低成本，而企业在本国所具有的优势已开始下降，因此，企业进行直接投资，在国外建厂生产，可以提高市场占有率，抢占海外市场份额，提升企业竞争力，延长产品的生命周期。在不同阶段，企业应采取不同的投资战略，在产品成熟尤其是标准化以后，应以直接投资的方式将生产转移到工资低、成本小的地区。

第五，利用投资组合分散风险。投资组合原理表明，如果把相关系数较小的投资项目组合起来，可以有效地降低非系统风险对收益的影响。由于国际资本流动的限制，投资者往往不能在国际形成有效的投资组合。跨国公司却可以通过分散的国际投资，为其股东提供分散化的服务，降低公司经营风险。例如，日本丰田汽车公司在2000—2001年，因其在欧洲的子公司销售业绩良好，从而减轻了亚洲金融危机带给它的冲击。有些企业由于所在国政局不稳或经济衰退，在本国投资风险较大，因而向投资环境良好的国家进行投资，就有利于分散和降低投资风险。

2）国际间接投资

间接投资是指投资者不直接掌握被投资公司的动产或不动产的所有权，或在投资对象中没有足够控制权的投资。国际间接投资通常也称为国际证券投资，是指投资者在国际金融市场上购买其他国家政府、金融机构和公司发行的债券以及公司股票的行为。它一般不涉及对投资所形成的资产的经营和管理，只是按规定获得利息，以资本增值为目的。证券投资具有选择面宽、资产分散的特点，因而许多投资者往往采用证券投资组合来降低和分散投资风险。证券投资是除现金之外最具有流动性和变现性的资产，因此，投资者通过证券投资来保持资产的流动性，也是其主要目的之一。

10.4　国际融资管理

国际融资是指通过国际金融市场来筹集企业发展所需的流动资金、中长期资金。其目的是进入资金成本更优惠的市场，扩大企业发展资金的可获取性，降低资金成本。在融资问题上，如何趋利避害是跨国公司财务管理的重要课题。国际融资管理，则是指企业通过科学地谋划和合理地组合，以最有利的条件筹措资金，寻求并建立最佳资本结构。对于跨国公司来说，它们需要在做出最终决策之前考虑哪种融资方式更具有价值。为了实现价值最大化，要比较各种国际融资方式的优劣，从中选择适合的国际融资方式。

10.4.1 国际融资特点

与国内融资相比，国际融资的特点主要表现在以下几个方面。

1）融资风险大

跨国公司在融资过程中受不同国家或地区的汇率、利率和税率等因素的影响，还受到各国经济发展方式、政治环境、法律环境、文化背景等多重因素的影响。因此，其融资有相当大的不确定性。不确定性越大，其风险越大。

2）资金成本可降空间大

在不同的国家或地区进行融资可以分散风险，还可充分利用不同国家的金融市场谋求更低成本的融资渠道。跨国公司可以利用国际贸易融资、国际租赁融资和国际项目融资等专业性融资方式，降低资金成本。由于其经营规模和多样化的特征，跨国公司很容易利用趋于国际一体化的国际资本市场，利用内部转移定价机制将资金从一个公司转移到另一个公司，规避金融市场分割对企业的不利影响，获得较低的资金成本。

3）融资规模效应明显

跨国公司可以在国外市场筹集债务资金、在各国资本市场上发行股票或通过子公司在东道国进行融资。市场流动性的增强导致资金边际成本在一个更大的资金预算范围内保持不变，从而使跨国公司能以与原先同样低的边际资金成本筹集到更多的资金，而使更多的投资项目满足资本预算要求，实现显著的融资规模效应。

4）融资管制和信息透明度要求高

在国际金融市场上进行融资，一般都有严格的融资管制和信息透明度要求。成熟的投资者也要求跨国公司在国际融资时进行充分的信息披露。若信息披露违规，将会受到较严厉的惩罚。

10.4.2 国际融资来源

与国内融资相同的是，国际融资也分为国际股权融资和国际债务融资。但国际融资因其自身特性，也存在独特的融资新渠道。

1）国际股权融资

国际股权融资是企业在国际资本市场上发行股票或接受东道国私人股权投资进行融资的一种重要方式。随着各国资本市场对外开放程度越来越高，这种方式也越来越重要。通过国际资本市场融资，跨国公司可以获取稳定的资金以满足长期健康发展的需要。

（1）境外上市

境外上市是指国内股份有限公司向境外投资者发行股票，并在境外证券交易所公开上市。境外上市的优势有适用法律更易被各方接受、审批程序更为简单、可流通股票的范围广、股权运作方便，以及税务豁免等。企业直接在境外上市不仅拓展了融资渠道，同时，扩大了宣传，提高了公司的知名度。需要注意的是，境外上市公司受到的监管更为严格，发行成本和维护成本也较高。

（2）利用国际股票分销网络

国际企业可以与投资银行等金融机构联系，由投资银行等金融机构承购新发的股票，然后通过广泛的通信网络和销售集团，将股票向世界各国投资者销售，利用分销网络较大规模地发售股票，利用全球各地的资金。

（3）证券存托凭证融资

证券存托凭证融资又称为“存股证”，它是由一国存托银行向该国投资者发行的一种代表其他国家公司证券的可转让凭证，是为方便证券跨国界交易和结算而产生的。存托凭证所代替的基础证券通常为其他国家公司的普通股股票，目前，已扩展至优先股和债券，最常见的存托凭证主要为美国存托凭证（ADR）及欧洲存托凭证（EDR）。我国目前已在境外上市的上海石化、上海二纺机、马鞍山钢铁等公司均采取ADR境外上市融资。

（4）通过国际私募进行股权融资

私募是相对于公募而言的，是指向小规模数量合格投资者出售股票，通过对非上市企业进行的权益性投资，在交易实施过程中附带考虑了将来的退出机制，即通过上市、并购或管理层回购等方式，出售持股获利。私募资金比较偏向于已形成一定规模和产生稳定现金流的成形企业，投资期限一般为中长期。国际上较为著名的私募基金有黑石基金、CVC等。

2）国际债务融资

国际债务融资是指跨国公司通过银行贷款、发行债券等形式进行资金筹集。与国际股权融资不同的是，国际债务融资并不涉及所有权的问题，借款公司主要是通过自身的信誉和偿债能力向国际市场筹集资金。通常，国际债务融资可以通过向国际商业银行借贷和在国际市场发行公司债券取得。

3）国际融资新渠道

除了股权融资和债务融资外，还可以通过利率互换、货币互换及国际融资租赁等新渠道筹集资金。

（1）利率互换

利率互换是指交易双方以一定的名义本金为基础，将该本金产生的以一种利率计算的利息收入（支出）与对方的以另一种利率计算的利息收入（支出）相交换。交换的只是不同特征的利息，没有实质本金的互换。利率互换可以有多种形式，最常见的利率互换是在固定利率与浮动利率之间进行转换。

二维码10-6

全国银行间同业拆借中心：利率互换曲线计算方案调整

（2）货币互换

货币互换（又称货币掉期）是指两笔金额相同、期限相同、计算利率方法相同，但货币不同的债务资金之间的调换，同时，也进行不同利息额的货币调换。货币互换双方互换的是货币，它们之间各自的债权债务关系并没有改变。初次互换的汇率为协定的即期汇率。

交易方采用货币互换的两个主要原因如下：一是可在利息成本降低的情况下利用互换来的货币进行债务融资，这是由于交易双方在其各自的国内资本市场上具有比较优势，二是通过货币互换可得到规避长期外币风险的好处。

（3）国际融资租赁

国际融资租赁是指国际出租人按照承租人的要求购买租赁物并租赁给承租人，由承租人按约定支付租金，在租期结束时，承租人支付租赁物象征性余值并取得租赁物所有权的交易。近代融资租赁活动始于第二次世界大战后的美国。20世纪60年代后，国际租赁业务蓬勃发展，欧洲各国、日本等相继出现国际租赁公司，国际融资租赁成为跨国企业融资渠道。

10.5 国际现金管理

现金是国际企业正常运转的“润滑剂”，其流动性强，盈利能力差。如果企业缺乏足够的现金，就会面临周转不灵的风险。如果企业持有过量的现金，在降低财务风险的同时也会降低企业的收益。所以，跨国企业在现金管理方面的目标就是在国际环境中保证生产经营活动所需现金的前提下，尽量减少现金的持有量，充分利用资金获取更多收益。

10.5.1 国际现金管理的内容

“现金管理”一词从广义上理解，一是对流动资金的优化与配置，二是对剩余资金的再投资。在国际环境中，经常涉及国与国之间的资金转移支付，而不同的国家法律规定不同，使得现金管理变得烦琐复杂。

国际企业在现金管理方面至少要包括以下两个方面的内容：

1）确定现金的持有形式、持有时间以及币种

现金持有形式是指现金余额在纸币、活期存款、定期存款或存款证、有价证券等形式之间如何分配；持有时间即各种形式的现金持有多久。国际企业在这两个方面的管理上与国内企业方法相似。一般情况下，各子公司的现金主要是所在地国家的货币，但如果当地通货膨胀或货币贬值，持有当地货币可能会蒙受损失。因此，国际企业要求其国外子公司所持有的当地货币现金余额以能够应付交易需要为限，其余现金汇往现金管理中心，由该管理中心负责安排持有这些现金的币种。

2）合理调度和转移现金

在调度和转移现金方面，国际企业较国内企业复杂的是其不仅要涉及转移成本和利息损失问题，同时还要面临汇率风险，因此，国际企业必须考虑设计符合全球业务活动需要的现金调度和转移网络，以便能从企业整体利益出发，统一调度现

金，减少风险。

10.5.2　集中现金管理

国际现金管理有集中和分散两种方法可供选择。集中形式是指将资金集中在中央现金库，以便统一调度；分散形式是指由子公司保留和管理各自的流动资金，以供它们自己使用。由于在国际环境下受到汇率和利率波动等复杂因素的影响，国际企业通常都会选择高度集中的现金管理体制。

集中现金管理是指信息、报告、分析，尤其是现金流动、转移与投资的决策过程的集中化。即国际企业从整体利益出发对母、子公司的现金进行统一调度，集合所有子公司的超额现金进行最有利的投资。

1）建立现金管理中心

属于同一家国际企业的一个或多个子公司的银行账户现金余额实际转移到一个主账户中，主账户通常由企业总部控制，子公司用款时需从主账户中获取资金对外支付，现金管理中心即管理这个主账户的机构，它是国际企业中唯一有权决定现金持有形式和持有币种的现金管理机构。国际企业持有现金的目的在于满足其交易性需要和预防性需要，前者指要持有满足支付日常的生产经营开支的现金，后者指需要持有现金用于防范意外。设立现金管理中心即要求各子公司将除了满足日常生产经营所需数额以外的超额现金全部汇往其中，这里的超额现金也包括了预防动机的现金余额。通常现金管理中心可以设立在国际企业母公司所在国，也可以设在其他国家或地区，其所在地的选择主要满足以下条件：政治稳定、资金进出自由、资本市场活跃、外汇市场有效、税收政策宽松、通信网络发达。

2）实行净额结算制度

净额结算也是现金集中化管理的一种表现形式，它是国际企业集中化的现金管理组织或子公司联合采用的优化现金流动的技术方法，在所有子公司之间互相抵消彼此的应收款和应付款，最后仅将销售净额在彼此之间进行转移。这一体系建立的原因是许多国际企业的产品零部件生产分布在不同国家和地区，随着生产经营活动的进行，必将导致大量的企业内部交易。此时，国际现金流动的成本就会随之大量增加，从而会降低企业的总利润。在净额支付体系下，即便各子公司之间的交易频繁也不需要每笔业务即期计算并支付，而只需在一段时间以后支付交易净额。

国际企业的现金集中管理目前已在许多公司中得到推广，其主要作用可归纳如下：

第一，现金集中管理有利于控制国际企业的现金流量，调剂各子公司之间的资金余缺，保证各子公司生产经营活动对现金的需求。现金集中后，可使现金管理中心拥有应对各种突发情况所需要的现金。当各地子公司发生资金短缺时，中央现金库即可以电汇方式融通资金，或经由某一世界性银行在各地的分行对当地子公司进行临时垫付。

第二，现金集中管理能够将整个国际企业的现金持有量降到最低。管理中心集中持有各子公司出于预防动机而置存的现金余额，使得企业整体应付各种情况所需的现金余额远远低于各子公司独立控制此现金时所需的总额，节约的现金就可以用来进行投资。另外，资产总额的减少也降低了筹资成本，提高了整个企业的盈利能力。

第三，现金集中管理能够缩小资金转移规模，降低资金转移成本并有效规避汇率变动风险。国际企业各子公司之间大规模的资金往来结算不仅会产生大量的结算成本，而且面临着很大的汇率变动风险，而净额结算能够在减少汇率变动风险的同时，把本来由各子公司独自承担的风险集中起来由企业统一承担，有利于加强风险管理。国际企业的内部交易越多、金额越大，就越能体现出现金集中管理的作用。

二维码 10-7

国家外汇管理局关于印发《跨国公司跨境资金集中运营管理规定》的通知

第四，现金集中管理能为企业提供充足的信息。现金集中管理中心的规模庞大、专业性强且积累了各种货币市场上的操作经验，具有信息优势。有关各种货币的收益率、风险信息、方便执行指令设施等都是企业调度资金时要考虑的问题，营运大笔资金时，现金管理中心能够从银行、经纪人以及其他金融机构获得更多更有用的信息，同时获得更优良的指令执行服务。

第五，现金集中管理有利于企业的宏观调控。公司总部管理人员能从公司经营活动的总体出发，发现单个经营实体所察觉不到的问题和机会，以公司的整体利益为准则做出决策。利用现金管理中心统一调拨企业的全球资金，在全球范围内选择成本最低的资金来源以及闲置资金的最佳用途，形成规模效应和整体优势。

总结与结论

▶国际财务管理以风险与收益均衡为原理，目的是通过协调国际企业的资金流，充分利用国际经营机遇，积极应对国际经营风险，实现企业价值最大化。

▶国际财务管理面临着新的环境因素、新的风险来源和新的经济机会。上述三个特点是相互联系的，新的环境因素产生新的经济机会和新的风险来源。机遇和风险是并存的。跨国经营公司只有适应新的环境，善于抓住新的机遇，注意防范新的风险，才能达到提高经济效益的目的。

▶汇率代表了某一时点外币的货币价格，与市场上销售的其他商品一样，外币的货币价格也是由货币的供给相对于货币需求的关系决定的。在任一时点上，外汇的货币价格都应该是外汇供给等于外汇需求时的价格，即所谓的均衡汇率。

▶预测汇率的方法有很多，大体可以分为：技术预测法、基本预测法、市场预测法、混合预测法。

▶外汇风险按照其形成原因可以分为：交易风险、经济风险和折算风险。

▶交易风险指在约定以外币计价成交的交易过程中，由于结算时的汇率与交易发生时，即签订合同时的汇率不同而引起的风险。

▶经济风险指外汇汇率意外的变动对公司价值或股票价格的影响。

▶折算风险是指企业将外币余额折算为本国货币时，由于汇率变动导致会计报表中的有关项目发生变动的风险。

▶外汇风险的管理措施有资产负债表避险策略、合约性避险策略和经营性避险策略。

▶管理交易风险面临三项任务：第一，测定交易风险的程度；第二，决定是否对该风险套期保值；第三，选择适合的套期保值的方法。

▶企业可以选择远期合约套期保值、货币市场套期保值、货币期权套期保值等方法对交易风险进行有效管理。

▶经济风险涉及面广，不仅包括财务内容，还涉及市场营销、供应和生产等各个方面，因此，其风险由整个公司管理层承担，而交易风险和折算风险由财务人员承担。

▶国际投资是指投资者为获得比国内投资更高的收益而投放资本于国外的行为。国际直接投资是指投资者在国外所投资的公司中拥有足够所有权或控制权的投资，主要包括在国外建立新企业和跨国收购。

▶国际融资渠道包括国际股权融资、国际债务融资和国际融资新渠道。

▶国际现金管理有集中和分散两种方法可供选择。国际企业通常都会选择高度集中的现金管理体制。

即测即评

二维码10-8

即测即评

思考题

1.如何理解国际财务管理？它与国内财务管理有何异同？

2.国际财务管理有何特点？其影响因素有哪些？

3.如何管理交易风险？

4.比较经济风险和折算风险。

5.什么是国际投资？国际投资有何特点？

6.国际直接投资的主要动机是什么？

7.国际融资有什么特点？比较不同国际融资来源。

8.如何理解国际现金集中管理？

练习题

二维码 10-9

练习题参考答案1

1. 某中国跨国企业从美国进口商品，3个月后需要100万美元，当时美元的即期汇率是1美元=6.1605元人民币，3个月的远期汇率是1美元=6.1367元人民币，如果该企业签订买入美元的远期合约，有什么好处？又有什么风险？

2. 中国某大型汽车制造商与欧盟成员国签订协议约定，每个月从欧盟进口价值1亿欧元的发动机零部件。由于欧元涨势凶猛，该公司亏损巨大。为抵消汇率亏损，该公司决定买入3份远期外汇合约，合约规定该公司有权利而非义务，分别在本年度6月1日、7月1日和8月1日以1欧元=1.14美元的价格合计买入1亿欧元。合约签订后，欧元依然保持增长态势，达到1欧元=1.17美元。

二维码 10-10

练习题参考答案2

要求：根据上述资料回答：

（1）该公司签订远期外汇合约时希望应对哪类外汇风险？

（2）当即期汇率为1欧元=1.17美元时，该公司的3份远期外汇合约预计节约多少美元？当美元兑人民币价格维持在1美元=6.45元人民币时，该公司预计节约多少人民币？

（3）签订该外汇远期合约会给公司带来哪些风险？如何看待这些风险？

案例分析题

A股公司海外并购持续升温①

A股上市公司海外并购的热情仍然不减。据《证券日报》记者不完全统计，2025年3月份以来，已有至少5家公司首次披露了海外并购计划。

2025年3月11日，浙江万丰奥威汽轮股份有限公司（以下简称“万丰奥威”）发布公告称，公司下属子公司heptus 591.GmbH与Volocopter GmbH管理人Tobias Wahl签署了《资产收购协议》，heptus 591.GmbH拟收购Volocopter GmbH名下相关有形资产、知识产权及承接特定合同权利义务。

万丰奥威表示，公司本次收购Volocopter GmbH名下相关有形资产、知识产权等，可以加速推进公司低空领域的全球开发应用进程，在本次收购相关资产的基础上，开发先进的eVTOL产品，打造公司全新业务增长引擎。

2025年3月7日，中路股份有限公司（以下简称“中路股份”）披露公告称，公司控制的中路优势（天津）股权投资基金合伙企业（有限合伙）拟通过其全资子公司中路优势全球投资有限公司使用自有资金与厦门罗塞塔一号股权投资合伙企业（有限合伙）指定的全资子公司VSI Cycling Limited通过股权收购及增资方式持有境外公司Factor Bikes PtyLtd（以下简称“Factor”）52.87%股权，各方分别以1 526.39

① 冯思婕.A股公司海外并购持续升温［N］.中国经济网，2025-03-26.

万美元、2 289.58万美元持有标的公司21.15%与31.72%股权。

资料显示，Factor是英国高端自行车品牌，拥有成熟的研发创新产品设计及工程制造能力。中路股份期望通过后续的进一步合作，形成自主研发国际顶级碳纤维自行车的技术能力，以此推进高端碳纤维自行车品类的市场开拓，促进永久品牌高端车型出海。

分析：

1.两家案例公司海外并购的原因有哪些？

2.两家案例公司海外并购的协同效应应该体现在哪些方面？

3.中国企业海外并购面临的风险可能有哪些？

4.谈谈两家案例公司海外并购对我们有什么启示。

二维码10-11

案例分析题提示

附录　终值、现值系数表

附录一　　　　复利终值系数表（F/P，i，n）

n\i%	1	2	3	4	5	6	7	8	9	10	11	12	13
1	1.0100	1.0200	1.0300	1.0400	1.0500	1.0600	1.0700	1.0800	1.0900	1.1000	1.1100	1.1200	1.1300
2	1.0201	1.0404	1.0609	1.0816	1.1025	1.1236	1.1449	1.1664	1.1881	1.2100	1.2321	1.2544	1.2769
3	1.0303	1.0612	1.0927	1.1249	1.1576	1.1910	1.2250	1.2597	1.2950	1.3310	1.3676	1.4049	1.4429
4	1.0406	1.0824	1.1255	1.1699	1.2155	1.2625	1.3108	1.3605	1.4116	1.4641	1.5181	1.5735	1.6305
5	1.0510	1.1041	1.1593	1.2167	1.2763	1.3382	1.4026	1.4693	1.5386	1.6105	1.6851	1.7623	1.8424
6	1.0615	1.1262	1.1941	1.2653	1.3401	1.4185	1.5007	1.5868	1.6771	1.7716	1.8704	1.9738	2.0820
7	1.0721	1.1487	1.2299	1.3159	1.4071	1.5036	1.6058	1.7138	1.8280	1.9487	2.0762	2.2107	2.3526
8	1.0829	1.1717	1.2668	1.3686	1.4775	1.5938	1.7182	1.8509	1.9926	2.1436	2.3045	2.4760	2.6584
9	1.0937	1.1951	1.3048	1.4233	1.5513	1.6895	1.8385	1.9990	2.1719	2.3579	2.5580	2.7731	3.0040
10	1.1046	1.2190	1.3439	1.4802	1.6289	1.7908	1.9672	2.1589	2.3674	2.5937	2.8394	3.1058	3.3946
11	1.1157	1.2434	1.3842	1.5395	1.7103	1.8983	2.1049	2.3316	2.5804	2.8531	3.1518	3.4785	3.8359
12	1.1268	1.2682	1.4258	1.6010	1.7959	2.0122	2.2522	2.5182	2.8127	3.1384	3.4985	3.8960	4.3345
13	1.1381	1.2936	1.4685	1.6651	1.8856	2.1329	2.4098	2.7196	3.0658	3.4523	3.8833	4.3635	4.8980
14	1.1495	1.3195	1.5126	1.7317	1.9799	2.2609	2.5785	2.9372	3.3417	3.7975	4.3104	4.8871	5.5348
15	1.1610	1.3459	1.5580	1.8009	2.0789	2.3966	2.7590	3.1722	3.6425	4.1772	4.7846	5.4736	6.2543
16	1.1726	1.3728	1.6047	1.8730	2.1829	2.5404	2.9522	3.4259	3.9703	4.5950	5.3109	6.1304	7.0673
17	1.1843	1.4002	1.6528	1.9479	2.2920	2.6928	3.1588	3.7000	4.3276	5.0545	5.8951	6.8660	7.9861
18	1.1961	1.4282	1.7024	2.0258	2.4066	2.8543	3.3799	3.9960	4.7171	5.5599	6.5436	7.6900	9.0243
19	1.2081	1.4568	1.7535	2.1068	2.5270	3.0256	3.6165	4.3157	5.1417	6.1159	7.2633	8.6128	10.197
20	1.2202	1.4859	1.8061	2.1911	2.6533	3.2071	3.8697	4.6610	5.6044	6.7275	8.0623	9.6463	11.523
21	1.2324	1.5157	1.8603	2.2788	2.7860	3.3996	4.1406	5.0338	6.1088	7.4002	8.9492	10.804	13.021
22	1.2447	1.5460	1.9161	2.3699	2.9253	3.6035	4.4304	5.4365	6.6586	8.1403	9.9336	12.100	14.714
23	1.2572	1.5769	1.9736	2.4647	3.0715	3.8197	4.7405	5.8715	7.2579	8.2543	11.026	13.552	16.627
24	1.2697	1.6084	2.0328	2.5633	3.2251	4.0489	5.0724	6.3412	7.9111	9.8497	12.239	15.179	18.788
25	1.2824	1.6406	2.0938	2.6658	3.3864	4.2919	5.4274	6.8485	8.6231	10.835	13.585	17.000	21.231
26	1.2953	1.6734	2.1566	2.7725	3.5557	4.5494	5.8074	7.3964	9.3992	11.918	15.080	19.040	23.991
27	1.3082	1.7069	2.2213	2.8834	3.7335	4.8823	6.2139	7.9881	10.245	13.110	16.739	21.325	27.109
28	1.3213	1.7410	2.2879	2.9987	3.9201	5.1117	6.6489	8.6271	11.167	14.421	18.580	23.884	30.633
29	1.3345	1.7758	2.3566	3.1187	4.1161	5.4184	7.1143	9.3173	12.172	15.863	20.624	26.750	34.616
30	1.3478	1.8114	2.4273	3.2434	4.3219	5.7435	7.6123	10.063	13.268	17.449	22.892	29.960	39.116
40	1.4889	2.2080	3.2620	4.8010	7.0400	10.286	14.974	21.725	31.409	45.259	65.001	93.051	132.78
50	1.6446	2.6916	4.3839	7.1067	11.467	18.420	29.457	46.902	74.358	117.39	184.56	289.00	450.74
60	1.8167	3.2810	5.8916	10.520	18.679	32.988	57.946	101.26	176.03	304.48	524.06	897.60	1 530.1

续表

n\i%	14	15	16	17	18	19	20	24	25	28	30	32	36
1	1.1400	1.1500	1.1600	1.1700	1.1800	1.1900	1.2000	1.2400	1.2500	1.2800	1.3000	1.3200	1.3600
2	1.2996	1.3225	1.3456	1.3689	1.3924	1.4161	1.4400	1.5376	1.5625	1.6384	1.6900	1.7424	1.8496
3	1.4815	1.5209	1.5609	1.6016	1.6430	1.6852	1.7280	1.9066	1.9531	2.0972	2.1970	2.3000	2.5155
4	1.6890	1.7490	1.8106	1.8739	1.9388	2.0053	2.0736	2.3642	2.4414	2.6844	2.8561	3.0360	3.4210
5	1.9254	2.0114	2.1003	2.1924	2.2878	2.3864	2.4883	2.9316	3.0518	3.4360	3.7129	4.0075	4.6526
6	2.1950	2.3131	2.4364	2.5652	2.6996	2.8398	2.9860	3.6352	3.8147	4.3980	4.8268	5.2899	6.3275
7	2.5023	2.6600	2.8262	3.0012	3.1855	3.3793	3.5832	4.5077	4.7684	5.6295	6.2749	6.9826	8.6054
8	2.8526	3.0590	3.2784	3.5115	3.7589	4.0214	4.2998	5.5895	5.9605	7.2058	8.1573	9.2170	11.703
9	3.2519	3.5179	3.8030	4.1084	4.4355	4.7854	5.1598	6.9310	7.4506	9.2234	10.604	12.166	15.917
10	3.7072	4.0456	4.4114	4.8068	5.2338	5.6947	6.1917	8.5944	9.3132	11.806	13.786	16.060	21.647
11	4.2262	4.6524	5.1173	5.6240	6.1759	6.7767	7.4301	10.657	11.642	15.112	17.922	21.199	29.439
12	4.8179	5.3503	5.9360	6.5801	7.2876	8.0642	8.9161	13.215	14.552	19.343	23.298	27.983	40.037
13	5.4924	6.1528	6.8858	7.6987	8.5994	9.5964	10.699	16.386	18.190	24.759	30.288	36.937	54.451
14	6.2613	7.0757	7.9875	9.0075	10.147	11.420	12.839	20.319	22.737	31.691	39.374	48.757	74.053
15	7.1379	8.1371	9.2655	10.539	11.974	13.590	15.407	25.196	28.422	40.565	51.186	64.359	100.71
16	8.1372	9.3576	10.748	12.330	14.129	16.172	18.488	31.243	35.527	51.923	66.542	84.954	136.97
17	9.2765	10.761	12.468	14.426	16.672	19.244	22.186	38.741	44.409	66.461	86.504	112.14	186.28
18	10.575	12.375	14.463	16.879	19.673	22.901	26.623	48.039	55.511	86.071	112.46	148.02	253.34
19	12.056	14.232	16.777	19.748	23.214	27.252	31.948	59.568	69.389	108.89	146.19	195.39	344.54
20	13.743	16.367	19.461	23.106	27.393	32.429	38.338	73.864	86.736	139.38	190.05	257.92	468.57
21	15.668	18.822	22.574	27.034	32.324	38.591	46.005	91.592	108.42	178.41	247.06	340.45	637.26
22	17.861	21.645	26.186	31.629	38.142	45.953	55.206	113.57	135.53	228.36	321.18	449.39	866.67
23	20.362	24.891	30.376	37.006	45.008	54.649	66.247	140.83	169.41	292.30	417.54	593.20	1 178.7
24	23.212	28.625	35.236	43.297	53.109	65.032	79.497	174.63	211.76	374.14	542.80	783.02	1 603.0
25	26.462	32.919	40.874	50.658	62.669	77.388	95.396	216.54	264.70	478.90	705.64	1 033.6	2 180.1
26	30.167	37.857	47.414	59.270	73.949	92.092	114.48	268.51	330.87	613.00	917.33	1 364.3	2 964.9
27	34.390	43.535	55.000	69.345	87.260	109.59	137.37	332.95	413.59	784.64	1 192.5	1 800.9	4 032.3
28	39.204	50.066	63.800	81.134	102.97	130.41	164.84	412.86	516.99	1004.3	1 550.3	2 377.2	5 483.9
29	44.693	57.575	74.009	94.927	121.50	155.19	197.81	511.95	646.23	1 285.6	2 015.4	3 137.9	7 458.1
30	50.950	66.212	85.850	111.07	143.37	184.68	237.38	634.82	807.79	1 645.5	2 620.0	4 142.1	10 143
40	188.88	267.86	378.72	533.87	750.38	1 051.7	1 469.8	5 455.9	7 523.2	19 427	36 119	66 521	*
50	700.23	1 083.7	1 670.7	2 566.2	3 927.4	5 988.9	9 100.4	46 890	70 065	*	*	*	*
60	2 595.9	4 384.0	7 370.2	12 335	20 555	34 105	56 348	*	*	*	*	*	*

附录二　复利现值系数表（P/F，i，n）

n\i%	1	2	3	4	5	6	7	8	9	10	11	12	13	14	15
1	0.9901	0.9804	0.9709	0.9615	0.9524	0.9434	0.9346	0.9259	0.9174	0.9091	0.9009	0.8929	0.8850	0.8772	0.8696
2	0.9803	0.9612	0.9426	0.9246	0.9070	0.8900	0.8734	0.8573	0.8417	0.8264	0.8116	0.7972	0.7831	0.7695	0.7561
3	0.9706	0.9423	0.9151	0.8890	0.8638	0.8396	0.8163	0.7938	0.7722	0.7513	0.7312	0.7118	0.6931	0.6750	0.6575
4	0.9610	0.9238	0.8885	0.8548	0.8227	0.7921	0.7629	0.7350	0.7084	0.6830	0.6587	0.6355	0.6133	0.5921	0.5718
5	0.9515	0.9057	0.8626	0.8219	0.7835	0.7473	0.7130	0.6806	0.6499	0.6209	0.5935	0.5674	0.5428	0.5194	0.4972
6	0.9420	0.8880	0.8375	0.7903	0.7462	0.7050	0.6663	0.6302	0.5963	0.5645	0.5346	0.5066	0.4803	0.4556	0.4323
7	0.9327	0.8706	0.8131	0.7599	0.7107	0.6651	0.6227	0.5835	0.5470	0.5132	0.4817	0.4523	0.4251	0.3996	0.3759
8	0.9235	0.8535	0.7894	0.7307	0.6768	0.6274	0.5820	0.5403	0.5019	0.4665	0.4339	0.4039	0.3762	0.3506	0.3269
9	0.9143	0.8368	0.7664	0.7026	0.6446	0.5919	0.5439	0.5002	0.4604	0.4241	0.3909	0.3606	0.3329	0.3075	0.2843
10	0.9053	0.8203	0.7441	0.6756	0.6139	0.5584	0.5083	0.4632	04224	0.3855	0.3522	0.3220	0.2946	0.2697	0.2472
11	0.8963	0.8043	0.7224	0.6496	0.5847	0.5268	0.4751	0.4289	0.3875	0.3505	0.3173	0.2875	0.2607	0.2366	0.2149
12	0.8874	0.7885	0.7014	0.6246	0.5568	0.4970	0.4440	0.3971	0.3555	0.3186	0.2858	0.2567	0.2307	0.2076	0.1869
13	0.8787	0.7730	0.6810	0.6006	0.5303	0.4688	0.4150	0.3677	0.3262	0.2897	0.2575	0.2292	0.2042	0.1821	0.1625
14	0.8700	0.7579	0.6611	0.5775	0.5051	0.4423	0.3878	0.3405	0.2992	0.2633	0.2320	0.2046	0.1807	0.1597	0.1413
15	0.8613	0.7430	0.6419	0.5553	0.4810	0.4173	0.3624	0.3152	0.2745	0.2394	0.2090	0.1827	0.1599	0.1401	0.1229
16	0.8528	0.7284	0.6232	0.5339	0.4581	0.3936	0.3387	0.2919	0.2519	0.2176	0.1883	0.1631	0.1415	0.1229	0.1069
17	0.8444	0.7142	0.6050	0.5134	0.4363	0.3714	0.3166	0.2703	0.2311	0.1978	0.1696	0.1456	0.1252	0.1078	0.0929
18	0.8360	0.7002	0.5874	0.4936	0.4155	0.3503	0.2959	0.2502	0.2120	0.1799	0.1528	0.1300	0.1108	0.0946	0.0808
19	0.8277	0.6864	0.5703	0.4746	0.3957	0.3305	0.2765	0.2317	0.1945	0.1635	0.1377	0.1161	0.0981	0.0829	0.0703
20	0.8195	0.6730	0.5537	0.4564	0.3769	0.3118	0.2584	0.2145	0.1784	0.1486	0.1240	0.1037	0.0868	0.0728	0.0611
21	0.8114	0.6598	0.5375	0.4388	0.3589	0.2942	0.2415	0.1987	0.1637	0.1351	0.1117	0.0926	0.0768	0.0638	0.0531
22	0.8034	0.6468	0.5219	0.4220	0.3418	0.2775	0.2257	0.1839	0.1502	0.1228	0.1007	0.0826	0.0680	0.0560	0.0462
23	0.7954	0.6342	0.5067	0.4057	0.3256	0.2618	0.2109	0.1703	0.1378	0.1117	0.0907	0.0738	0.0601	0.0491	0.0402
24	0.7876	0.6217	0.4919	0.3901	0.3101	0.2470	0.1971	0.1577	0.1264	0.1015	0.0817	0.0659	0.0532	0.0431	0.0349
25	0.7798	0.695	0.4776	0.3751	0.2953	0.2330	0.1842	0.1460	0.1160	0.0923	0.0736	0.0588	0.0471	0.0378	0.0304
26	0.7720	0.5976	0.4637	0.3604	0.2812	0.2198	0.1722	0.1352	0.1064	0.0839	0.0663	0.0525	0.0417	0.0331	0.0264
27	0.7644	0.5859	0.4502	0.3468	0.2678	0.2074	0.1609	0.1252	0.0976	0.0763	0.0597	0.0469	0.0369	0.0291	0.0230
28	0.7568	0.5744	0.4371	0.3335	0.2551	0.1956	0.1504	0.1159	0.0895	0.0693	0.0538	0.0419	0.0326	0.0255	0.0200
29	0.7493	0.5631	0.4243	0.3207	0.2429	0.1846	0.1406	0.1073	0.0822	0.0630	0.0485	0.0374	0.0289	0.0224	0.0174
30	0.7419	0.5521	0.4120	0.3083	0.2314	0.1741	0.1314	0.0994	0.0754	0.0573	0.0437	0.0334	0.0256	0.0196	0.0151
35	0.7059	0.5000	0.3554	0.2534	0.1813	0.1301	0.0937	0.0676	0.0490	0.0356	0.0259	0.0189	0.0139	0.0102	0.0075
40	0.6717	0.4529	0.3066	0.2083	0.1420	0.0972	0.0668	0.0460	0.0318	0.0221	0.0154	0.0107	0.0075	0.0053	0.0037
45	0.6391	0.4102	0.2644	0.1712	0.1113	0.0727	0.0476	0.0313	0.0207	0.0137	0.0091	0.0061	0.0041	0.0027	0.0019
50	0.6080	0.3715	0.2281	0.1407	0.0872	0.0543	0.0339	0.0213	0.0134	0.0085	0.0054	0.0035	0.0022	0.0014	0.0009
55	0.5785	0.3365	0.1968	0.1157	0.0683	0.0406	0.0242	0.0145	0.0087	0.0053	0.0032	0.0020	0.0012	0.0007	0.0005

续表

n\i%	16	17	18	19	20	24	25	28	30	32	35	36	40	50
1	0.8621	0.8547	0.8475	0.8403	0.8333	0.8065	0.8000	0.7813	0.7692	0.7576	0.7407	0.7353	0.7143	0.6667
2	0.7432	0.7305	0.7182	0.7062	0.6944	0.6504	0.6400	0.6104	0.5917	0.5739	0.5487	0.5407	0.5102	0.4444
3	0.6407	0.6244	0.6086	0.5934	0.5787	0.5245	0.5120	0.4768	0.4552	.04348	0.4064	0.3975	0.3644	0.2963
4	0.5523	0.5337	0.5158	0.4987	0.4823	0.4230	0.4096	0.3725	0.3501	0.3294	0.3011	0.2923	0.2603	0.1975
5	0.4762	0.4561	0.4371	0.4190	0.4019	0.3411	0.3277	0.2910	0.2693	0.2495	0.2230	0.2149	0.1859	0.1317
6	0.4104	0.3898	0.3704	0.3521	0.3349	0.2751	0.2621	0.2274	0.2072	0.1890	0.1652	0.1580	0.1328	0.0878
7	0.3538	0.3332	0.3139	0.2959	0.2791	0.2218	0.2097	0.1776	0.1594	0.1432	0.1224	0.1162	0.0949	0.0585
8	0.3050	0.2848	0.2660	0.2487	0.2326	0.1789	0.1677	0.1388	0.1226	0.1085	0.0906	0.0854	0.0678	0.0390
9	0.2630	0.2434	0.2255	0.2090	0.1938	0.1443	0.1342	0.1084	0.0943	0.0822	0.0671	0.0628	0.0484	0.0260
10	0.2267	0.2080	0.1911	0.1756	0.1615	0.1164	0.1074	0.0847	0.0725	0.0623	0.0497	0.0462	0.0346	0.0173
11	0.1954	0.1778	0.1619	0.1476	0.1346	0.0938	0.0859	0.0662	0.0558	0.0472	0.0368	0.0340	0.0247	0.0116
12	0.1685	0.1520	0.1373	0.1240	0.1122	0.0757	0.0687	0.0517	0.0429	0.0357	0.0273	0.0250	0.0176	0.0077
13	0.1452	0.1299	0.1163	0.1042	0.0935	0.0610	0.0550	0.0404	0.0330	0.0271	0.0202	0.0184	0.0126	0.0051
14	0.1252	0.1110	0.0985	0.0876	0.0779	0.0492	0.0440	0.0316	0.0254	0.0205	0.0150	0.0135	0.0090	0.0034
15	0.1079	0.0949	0.0835	0.0736	0.0649	0.0397	0.0352	0.0247	0.0195	0.0155	0.0111	0.0099	0.0064	0.0023
16	0.0930	0.0811	0.0709	0.0618	0.0541	0.0320	0.0281	0.0193	0.0150	0.0118	0.0082	0.0073	0.0046	0.0015
17	0.0802	0.0693	0.0600	0.0520	0.0451	0.0259	0.0225	0.0150	0.0116	0.0089	0.0061	0.0054	0.0033	0.0010
18	0.0691	0.0592	0.0508	0.0437	0.0376	0.0208	0.0180	0.0118	0.0089	0.0068	0.0045	0.0039	0.0023	0.0007
19	0.0596	0.0506	0.0431	0.0367	0.0313	0.0168	0.0144	0.0092	0.0068	0.0051	0.0033	0.0029	0.0017	0.0005
20	0.0514	0.0433	0.0365	0.0308	0.0261	0.0135	0.0115	0.0072	0.0053	0.0039	0.0025	0.0021	0.0012	0.0003
21	0.0443	0.0370	0.0309	0.0259	0.0217	0.0109	0.0092	0.0056	0.0040	0.0029	0.0018	0.0016	0.0009	0.0002
22	0.0382	0.0316	0.0262	0.0218	0.0181	0.0088	0.0074	0.0044	0.0031	0.0022	0.0014	0.0012	0.0006	0.0001
23	0.0329	0.0270	0.0222	0.0183	0.0151	0.0071	0.0059	0.0034	0.0024	0.0017	0.0010	0.0008	0.0004	0.0001
24	0.0284	0.0231	0.0188	0.0154	0.0126	0.0057	0.0047	0.0027	0.0018	0.0013	0.0007	0.0006	0.0003	0.0001
25	0.0245	0.0197	0.0160	0.0129	0.0105	0.0046	0.0038	0.0021	0.0014	0.0010	0.0006	0.0005	0.0002	*
26	0.0211	0.0169	0.0135	0.0109	0.0087	0.0037	0.0030	0.0016	0.0011	0.0007	0.0004	0.0003	0.0002	*
27	0.0182	0.0144	0.0115	0.0091	0.0073	0.0030	0.0024	0.0013	0.0008	0.0006	0.0003	0.0002	0.0001	*
28	0.0157	0.0123	0.0097	0.0077	0.0061	0.0024	0.0019	0.0010	0.0006	0.0004	0.0002	0.0002	0.0001	*
29	0.0135	0.0105	0.0082	0.0064	0.0051	0.0020	0.0015	0.0008	0.0005	0.0003	0.0002	0.0001	0.0001	*
30	0.0116	0.0090	0.0070	0.0054	0.0042	0.0016	0.0012	0.0006	0.0004	0.0002	0.0001	0.0001	*	*
35	0.0055	0.0041	0.0030	0.0023	0.0017	0.0005	0.0004	0.0002	0.0001	0.0001	*	*	*	*
40	0.0026	0.0019	0.0013	0.0010	0.0007	0.0002	0.0001	0.0001	*	*	*	*	*	*
45	0.0013	0.0009	0.0006	0.0004	0.0003	0.0001	*	*	*	*	*	*	*	*
50	0.0006	0.0004	0.0003	0.0002	0.0001	*	*	*	*	*	*	*	*	*
55	0.0003	0.0002	0.0001	0.0001	*	*	*	*	*	*	*	*	*	*

附录三　　年金终值系数表（F/A，i，n）

n\i%	1	2	3	4	5	6	7	8	9	10	11	12	13
1	1.0000	1.0000	1.0000	1.0000	1.0000	1.0000	1.0000	1.0000	1.0000	1.0000	1.000	1.0000	1.000
2	2.0100	2.0200	2.0300	2.0400	2.0500	2.0600	2.0700	2.0800	2.0900	2.1000	2.110	2.1200	2.130
3	3.0301	3.0604	3.0909	3.1216	3.1525	3.1836	3.2149	3.2464	3.2781	3.3100	3.342	2.3744	3.407
4	4.0604	4.1216	4.1836	4.2465	4.3101	4.3746	4.4399	4.5061	4.5731	4.6410	4.710	4.7793	4.850
5	5.1010	5.2040	5.3091	5.4163	5.5256	5.6371	5.7507	5.8666	5.9847	6.1051	6.228	6.3528	6.480
6	6.1520	6.3081	6.4684	6.6330	6.8019	6.9753	7.1533	7.3359	7.523	7.7156	7.913	8.1152	8.323
7	7.2135	7.4343	7.6625	7.8983	8.1420	8.3938	8.6540	8.9228	9.200	9.4872	9.783	10.089	10.405
8	8.2857	8.5830	8.8923	9.2142	9.5491	9.8975	10.260	10.637	11.028	11.436	11.859	12.300	12.757
9	9.3685	9.7546	10.159	10.583	11.027	11.491	11.978	12.488	13.021	13.579	14.164	14.776	15.416
10	10.462	10.950	11.464	12.006	12.578	13.181	13.816	14.487	15.193	15.937	16.722	17.549	18.420
11	11.567	12.169	12.808	13.486	14.207	14.972	15.784	16.645	17.560	18.531	19.561	20.655	21.814
12	12.683	13.412	14.192	15.026	15.917	16.870	17.888	18.977	20.141	21.384	22.713	24.133	25.650
13	13.809	14.680	15.618	16.627	17.713	18.882	20.141	21.495	22.953	24.523	26.212	28.029	29.985
14	14.947	15.974	17.086	18.292	19.599	21.015	22.550	24.215	26.019	27.975	30.095	32.393	34.883
15	16.097	17.293	18.599	20.024	21.579	23.276	25.129	27.152	29.361	31.772	34.405	37.280	40.417
16	17.258	18.639	20.157	21.825	23.657	25.673	27.888	30.324	33.003	35.950	39.190	42.753	46.672
17	18.430	20.012	21.762	23.698	25.840	28.213	30.840	33.750	36.974	40.545	44.501	48.884	53.739
18	19.615	21.412	23.414	25.645	28.132	30.906	33.999	37.450	41.301	45.599	50.396	55.750	61.725
19	20.811	22.841	25.117	27.671	30.539	33.760	37.379	41.446	46.018	51.159	56.939	63.440	70.749
20	22.019	24.297	26.870	29.778	33.066	36.786	40.995	45.762	51.160	57.275	64.203	72.052	80.947
21	23.239	25.783	28.676	31.969	35.719	39.993	44.865	50.423	56.765	64.002	72.265	81.699	92.470
22	24.472	27.299	30.537	34.248	38.505	43.392	49.006	55.457	62.873	71.403	81.214	92.503	105.49
23	25.716	28.845	32.453	36.618	41.430	46.996	53.436	60.883	69.532	79.543	91.148	104.60	120.20
24	26.973	30.422	34.426	39.083	44.502	50.816	58.177	66.765	76.790	88.497	102.17	118.16	136.83
25	28.243	32.030	36.459	41.646	47.727	54.865	63.249	73.106	84.701	98.347	114.41	133.33	155.62
26	29.526	33.671	38.553	44.312	51.113	59.156	68.676	79.954	93.324	109.18	128.00	150.33	176.85
27	30.821	35.344	40.710	47.084	54.669	63.706	74.484	87.351	102.72	121.10	143.08	169.37	200.84
28	32.129	37.051	42.931	49.968	58.403	68.528	80.698	95.339	112.97	134.21	159.82	190.70	227.95
29	33.450	38.792	45.219	52.966	62.323	73.640	87.347	103.97	124.14	148.63	178.40	214.58	258.58
30	34.785	40.588	47.575	56.085	66.439	79.058	94.461	113.28	136.31	164.49	199.02	241.33	293.20
40	48.886	60.402	75.401	95.026	120.80	154.76	199.64	259.06	337.89	442.59	581.83	767.09	1 013.7
50	64.463	84.579	112.80	152.67	209.35	290.34	406.53	573.77	815.08	1 163.9	1 668.8	2 400.0	3 459.5
60	81.670	114.05	163.05	237.99	353.58	533.13	813.52	1 253.2	1 944.8	3 034.8	4 755.1	7 471.6	11 762

续表

n\i%	14	15	16	17	18	19	20	24	25	28	30	32	36
1	1.0000	1.0000	1.0000	1.000	1.0000	1.000	1.0000	1.0000	1.000	1.0000	1.000	1.0000	1.0000
2	2.1400	2.1500	2.1600	2.170	2.1800	2.190	2.2000	2.2400	2.250	2.2800	2.300	2.3200	2.3600
3	3.4396	3.4725	3.5056	3.539	3.5724	3.606	3.6400	3.7776	3.813	3.9184	3.990	3.0624	3.2096
4	4.9211	4.9934	5.0665	5.141	5.2154	5.291	5.3680	5.6842	5.766	6.0156	6.187	6.3624	6.7251
5	6.6101	6.7424	6.8771	7.014	7.1542	7.297	7.4416	8.0484	8.027	8.6999	9.043	9.3983	10.146
6	8.5355	8.7537	8.9775	9.207	9.4420	9.683	9.9299	10.980	11.259	12.136	12.756	13.406	14.799
7	10.730	11.067	11.414	11.772	12.142	12.523	12.916	14.615	15.073	16.534	17.583	18.696	21.126
8	13.233	13.727	14.240	14.773	15.327	15.902	16.499	19.123	19.842	22.163	23.858	25.678	29.732
9	16.085	16.786	17.519	18.285	19.086	19.923	20.799	24.712	25.802	29.369	32.015	34.895	41.435
10	19.337	20.304	21.321	22.393	23.521	24.701	25.959	31.643	33.253	38.593	42.619	47.062	57.352
11	23.045	24.349	25.733	27.200	28.755	30.404	32.150	40.238	42.566	50.398	56.405	63.122	78.998
12	27.271	29.002	30.850	32.824	34.931	37.180	39.581	50.895	54.208	65.510	74.327	84.320	108.44
13	32.089	34.352	36.786	39.404	42.219	45.244	48.497	64.110	68.760	84.853	97.625	112.30	148.47
14	37.581	40.505	43.672	47.103	50.818	54.841	59.196	80.496	86.949	109.61	127.91	149.24	202.93
15	43.842	47.580	51.660	56.110	60.965	66.261	72.035	100.82	109.69	141.30	167.29	198.00	276.98
16	50.980	55.717	60.925	66.649	72.939	79.850	87.442	126.01	138.11	181.87	218.47	262.36	377.69
17	59.118	65.075	71.673	78.979	87.068	96.022	105.93	157.25	173.64	233.79	285.01	347.31	514.66
18	68.394	75.836	84.141	93.406	103.74	115.27	128.12	195.99	218.05	300.25	371.52	459.45	770.94
19	78.969	88.212	98.603	110.29	123.41	138.17	154.74	244.03	273.56	385.32	483.97	607.47	954.28
20	91.025	102.44	115.38	130.03	146.63	165.42	186.69	303.60	342.95	494.21	630.17	802.86	1 298.8
21	104.77	118.81	134.84	153.14	174.02	197.85	225.03	377.46	429.68	633.59	820.22	1 060.8	1 767.4
22	120.44	137.63	157.41	180.17	206.34	236.44	271.03	469.06	538.10	812.00	1 067.3	1 401.2	2 404.7
23	138.30	159.28	183.60	211.80	244.49	282.36	326.24	582.63	673.63	1 040.4	1 388.5	1 850.6	3 271.3
24	158.66	184.17	213.98	248.81	289.49	337.01	392.48	723.46	843.03	1 332.7	1 806.0	2 443.8	4 450.0
25	181.87	212.79	249.21	292.10	342.60	402.04	471.98	898.09	1 054.8	1 706.8	2 348.8	3 226.8	6 053.0
26	208.33	245.71	290.09	342.76	405.27	479.43	567.38	1 114.6	1 319.5	2 185.7	3 054.4	4 260.4	8 233.1
27	238.50	283.57	337.50	402.03	479.22	571.52	681.85	1 383.1	1 650.4	2 798.7	3 971.8	5 624.8	11 198.0
28	272.89	327.10	392.50	471.38	566.48	681.11	819.22	1 716.1	2 064.0	3 583.3	5 164.3	7 425.7	15 230.3
29	312.09	377.17	456.30	552.51	669.45	811.52	984.07	2 129.0	2 580.9	4 587.7	6 714.6	9 802.9	20 714.2
30	356.79	434.75	530.31	647.44	790.95	966.7	1 181.9	2 640.9	3 227.2	5 873.2	8 730.0	12 941	28 172.3
40	1 342.0	1 779.1	2 360.8	3 134.5	4 163.2	5 519.8	7 343.9	22 729	30 089	69 377	120 393	*	*
50	4 994.5	7 217.7	10 436	15 090	21 813	31 515	45 497	*	280 256	*	165 976	*	*
60	18 535	29 220	46 058	72 555	*	*	*	*	*	*	*	*	*

附录四　　年金现值系数表（P/A，i，n）

n\i%	1	2	3	4	5	6	7	8	9	10	11	12	13	14
1	0.9901	0.9804	0.9709	0.9615	0.9524	0.9434	0.9346	0.9259	0.9174	0.9091	0.9009	0.8929	0.8850	0.8772
2	1.9704	1.9416	1.9135	1.8861	1.8594	1.8334	1.8080	1.7833	1.7591	1.7355	1.7125	1.6901	1.6681	1.6467
3	2.9410	2.8839	2.8286	2.7751	2.7232	2.6730	2.6243	2.5771	2.5313	2.4869	2.4437	2.4018	2.3612	2.3216
4	3.9020	3.8077	3.7171	3.6299	3.5460	3.4651	3.3872	3.3121	3.2397	3.1699	3.1024	3.0373	2.9745	2.9137
5	4.8534	4.7135	4.5797	4.4518	4.3295	4.2124	4.1002	3.9927	3.8897	3.7908	3.6959	3.6048	3.5172	3.4331
6	5.7955	5.6014	5.4172	5.2421	5.0757	4.9173	4.7665	4.6229	4.4859	4.3553	4.2305	4.1114	3.9975	3.8887
7	6.7282	6.4720	6.2303	6.0021	5.7864	5.5824	5.3893	5.2064	5.0330	4.8684	4.7122	4.5638	4.4226	4.2882
8	7.6517	7.3255	7.0197	6.7327	6.4632	6.2098	5.9713	5.7466	5.5348	5.3349	5.1461	4.9676	4.7988	4.6389
9	8.5660	8.1622	7.7861	7.4353	7.1078	6.8017	6.5152	6.2469	5.9952	5.7590	5.5370	5.3282	5.1317	4.9464
10	9.4713	8.9826	8.5302	8.1109	7.7217	7.3601	7.0236	6.7101	6.4177	6.1446	5.8892	5.6502	5.4262	5.2161
11	10.3676	9.7868	9.2526	8.7605	8.3064	7.8869	7.4987	7.1390	6.8052	6.4951	6.2065	5.9377	5.6869	5.4527
12	11.2551	10.5753	9.9540	9.3851	8.8633	8.3838	7.9427	7.5361	7.1607	6.8137	6.4924	6.1944	5.9176	5.6603
13	12.1337	11.3484	10.6350	9.9856	9.3936	8.8527	8.3577	7.9038	7.4869	7.1034	6.7499	6.4235	6.1218	5.8424
14	13.0037	12.1062	11.2961	10.5631	9.8986	9.2950	8.7455	8.2442	7.7862	7.3667	6.9819	6.6282	6.3025	6.0021
15	13.8651	12.8493	11.9379	11.1184	10.3797	9.7122	9.1079	8.5595	8.0607	7.6061	7.1909	6.8109	6.4624	6.1422
16	14.7179	13.5777	12.5611	11.6523	10.8378	10.1059	9.4466	8.8514	8.3126	7.8237	7.3792	6.9740	6.6039	6.2651
17	15.5623	14.2919	13.1661	12.1657	11.2741	10.4773	9.7632	9.1216	8.5436	8.0216	7.5488	7.1196	6.7291	6.3729
18	16.3983	14.9920	13.7535	12.6592	11.6896	10.8276	10.0591	9.3719	8.7556	8.2014	7.7016	7.2497	6.8399	6.4674
19	17.2260	15.6785	14.3238	13.1339	12.0853	11.1581	10.3356	9.6036	8.9501	8.3649	7.8393	7.3658	6.9380	6.5504
20	18.0456	16.3514	14.8775	13.5903	12.4622	11.4699	10.5940	9.8181	9.1285	8.5136	7.9633	7.4694	7.0248	6.6231
21	18.8570	17.0112	15.4150	14.0292	12.8212	11.7641	10.8355	10.0168	9.2922	8.6487	8.0751	7.5620	7.1016	6.6870
22	19.6604	17.6580	15.9369	14.4511	13.1630	12.0416	11.0612	10.2007	9.4424	8.7715	8.1757	7.6446	7.1695	6.7429
23	20.4558	18.2922	16.4436	14.8568	13.4886	12.3034	11.2722	10.3711	9.5802	8.8832	8.2664	7.7184	7.2297	6.7921
24	21.2434	18.9139	16.9355	15.2470	13.7986	12.5504	11.4693	10.5288	9.7066	8.9847	8.3481	7.7843	7.2829	6.8351
25	22.0232	19.5235	17.4131	15.6221	14.0939	12.7834	11.6536	10.6748	9.8226	9.0770	8.4217	7.8431	7.3300	6.8729
26	22.7952	20.1210	17.8768	15.9828	14.3752	13.0032	11.8258	10.8100	9.9290	9.1609	8.4881	7.8957	7.3717	6.9061
27	23.5596	20.7095	18.3270	16.3296	14.6430	13.2105	11.9867	10.9352	10.0266	9.2372	8.5478	7.9426	7.4086	6.9352
28	24.3164	21.2813	18.7641	16.6631	14.8981	13.4062	12.1371	11.0511	10.1161	9.3066	8.6016	7.9844	7.4412	6.9607
29	25.0658	21.8444	19.1885	16.9837	15.1411	13.5907	12.2777	11.1584	10.1983	9.3696	8.6501	8.0218	7.4701	6.9830
30	25.8077	22.3965	19.6004	17.2920	15.3725	13.7648	12.4090	11.2578	10.2737	9.4269	8.6938	8.0552	7.4957	7.0027
35	29.4086	24.9986	21.4872	18.6646	16.3742	14.4982	12.9477	11.6546	10.5668	9.6442	8.8552	8.1755	7.5856	7.0700
40	32.8347	27.3555	23.1148	19.7928	17.1591	15.0463	13.3317	11.9246	10.7574	9.7791	8.9511	8.2438	7.6344	7.1050
45	36.0945	29.4902	24.5187	20.7200	17.7741	15.4558	13.6055	12.1084	10.8812	9.8628	9.0079	8.2825	7.6609	7.1232
50	39.1961	31.4236	25.7298	21.4822	18.2559	15.7619	13.8007	12.2335	10.9617	9.9148	9.0417	8.3045	7.6752	7.1327
55	42.1472	33.1748	26.7744	22.1086	18.6335	15.9905	13.9399	12.3186	11.0140	9.9471	9.0617	8.3170	7.6830	7.1376

续表

n\i%	15	16	17	18	19	20	24	25	28	30	32	35	40	50
1	0.8696	0.8621	0.8547	0.8475	0.8403	0.8333	0.8065	0.8000	0.7813	0.7692	0.7576	0.7407	0.7143	0.6667
2	1.6257	1.6052	1.5852	1.5656	1.5465	1.5278	1.4568	1.4400	1.3916	1.3609	1.3315	1.2894	1.2245	1.1111
3	2.2832	2.2459	2.2096	2.1743	2.1399	2.1065	1.9813	1.9520	1.8684	1.8161	1.7663	1.6959	1.5889	1.4074
4	2.8550	2.7982	2.7432	2.6901	2.6386	2.5887	2.4043	2.3616	2.2410	2.1662	2.0957	1.9969	1.8492	1.6049
5	3.3522	3.2743	3.1993	3.1272	3.0576	2.9906	2.7454	2.6893	2.5320	2.4356	2.3452	2.2200	2.0352	1.7366
6	3.7845	3.6847	3.5892	3.4976	3.4098	3.3255	3.0205	2.9514	2.7594	2.6427	2.5342	2.3852	2.1680	1.8244
7	4.1604	4.0386	3.9224	3.8115	3.7057	3.6046	3.2423	3.1611	2.9370	2.8021	2.6775	2.5075	2.2628	1.8829
8	4.4873	4.3436	4.2072	4.0776	3.9544	3.8372	3.4212	3.3289	3.0758	2.9247	2.7860	2.5982	2.3306	1.9219
9	4.7716	4.6065	4.4506	4.3030	4.1633	4.0310	3.5655	3.4631	3.1842	3.0190	2.8681	2.6653	2.3790	1.9480
10	5.0188	4.8332	4.6586	4.4941	4.3389	4.1925	3.6819	3.5705	3.2689	3.0915	2.9304	2.7150	2.4136	1.9653
11	5.2337	5.0286	4.8364	4.6560	4.4865	4.3271	3.7757	3.6564	3.3351	3.1473	2.9776	2.7519	2.4383	1.9769
12	5.4206	5.1971	4.9884	4.7932	4.6105	4.4392	3.8514	3.7251	3.3868	3.1903	3.0133	2.7792	2.4559	1.9846
13	5.5831	5.3423	5.1183	4.9095	4.7147	4.5327	3.9124	3.7801	3.4272	3.2233	3.0404	2.7994	2.4685	1.9897
14	5.7245	5.4675	5.2293	5.0081	4.8023	4.6106	3.9616	3.8241	3.4587	3.2487	3.0609	2.8144	2.4775	1.9931
15	5.8474	5.5755	5.3242	5.0916	4.8759	4.6755	4.0013	3.8593	3.4834	3.2682	3.0764	2.8255	2.4839	1.9954
16	5.9542	5.6685	5.4053	5.1624	4.9377	4.7296	4.0333	3.8874	3.5026	3.2832	3.0882	2.8337	2.4885	1.9970
17	6.0472	5.7487	5.4746	5.2223	4.9897	4.7746	4.0591	3.9099	3.5177	3.2948	3.0971	2.8398	2.4918	1.9980
18	6.1280	5.8178	5.5339	5.2732	5.0333	4.8122	4.0799	3.9279	3.5294	3.3037	3.1039	2.8443	2.4941	1.9986
19	6.1982	5.8775	5.5845	5.3162	5.0700	4.8435	4.0967	3.9424	3.5386	3.3105	3.1090	2.8476	2.4958	1.9991
20	6.2593	5.9288	5.6278	5.3527	5.1009	4.8696	4.1103	3.9539	3.5458	3.3158	3.1129	2.8501	2.4970	1.9994
21	6.3125	5.9731	5.6648	5.3837	5.1268	4.8913	4.1212	3.9631	3.5514	3.3198	3.1158	2.8519	2.4979	1.9996
22	6.3587	6.0113	5.6964	5.4099	5.1486	4.9094	4.1300	3.9705	3.5558	3.3230	3.1180	2.8533	2.4985	1.9997
23	6.3988	6.0442	5.7234	5.4321	5.1668	4.9245	4.1371	3.9764	3.5592	3.3254	3.1197	2.8543	2.4989	1.9998
24	6.4338	6.0726	5.7465	5.4509	5.1822	4.9371	4.1428	3.9811	3.5619	3.3272	3.1210	2.8550	2.4992	1.9999
25	6.4641	6.0971	5.7662	5.4669	5.1951	4.9476	4.1474	3.9849	3.5640	3.3286	3.1220	2.8556	2.4994	1.9999
26	6.4906	6.1182	5.7831	5.4804	5.2060	4.9563	4.1511	3.9879	3.5656	3.3297	3.1227	2.8560	2.4996	1.9999
27	6.5135	6.1364	5.7975	5.4919	5.2151	4.9636	4.1542	3.9903	3.5669	3.3305	3.1233	2.8563	2.4997	2.0000
28	6.5335	6.1520	5.8099	5.5016	5.2228	4.9697	4.1566	3.9923	3.5679	3.3312	3.1237	2.8565	2.4998	2.0000
29	6.5509	6.1656	5.8204	5.5098	5.2292	4.9747	4.1585	3.9938	3.5687	3.3317	3.1240	2.8567	2.4999	2.0000
30	6.5660	6.1772	5.8294	5.5168	5.2347	4.9789	4.1601	3.9950	3.5693	3.3321	3.1242	2.8568	2.4999	2.0000
35	6.6166	6.2153	5.8582	5.5386	5.2512	4.9915	4.1644	3.9984	3.5708	3.3330	3.1248	2.8571	2.5000	2.0000
40	6.6418	6.2335	5.8713	5.5482	5.2582	4.9966	4.1659	3.9995	3.5712	3.3332	3.1250	2.8571	2.5000	2.0000
45	6.6543	6.2421	5.8773	5.5523	5.2611	4.9986	4.1664	3.9998	3.5714	3.3333	3.1250	2.8571	2.5000	2.0000
50	6.6605	6.2463	5.8801	5.5541	5.2623	4.9995	4.1666	3.9999	3.5714	3.3333	3.1250	2.8571	2.5000	2.0000
55	6.6636	6.2482	5.8813	5.5549	5.2628	4.9998	4.1666	4.0000	3.5714	3.3333	3.1250	2.8571	2.5000	2.0000